annabac

SUJETS et CORRIGÉS 2014

W0324330

Français 1re

séries L, ES, S

Sylvie Dauvin

Jacques Dauvin

Professeurs agrégés de lettres classiques
Lycée international, Saint-Germain-en-Laye

Achevé d'imprimer
Par Maury imprimeur à Malesherbes - France
Dépôt légal 96939 3/01 - Août 2013

IMPRIM'VERT
Votre imprimeur agit pour l'environnement

PAPIER À BASE DE FIBRES CERTIFIÉES

Hatier s'engage pour l'environnement en réduisant l'empreinte carbone de ses livres.
Celle de cet exemplaire est de :
500 g éq. CO_2
Rendez-vous sur
www.hatier-durable.fr

Hatier

© Hatier, Paris août 2013
ISSN 1168-3775 ISBN 978-2-218-96939-3

Annabac, mode d'emploi

Que contient cet Annabac ?

Tous les outils nécessaires pour se préparer de manière efficace à l'épreuve de français du bac 2014.

En premier lieu des **sujets corrigés tombés lors des nouvelles épreuves du bac 2013**, mais également :
– des sujets complémentaires ;
– des conseils de méthode ;
– les repères clés du programme.

▸ Une large sélection de sujets d'écrit

L'ouvrage comprend les **sujets de la dernière session** et des sujets complémentaires. Il s'efforce de représenter de manière équilibrée **tous les types** d'exercices qui peuvent être proposés dans le cadre de l'épreuve.

▸ Également des sujets d'oral

Nous vous proposons également des **simulations de l'épreuve orale du bac de français** : un texte associé à une question et des pistes pour l'exposé et l'entretien.

▸ Comment les sujets sont-ils traités ?

Les auteurs de cet ouvrage ont eu à cœur de vous aider à bien interpréter un sujet et « fabriquer » une bonne copie. C'est pourquoi ils ont associé à chaque énoncé :
– une **explication du sujet** et des aides pour construire la réponse (rubrique « Les clés du sujet ») ;
– un **corrigé clairement structuré**, avec des conseils et des commentaires quand c'est nécessaire.

Comment utiliser l'ouvrage ?

▸ À l'aide du sommaire

Dès le mois de décembre, **à l'occasion d'un contrôle ou d'un examen blanc**, n'hésitez pas à vous familiariser avec les types d'exercices proposés au bac en traitant ceux qui correspondent aux **thèmes du programme à réviser**. Le sommaire et les index vous aideront à les sélectionner.

Travaillez-les le plus possible, dans un premier temps, avec la seule aide des « Clés du sujet » ; puis confrontez ce que vous avez fait avec le corrigé proposé.

▶ À l'aide du planning de révisions

La date de l'examen se rapproche. Grâce à la rubrique « Votre planning de révisions », choisissez, **en fonction du temps qui vous reste**, les sujets qui vous permettront d'aborder l'épreuve dans les meilleures conditions possible.

Et l'offre privilège sur annabac.com ?

L'achat de cet ouvrage vous permet de bénéficier d'un **accès gratuit*** aux ressources d'annabac.com : fiches de cours, podcasts, quiz interactifs, exercices, sujets d'annales…

Pour profiter de cette offre, rendez-vous sur www.annabac.com, dans la rubrique « Vous avez acheté un ouvrage Hatier ? ».
La saisie d'un mot clé du livre (lors de votre première visite) vous permet d'activer votre compte personnel.

* Selon conditions précisées sur www.annabac.com.

Qui a fait cet Annabac ?

▶ L'ouvrage a été écrit par **deux enseignants de français de lycée** : Sylvie Dauvin et Jacques Dauvin.

▶ Les contenus fournis ont été mis en forme par une équipe composée de plusieurs types d'intervenants :

• des éditeurs : Anne Peeters, Grégoire Thorel et Benoît Dessalles, assistés d'Audrey Billoteau et de Céline Rolland ;

• une correctrice : Luce Camus ;

• des graphistes : Tout pour plaire et Dany Mourain ;

• des maquettistes : Hatier et Dany Mourain ;

• un compositeur : STDI.

SOMMAIRE

III. Préparer l'épreuve orale

IV. Retenir les points clés

Votre planning de révisions

J – 30 à J – 15

Vous débutez vos révisions un mois avant l'épreuve.

Traitez un exercice par thème clé

N°	Thème du programme
45	Question de l'homme
6	Poésie/Question de l'homme
31	Roman/Question de l'homme
60	Théâtre/Réécritures
41	Question de l'homme
53	Réécritures
49	Humanisme

Vous débutez vos révisions deux semaines avant l'épreuve.

Révisez dans des conditions optimales !

▶ **Avant tout, organisez-vous**
Sur une grande feuille, construisez un tableau, avec : à l'horizontale, les plages de révision qui vous restent et, à la verticale, les différentes matières à réviser. Associez à chaque case un contenu.

▶ **Mettez-vous dans les conditions de l'examen**
Dans les dernières semaines de révisions, il est très important de « plancher » sur de vrais sujets. Essayez de travailler par tranches d'au moins une heure, sans pause.

▶ **Travaillez en équipe**
Vous pouvez aussi organiser des séances de révisions avec des amis, afin de partager vos connaissances et vos techniques de travail, et vous soutenir le moral.

Bonne chance !

J – 15 à J – 7	J – 7 à J

Consolidez vos méthodes

N°	Point de méthode
5	Question sur le corps
56	Axes du commentaire
30	Commentaire
27	Plan de dissertation
47	Dissertation
52	Écriture d'invention

Dernière ligne droite

• Vous maîtrisez désormais les connaissances et les méthodes nécessaires pour réussir.

• Complétez vos révisions avec ces 4 sujets représentatifs :

N°				
	25	2	43	24

Parcourez le programme

N°	Thème du programme
9	Poésie
18	Théâtre
35	Roman
40	Question de l'homme
51	Humanisme
59	Réécritures

Dernière ligne droite

• Vous avez revu les grands thèmes du programme.

• Entraînez-vous désormais sur ces 4 sujets représentatifs :

N°				
	25	2	43	24

Vous débutez vos révisions une semaine avant l'épreuve.

Droit au but !

• Plus qu'une semaine, il va falloir mettre les bouchées doubles !

• Travaillez sur ces 4 sujets dans les conditions de l'examen, en ne lisant le corrigé qu'après avoir traité le sujet au brouillon.

N°				
	25	2	43	24

I. Comprendre les règles de l'épreuve

Le programme et l'épreuve

Un nouveau programme de français est entré en vigueur à la rentrée 2011 pour la classe de 1re (*Bulletin officiel* spécial n° 9 du 30 septembre 2010). Les épreuves de l'épreuve anticipée de français (EAF) restent définies par le *Bulletin officiel* du 14 décembre 2006.

Le programme

1. QUELS SONT LES OBJETS D'ÉTUDE AU PROGRAMME DE 1re ?

• Toutes les séries ont en commun **quatre objets d'étude**, qui recouvrent l'ensemble de l'histoire littéraire, du Moyen Âge à nos jours :

1. Le personnage de roman, du XVIIe siècle à nos jours.
2. Le texte théâtral et sa représentation, du XVIIe siècle à nos jours.
3. Écriture poétique et quête du sens, du Moyen Âge à nos jours.
4. La question de l'homme dans les genres de l'argumentation, du XVIe siècle à nos jours.

• S'ajoutent **deux autres objets** d'étude pour les élèves de **série L** :

5. Vers un espace culturel européen : Renaissance et humanisme.
6. Les réécritures, du XVIIe siècle à nos jours.

> **▶ Quelles différences entre les programmes de 2de et ceux de 1re ?**
>
> Le programme de 1re s'inscrit dans la continuité de celui de la classe de 2de. On retrouve une analyse de quatre genres : roman, théâtre, poésie et argumentation. Mais, en 1re, l'étude de ces genres porte sur des périodes plus larges, pour mettre en évidence des **évolutions historiques**.

2. QUELS SONT LES OBJECTIFS ASSIGNÉS À CHACUN DES OBJETS D'ÉTUDE ?

▶ **Le personnage de roman, du XVIIe siècle à nos jours :** à travers la lecture de différents romans et l'étude des personnages, comprendre qu'un roman exprime une vision du monde qui varie selon les époques et les auteurs.

▶ **Le texte théâtral et sa représentation, du XVIIe siècle à nos jours :** lire des œuvres théâtrales mais également en voir des représentations, de manière à percevoir les interactions entre texte et mise en scène.

▶ **Écriture poétique et quête du sens, du Moyen Âge à nos jours :** découvrir que l'écriture poétique procède à la fois d'une manière particulière d'interroger le monde et d'une réinvention continuelle de la langue.

▶ **La question de l'homme dans les genres de l'argumentation, du XVIe siècle à nos jours :** explorer la réflexion sur l'homme dont sont porteurs les genres de l'argumentation et réfléchir ainsi sur sa propre condition.

▶ **Vers un espace culturel européen : Renaissance et humanisme :** à partir de textes littéraires, apprendre à connaître l'humanisme renaissant, son histoire, ses valeurs et ses prolongements dans le monde moderne.

▶ **Les réécritures, du XVIIe siècle à nos jours :** prendre conscience du fait que la création littéraire suppose des modèles qui sont « imités, déformés, transposés en fonction d'intentions et de contextes culturels nouveaux ».

▶ Pourquoi étudie-t-on également des auteurs grecs et latins ? Et l'histoire des arts ?

Selon les objets d'étude, le programme prévoit d'intégrer aux corpus des textes et des documents en relation avec l'histoire des arts ou avec les langues et les cultures de l'Antiquité. Par exemple, l'ouverture de l'étude d'un roman sur l'histoire des arts met en évidence les relations entre la représentation des personnages et celle qu'en donnent les autres arts : peinture, gravure, sculpture, opéra par exemple, à la même époque.

Les épreuves

3. COMMENT S'ORGANISENT LES ÉPREUVES ?

Les épreuves anticipées de français comprennent une épreuve écrite de 4 heures et une épreuve orale de 20 minutes. Voici les coefficients associés : **ES-S** : écrit : 2 ; oral : 2. **L** : écrit : 3 ; oral : 2.

▶ Quelle est la visée générale de cette épreuve ?

L'épreuve porte sur les contenus du programme de la classe de 1re mais vérifie aussi les compétences acquises en français tout au long de votre scolarité :

– votre maîtrise de la langue et de l'expression ;
– votre aptitude à analyser et à interpréter des textes ;
– votre capacité à mobiliser la culture littéraire acquise ;
– votre aptitude à construire un jugement argumenté.

4. EN QUOI CONSISTE L'ÉPREUVE ÉCRITE ?

Le sujet d'écrit s'appuie sur un ensemble de textes (corpus), éventuellement accompagnés d'un document iconographique. Ce corpus doit être représentatif d'un ou de plusieurs objets d'étude du programme. Un sujet comprend :

– d'une part, **une ou plusieurs questions sur le corpus** : ces questions nécessitent des réponses rédigées. Souvent conçues de façon à vous aider à élaborer l'autre partie de l'épreuve écrite, elles sont notées sur 4 points ;

– d'autre part, **un choix entre** trois types de travaux d'écriture portant sur le corpus proposé : **commentaire littéraire, dissertation littéraire** ou **écriture d'invention**. Cette production est notée sur 16 points.

• Le **commentaire** porte sur un texte du corpus. Vous devez présenter, de manière organisée, ce que vous avez retenu de votre lecture et justifier votre interprétation.
• La **dissertation** vous amène à conduire une réflexion personnelle et argumentée à partir d'une problématique littéraire liée à l'objet d'étude.
• L'**écriture d'invention** consiste à écrire un texte en lien avec ceux du corpus. Selon la consigne, elle peut prendre des formes variées : article, lettre, dialogue, essai...

5. POUR L'ORAL, COMMENT CELA SE PASSE-T-IL ?

Vous vous présentez à l'épreuve orale muni(e) d'une liste des textes étudiés au cours de l'année. L'examinateur choisit un texte dans cette liste et vous remet un « bulletin de passage » où figure la question à laquelle vous devez répondre.

Vous disposez alors de 30 minutes de **préparation** pour trouver les principaux axes de votre réflexion et orienter votre lecture du texte selon la question donnée.

Le **passage** se déroule ensuite de la façon suivante : 10 minutes pour répondre à la question sur le texte, puis 10 minutes d'entretien, avec des questions de l'examinateur dans le prolongement de votre lecture analytique.

Guide méthodologique

Les questions sur un corpus

LIRE ET ANALYSER LES QUESTIONS

• Avant de répondre, **lisez les questions au moins deux fois**, pour repérer d'éventuels échos entre elles et être mieux guidé par leur cohérence.

• Chaque libellé doit être analysé précisément. Le verbe d'action est déterminant : il y a de grandes différences entre « relever », « analyser », « commenter »... **Demandez-vous ce qu'on attend de vous**.

QUELQUES TYPES DE QUESTIONS

• **Repérer le (ou les) point(s) commun(s)** entre les documents. Interrogez-vous sur les thèmes, les genres et les registres des documents.

• **Étudier ou comparer les genres** des documents : pour cela, vous devez bien connaître les différents genres littéraires.

• **Étudier ou comparer les registres** des documents, qui se définissent en fonction de l'effet produit sur le lecteur (comique, tragique, ironique, lyrique...).

• **Étudier ou comparer les argumentations :** analyser la situation d'énonciation ; repérer une thèse, un argument, un exemple ; repérer les connecteurs logiques ; distinguer les types de raisonnement ; connaître les procédés de l'argumentation ; juger une stratégie argumentative.

QUALIFIER ET CLASSER UN TEXTE

Si on le classe selon...	... on trouve...	Exemple
ses caractéristiques de forme	son genre	roman, théâtre, poésie
l'intention de celui qui parle ou écrit	son type ou sa forme de discours...	narratif, argumentatif...
l'effet qu'il produit sur le destinataire	son ton ou son registre	comique, pathétique...

REPÉRER LE POINT COMMUN ENTRE LES DOCUMENTS

• Il est très fréquent qu'on vous demande de **trouver le point commun** entre les différents documents proposés, c'est-à-dire de justifier leur groupement.

• Pour ce type de question, vous devez **passer en revue les divers éléments d'un texte**. En effet, les documents peuvent :

– relever du même mouvement littéraire et culturel ;
– aborder le même thème ;
– présenter une même situation (une dispute, une agonie, une duperie...) ;

– mettre en jeu des personnages de même type (maître et valet, amoureux…) ;
– appartenir au même genre littéraire (théâtre, roman, poésie…) ;
– mettre en jeu la même forme de discours (narrative, descriptive…) ;
– s'inscrire dans le même registre (tragique, comique, ironique…) ;
– avoir la même visée (faire l'éloge, dénoncer, blâmer…) ;
– se situer à une place identique dans l'œuvre (scènes d'exposition, scènes de dénouement, débuts de roman…).

RELEVER ET COMMENTER UN CHAMP LEXICAL

• **Champ lexical** : ensemble de mots qui se réfèrent au même domaine. Par exemple : *médecin, incubation, hôpital, piqûre, infirmière, ambulance, soigner, guérir, opération, malade, bloc opératoire, antibiotique, convalescence, traitement, urgences*… appartiennent au champ lexical de la médecine.

• Ne faites pas de liste des mots en vrac ; **groupez-les par affinité**, par ressemblance. Indiquez ce qui a justifié votre classement. Par exemple, pour le champ lexical ci-dessus : les locaux : *hôpital, bloc opératoire, urgences* ; les êtres humains : *médecin, infirmière, malade* ; les phases de la maladie : *incubation, traitement, soigner, guérir, convalescence* ; les différents traitements : *piqûre, antibiotique, traitement, opération*.

• Indiquez l'**effet produit** par le champ lexical relevé (création d'une tonalité, éclairage sur un personnage…).

REPÉRER, REFORMULER UNE THÈSE

• Essayez toujours de repérer et de surligner dans le texte la (ou les) phrase(s) clé(s) qui contiennent l'essentiel de la thèse.

• Lorsque l'on reformule une thèse, on doit pouvoir la faire précéder de l'expression : « *Je veux/il veut prouver que…* »

ANALYSER DES ARGUMENTS

• Pour analyser un argument dans un texte, il faut déterminer :
– sa **nature** : il peut prendre la forme d'une anecdote (il est alors illustratif), d'une vérité générale, d'un raisonnement logique… ;
– sa **source** : il peut être emprunté à l'expérience personnelle, à la réalité (historique, sociale…), à la littérature… ; ce peut être un argument d'autorité ;
– sa **place dans le fil argumentaire** : d'un argument à l'autre, il peut y avoir amplification, généralisation, restriction.
• Par ailleurs, un argument s'inscrit dans un **type de raisonnement** : hypothétique, concessif, inductif, déductif, analogique…

ÉTUDIER DES EXEMPLES

Déterminez :

– leur **rôle** : ils peuvent être illustratifs (ils confirment en la concrétisant une proposition) ou argumentatifs (ils ont valeur d'arguments) ;
– leur **type** : empruntés à la réalité ou imaginés ; littéraires ou artistiques ; proverbe, citation (valeur d'autorité) ;
– leur **place** : avant ou après l'idée.

ÉTUDIER LA STRUCTURE D'UNE ARGUMENTATION

• En travail préliminaire, explicitez d'abord la **thèse générale** de l'auteur.

• Repérez ensuite les **« parties » du texte** : expression de la thèse, arguments à l'appui de cette thèse, exemples qui soutiennent les arguments.

• S'il y a des **connecteurs logiques** qui articulent les phrases ou les paragraphes, repérez-les et éclaircissez-en le sens avec un équivalent. S'il n'y en a pas, s'ils sont implicites, explicitez-les.

• Pour finir, récapitulez d'où l'auteur est parti, à quelle conclusion il arrive, pour mesurer le **chemin (argumentatif) parcouru**.

COMPARER DES STRATÉGIES ARGUMENTATIVES

• Formulez brièvement le thème et la thèse de chaque document.

• Faites le **plan des différents circuits argumentatifs**, sur plusieurs colonnes.

• Établissez des **rapports entre les argumentations**, c'est-à-dire repérez les thèmes communs et les positions prises sur ces thèmes communs (convergence de vue, concession, discussion, réfutation).

• Repérez et caractérisez la tonalité de chaque argumentation et les procédés stylistiques mis en œuvre.

• Dans la réponse rédigée, ne traitez pas chaque texte séparément l'un après l'autre, mais procédez par **confrontation permanente** en groupant les remarques par rubriques. Par exemple : ressemblances puis différences ; ou comparaison : 1. des thèses, 2. des situations d'énonciation, 3. des arguments, 4. des exemples, 5. des procédés stylistiques…

Le commentaire littéraire

LIRE LE TEXTE

• En premier lieu, lisez attentivement tout le paratexte. Date de l'œuvre, auteur, notes de vocabulaire, etc., vous empêcheront de faire des contresens.

• Puis faites une première lecture du texte lui-même.

Voici les **premières questions à vous poser** à l'issue de cette lecture :

– Quelle est la nature du texte ? Son genre, son type, son thème ?
– Que savez-vous déjà sur l'auteur, le mouvement littéraire dans lequel son œuvre s'inscrit ?
– Quel(s) effet(s) ce texte produit-il (question du registre) ?
– Qui parle ? Qui voit ? Quel est le mode d'énonciation (énoncé ancré/énoncé coupé de la situation d'énonciation) ?
– Comment le texte progresse-t-il ? Quelle est sa composition ?

TROUVER LES AXES, VÉRIFIER LEUR PERTINENCE

• Vous pouvez composer une sorte de « **définition** » du texte, c'est-à-dire une *phrase* brève qui, partant de l'impression ressentie à la lecture, précise les **caractéristiques générales** du texte. Vous pouvez utiliser le schéma suivant :

> **genre** + **type** + **thème** du texte + **mouvement** littéraire + **registre(s)** et qualification du texte par des adjectifs + **buts** de l'auteur

Chaque élément de la « définition » peut alors correspondre à un aspect intéressant du texte, donc à une **idée directrice**, ou suggérer des pistes.

• Choisissez une couleur pour chaque idée directrice que vous aurez retenue parmi les questions et **surlignez** dans le texte les mots qui répondent à ces questions avec la même couleur. Ce surlignage fournira pour chaque idée des exemples (courtes citations du texte) qui illustreront les commentaires.

• Deux **vérifications** sont nécessaires pour confirmer la pertinence des idées directrices que vous aurez choisies :

1. Vous devez pouvoir faire précéder la formulation de votre idée par l'expression **« Je veux montrer que... »**. Ainsi, on peut dire : « Je veux montrer que le récit est vivant », le mot important étant « vivant ». Un axe de commentaire est une thèse sur le texte.

2. **Surlignez les mots** qui prouvent ce que vous avancez. Si, dans le texte, on trouve très peu de mots ou d'expressions pour répondre à l'une des idées, c'est que l'axe est inadéquat ou qu'il constitue un sous-axe (une sous-partie).

CONSTRUIRE, ORGANISER, ÉQUILIBRER LE PLAN

• Idéalement, un commentaire doit être organisé **autour de trois axes**. Si vous trouvez de nombreuses idées sur le texte, il faut essayer de les regrouper, d'en inclure certaines dans d'autres plus vastes.

• Ne confondez pas l'idée directrice avec les indices qui servent à l'étayer : **un aspect formel du texte** (champ lexical, figure de style…) **ne peut constituer une idée directrice**. Ce que vous surlignez est une preuve qui soutient votre interprétation, mais ne peut fournir une partie de votre commentaire.

COMPOSER L'INTRODUCTION

L'introduction d'un commentaire comporte **quatre phases** : phrase d'amorce, présentation du texte, teneur du texte, annonce du plan.

Dans l'introduction, il faut :

– **intégrer le texte dans un ensemble plus large** (époque, mouvement…) ;
– **replacer l'extrait dans l'œuvre** avec le paratexte ;
– **mentionner le texte** : de quoi « parle » le texte ? Quelle est sa teneur ?
– **annoncer le plan** du commentaire : les deux ou trois axes retenus.

CONSTRUIRE UN PARAGRAPHE, ÉVITER LA PARAPHRASE

• Vous devez éviter la paraphrase et **ne jamais séparer le fond de la forme**.

• Un paragraphe n'est complet que s'il comporte trois composantes indispensables : **l'interprétation**, **une citation** et **la qualification** de l'élément relevé.

Voici un moyen mnémotechnique pour construire un paragraphe :

I ↓ **I**dée	C ↓ **C**itation	Q ↓ **Q**ualification

COMMENTER UN PROCÉDÉ DE STYLE

• Ne signalez jamais un procédé stylistique sans **le mettre en relation avec une idée**, indiquer son importance dans le texte : que traduit-il ? Quelle impression crée-t-il ? Citer les mots essentiels qui soutiennent le procédé.

• Évitez la répétition des mêmes verbes pour lier idée et procédé de style. Par exemple : « Par ce procédé, l'auteur *montre, exprime, traduit, suggère, marque, souligne, révèle, dévoile, reflète, peint, dépeint, témoigne de, rend compte de, met en valeur, en relief, en évidence, en lumière…* » ; « Ce procédé *suscite, provoque, fait naître, a pour effet de, transmet…* »

INSÉRER DES CITATIONS

Les citations et références au texte sont indispensables. Mais il ne faut pas les donner sous forme de liste ou entre parenthèses. Elles doivent être **grammaticalement intégrées dans la rédaction du commentaire**.

Type de référence	Éléments cités	Remarque
Citation intégrale	Une phrase (ou partie de phrase) respectant le texte	Utiliser des guillemets. Toute coupure doit être signalée par des crochets.
Éléments épars	Un relevé de mots qui forment un champ lexical	Mettre les éléments entre guillemets, en les séparant par une virgule.
Résumé d'un passage, pour éviter une citation trop longue		Le résumé doit être très court.
Référence à une ligne, un paragraphe, une strophe		Donner les informations nécessaires à la compréhension de la référence.

COMPOSER LA CONCLUSION

• Faites une **rapide synthèse** des conclusions auxquelles vous êtes arrivé. Portez un **jugement** sur le texte et son intérêt littéraire.

• Ouvrez des **perspectives plus larges** à partir du texte : influence du texte sur la postérité littéraire, rapprochements avec d'autres extraits ou œuvres, avec d'autres arts (peinture, musique...). Évitez les généralités. L'élargissement doit avoir un lien réel avec le texte commenté.

FAIRE LE COMMENTAIRE COMPARÉ DE DEUX TEXTES

• Pour ce type de commentaire, il faut éviter de juxtaposer deux commentaires des textes. Il faut **mener de front l'étude des deux textes**.

• Faites la **« définition » de chacun des textes**. Comparez les deux « définitions » pour mettre en évidence les ressemblances et les différences. Extrayez-en des questions à se poser ou des idées directrices.

Surlignez dans les textes les **indices** de ce que vous avancez, en choisissant une couleur différente pour chaque idée directrice. Vous pouvez aussi opter pour la technique suivante : surlignez d'une couleur les expressions similaires ou qui se ressemblent dans les deux textes ; surlignez de deux autres couleurs (une pour chacun) ce qui est spécifique à chaque texte. Vous verrez ainsi ce qui rapproche et ce qui sépare les deux textes.

On peut choisir **entre deux types de plan**.

1. Premier type de plan : ressemblances/différences entre les deux textes.

2. Second type de plan : par centres d'intérêt avec, éventuellement, la démarche ressemblances/différences à l'intérieur de chaque centre d'intérêt.

La dissertation

COMPRENDRE ET ANALYSER LE SUJET

• Dans le libellé du sujet, **soulignez** systématiquement :

– d'une couleur les mots qui vous renseignent sur le thème, l'objet d'étude ;
– d'une autre couleur les mots qui vous indiquent sous quel angle vous devez considérer ce thème ;
– d'une troisième couleur les indices donnés sur la forme que doit prendre le devoir, les indications sur le plan. Par exemple, dans un sujet débutant par « Pensez-vous que… ? », vous devez adopter un plan dialectique, qui permette de peser le pour et le contre.
• **Définir** clairement **les mots clés du sujet**, pour en saisir toutes les nuances.

TROUVER UNE PROBLÉMATIQUE, DÉFINIR UN PLAN

• Formulez la problématique **avec vos propres mots**, de façon à vous l'approprier et à vous la rendre plus claire.

• Divisez la problématique en **sous-questions**.

Par exemple, pour la problématique « Peut-on rire de tout ? », on peut poser les sous-questions suivantes : « Quelles sont les vertus du rire ? » ; « Quels rapports le rire ou l'humour instaurent-ils entre le rieur et celui dont il rit ? » ; « N'y a-t-il pas des limites à l'efficacité du rire ? »

• Pour passer à **l'étape du plan**, il faut faire correspondre à chaque sous-question une réponse qui constituera une thèse et trouver les deux ou trois arguments qui permettent de justifier chaque thèse.

• Avant de rédiger, vérifiez que toutes les parties de votre dissertation **répondent au sujet**. Il existe une **technique** : vérifiez que l'intitulé de chacune de vos parties comporte un des mots clés que vous avez repérés dans le sujet.

FORMULER UNE THÈSE, FORMULER UN ARGUMENT

• Lorsque vous formulez une **thèse**, vous devez pouvoir la faire précéder de l'expression **« Je veux montrer que… »**, pour vérifier que c'est bien une thèse (et non un argument ou un exemple) que vous formulez. Ex. : « *Je veux montrer que* la poésie permet l'évasion. »

• Pour vérifier que c'est bien un **argument** que vous développez, après avoir formulé la thèse, faites-la précéder l'argument de **« car », « en effet », « la preuve en est que… »**. Pour alléger le style de votre réponse, au moment de la rédaction, gommez ce lien. Ex. : « Je veux montrer que la poésie permet l'évasion ; (*en effet*) elle entraîne le lecteur dans le monde de l'imaginaire. »

CONSTRUIRE UN PARAGRAPHE OU COMMENT EXPLOITER UN EXEMPLE

• Un **paragraphe de dissertation** n'est complet que s'il comporte **trois composantes indispensables** : l'argument avancé ou idée (I), l'exemple qui l'illustre (E) et le commentaire de cet exemple (C). Rappelez-vous : « **IEC** ».

I ↓ **I**dée	E ↓ **E**xemple	C ↓ **C**ommentaire

Vos **exemples** peuvent être issus de votre expérience personnelle, d'événements historiques ou culturels, de faits sociaux, mais surtout du corpus et de vos connaissances littéraires. Celles-ci peuvent prendre la forme de citations (entre guillemets, avec le nom de l'auteur), ou de références précises (titre de l'œuvre, auteur). Mais attention ! Un titre d'œuvre ou une citation non commentés ne servent à rien.

L'écriture d'invention

COMPRENDRE ET ANALYSER LE SUJET

• **Repérez les contraintes** et extrayez de la consigne :
– le thème, la problématique ;
– le genre du texte à produire : apologue, conte, dialogue, lettre, article… ;
– le type de texte, la forme de discours : narration, description, argumentation ;
– le registre : comique, satirique, pathétique… ;
– la situation d'énonciation : qui parle à qui ? où ? à quelle époque ? De la situation d'énonciation, vous tirerez :
– le niveau de langue à utiliser (familier, neutre, soutenu) ;
– le style à adopter et certains éléments spécifiques du texte à produire.
• **Composez la « définition » du texte à produire** :

> **genre** du texte + **type** de texte + **thème** + **registre** + **adjectifs** qualifiant le texte + **but(s)** de l'auteur (vous)

• Cela vous permet d'éviter le hors-sujet et de mettre en évidence les **faits d'écriture** que doit comporter votre texte. Si certaines cases de la « définition » restent vides, c'est que vous avez le choix.

• Une fois le canevas de votre écriture d'invention terminé, **vérifiez que vous avez respecté toutes les contraintes** explicites et implicites de la consigne.

REPÉRER ET RESPECTER LA SITUATION D'ÉNONCIATION

Avant de répondre au sujet, vous devez être très attentif aux **mots du sujet qui indiquent la situation d'énonciation**. Exemple : « *Un grand reporter* vient d'un pays du tiers-monde. *À son retour de voyage*, il écrit une lettre ouverte *aux autorités de l'Onu* pour dénoncer les atrocités commises à l'égard des plus pauvres. Écrivez cette lettre. »

• Qui parle ? *Un grand reporter.* Vous devez vous mettre à « sa place », donc employer la première personne du singulier.

• À qui ? *Aux autorités de l'Onu*. Vous devez employer la deuxième personne du pluriel et adapter votre expression à ce type de destinataire (formules d'adresse officielles…).

• Quand ? *À son retour de voyage*. Vous devez faire référence à ce voyage.

PRÉPARER ET CONSTRUIRE UN RÉCIT

Pour composer un récit, il faut faire des choix, suivre certains étapes.

• **Choisir le « statut » du narrateur** : narrateur-personnage, narrateur-témoin, narrateur hors de l'histoire. De ce choix, tirer les pronoms personnels et pronoms-adjectifs possessifs à utiliser : 1re personne si le narrateur est aussi un personnage ; 3e personne si le narrateur est en dehors de l'histoire.

• **Définir le point de vue**, c'est-à-dire la position du narrateur (point de vue interne, externe, omniscient). Le narrateur donne-t-il son avis ? Présence et implication du narrateur à choisir.

• **Imaginer et construire l'action**, la succession des événements, les différentes étapes de l'histoire, en distinguant :

– la situation initiale : quelle est la situation avant que les péripéties ne commencent ? qui ? où ? quand ? avec qui ?…
– les péripéties (= événements proprement dits) : que se passe-t-il ?
– la situation finale : comment se termine l'histoire ?
Cela entraîne l'utilisation d'indications de temps qui permettent de se repérer dans la succession des événements : *d'abord, ensuite, tout à coup, enfin.*

• **Prévoir des passages de description et de dialogue**.

RÉDIGER UN RÉCIT

• Choisissez **le temps verbal dominant** : le récit sera-t-il : au passé (alternance passé simple ou passé composé/imparfait) ? au présent d'énonciation associé au passé composé et au futur ?

• Allez à la ligne pour **faire des paragraphes** : quand se produit un événement nouveau ; quand on passe d'une forme de discours à l'autre (par exemple de la narration à la description…).

• Faites attention à l'usage de la **ponctuation** dans le dialogue.

RÉFUTER UNE ARGUMENTATION

• Réfuter la thèse de quelqu'un, c'est **entrer dans le raisonnement de l'adversaire afin de contester sa thèse**, de la critiquer, de montrer la fausseté de ses arguments.

Pour cela, il faut définir précisément : la thèse adverse (donc bien analyser le texte qui soutient cette thèse) et repérer ses arguments ; la thèse que l'on va soutenir (contraire de la précédente).

• Pour réfuter, on peut :

– **déprécier** ou ridiculiser la thèse adverse (prendre un ton ironique) ;

– **trouver les points faibles** de son argumentation : par exemple, le manque de pertinence du raisonnement proposé par l'adversaire, de ses exemples ;

– s'en prendre à la personne qui soutient la thèse adverse : cela s'appelle un argument *ad hominem* ; cela suppose que l'on connaisse les caractéristiques de cette personne ou de son œuvre ;

– **faire quelques concessions** (accepter certaines idées de l'adversaire) **pour mieux s'opposer** à lui par la suite.

L'épreuve orale

LA LECTURE ANALYTIQUE

Pendant la préparation

• Analysez précisément **la question qui vous est posée** par l'examinateur. Sachez « jongler » avec cette question, c'est-à-dire « recomposer » votre lecture analytique de l'année autour de cette question.

• Pour ne pas faire de hors-sujet, **associez au moins un mot de la question à chaque axe de lecture**. Vous devez, à la fin de votre lecture, avoir répondu à la question posée et faire en conclusion une synthèse des réponses.

• Attention ! Votre **explication** doit être **construite**. Vous êtes libre de la structurer en suivant l'ordre du texte (linéairement) ou de façon composée (par centres d'intérêt ou idées directrices), mais vous devez de toute façon « prouver » quelque chose sur le texte en liaison avec la question posée.

• Présentez clairement votre **feuille de notes**. Pour cela, hiérarchisez vos idées en allant à la ligne et en utilisant des numéros, des lettres, et en décalant les idées vers la droite en fonction de leur importance.

• N'y inscrivez pas les exemples (citations extraites du texte) ; mais affectez à chaque idée une couleur et **surlignez dans le texte** les mots par lesquels vous les appuierez : vous pourrez ainsi retrouver ce que vous voulez relever et qualifier sans encombrer votre feuille de notes.

Déroulement de la lecture

• **Faites une introduction**. Vous devez y fournir les éléments essentiels à la compréhension du texte : époque, auteur, éventuellement mouvement littéraire auquel il se rattache, toujours œuvre dont est extrait le texte et surtout, en quelques mots, teneur du texte : « de quoi parle-t-il ? » (répondez aux questions : « qui ? où ? quand ? quoi ? »).

• **Lisez le texte de façon expressive**. Attention ! S'il s'agit d'une scène de théâtre, évitez de signaler les noms des personnages à chaque réplique ; marquez plutôt le changement de personnage par votre intonation. Si vous ne lisez pas les didascalies – ce que nous vous conseillons –, signalez-le à l'examinateur et précisez que vous en tirerez parti dans votre explication.

• **Rappelez la question qui vous a été posée** et indiquez les idées directrices que vous avez retenues : « Ce texte présente deux (ou trois) intérêts majeurs… » ou : « On peut étudier ce texte selon deux (ou trois) perspectives… ».

• **Passez au « corps » de l'explication**, en appuyant toute idée par des indices pris dans le texte et commentés. Les citations du texte viennent s'insérer dans votre commentaire, qui doit suivre une progression organisée.

• **Terminez l'explication par une conclusion** : vous y ferez le bilan de vos réponses à la question et vous élargirez votre réflexion. Vous pouvez indiquer l'importance du texte dans l'ensemble de l'œuvre, dans un mouvement littéraire, dans la littérature. Vous pouvez replacer le texte dans le groupement auquel il appartient. Vous pouvez mentionner d'éventuelles réécritures ou adaptations (cinématographiques, scéniques…) de l'extrait.

• Attention ! **Ne dépassez pas 10 minutes** pour l'ensemble de l'explication.

Pendant la préparation

• Réservez un peu de temps de votre préparation pour **anticiper les questions** que pourrait vous poser l'examinateur au cours de l'entretien. Par exemple, si vous avez dû expliquer « Le Chêne et le Roseau » de La Fontaine, vous pouvez légitimement vous attendre aux questions suivantes : « Quelles sont les caractéristiques d'un apologue ? d'une fable ? » ; « Connaissez-vous d'autres fabulistes ? »

• Répertoriez les **idées essentielles de votre cours sur l'objet d'étude** auquel appartient le texte que vous avez à analyser. Par exemple : définition et caractéristiques de l'apologue, de la fable ; différentes sortes d'apologues…

• Faites l'**« inventaire » des références** que vous avez à votre disposition pour alimenter vos réponses à ces questions et notez tous les exemples qui pourraient illustrer vos propos (ex. : titres des fables que vous connaissez).

Déroulement de l'entretien

• L'entretien doit permettre de **mettre en valeur les connaissances** que vous avez acquises. Pour les œuvres intégrales, montrez que vous n'en avez pas une connaissance fragmentaire mais que vous y avez repéré des thèmes, une dynamique.

Des rappels de vos lectures personnelles, des spectacles auxquels vous avez assisté, de votre culture cinématographique seront appréciés.

• Il s'agit d'un entretien, et non de deux monologues parallèles. Vous serez jugé sur vos connaissances mais aussi sur votre **capacité à réagir à des questions**, à relancer une discussion, à faire preuve d'à-propos.

• Écoutez votre examinateur, regardez-le lorsque vous parlez.

• On n'attend pas de vous que vous répondiez immédiatement aux questions posées : **donnez-vous le temps de la réflexion**. Si vous avez un doute sur une réponse, donnez celle que vous croyez pertinente, en la modalisant : « Il me semble que… ». Si vous ne connaissez vraiment pas la réponse à une question précise, avouez-le tout simplement.

• **Soignez votre comportement** afin de faciliter le dialogue et de donner une image de vous confiante et ouverte, sans familiarité déplacée.

• Parlez **sans monotonie**, avec des intonations naturelles : articulez, sans forcer votre voix, mais de façon à ce que l'on vous entende distinctement.

II. Préparer l'épreuve écrite

SUJET 1

Amérique du Nord • Juin 2012
Série L • 4 points

Poésie et musique

Question

Documents

A – **Baudelaire**, « La Musique », *Les Fleurs du mal*, 1857.
B – **Rimbaud**, « Sensation », *Poésies*, 1870.
C – **René Char**, « Tu as bien fait de partir, Arthur Rimbaud ! », *Fureur et Mystère*, 1948.
D – **Francis Ponge**, « La robe des choses », *Pièces*, 1961.

▸ **Quelles expériences l'écriture poétique décrit-elle dans les différents textes du corpus ?**

Après avoir répondu à cette question, les candidats devront traiter au choix un des trois sujets n°s 2, 3 ou 4.

DOCUMENT A **La Musique**

La musique souvent me prend comme une mer !
Vers ma pâle étoile,
Sous un plafond de brume ou dans un vaste éther[1],
Je mets à la voile ;

La poitrine en avant et les poumons gonflés
Comme de la toile,
J'escalade le dos des flots amoncelés
Que la nuit me voile ;

Je sens vibrer en moi toutes les passions
D'un vaisseau qui souffre ;
Le bon vent, la tempête et ses convulsions[2]

Sur l'immense gouffre
Me bercent. D'autres fois, calme plat, grand miroir
De mon désespoir !

Charles Baudelaire, « La Musique », *Les Fleurs du mal*, 1857.

1. Éther (emploi littéraire) : ciel. 2. Convulsions : agitations violentes, troubles soudains.

DOCUMENT B Sensation

Rimbaud écrit ce poème alors qu'il n'a pas encore seize ans.

Par les soirs bleus d'été, j'irai dans les sentiers,
Picoté par les blés, fouler l'herbe menue :
Rêveur, j'en sentirai la fraîcheur à mes pieds.
Je laisserai le vent baigner ma tête nue.

Je ne parlerai pas, je ne penserai rien :
Mais l'amour infini me montera dans l'âme,
Et j'irai loin, bien loin, comme un bohémien,
Par la Nature, – heureux comme avec une femme.

Arthur Rimbaud, « Sensation », *Poésies*, mars 1870.

DOCUMENT C Tu as bien fait de partir, Arthur Rimbaud !

Char célèbre chez Rimbaud sa détermination à quitter les lieux et les choses qui ont perdu leur sens à ses yeux.

Tu as bien fait de partir, Arthur Rimbaud ! Tes dix-huit ans réfractaires[1] à l'amitié, à la malveillance, à la sottise des poètes de Paris ainsi qu'au ronronnement d'abeille stérile de ta famille ardennaise[2] un peu folle, tu as bien fait de les éparpiller au vent du large, de les jeter sous le couteau de leur précoce guillotine. Tu as eu raison d'abandonner le boulevard des paresseux, les estaminets[3] des pisse-lyres[4], pour l'enfer des bêtes, pour le commerce des rusés et le bonjour des simples.

Cet élan absurde du corps et de l'âme, ce boulet de canon qui atteint sa cible en la faisant éclater, oui, c'est bien là la vie d'un homme ! On ne peut pas, au sortir de l'enfance, indéfiniment étrangler son prochain. Si les volcans changent peu de place, leur lave parcourt le grand vide du monde et lui apporte des vertus qui chantent dans ses plaies.

Tu as bien fait de partir, Arthur Rimbaud ! Nous sommes quelques-uns à croire sans preuve le bonheur possible avec toi.

René Char, « Tu as bien fait de partir, Arthur Rimbaud ! »,
Fureur et mystère, © Éditions Gallimard, 1948.

1. Réfractaires : qui résistent à, refusent de se soumettre. 2. Rimbaud est originaire de Charleville, dans le département des Ardennes, au nord-est de la France. 3. Estaminets : cafés, bars. 4. Pisse-lyres : expression péjorative désignant les poètes.

DOCUMENT D **La robe des choses**

Une fois, si les objets perdent pour vous leur goût, observez alors, de parti pris, les insidieuses[1] modifications apportées à leur surface par les sensationnels événements de la lumière et du vent selon la fuite des nuages, selon que tel ou tel groupe des ampoules du jour s'éteint ou s'allume, ces continuels frémissements de nappes, ces vibrations, ces buées, ces haleines, ces jeux de souffles, de pets légers.

Aimez ces compagnies de moustiques à l'abri des oiseaux sous des arbres proportionnés à votre taille, et leurs évolutions à votre hauteur.

Soyez émus de ces grandioses quoique délicats, de ces extraordinairement dramatiques quoique ordinairement inaperçus événements sensationnels, et changements à vue.

Mais l'explication par le soleil et le vent, constamment présente à votre esprit, vous prive de surprises et de merveilles. Sous-bois, aucun de ces événements ne vous fait arrêter votre marche, ne vous plonge dans la stupéfaction de l'attention dramatique, tandis que l'apparition de la plus banale forme aussitôt vous saisit, l'irruption d'un oiseau par exemple.

Apprenez donc à considérer simplement le jour, c'est-à-dire, au-dessus des terres et de leurs objets, ces milliers d'ampoules ou fioles[2] suspendues à un firmament[3], mais à toutes hauteurs et à toutes places, de sorte qu'au lieu de le montrer elles le dissimulent. En suivant les volontés ou caprices de quelque puissant souffleur[4] en scène, ou peut-être les coups de vent, ceux que l'on sent aux joues et ceux que l'on ne sent pas, elles s'éteignent ou se rallument, et revêtent le spectateur en même temps que le spectacle de robes changeant selon l'heure et le lieu.

Francis Ponge, « La robe des choses », *Pièces*, © Éditions Gallimard, 1961.

---

1. Insidieuses : insensibles, imperceptibles. 2. Fioles : petites bouteilles de verre. 3. Firmament : voûte céleste étoilée. 4. Souffleur : au théâtre, le souffleur est chargé de rappeler discrètement leur texte aux comédiens.

LES CLÉS DU SUJET

Comprendre la question

- Définissez le mot « expériences ». Il s'agit de l'**expérience *poétique***, l'adjectif « poétique » portant plus sur « expériences » que sur « écriture ».
- « quelles » signifie : « de quelles sortes… ». Vous devez **caractériser** ces expériences (sans paraphraser), en donner les particularités dominantes.

• En somme la question signifie : *Caractérisez les expériences poétiques évoquées dans ces poèmes.*
• L'adjectif « différents » autorise à traiter chaque texte séparément. Mais une réponse **synthétique** est préférable : si vous trouvez des points communs entre les textes, commencez par eux.

■ Structurer la réponse

• Faites une phrase d'**introduction**, qui situe les documents et reprend la question, et une brève **conclusion**, qui rappelle l'intérêt des éléments analysés.
• Accompagnez chaque remarque d'**exemples précis** tirés des textes.

▶ **Pour réussir les questions :** voir guide méthodologique.
▶ **La poésie :** voir mémento des notions.

CORRIGÉ 1

Les titres en couleur ne doivent pas figurer sur la copie.

[Présentation du corpus et problématique] Les poètes des XIXᵉ et XXᵉ siècles, pour rendre compte de la spécificité de leur identité et de leur art, décrivent dans certains poèmes leurs expériences poétiques : ainsi, Baudelaire dans « La Musique » et Rimbaud dans « Sensation » émaillent de métaphores leurs poèmes en vers. Au siècle suivant, Char et Ponge optent pour la poésie en prose et imaginent plutôt un dialogue virtuel, le premier avec Rimbaud auquel il rend hommage (« Tu as bien fait de partir, Arthur Rimbaud ! »), le second avec le lecteur auquel il prodigue ses conseils de poète (« La robe des choses »). Quel type d'expérience poétique ces poètes décrivent-ils ?

• L'expérience poétique est liée à la recherche d'un renouveau essentiel, d'une libération dont les départs ou les voyages, rêvés ou réels, sont la manifestation. Ce sont d'abord des voyages dans une langue poétique, à la fois esthétique et novatrice, qui s'appuient sur des images évocatrices, parfois provocatrices : le poète a une façon originale de percevoir le monde mais aussi d'exprimer l'originalité de cette perception.

• Baudelaire compose un sonnet atypique, en alternant alexandrins et pentasyllabes. Rimbaud concentre en deux quatrains tout un monde de nature. Char et Ponge choisissent le poème en prose, apostrophe dense comme un « boulet de canon » de Char, ou invitation de Ponge à la contemplation par une série d'injonctions et de conseils au lecteur, avec une syntaxe sinueuse qui ralentit la phrase, l'émiette, oblige le lecteur à prendre le temps pour un nouveau regard sur le monde. Pour rendre compte de ce voyage dans la langue, les poètes multiplient les effets de sonorités et de rythme qui traduisent l'ivresse.

• La nature et les « destinations » de ces voyages diffèrent selon les poètes. Dans « La Musique », il s'agit du récit d'un embarquement imaginaire sous le coup des émotions suscitées par l'écoute d'un morceau de musique. Rimbaud, lui, se projette dans une de ces courses nocturnes qu'il aimait tant, à travers une nature qui l'apaise et l'accueille comme « une femme », et lui procure des sensations simples et fortes.

• Char voyage par personne interposée, qui lui sert de guide, de modèle : il célèbre les voyages lointains entrepris par Rimbaud dans « le grand vide du monde », loin du « ronronnement » quotidien, remplaçant pour Rimbaud l'aventure poétique qui l'a conduit au bord de la folie et l'emmenant dans des territoires à la mesure de son désir de liberté et de nouveauté. Pour Ponge, inutile d'aller chercher bien loin le renouvellement des sensations : il suffit de porter une attention plus soutenue à ce que la routine ne nous fait plus percevoir, et l'environnement le plus banal, le plus quotidien devient « extraordinairement dramatique ».

• C'est par tous ses sens que le poète s'approprie la richesse et la complexité du réel ; ce sont eux qui déclenchent ses émotions, ses rêves, « passions », « désespoir », « amour », « bonheur », « stupéfaction ». Chez le poète, les « élans du corps et de l'âme » (Char) – ce que Rimbaud appelle la « sensation » – ne font qu'un avec l'émotion.

• Ces expériences sensorielles s'appuient sur la fécondité de l'imagination du poète, qui recourt pour les faire partager au lecteur à des métaphores suggestives ou à des évocations inattendues. Ces expériences dans le monde des sens et de l'imagination sont sans cesse renouvelées : elles font partie du vécu quotidien des poètes.

• L'expérience sensible immédiate s'élargit en expérience spirituelle et même métaphysique. Les émotions musicales de Baudelaire reproduisent ses élans vers l'idéal, ou les moments de « désespoir » causés par le spleen. Rimbaud entre en communion avec la « Nature » et ses révoltes poétiques, pour Char, sont l'image de « la vie d'un homme » et de son aspiration à toutes les formes de « bonheur ». C'est aussi un art de vivre que Ponge nous invite à découvrir sous « la robe des choses ».

[Conclusion] Ces poèmes mettent en évidence le caractère libérateur de l'expérience poétique. La poésie renouvelle la langue, regénère le regard sur le monde, accorde la primauté aux perceptions sensorielles, refuse les attitudes convenues pour atteindre une forme supérieure de « bonheur ».

SUJET
2

Amérique du Nord • Juin 2012
Série L • 16 points

Poésie et musique

Commentaire

▶ **Vous ferez le commentaire du poème de Baudelaire, « La Musique ».**

Se reporter au document A du sujet n° 1.

LES CLÉS DU SUJET

Trouver les idées directrices

- Faites la « **définition** » du texte pour trouver les axes (idées directrices).

Poème en vers réguliers (*genre*) qui décrit (*type de texte*) l'expérience de la musique (*thème*), qui raconte (*type de texte*) un voyage (*thème*), qui rend compte (*type de texte*) d'un mal-être (*thème*), lyrique (*registre*), musical, rythmé, violent et calme à la fois, marqué par les sensations, métaphorique (*adjectifs*), pour faire part de son expérience musicale, mais aussi poétique, et exprimer sa souffrance, son désespoir (*buts*).

Pistes de recherche

Première piste : un poème musical pour parler de la musique

- Mettez en relation le poème avec son titre. Déduisez-en quelle expérience explicite Baudelaire décrit.
- Quelle image Baudelaire donne-t-il de la musique ? Quels moyens poétiques utilise-t-il pour en rendre compte ?

Deuxième piste : la métaphore du voyage en mer

- Analysez l'image créée dès le premier vers.
- Comment se construit-elle et se développe-t-elle au fil du poème ?

Troisième piste : le message du poème

- Quel sens implicite peuvent prendre ces évocations de la musique et du voyage en mer ?

• Quelle image le poème donne-t-il du poète ? de la vie ? de l'art et plus spécifiquement de la poésie ?

▶ **Pour réussir le commentaire** : voir guide méthodologique.

▶ **La poésie** : voir mémento des notions.

CORRIGÉ 2

Les titres en couleur ne doivent pas figurer sur la copie.

Introduction

[Amorce] Le XIXe siècle est marqué par l'apparition d'une nouvelle génération de poètes : les poètes maudits, êtres en marge de la société, superbes dans les airs, c'est-à-dire en poésie, mais maladroits ici-bas. Dans ses *Fleurs du mal*, Baudelaire désigne leur état d'isolement, de mélancolie profonde par le mot anglais *spleen*. Pour décrire leur expérience poétique, ces poètes établissent des liens forts entre la poésie et les autres arts. Baudelaire, poète mais aussi critique d'art, célèbre la peinture et les peintres dans « Les Phares », il évoque la sculpture dans « La Beauté »… Dans « La Musique » qui fait partie de « Spleen et Idéal », il évoque ce qu'il ressent à l'audition d'un morceau de musique [Problématique] mais son poème dépasse cet aspect anecdotique. [Annonce des axes] Pour rendre compte de cette expérience musicale indicible tant elle est intense [I], il la compare à un voyage en mer et invite le lecteur à partager ses états d'âme contrastés lors de ce périple [II]. Mais il faut interpréter cette double métaphore : à travers elle, Baudelaire exprime son mal-être tout en évoquant les sources de son inspiration poétique : le poème devient une sorte d'art poétique [III].

I. Un poème musical pour parler de la musique

1. Une expérience personnelle et répétée

• Le poème est jalonné d'indices personnels de la 1re personne du singulier, à l'exclusion de toute autre : le pronom personnel est le plus souvent en position de sujet (« je mets ») qui fait les actions, ou de COD (« me prend », « me berce ») comme unique objet de la musique. Ces pronoms sont soutenus par des adjectifs possessifs (« ma », « mon »).

• Mais qui est ce « je » qui s'exprime ? Est-ce Baudelaire qui écoute un morceau de musique ? est-ce le navire qui « met à la voile », « escalade le dos des flots » et a une « toile » (voile) ? Est-ce le passager (ou le capitaine) sur le pont, « la poitrine en avant », « les poumons gonflés » ? L'ambiguïté subsiste.

• Cette expérience est présentée presque comme une habitude pour Baudelaire, comme en témoignent l'adverbe « souvent », l'indication temporelle « d'autres fois » et le présent d'habitude. C'est une expérience répétée, vécue dans le passé et encore dans le présent, qui fait partie du quotidien du poète.

2. L'expérience de la musique ? La musique donne le ton

• Le titre du poème et son premier vers indiquent que c'est la musique qui donne son élan et préside à tout le poème, qui lui donne le ton. Tout part de la sensation auditive. Mais le poème ne comporte aucun terme technique musical précis et, après le 1er vers, le champ lexical de la musique disparaît ; seuls les mots « vibrer » et « bercent » – polysémiques – peuvent encore appartenir au réseau lexical de la musique.

• Baudelaire ne se pose ni en critique musical, ni en musicien, mais en simple auditeur saisi par une expérience envoûtante. La brutalité de l'entrée en matière du premier vers donne l'impression que le poète est pris au dépourvu. Personnifiée à travers l'expression « me prend », la musique est présentée dans sa dimension concrète.

3. Un poème morceau de musique

• La composition de ce faux sonnet est calquée sur celle d'un morceau de musique, en trois mouvements : l'ouverture (v. 1) donne le motif (le thème) et le ton, très lyrique et puissant avec son exclamation ; les 12 vers suivants, par leur souffle puissant, développent la métaphore qui va s'amplifiant ; la dernière phrase, elliptique du verbe, a la brutalité d'un finale en point d'arrêt qui laisse l'auditeur et le musicien un temps silencieux (« calme plat ») après l'émotion.

• La musicalité du poème tient aussi au mariage de la régularité et de l'irrégularité, au phénomène de l'alternance qui le parcourt : deux quatrains sont suivis de deux tercets, figure régulière du sonnet, mais – irrégularité – les vers ne sont pas tous de douze pieds comme dans le sonnet traditionnel ; les alexandrins (pairs) alternent avec les pentasyllabes (impairs), les rimes masculines (« mer/éther ») avec les rimes féminines (« étoile/voile »...).

• Ces mouvements, ces répétitions, le retour en fin de strophe d'homonymes (« voile » nom, « voile » verbe) mais aussi les enjambements (v. 2-3, 5-6, 7-8...) créent un bercement, un rythme qui entraînent et envoûtent le lecteur.

• Les sonorités contribuent à donner au poème sa musicalité suggestive : les allitérations en *v* et en *f* du premier tercet reproduisent le son du « vent », les allitérations en *m* de la dernière strophe suggèrent le « calme » qui clôt à la fois l'écoute du morceau de musique et le poème.

Conseil
N'oubliez jamais d'appuyer votre analyse d'un poème en vers sur des remarques précises concernant l'écriture poétique.

II. Une métaphore filée : un voyage en mer ?

1. Comment naît la métaphore ? De l'ouïe à la vue, au mouvement

• L'audition bien réelle du morceau de musique se transforme vite en voyage en voilier : dès le vers 1, d'une sensation auditive naît une vision. Le mot comparatif « comme » joue le rôle d'axe de symétrie entre les deux pôles de la comparaison (« musique » et « mer ») placés aux extrémités du vers qui les assimilent : même lettre initiale (*m*, qui envahit le vers : « me »/ « comme »), même nombre (les deux noms sont au singulier).

• Associé au nom « mer » qui, à la lecture, présente une ambiguïté possible avec « mère », le verbe « me prend » traduit cet effet de prise de possession presque amoureuse ou maternelle (que semble confirmer en fin de poème le verbe en rejet « Me bercent »).

• Puis la comparaison (encore au v. 6 : « comme de la toile ») s'épanouit en une métaphore qui parcourt tout le poème. Elle est soutenue par des effets de synesthésie : l'expression « J'escalade [le dos] des flots », associée à la « nuit » (v. 8), indique le mélange des sensations visuelles et du mouvement qui emporte le poète. Le verbe « vibrer » fait appel aussi bien à l'ouïe (on parle de vibrations sonores), qu'au toucher (le vaisseau vibre sur la mer) et à la vue. La métaphore s'appuie aussi sur un lexique ambigu : l'adjectif « calme » peut s'appliquer aussi bien à une musique qu'à la mer.

2. L'écriture poétique au service de l'évocation d'un voyage en mer

• Il s'agit bien d'un voyage en mer : le poème comporte de nombreux mots qui y renvoient concrètement. La « mer » est désignée par différents termes (les « flots », « l'immense gouffre ») et est évoquée dans ses différents états, selon le « vent » : la « tempête et ses convulsions » ou le « calme plat ». Les conditions de navigation (la « brume » ou « le bon vent », « dans un vaste éther ») sont mentionnées. Le bateau est un « vaisseau », qui a une « voile » de « toile ». Enfin, la destination du périple est spécifiée : « la pâle étoile » donne le cap et guide le marin.

• Mais c'est à travers l'écriture poétique que Baudelaire évoque surtout ce voyage à voir et à entendre. La phrase qui en rend compte s'étend sur 12 vers et les coupes successives marquées par des points-virgules (v. 4, 8, 10) traduisent les à-coups de la navigation. Le rythme poétique est calqué sur celui de la mer : l'alternance d'alexandrins et de pentasyllabes reproduit visuellement le mouvement des vagues ; les enjambements rendent auditivement sensibles la fluidité de l'élément et la course continue du voyage.

• Enfin, les images poétiques suggestives contribuent à peindre ce voyage : la nuit est comme un « voile » ; les vagues, animalisées, ont un « dos », puis elles deviennent des montagnes que le vaisseau « escalade » ; parfois, elles « bercent » le vaisseau-poète comme une mère ; le « calme plat », par un effet de métaphore et de synesthésie, devient un « grand miroir ».

3. Sensations et émotions fortes

• La musique suscite en Baudelaire des sensations physiques fortes : champ lexical du corps (« poitrine, poumons ») et référence au mouvement qui l'agite (« je mets à la voile », « j'escalade », « vibrer »).

• Ces sensations vont parfois s'intensifiant jusqu'à la douleur (il « souffre ») et aux « convulsions » ; parfois, au contraire, elles rappellent un bien-être proche de celui de l'enfant à naître : le verbe « bercent », associé à l'élément liquide, suggère peut-être un retour au ventre maternel.

• Le trouble et la possession physique se transmettent à l'affectivité : au vers 9 sont évoquées les vibrations du corps et « toutes les passions ». Tout l'être du poète est bouleversé. Il s'agit d'une véritable « tempête » intérieure.

III. Un miroir de l'univers mental du poète et un art poétique

1. L'expression lyrique d'un mal-être

• Les variations de la musique et les imprévus de la navigation reproduisent la dualité des sentiments d'une âme tourmentée, déchirée entre l'enthousiasme de l'aspiration à l'Idéal et les « longs ennuis » du spleen, opposition douloureuse qui structure toutes *Les Fleurs du mal*.

• Quels aspects du spleen sont métaphoriquement mis en relief ? L'oxymore « ma pâle étoile », la « brume » et la « nuit », qui renvoient à une visibilité réduite, suggèrent à la fois la perte de tout repère et la tristesse, la monotonie d'une vie sans joie de vivre. Le « plafond » traduit l'oppression d'un être qui se sent étouffé sur terre. Le verbe « escalader » souligne la lutte ardue de ce voyage dans la vie d'un poète qui cherche ses prises. Enfin, le « calme plat » est le « miroir » du vide de la vie.

• La douleur est accrue par le contraste entre ce mal-être et l'aspiration vers l'idéal. Le vers 3 est lui-même déchiré entre ces deux extrêmes à travers les images du « plafond » et du « vaste éther » « Mettre à la voile » implique l'exaltation d'un départ et la recherche dynamique d'un ailleurs. L'« étoile » symbolise à la fois l'espoir et le destin.

2. L'art : un remède au mal-être, mais éphémère

• Dans ce contexte, la musique et implicitement tout art sont un remède au mal-être, un moyen de s'évader. La préposition « vers » (v. 2) indique le mouvement, l'envol et l'adjectif « vaste » (v. 3) donne une impression de libération de l'âme, qui élève le poète dans les airs, au-dessus des mortels, et rend la vie supportable. Par l'art on approche de l'absolu, de l'infini, voire de l'idéal.

• L'art transforme ainsi la souffrance en une expérience agréable. Pour expliciter cette transformation magique, Baudelaire oppose, en une antithèse forte, le mot « gouffre », image de sa vie, au verbe « bercent ». Il illustre par là le principe même des *Fleurs du mal* : tirer la beauté de la laideur (« Tu m'as donné ta boue et j'en ai fait de l'or »). Le poème réunit à la fois la musique, le voyage et la poésie pour leur donner une fonction métaphysique.

• Cependant, ce remède est éphémère et le poème se clôt sur une note pessimiste. La rupture que crée le dernier mot, le passage de l'exaltation dynamique à l'immobilité finale révèlent à la fois la fin du morceau de musique, celle du voyage – qui n'est qu'imaginaire – et l'incapacité à prolonger ou à retrouver l'état de possession quasi divine de l'acte artistique.

3. Un art poétique ? La poésie comme découverte du monde

• Outre sa vertu thérapeutique, pour le poète le langage poétique est le seul capable de dire l'indicible, de traduire sa vie intérieure. Mais pour cela, le poète doit à la fois faire preuve d'un élan volontaire (il « met à la voile ») et accepter de s'offrir à l'expérience poétique, comme à l'expérience musicale.

• La poésie est aussi un mode privilégié d'accès au monde qu'elle transforme pour mieux le faire voir et comprendre. Ainsi les images poétiques, par d'étranges « correspondances », peuvent faire des vagues un animal redoutable, des montagnes ou de la mer une personne prise de « convulsions », d'un ciel un « plafond », d'un poète un « vaisseau »…

• Pour atteindre cette mission, le poète doit faire preuve de modernité : le choix de la forme du faux sonnet avec son alliance de vers pairs et impairs, l'étrangeté des métaphores imbriquées indiquent une poésie en constant renouvellement, souvent provocatrice, qui allie tradition et nouveauté.

Conclusion

Dans ce poème, tout à la fois expérience musicale, voyage maritime et définition implicite de la poésie, se retrouvent la plupart des thèmes majeurs des *Fleurs du mal*. Il entre en résonance avec les poèmes qui décrivent le mal-être baudelairien (les quatre « Spleen »), mais aussi avec les pièces qui traduisent la beauté de l'Idéal (« Élévation », « Invitation au voyage »…). [Ouverture] Au-delà, il suggère que tous les arts se rejoignent pour rendre supportable la condition humaine, que « l'art est un anti-destin » (Malraux).

SUJET

3

Amérique du Nord • Juin 2012
Série L • 16 points

Poésie et musique

Dissertation

▶ Pourquoi la poésie est-elle un mode d'accès privilégié au monde ? Vous fonderez votre réflexion sur les poèmes du corpus, les textes étudiés en classe et votre culture personnelle.

Les textes du corpus sont reproduits dans le sujet n° 1.

LES CLÉS DU SUJET

Comprendre le sujet

• « mode d'accès (à) » signifie « moyen de connaître quelque chose ».
• « privilégié » signifie que les poètes font voir le monde d'une façon **originale, différente de ce dont nous avons l'habitude ou des autres moyens d'appréhension du monde.** Vous n'avez pas à discuter cette thèse (le plan ne doit pas être dialectique), mais à la confirmer.
• Vous devez préciser ce que recouvre l'expression « le monde ».
• « Pourquoi » vous invite à chercher **les raisons** de cette aptitude de la poésie, mais aussi **les moyens** auxquels elle a recours pour cela.
• La **problématique** peut être reformulée ainsi : *Pourquoi la poésie est-elle particulièrement apte à faire connaître le monde ?*

Chercher des idées

• **Scindez cette problématique en plusieurs sous-questions**, en variant les mots interrogatifs : « *Pourquoi* les poètes voient-ils mieux que d'autres le monde ? » ; « *En quoi* la poésie permet-elle de se rapprocher de la réalité ? » ; « *Par quels moyens* les poètes parviennent-ils à la connaissance du monde et à sa révélation ? »…
• Le mot « monde » renvoie à la réalité qui nous entoure : les objets, les activités de la vie, la nature, la société… Il peut aussi renvoyer au monde intérieur (être intime, sentiments…).

• Cherchez des poèmes qui prennent leur sujet dans le monde qui nous entoure et des poèmes qui, par leurs images et leur symbolisme, permettent de percer le mystère des choses, d'aller au-delà des apparences (Baudelaire, « Correspondances »).

• Comme vous aurez à faire souvent référence aux notions de « accès à » et de « monde », constituez une **réserve de mots** pour éviter les répétitions.

▶ **Pour réussir la dissertation :** voir guide méthodologique.

▶ **La poésie :** voir mémento des notions.

CORRIGÉ 3

Les titres en couleur ne doivent pas figurer sur la copie.

Introduction

[Amorce] Les définitions de la poésie, de ses fonctions, et plus précisément de ses rapports avec le monde, sont souvent contradictoires et les poètes manifestent à l'égard du réel un mélange d'attirance et de répulsion. Ainsi, Charles Cros, dans « Sonnet », se décrit comme un individu décalé : « Moi, je vis la vie à côté,/ Pleurant alors que c'est la fête. » Pour Balzac au contraire, seul le poète est capable d'« exprimer la réalité ». [Problématique] Pourquoi peut-on dire que la poésie est particulièrement apte à faire voir et comprendre le monde qui nous entoure ? [Annonce du plan] [I] Cela tient d'abord à ce que le poète est un homme parmi les hommes, qu'il est immergé dans la réalité dont s'inspire sa poésie. [II] Cela tient aussi à l'identité du poète, artiste sensible, « voyant » dont le regard cherche à déchiffrer le monde, à en dévoiler la face cachée et à le renouveler. [III] Cela tient enfin à « l'outil » du poète, le langage poétique, dont il exploite les ressources pour exprimer la réalité profonde du monde.

I. Le poète est attentif à la réalité du monde qui l'entoure

1. La vie quotidienne comme sujet de la poésie

• Le poète puise son inspiration dans la réalité quotidienne qu'il peint parfois de façon très réaliste. Il trouve ses sujets dans les objets, les choses de la vie même et dans les lieux coutumiers qui émaillent notre existence.

• Après le surréalisme qui dédaigne le réel dans sa forme immédiate, Ponge revient dans *Le Parti pris des choses* aux réalités les plus usuelles : le pain, le cageot… Dans « Fenêtres ouvertes », Hugo rend compte des bruits de la vie quotidienne qu'il perçoit de sa chambre. Cadou consacre un poème à « La maison du poète ». Le poète s'efforce de rendre le monde dans toute sa plénitude.

2. Peindre le monde et la vie des hommes

• Homme mortel, le poète peint aussi les phases obligées de la vie de tout un chacun, qu'il nous fait voir et comprendre dans toute dans leur crudité.

• Villon décrit dans la « Ballade des pendus » les pendus aux yeux « plus becquetés d'oiseaux que dés à coudre » ; Ronsard se peint lui-même proche de la mort : « Je n'ai plus que les os... » ou évoque la jeune Hélène devenue « bien vieille [...] au foyer accroupie »...

3. Peindre la réalité sociale, politique...

• Le poète vit dans une société et est capable de faire prendre conscience de la réalité sociopolitique. Il se sert parfois de la poésie comme d'une arme et s'engage pour que les lendemains soient meilleurs.

• Ainsi, Hugo se met au service de causes humaines : il dénonce le travail des enfants dans « Melancholia », l'analphabétisme dans *L'Année terrible*, les crimes de Napoléon III dans *Les Châtiments.* Desnos dans « L'honneur des poètes », Éluard dans « Liberté » font avec leurs poèmes acte de résistance.

II. Le poète est un « déchiffreur » du monde

1. Il *voit* et perce les mystères du monde qu'il déchiffre

• Mais le poète est plus qu'un homme ordinaire : être doué d'une sensibilité exacerbée, « voyant » (Baudelaire), il perçoit le monde différemment, d'un regard capable de percer la réalité et ses mystères.

• « Déchiffreur », il devine le monde qui se cache derrière la rationalité et en montre la réalité profonde. Le poète symboliste « comprend [...]/ Le langage des fleurs et des choses muettes » (« Élévation », *Les Fleurs du mal*).

2. Il *dévoile* les liens secrets entre les éléments de la réalité

• Baudelaire, dans « Correspondances », traduit par un jeu d'images les liens invisibles entre le monde caché et les sensations que l'on ne saurait exprimer : dans ce poème un dialogue de regards et de sons silencieux s'instaure entre l'homme et la nature (« Il est des parfums frais comme des chairs d'enfants/ Doux comme les hautbois, verts comme les prairies »).

• Ce mode de connaissance plus approfondie du monde qu'est la poésie permet au lecteur de se rapprocher de la réalité de manière peu habituelle.

3. Le regard du poète *redynamise* le quotidien

• Jean Cocteau, dans *Le Rappel à l'ordre* (1926), explique que le poète fait voir au lecteur le connu sous la forme de l'inconnu, lui montrant comme pour la première fois « ce sur quoi son cœur, son œil glissent chaque jour », présenté « sous un angle et une vitesse tels qu'il lui paraît le voir et s'en émouvoir pour la première fois ».

• Ainsi, Francis Ponge, dans *Le Parti pris des choses,* tisse des liens étranges entre les petites choses du quotidien et les vastes univers de l'espace et de la nature par de surprenantes comparaisons et métaphores. Sous sa plume, le pain prend une dimension cosmique : c'est « une masse amorphe en train d'éructer [qui] fut glissée dans le four stellaire [...] où elle s'est façonnée en vallées, crêtes, ondulations, crevasses ».

III. Le langage poétique pour exprimer la réalité profonde du monde

1. Un langage différent des discours habituels

• Le langage poétique diffère fondamentalement des discours philosophique, économique ou scientifique, qui se proposent d'*expliquer* et non pas d'*exprimer* le monde, et qui se bornent à en dire explicitement le sens.

• Le poète rend aux mots leur réalité, il en retrouve le sens originel. Mallarmé voulait « redonner un sens plus pur aux mots de la tribu » et rappelait au peintre Degas : « Ce n'est pas avec des idées que l'on écrit, c'est avec des mots. »

• Il redonne leur réalité aux mots dans leur multiplicité de sens. En poésie le mot ne recouvre pas *une* réalité, mais *toutes* ses réalités, tous ses possibles. « Le poète n'utilise pas le mot, il ne choisit pas entre des acceptions diverses et chacune d'elles [...] se fond sous ses yeux avec les autres acceptions [...]. Florence est ville et fleur et femme, elle est ville-fleur et ville-femme et fille-fleur tout à la fois », explique Sartre (*Qu'est-ce que la littérature ?).*

• C'est cette fonction créatrice que Mallarmé assigne à la poésie, quand il affirme qu'évoquer une fleur, c'est non seulement en parler, mais façonner par la magie du langage un objet nouveau : « Je dis, une fleur ! et hors de l'oubli où ma voix relègue aucun contour [...] musicalement se lève, idée même et suave, l'absente de tout bouquet. » La poésie posséderait donc un pouvoir d'évocation propre, qui permet d'atteindre l'essence même des objets.

• Le mot et la phrase sont dans la poésie autant porteurs de sens que de musicalité, mode d'accès sensuel au monde : les sonorités des mots rendent compte du monde. Baudelaire dans « La Musique » rend sensibles « Le bon *vent*, la *tem*pête et ses convulsions/Sur l'*immens*e gouffre ».

• C'est en jouant sur les mots, les sons, les rythmes et les sensations que le poète transfigure le monde qui nous entoure.

2. Un langage qui donne accès au monde par l'imagination

• Le poète recourt aussi aux images insolites (comparaisons, métaphores…) : il rapproche ainsi des réalités diverses, d'ordinaire séparées, et substitue à notre vision routinière une nouvelle optique. Ainsi, pour Réda, les « rayons » d'une bicyclette deviennent des « rayons » de soleil (« La Bicyclette »). De la tour Eiffel, Apollinaire fait une bergère (« Bergère ô Tour Eiffel, le troupeau des ponts bêle »)…

• Le poète a le pouvoir d'animer l'inanimé, notamment les objets. Rimbaud donne vie à un meuble, « Le Buffet », Verlaine à un instrument de musique, « Le Piano », Ponge à une « valise ». Les sardines à l'huile de Fourest deviennent des sortes de saintes qu'on invoque (« Priez pour nous »).

• Les différents domaines de la réalité se trouvent ainsi confondus et mêlés et deviennent plus sensibles au lecteur : dans « La Musique », se confondent les sons musicaux, les mouvements d'un vaisseau dans la tempête pour mieux faire sentir les effets de la musique mais aussi les sensations lors d'un voyage et, plus profondément mais implicitement, le mal-être du poète.

• Apparaissent ainsi les liens secrets qui existent entre tous les éléments du monde, lequel est *dit* dans sa globalité, synthétiquement, loin du regard froid de l'analyse raisonnée.

3. La poésie exprime aussi le monde intérieur

• La poésie traduit la réalité de celui qui écrit, notamment ses mouvements affectifs. En effet, dans la poésie lyrique, le *je* transparaît et se trahit. La poésie nourrit des liens étroits avec l'inconscient du poète. Ainsi les surréalistes, par des images inattendues, donnent de la réalité à leurs rêves, libèrent leur inconscient. Breton révèle la réalité de son amour par des images insolites : « Ma femme à la chevelure de feu de bois/Aux pensées d'éclairs de chaleur/À la taille de sablier ».

• La peinture de l'intimité du poète permet au lecteur de s'identifier à lui et de comprendre ses plus grands soucis ou ses plus fortes émotions : le poète nous révèle à nous-mêmes, il peint la réalité de celui qui lit, de son monde intime. Hugo souligne cette aptitude de la poésie lorsqu'il s'adresse à son lecteur : « Insensé qui crois que je ne suis pas toi ». Baudelaire lui fait écho : « Hypocrite lecteur, mon semblable, mon frère ».

Conclusion

[Synthèse] Le poète, par sa sensibilité et l'acuité de son regard, mais aussi par le langage poétique, parvient à saisir la réalité dans son essence même : il dégage les éléments du monde ordinaire de leur existence contingente et de ce que Ponge appelle la « routine ». [Ouverture] Mais, au-delà, en transformant ce qui nous entoure, le poète *crée* des mondes nouveaux qui permettent de s'évader de ce que notre vie peut avoir de banal et de rêver.

SUJET

4

Amérique du Nord • Juin 2012

Série L • 16 points

Poésie et musique

Écriture d'invention

▸ Dans une lettre, vous incitez un(e) de vos ami(e)s, qui trouve le quotidien plat et morne, à lire ou à écrire de la poésie. Vous vous appuierez sur des références précises, tirées du corpus et de votre expérience personnelle.

Les textes du corpus sont reproduits dans le sujet n° 1.

LES CLÉS DU SUJET

Comprendre le sujet

- **Forme du texte à produire** : « lettre ». Respectez-en les caractéristiques formelles : formule d'adresse, implication de l'auteur et du destinataire.
- **Sujet/thème du texte** : « la poésie » ; la perspective à adopter sur ce thème général est « ses fonctions ».
- **Type de texte** : « vous incitez… » indique que le texte est argumentatif. La **thèse** est : *La poésie permet d'enrichir ou de renouveler notre rapport au quotidien, de lui rendre relief et saveur.*
- **Situation d'énonciation** : *Qui ?* vous qui devient « je » *À qui ?* « à un de vos amis ». Cela implique une certaine complicité.
- **Niveau de langue** : courant. Le **registre** n'est est pas indiqué.
- « **Définition** » du texte à produire, à partir de la consigne.

Lettre (*genre*), qui argumente sur (*type de texte*) les bienfaits de la poésie (*thème*), pour montrer qu'elle redonne de la saveur au monde (*but*).

Chercher des idées

Le fond

- Il s'agit en quelque sorte d'une dissertation déguisée… en lettre.
- Il faut chercher des **arguments** et des **exemples** (voir sujet précédent).
- Réfléchissez sur les **qualités esthétiques** de la poésie, sur ses **bienfaits psychologiques**, sur l'éclairage qu'elle donne de la **réalité profonde** que

l'on ne perçoit pas, sur la **réflexion existentielle**, sur son **renouvellement** de la langue et des mots, donc du monde qu'ils évoquent.

La forme

- Votre texte doit être vivant et spontané.
- Pour faire partager votre enthousiasme, vous devez prodiguer des encouragements à votre destinataire, sous forme d'**incitations** (impératifs, exclamations...), et peut-être par moments adopter un **ton lyrique**.
- Utilisez une **langue poétique** : musicalité, création verbale, symboles...
- Faites une recherche de **champs lexicaux**, notamment les antonymes positifs de « plat, morne » : exaltant, enthousiasmant, saveur/savoureux, goût, enrichir/enrichissement, plaisir, renouveler/renouvellement...

▶ **Pour réussir l'écriture d'invention** : voir guide méthodologique.
▶ **La poésie** : voir mémento des notions.

CORRIGÉ 4

Chère Sylvie,

J'ai réfléchi à notre conversation d'hier : tu sais, quand tu m'as dit que tu t'ennuyais, que tu ne voyais aucun intérêt à notre quotidien « insipide » que tout te paraissait déjà « usé » – je te cite... Certes, il y a plus palpitant que nos vies de lycéennes. Mais considère les choses sous un autre angle. Ce qu'il te faut, c'est jeter un regard neuf sur le monde et la vie, et, pour cela, je suis sûre que la poésie peut t'aider.

La poésie peut rendre des couleurs plus vives au quotidien. Pourquoi ? Hé bien, parce qu'elle peut devenir un véritable jeu. As-tu déjà entendu parler du *Parti pris des choses* de Ponge ? Le poète y choisit les objets les plus banals, ceux que nous ne voyons même plus tant ils font partie de notre quotidien... Et, par la magie d'images insolites, par des rapprochements inattendus, il te les fait re-découvrir, ou plutôt il te les fait voir comme pour la première fois : c'est magique ! Le Pain se transforme en une terre au milieu d'un « four stellaire »... Le Cageot devient un personnage des plus « sympathiques »... Et le monde reprend des couleurs, une vie.

Ce qui ne veut pas dire que la poésie n'est faite que pour s'occuper de choses triviales et quotidiennes, loin de là. Justement, ce qui la rend aussi riche, c'est qu'elle peut parler de tout en même temps. Aussi bien de la fourmi qui traîne péniblement son fardeau que de vertiges métaphysiques. Ponge peut donc parler des « compagnies de moustiques » dans « La Robe des choses », tout comme René Char peut exprimer son malaise face à un monde désespérément décevant, rempli de « pisse-lyres » et « d'estaminets » dérisoires, que, selon lui, il faut quitter comme l'a fait Rimbaud. Cette capacité de la poésie à tout transformer me semble particulièrement apte à répondre à ton mal-être. Tu me diras peut-être que cela dénature la réalité, mais je ne le pense pas. Il ne s'agit pas de tricher sur la réalité des choses, mais de la mettre en valeur, de changer la lumière qui l'éclaire.

Enfin, si jamais ce bas monde ne te suffit décidément pas, rien ne t'empêche de t'en évader pour explorer des sphères étrangères. « Au fond de l'inconnu pour trouver du nouveau ! », comme le disait Baudelaire dans *Les Fleurs du mal*. Regarde *Le Bateau ivre* de Rimbaud : c'est une magnifique hallucination détachée de toute réalité. Les critiques s'écrasent régulièrement comme des vagues sur la digue de ce poème qui leur résiste toujours (mais je deviens poète…). Quels sont les « poteaux de couleur » où sont « cloués » les « hâleurs » qui guidaient le poète ? Quel est ce « Poème de la Mer influé d'astres et lactescent » où il « baigne » ? Et quel est cet « enfant accroupi, plein de tristesse », qui « lâche un bateau frêle comme un papillon de mai » à la fin du poème ? J'ai beau ne rien y *comprendre*, je sens un plus grand sens derrière ce texte : un désarroi vertigineux qui côtoie un élan ardent vers l'Idéal – comme dans « La Musique » de Baudelaire – et un enthousiasme – au sens poétique et antique du terme – mélancolique qui m'émeut beaucoup.

Et puis, après tout, chacun d'entre nous est un peu poète. Pourquoi ne t'essaierais-tu pas à écrire toi aussi des poèmes : c'est par l'écriture que Baudelaire a pu échapper au spleen ! En écrivant « Invitation au voyage », « Élévation » ou « Harmonie du soir », il s'est sorti du monde sordide qui l'angoissait pour atteindre des sphères où il se sentait libre et beau comme un Albatros. Les poètes peuvent inventer des pays où « Tout n'est que luxe, calme et volupté ». Pourquoi pas toi ? Le monde t'en paraîtrait moins morose.

Et quelle sensation de liberté que de pouvoir jouer avec les multiples sens des mots, les sonorités, d'inventer son propre langage, comme les surréalistes, ou Queneau qui invente le verbe « enpapaouèter » ou encore Prévert qui donne vie à un oiseau peint sur une toile et le libère de sa cage.

J'espère t'avoir convaincue. En tout cas, je pense sincèrement que la poésie t'aiderait à éclaircir tes idées noires. Et je te conseillerais bien de commencer par des textes de Hugo : il a du souffle ! Il saura relever le goût de ton quotidien « inodore, incolore et sans saveur », comme tu dis. Une confidence : de temps à autre, moi aussi j'écris des poèmes et c'est cent fois plus efficace et libérateur que tous les remèdes anti-stress du monde. Alors, tu vois, il ne faut pas hésiter et surtout ne pas avoir honte d'écrire.

Salut, et à bientôt… poète en herbe !

SUJET

5

Liban • Mai 2013

Série ES, S • 4 points

Célébrer la vie

Question

Documents

A – **Pierre de Ronsard**, *Le Second Livre des Odes*, ode 18 (1571).
B – **Victor Hugo**, « Regard jeté dans une mansarde », *Les Rayons et les Ombres*, IV, 1 (1840).
C – **Arthur Rimbaud**, « La Maline », *Poésies complètes* (1870).
D – **Eugène Guillevic**, « Au-devant de la lumière… », *Terre à bonheur*, section « Exposé », II (1951).

▸ **Quel rapport du poète au monde et à la vie s'exprime dans ces quatre textes ? Justifiez votre réponse.**

Après avoir répondu à cette question, les candidats devront traiter au choix un des trois sujets n°s 6, 7 ou 8.

DOCUMENT A

J'ai l'esprit tout ennuyé
D'avoir trop étudié
Les Phénomènes d'Arate[1] :
Il est temps que je m'ébatte,
Et que j'aille aux champs jouer.
Bons Dieux ! qui voudrait louer
Ceux qui collés sur un livre
N'ont jamais souci de vivre ?

Que nous sert l'étudier,
Sinon de nous ennuyer ?
Et soin dessus soin accroître[2]
À nous, qui serons peut-être
Ou ce matin, ou ce soir
Victimes de l'Orque noir[3] ?

De l'Orque qui ne pardonne,
Tant il est fier, à personne.

Corydon[4], marche devant,
Sache où le bon vin se vend :
Fais rafraîchir la bouteille,
Cherche une ombrageuse treille[5]
Pour sous elle me coucher :
Ne m'achète point de chair,
Car, tant soit-elle friande,
L'été je hais la viande.

Achète des abricots,
Des pompons[6], des artichauts,
Des fraises, et de la crème :
C'est en été ce que j'aime,
Quand sur le bord d'un ruisseau
Je les mange au bruit de l'eau,
Étendu sur le rivage,
Ou dans un antre sauvage.

Ores que[7] je suis dispos
Je veux rire sans repos,
De peur que la maladie
Un de ces jours ne me die[8],
Je t'ai maintenant vaincu :
Meurs, galant, c'est trop vécu.

Pierre de Ronsard, *Le Second Livre des Odes*, ode 18 (1571).

1. Poète et astronome grec. 2. Vers 9 à 11 : à quoi sert d'étudier, sinon à multiplier nos besognes et nos soucis ? 3. Démon incarnant la mort. 4. Ici, nom de valet. 5. Vigne. 6. Melons. 7. Maintenant que. 8. Ne me dise.

DOCUMENT B **Regard jeté dans une mansarde**

L'Église est vaste et haute. À ses clochers superbes
L'ogive[1] en fleur suspend ses trèfles[1] et ses gerbes[1] ;
Son portail resplendit, de sa rose[1] pourvu ;
Le soir fait fourmiller sous la voussure[2] énorme
Anges, vierges, le ciel, l'enfer sombre et difforme,
Tout un monde effrayant comme un rêve entrevu.

Mais ce n'est pas l'Église, et ses voûtes sublimes,
Ses porches, ses vitraux, ses lueurs, ses abîmes,
Sa façade et ses tours, qui fascine[3] mes yeux ;
Non ; c'est, tout prés, dans l'ombre où l'âme aime à descendre
Cette chambre d'où sort un chant sonore et tendre,
Posée au bord d'un toit comme un oiseau joyeux.

Oui, l'édifice est beau, mais cette chambre est douce.
J'aime le chêne altier moins que le nid de mousse ;
J'aime le vent des prés plus que l'âpre ouragan ;
Mon cœur, quand il se perd vers les vagues béantes,
Préfère l'algue obscure aux falaises géantes,
Et l'heureuse hirondelle au splendide océan.

Victor Hugo, *Les Rayons et les Ombres*, IV, 1, 1840.

1. Ogive, trèfle, gerbe, rose (rosace) : éléments d'architecture gothique. 2. Courbure. 3. Fascine : s'accorde ici avec « l'Église » (v. 7).

DOCUMENT C **La Maline**

Dans la salle à manger brune, que parfumait
Une odeur de vernis et de fruits, à mon aise
Je ramassais un plat de je ne sais quel mets
Belge, et je m'épatais[1] dans mon immense chaise.

En mangeant, j'écoutais l'horloge, – heureux et coi[2].
La cuisine s'ouvrit avec une bouffée,
– Et la servante vint, je ne sais pas pourquoi,
Fichu[3] moitié défait, malinement coiffée

Et, tout en promenant son petit doigt tremblant
Sur sa joue, un velours de pêche rose et blanc
En faisant, de sa lèvre enfantine, une moue,

Elle arrangeait les plats, près de moi, pour m'aiser[4] ;
– Puis, comme ça, – bien sûr, pour avoir un baiser, –
Tout bas : « Sens donc, j'ai pris *une* froid[5] sur la joue… »

Charleroi, octobre [18]70.

Arthur Rimbaud, *Poésies complètes*, 1870.

1. Je m'installais confortablement. 2. Tranquille. 3. Foulard. 4. Me mettre à l'aise. 5. C'est Rimbaud qui souligne « une » en le mettant en italique.

DOCUMENT D **« Au devant de la lumière... »**

Au-devant de la lumière,
Au-devant de la journée,

Je vais. Et si mon pas
N'est pas encore très sûr
C'est que l'heure et l'espace
Me laissent récolter
Contentement et connaissance.

Le buis[1] m'attire et je resterais là,
Sentant à peine le matin se transformer
Si le merle tout près
Ne venait me parler d'une lointaine eau noire
Et froide quelque part, et je regarde alors
À mes pieds la rosée tout autre qui entend.

Je ne ferai pas plus longtemps
Voyage avec le merle.
L'heure est au jour qui s'ouvre grand.

Quelques fleurs du volubilis
Prennent l'azur comme il se donne
Si d'autres attardées d'un acacia géant
Le voudraient plus prudent.
Le lierre, lui, s'acharne à demeurer secret.

Le tilleul s'est empli de moineaux qui criaillent,
Affolés, on dirait.
Et soudain l'épervier en sort, majestueux,
Emportant l'un d'entre eux
Dont le cri fait pitié.

C'est le même épervier
Qui planait ces jours-ci sur les champs d'à côté.
L'orgue est partout.
C'est le grand orgue
Qu'on entend moins
Qu'on ne devine.

Chant d'orgue sur les branches, sur le mur
Chant d'orgue sur les buis, sur quelques roses,
Chant d'orgue sur les toits, chant d'orgue sur les prés,
Chant de l'orgue sur l'horizon.

Les papillons
Sont souffle d'orgue dans l'aigu.

Les cyprès
N'ont jamais été plus recueillis.

C'est que l'instant se donne
Quand le jour s'est donné.

Eugène Guillevic, *Terre à bonheur*, section « Exposé », II (1951).

---

1. Espèce d'arbuste.

LES CLÉS DU SUJET

■ Comprendre la question

- « **rapport au...** » signifie « relation avec (le monde) ». Il faut analyser **comment** le poète perçoit le monde, comment il s'y sent.
- La question signifie : *Comment le poète perçoit-il le monde et comment s'y sent-il ?*
- Analysez les **éléments du monde** que le poète privilégie et l'image qu'il en donne.
- Analysez les **sensations** mentionnées et les **sentiments** suggérés.
- Vous devez dire si ce « rapport » est **positif** (harmonie, empathie qui produit du bonheur) ou **négatif** (crainte, douleur qui produit l'angoisse).
- **Structurez** votre réponse : encadrez-la d'une phrase d'**introduction**, qui situe les documents et reprend la question, et d'une brève **conclusion**, qui rappelle l'intérêt des éléments analysés.
- Accompagnez chaque remarque d'**exemples précis**.

▶ **Pour réussir les questions** : voir guide méthodologique.
▶ **La poésie** : voir mémento des notions.

CORRIGÉ 5

[Présentation du corpus et problématique] Le poète est un être sensible : le monde qui l'entoure et auquel il est très réceptif colore son univers mental et sa vision de la vie. Ronsard dans l'Ode 18 du *Second livre des Odes*, Hugo dans son poème « Regard jeté dans une mansarde », Rimbaud dans « La Maline » et Guillevic dans « Au-devant de la lumière… », du XVIe au XXe siècle, à travers divers tableaux, révèlent leur rapport au monde et expriment tous leur perception de la vie.

• Les quatre poèmes présentent une image positive de la vie et donnent une impression de bonheur simple, en harmonie avec la nature ou avec un lieu, où Ronsard « s'ébat », « joue » et rit, où Hugo « *aime* à descendre », où Rimbaud est « heureux et coi », où Guillevic ressent du « contentement » (le recueil s'intitule clairement *Terre à bonheur*…).

• Cependant ce bonheur simple n'a pas la même source pour les quatre poètes. Ronsard et Rimbaud mentionnent plutôt des détails en relation avec les « nourritures terrestres » : « mets » et boisson pour Ronsard, et en outre, pour Rimbaud, de discrets plaisirs amoureux (v. 9-14). C'est un bonheur essentiellement épicurien lié aux plaisirs du corps et au confort physique. Tous deux se plaisent à être allongés paresseusement (Ronsard, v. 20-21 ; Rimbaud, v. 4 et 12). Hugo et Guillevic ont une appréhension plus dynamique du monde : l'un « descend », l'autre se promène (« je vais »).

• Pour Ronsard, Hugo et Guillevic, et dans une moindre mesure pour Rimbaud, la nature est une composante essentielle de leur appréhension du monde et du bonheur : nature champêtre pour Ronsard (« champs », « ombrageuse treille »…), plus luxuriante et fourmillante chez Guillevic qui décrit les végétaux (« buis », « acacia », « lierre »…), les animaux (« merle », « moineaux »…), et les éléments (« l'azur », le vent comparé à un « orgue »). La nature chez Hugo n'est pas grandiose, mais humble et simple : il s'agit de « l'ombre » secrète, d'un « nid de mousse », de « l'algue obscure », d'une banale « hirondelle ». Chez Rimbaud, seuls les « fruits » rappellent la nature, mais comme objet de consommation.

• L'appréhension du monde chez les quatre poètes se fait essentiellement par les sens, particulièrement en éveil : goût, toucher et ouïe chez Ronsard (les fruits, le vin, « rafraîchir », le « bruit de l'eau ») ; goût, odorat et toucher chez Rimbaud (« odeur », « bouffée », « velours », « sens ») ; vue, ouïe et toucher chez Hugo (« yeux », « mousse »,

> **Conseil**
> Dans une description, dans un poème, relevez et analysez la présence des notations sensorielles (visuelles, tactiles, auditives, olfactives, gustatives) pour en dégager la sensualité éventuelle.

« chant sonore », « vent ») ; vue et surtout ouïe chez Guillevic (« regarde », « criaillent », « chant » répété). Les poètes se sentent physiquement en osmose avec cette nature accueillante qu'ils célèbrent.

• Chez Ronsard et Hugo, le monde et le bonheur se définissent par contraste. Ronsard oppose la vie à laquelle il aspire à l'inutile et ennuyeuse « étude » (v. 9-10), qui n'est pas pour lui la vraie vie (v. 8). Le monde que Hugo « aime » s'oppose par sa simplicité et son humilité aux réalisations « sublimes » de l'homme, fascinantes mais auxquelles il manque la douceur (v. 13) et la composante humaine (« chant… tendre »).

• Enfin, les poètes, notamment Ronsard et Guillevic, ressentent la vie dans sa composante temporelle, le premier à l'échelle de l'existence, le second à l'échelle d'une promenade d'un jour : tous deux rendent compte de leur perception intime de l'écoulement du temps. Ronsard, de sa sensation de l'imminence de la maladie et de la mort (« l'Orque qui ne pardonne pas »), tire une philosophie du *carpe diem*. Guillevic, dont le poème suit la courbe du jour, invite à savourer tous les « instant[s] » et les « heure[s] » dans leur spécificité et à se baigner dans le jour. Plus discrètement, Rimbaud rend compte du bonheur à sentir la lenteur du temps qui passe par la mention de « l'horloge » qu'il « écoutai[t] » (imparfait de durée). Plus implicitement, Hugo mesure le temps à l'échelle de l'histoire : les cathédrales médiévales datent d'un temps lointain, la « mansarde » est devant lui…

• En quelques vers, c'est donc toute une conception du monde et une leçon de vie que les quatre poètes transmettent au lecteur.

SUJET

6

Liban • Mai 2013

Série ES, S • 16 points

Célébrer la vie

Commentaire

▸ **Vous ferez le commentaire du poème de Victor Hugo : « Regard jeté dans une mansarde ».**

Se reporter au document B du sujet nº 5.

LES CLÉS DU SUJET

Trouver les idées directrices

- Faites la « **définition** » du texte pour trouver les idées directrices.

Poème régulier (*genre*) romantique (*mouvement*) qui décrit (*type de texte*) deux tableaux (*sujet*), qui argumente (*type de texte*) en faveur de l'humilité (*sujet*), lyrique (*registre*), structuré, contrasté, grandiose et simple (*adjectifs*), pour faire l'éloge de la simplicité (*but*).

- Analysez le poème du point de vue de son **contenu explicite**. Visualisez ce qu'il décrit et dégagez les impressions produites par les tableaux.
- Dépassez la description explicite pour dégager le **sens implicite**, l'éventuel « message » qu'elle suggère, mais aussi la **sensibilité** qu'elle révèle.
- Servez-vous de votre réponse à la **question** et de la dissertation.

Pistes de recherche

Première piste : une argumentation objective ou partiale ?

- Analysez la **structure** du poème.
- Comparez les deux « tableaux » : montrez en quoi ils sont en **contraste**.
- Recherchez les marques de la **subjectivité** de Hugo.
- Jugez **l'efficacité de l'argumentation** : de quoi le poème est-il l'éloge ?

Deuxième piste : la confidence d'un poète romantique

- Analysez les marques du **lyrisme** hugolien.
- Quelles caractéristiques de la poésie romantique présente le poème ?
- Analysez aussi les traits « traditionnels » de ce poème.

▶ **Pour réussir le commentaire :** voir guide méthodologique.
▶ **La poésie :** voir mémento des notions.

CORRIGÉ 6

Les titres en couleur ne doivent pas figurer sur la copie.

Introduction

[Amorce] Près de dix ans séparent *Notre-Dame de Paris* du recueil *Les Rayons et les Ombres*. Après la couleur locale du premier, roman médiéval populaire, avec ses personnages pittoresques et la cathédrale Notre-Dame, symbole du Moyen Âge, *Les Rayons et les Ombres* témoigne d'un changement d'inspiration : le lyrisme se colore d'intimité, d'attention au quotidien. [Présentation du texte] C'est de cette évolution que témoigne « Regard jeté dans une mansarde ». Hugo y compose deux tableaux contrastés : dans l'un, il évoque la grandeur, la splendeur de « l'Église » : c'est le monde des cathédrales, qui certes le fascine encore mais avec lequel il prend ses distances ; dans l'autre, il peint une mansarde, une simple « chambre » sous les toits dont la simplicité est à l'image des êtres et des choses vers lesquels le porte son lyrisme. [Annonce du plan] Le poème se lit d'abord comme une véritable argumentation, qui semble au premier abord équilibrée, comme si Hugo voulait avec objectivité mesurer les qualités des deux lieux [I]. Mais, tout en reconnaissant sa fascination pour le monde de la cathédrale, Hugo avoue sa préférence : poète romantique, il se livre à des confidences lyriques. Il ne s'agit pas d'un reniement de ses goûts passés, mais d'une évolution, comme d'autres poètes – du Bellay par exemple – ont pu en connaître. Ces quelques vers annoncent les engagements sociaux et humanitaires de l'homme des *Misérables* [II].

I. Une argumentation objective ou partiale ?

Hugo donne à son poème une structure argumentative : on a l'impression qu'il s'adresse, parfois solennellement, parfois plus familièrement, à un interlocuteur, qu'il s'agisse de lui-même ou de son lecteur.

1. Une structure claire : deux tableaux en contraste

• Deux tableaux équilibrés. Le poème est construit de façon ferme et concise. En trois sizains, Hugo peint deux tableaux en contraste, de longueur équivalente : neuf vers pour « l'Église » et neuf autres pour la mansarde. Le vers 13 sert de transition et crée une attente : ce n'est qu'au vers suivant que Hugo précise explicitement le deuxième terme de l'opposition, « la chambre [...] au bord d'un toit ».

• Hugo prend soin de donner une certaine souplesse à la rigidité de cette structure antithétique. Le premier tableau s'ouvre sur une affirmation générale, avec l'énoncé de la thèse qu'il s'apprête à démontrer : « L'Église est vaste et haute ». Par la majuscule et l'article défini, par le présent de vérité générale, il donne à son propos une dimension universelle et irréfutable. Il illustre ensuite son affirmation par des exemples nombreux et spectaculaires. Les verbes sont toujours au présent (« suspend », « resplendit », « fait ») mais il s'agit presque d'un présent d'énonciation, comme si Hugo faisait défiler sous nos yeux un diaporama vertigineux avec les perspectives les plus variées sur la cathédrale : en haut, vers « les clochers », en bas, vers les « porches », dehors, devant « le portail » ou à l'intérieur avec « les vitraux ».

• Après nous avoir étourdis par ce chatoiement d'images, Hugo marque un temps d'arrêt, un retour à l'argumentation par une opposition (« Mais ») et une dénégation (« ce n'est pas l'Église »). Ce renversement surprenant est atténué par une nouvelle énumération sur trois vers des beautés de la cathédrale et on oublierait presque que la chute du vers 9 (« fascine mes yeux ») est à la forme négative : « ce n'est pas l'Église […] qui fascine mes yeux ».

• Ce « mes » est le premier indice de la présence et de l'implication de Hugo ; jusqu'alors, l'éloge de la cathédrale était apparemment impersonnel. Avec le « Non » qui ouvre le vers 10, Hugo prend nettement position. Il y a bien au vers 13 une concession qui semble rééquilibrer l'argumentation en faveur de la cathédrale (« Oui, l'édifice est beau »), mais le deuxième hémistiche, symétrique du premier, l'annule : la douceur l'emporte sur la beauté.

2. Une présentation impartiale et objective ?

Hugo a certes construit sa comparaison entre la cathédrale et la mansarde selon une structure équilibrée mais leur présentation n'est pas aussi objective qu'on l'attendrait d'un arbitre impartial.

• La beauté inquiétante de la « cathédrale ». La cathédrale s'impose par son gigantisme. « Vaste », « haute », « énorme », elle rayonne, elle « resplendit » ; l'énumération des éléments architecturaux qui la soutiennent et la décorent (« clochers », « ogive », « portail », « voûtes » et « porches ») crée une impression de surabondance. Mais ce monde n'est pas à la mesure de l'homme : il sert de théâtre au combat entre le « ciel » et « l'enfer » ; c'est un monde de cauchemar, « sombre », « effrayant ». Même quand il reproduit la nature, avec des « fleurs », « des trèfles », des « gerbes » de pierre et sa « rose » (rosace) de verre, cet « édifice » reste minéral ; il imite la nature mais n'est pas la nature. C'est un spectacle fascinant pour les « yeux », mais Hugo semble désirer prendre de la distance par rapport à cette mise en scène théâtrale qui le dépasse et l'inquiète.

• Un prétexte pour un éloge lyrique de la « mansarde ». Finalement, le titre du poème est un peu trompeur. Alors que Hugo s'est livré à un examen détaillé de la cathédrale, il lui suffit d'un « regard jeté dans une mansarde » pour être conquis par cette « chambre ». Il ne la décrit quasiment pas, sinon par une jolie comparaison où, cage ouverte « posée au bord d'un toit », elle se métamorphose en « un oiseau joyeux ». Curieuse mansarde sans occupant explicitement nommé, sans la moindre référence à la pauvreté obligée du lieu. Ce n'est pas la chambre sordide de la pauvre Fantine, mais plutôt la mansarde idéale d'un poète ou d'une grisette des *Scènes de la vie de bohème* de Murger, la mansarde d'où la petite Mimi fait entendre son « chant sonore et tendre ».

II. La confidence d'un poète romantique

À peine a-t-il entrevu cette chambre qu'il la quitte pour se laisser emporter sur les ailes du lyrisme dans une confidence sur ses aspirations profondes.

1. Hugo à cœur ouvert

• Hugo laisse parler son « cœur » à la première personne (« j'aime », « je préfère ») et il multiplie les termes affectifs (« tendre », « joyeuse », « douce », « heureux »). Le vocabulaire descriptif, surabondant dans le premier tableau avec la mention de tous les motifs architecturaux de la cathédrale, ne se rapporte désormais qu'à des éléments de la nature (« mousse », « chêne », « algue », « prés », « falaise », « océan », « oiseau », « hirondelle »).

• La cathédrale semblait « fourmiller » d'une vie inquiétante, mais ici, c'est une vie authentique, même ténue, comme le « nid », « l'hirondelle » ou le « vent des prés ». Quand Hugo écrit : « Tout vit, tout est plein d'âme », il exprime sa conviction la plus profonde et, poète animiste, il célèbre la nature et la vie sous toutes ses formes, animales (« hirondelle », « oiseau »), végétales (« chêne », « mousse », « algue »), éléments naturels (« vent », « falaise », « océan »).

• À l'image du titre du recueil (*Les Rayons et les Ombres*), le poème est construit sur une vision manichéenne, marque du génie de Hugo. Poète de l'oxymore, il y fait cohabiter ou se battre « les anges » et « l'enfer », le « nid de mousse » ou les « falaises géantes », et ce jusqu'à son lit de mort et ses dernières paroles, dit-on : « C'est ici le combat du jour et de la nuit ».

2. Un poète romantique

• Des airs de drame romantique. Hugo est le chef de file du drame romantique et ce poème est en quelque sorte une mise en scène des goûts dramatiques contradictoires qui l'habitent. Il multiplie les personnages : « anges », « vierges », démons ; tout y est d'ailleurs personnifié : « L'Église », le « soir » qui fait « fourmiller » de multiples créatures, « l'ogive » qui suspend ses trèfles, « la chambre » qui chante, « l'heureuse hirondelle ». C'est une mise en scène, tantôt à grand spectacle avec des tableaux grandioses, des plans panoramiques (la cathédrale, mais aussi « l'ouragan », « l'océan » avec ses « vagues béantes » et ses « falaises géantes »), tantôt avec des zooms sur des vies minuscules (« le nid de mousse », « l'algue obscure »).

• À travers cette préférence affirmée pour le monde humble dont la « mansarde » est le symbole, on devine déjà l'engagement humanitaire et social au service des faibles que vont revendiquer les auteurs romantiques quand, la maturité venue, ils comprendront le rôle qu'ils peuvent et doivent jouer. En filigrane, on aperçoit *Les Misérables*, les enfants au travail de « Melancholia », les exilés politiques, les condamnés des prisons, les victimes d'une société insensible. Chez Hugo, cet engagement n'a pas de limite et avec humour, mais aussi avec sincérité, il affirme dans *Les Contemplations* (1856) : « J'aime l'araignée et j'aime l'ortie ».

3. Romantique mais sans outrance

• Romantique, Hugo l'est encore et il le restera toute sa vie, mais apaisé et sans outrance dans ce poème. Ces trois sizains en alexandrins n'ont pas la nouveauté provocatrice qui était la marque du jeune Hugo. Il ne cherche pas à montrer une virtuosité acrobatique comme dans *Les Djinns*. Lui qui se vantera plus tard d'avoir « disloqué ce grand niais d'alexandrin » fait preuve ici de beaucoup de sagesse dans le rythme des vers. Il n'a pas davantage mis un « bonnet rouge à son vieux dictionnaire » et les images qu'il choisit sont assez discrètes, comme cette chambre « posée au bord d'un toit comme un oiseau joyeux ».

• Des réminiscences littéraires ? On pourrait même entendre dans le dernier sizain comme un écho du sonnet de Du Bellay, « Heureux qui comme Ulysse ». Humaniste déçu par la Rome de la Renaissance, Du Bellay regrette la simplicité, la douceur de son pays natal : « Plus [me plaît] mon petit Liré que le mont Palatin,/Et plus que l'air marin la douceur angevine. » Chez Hugo aussi, le dernier sizain est construit sur un jeu d'opposition et de comparaison (« moins que », « plus que »), avec la préférence donnée à la ténuité, la simplicité et il s'achève aussi sur une note marine : les deux poètes opposent « l'air marin » ou le « splendide océan » à la douceur du pays natal et au fragile bonheur de l'hirondelle.

Conseil
Pensez, pour enrichir votre commentaire, à comparer le texte à commenter avec d'éventuels textes sources ou des textes qui présentent des points communs avec lui. Appuyez-vous sur ce que l'on appelle « l'intertextualité ».

Conclusion

« Regard jeté sur une mansarde » n'appartient pas aux pièces les plus connues de Hugo. Il n'y déploie pas la force visionnaire et épique de *La Légende des siècles*, il ne fait pas entendre le lyrisme élégiaque des *Contemplations*, ni la verve satirique et polémique des *Châtiments*. Ce poème marque une pause, un moment de confidence où, sans se renier, toujours romantique, il se sent disponible pour d'autres engagements d'homme et de poète.

SUJET 7

Liban • Mai 2013
Série ES, S • 16 points

Célébrer la vie

Dissertation

▸ **La poésie doit-elle célébrer la vie ? Vous développerez votre propos en vous appuyant sur les textes du corpus, les textes que vous avez étudiés en classe et sur vos lectures personnelles.**

Se reporter aux documents A, B, C et D du sujet nº 5.

LES CLÉS DU SUJET

Comprendre le sujet

• « La poésie **doit-elle**… » indique que vous devez parler de la **fonction de la poésie**. Une de ses fonctions vous est donnée : « célébrer la vie ».

• « **célébrer** » signifie exalter, faire l'éloge de… et a une connotation à la fois religieuse et musicale. Cela vous met sur la voie du lyrisme.

• « **la vie** » renvoie à toutes les composantes du monde : les objets, les gens, les phénomènes de la nature, les activités, les sentiments, les valeurs…

• La formulation « doit-elle… » laisse entendre une **discussion possible.**

• La **problématique** peut être reformulée ainsi : *La poésie doit-elle faire l'éloge de ce qui nous entoure ou a-t-elle d'autres fonctions ?*

Chercher des idées

• Scindez cette problématique en **sous-questions**, en variant les mots interrogatifs : « *En quoi* la poésie permet-elle célébrer la vie ? » ; « *Pourquoi* la poésie est-elle apte à célébrer la vie ? » ; « *De quels moyens* dispose-t-elle pour assurer ce rôle ? » ; puis par élargissement : « *Quelles autres fonctions* peut ou doit assurer la poésie ? *Pourquoi ?* »

• **Choix des exemples** : faites une liste de poèmes et demandez-vous : *Ce poème est-il une célébration ?* Si non : *Quel est alors le but du poète ?* Cherchez des poèmes qui font l'éloge : d'une personne aimée (Ronsard, « Comme on voit sur la branche… » ; Verlaine, « Mon rêve familier » ;

Aragon, « Les yeux d'Elsa »...) ; d'un héros (*La Légende des siècles* de Hugo) ; d'un lieu (Du Bellay, « Heureux qui comme Ulysse... »), d'un paysage (Baudelaire, « Invitation au voyage », « Parfum exotique ») ; d'un moment (Heredia, « Midi » ; Rimbaud, « Aube ») ; des objets les plus banals (Ponge, « Le pain », *Le Parti pris des choses*) ; des animaux (« Le porc » de Claudel).

• **Choix du plan** : la réflexion peut s'articuler en deux parties : **I.** La fonction de la poésie est de **célébrer le monde** : intérêt de la poésie qui célèbre. **II.** Mais elle peut avoir d'**autres fonctions** : les pistes dépendent de votre conception de la poésie : qu'en attendez-vous d'autre ?

▶ **Pour réussir la dissertation** : voir guide méthodologique.
▶ **La poésie** : voir mémento des notions.

CORRIGÉ 7

Les titres en couleur ne doivent pas figurer sur la copie.

Introduction

[Amorce] L'origine orphique de la poésie (Orphée et sa lyre) amène à se demander si sa vocation est de célébrer le monde ou si elle a d'autres fonctions. Car les définitions de la poésie sont variées et souvent contradictoires, notamment quant à son rôle. [Problématique] Quelle est la fonction de la poésie et du poète ? [Annonce du plan] Par son origine, la poésie est liée à la célébration [I]. Mais elle peut avoir d'autres fonctions, notamment de dénoncer [II]. Le poète est aussi un artisan des mots : il doit redonner par les mots son sens au monde et nous le faire découvrir [III].

I. La poésie est célébration

1. Le poète célèbre l'amour

• La poésie lyrique a toujours privilégié l'exaltation de l'amour sous toutes ses formes : amour précieux, passion inquiète, amour heureux... Pour cela, la poésie emprunte tous les registres. Ronsard célèbre Cassandre ou Hélène, Apollinaire décrit Lou de mille façons, aussi bien par un calligramme qui représente l'« ovale de son visage » que par une courte fable parodique (« Troisième fable »), ou encore par un poème acrostiche (« Adieu »). La poésie offre une langue nouvelle et forte pour un sentiment passionné et le moyen de faire partager un bonheur.

• La poésie exalte aussi l'amour dans un sens plus large. Du Bellay dans « Heureux qui comme Ulysse... » chante son amour pour sa terre natale, Hugo celui de la liberté et de la République... La poésie de Saint-John Perse est un élan passionné pour la vie, les êtres et le monde dans leur unité.

2. La poésie exalte les hommes, la nature et la beauté

• La poésie exalte les exploits des hommes, leur héroïsme ou leur générosité, souvent dans un registre épique [*exemples* : *La Chanson de Roland* ; Hugo, *La Légende des Siècles*] ou célèbre les grands événements de la vie (naissance, mort...) [*exemples personnels*].

• Le poète, fasciné par les mystères de la nature, exprime dans son œuvre son admiration devant des « Fleurs » (Rimbaud), les éléments (poètes romantiques). Saint-John Perse chante les merveilles du monde : « l'aube muette dans sa plume, comme une grande chouette fabuleuse en proie aux souffles de l'esprit, enflait son corps de dahlia blanc. » Ainsi Baudelaire exalte la nature, « temple où de vivants piliers/Laissent parfois sortir de confuses paroles », où « Les parfums, les couleurs et les sons se répondent ».

• Le poème, enfin, est un « hymne à la beauté » (Baudelaire) pure. Pour les Parnassiens, la poésie est vouée à la création d'une œuvre esthétique. Leconte de Lisle dans « Vénus de Milo » adresse une véritable prière à la « Beauté victorieuse » : « Allume dans mon sein la sublime étincelle, [...] Et fais que ma pensée en rythmes d'or ruisselle ». Baudelaire, lui, fait parler la déesse beauté qui indique au poète sa mission : « Je suis belle, ô mortels ! comme un rêve de pierre/Et mon sein, où chacun s'est meurtri tour à tour,/ Est fait pour inspirer au poète un amour/Éternel et muet ainsi que la matière ».

3. Le poète célèbre la vie dans son humilité

• La poésie célèbre aussi la vie quotidienne dans sa simplicité et fait redécouvrir les choses les plus banales. Pour Reverdy, le poète doit « considérer toutes choses comme inconnues [...] s'étendre sous bois ou sur l'herbe, et [...] reprendre tout au début ». Pour Cocteau, la poésie montre « nues, sous une lumière qui secoue la torpeur, les choses surprenantes qui nous environnent et que nos sens enregistraient machinalement » (*Le Secret professionnel*). *Exemples :* Hugo dans « Fenêtres ouvertes » célèbre les bruits du matin. Ponge dans « Ode inachevée à la boue », fait une déclaration d'amour à la boue : « Boue si méprisée, je t'*aime*. Je t'*aime* à raison du mépris où l'on te tient ».

• Le poète doit aussi parler pour ceux qui n'ont pas la parole, pour les oubliés ou les mal-aimés, à qui il redonne leur dignité (« Les Effarés » de Rimbaud).

4. Le langage poétique, « instrument » pour célébrer la vie

• Les ressources du lyrisme sont propres à communiquer l'émotion, à rendre compte de l'exaltation et de la passion (hyperboles, images, vocabulaire affectif, bouleversement de la syntaxe [impossible dans le roman]).

• Images et figures frappent davantage et transfigurent [*textes du corpus*].

• Un genre proche de la musique (« Art poétique » de Verlaine) ; la célébration a à voir avec la chanson (on dit « chanter les louanges de… »). Le jeu sur les rythmes, sur les répétitions favorise le lyrisme (lyre, instrument de musique).

II. Mais la poésie doit aussi remplir d'autres fonctions

1. Le poète doit dénoncer : intérêt de la poésie qui fustige

• Le rôle du poète est de dénoncer : le poète engagé. Parce qu'il est une force et peut donner la parole à ceux qui ne l'ont pas, le poète doit s'en servir comme d'une arme au service des grandes causes humaines. Enraciné dans une époque, il ne peut se taire : il doit rendre le monde « meilleur » (Hugo) et peut aussi s'engager, dénoncer… la guerre, l'injustice (« Et c'est assez pour le poète d'être la mauvaise conscience de son temps », Saint-John Perse).

Exemples : Agrippa d'Aubigné s'en prend violemment au fléau des guerres de religion dans *Les Tragiques* ; La Fontaine, à l'injustice des tribunaux de cour dans « Les Animaux malades de la Peste » ; Hugo dans ses *Châtiments* à Napoléon le Petit ; Rimbaud se moque des « Assis » ; Desnos crie « Révolte contre Hitler et mort à ses partisans ! » (« Ce cœur qui haïssait la guerre »).

• La poésie, une arme de combat. Le poète sait frapper les imaginations, surprendre (par ses raccourcis, ses images, ses allégories…) et persuader pour faire prendre conscience de la réalité sociale, politique, des abus. La poésie est une arme redoutable dans la dénonciation : forme « dense », incisive, elle n'en est que plus forte. Sa brièveté, ses rythmes, mais aussi ses répétitions qui prennent parfois la forme d'anaphores ou de refrains, font qu'on la retient plus facilement : « […] Au nom des larmes dans le noir…/[…] Au nom des hommes en prison…/Au nom des femmes déportées » (Éluard).

• La poésie dispose d'une large palette de registres pour dénoncer : Hugo use de la satire et du burlesque (« Fable ou Histoire », *Les Châtiments*), du pathétique lorsqu'il combat le travail des « enfants dont pas un seul ne rit » (« Melancholia »), du lyrisme : « Je serai […] La voix qui dit : malheur ! la bouche qui dit : non ! » (« Ultima Verba »).

2. Le poète doit jouer avec les mots, les « déraciner »

• Artisan du langage, le rôle du poète est de jouer avec les mots, d'inventer un nouveau langage. Rimbaud, dans « Voyelles » donne une couleur aux lettres par une cascade d'associations d'images, Queneau joue avec les sonorités qui s'appellent l'une l'autre, Max Jacob avec les familles de mots : « Ménage ton ménage/Manège ton manège./Ménage ton manège./Manège ton ménage. »

• La poésie décrypte et réinvente le monde en « déracinant les mots ». Sans nécessairement célébrer, le poète sait donner aux mots des sens insoupçonnés par l'utilisation originale et inattendue qu'il en fait. Ce travail sur les mots fait de la poésie un moyen d'explorer le monde, en rompant avec l'habitude : « [La poésie] dévoile dans toute la force du terme. » (Cocteau). Ainsi, Ponge fait (re) découvrir « Le pain » et ses merveilles que nous ignorions.

Conseil
Cherchez l'étymologie des mots clés des divers objets d'étude (poésie, théâtre, tragédie…) ; ils peuvent être exploités dans une dissertation et vous fournir des pistes pour trouver des idées.

• Créer d'autres mondes ? Pour Baudelaire, le poète est un « traducteur, un déchiffreur », un « voyant » qui, sous le signe d'Apollon (le dieu qui élucidait les secrets du monde), a pour mission de « percer » le mystère des choses, par la création de liens (« Correspondances », *Les Fleurs du mal*) inattendus. Au-delà même, la poésie *crée* (poésie vient du verbe grec *poiein*, « créer ») des mondes nouveaux, inconnus et merveilleux, où « la terre est bleue comme une orange » (Éluard).

3. Tout cela n'a-t-il pas aussi à voir avec la « célébration » ?

• Dénoncer, n'est-ce pas célébrer indirectement, faire l'éloge en creux de ce pour quoi on combat ? Quand Hugo s'en prend à Napoléon III, c'est pour célébrer, par contraste, la liberté ou la République. Dénoncer le travail des enfants, c'est célébrer leur innocence et leur jeunesse bafouées (autre exemple : le poème de Boris Vian « À tous les enfants » dénonce la guerre et l'enrôlement des enfants, et par là célèbre implicitement la paix et l'innocence).

• En jouant avec les mots, le poète célèbre la poésie et le langage, la musique (tout poème est musique) et même les arts graphiques : les *Calligrammes* d'Apollinaire sont à la fois une célébration de ce qu'ils représentent (la tour Eiffel…) et indirectement du dessin. La poésie célèbre l'art sous toutes ses formes.

Conclusion

Au fond, c'est là le dernier miracle de la poésie que de « célébrer » alors même qu'elle semble remplir des fonctions bien différentes. Curieusement, le rôle principal du poète – même s'il n'est pas tout de suite directement perceptible –, est sans doute de célébrer la vie et le monde, au sens large.

SUJET

8

Liban • Mai 2013

Série ES, S • 16 points

Célébrer la vie

Écriture d'invention

▸ Dans le cadre d'un débat organisé par le club poésie de leur établissement, deux élèves discutent et s'opposent : l'un part de l'idée que les plus grands textes expriment des sentiments souvent douloureux, l'autre trouve cette conception de la poésie trop réductrice. Au fil des échanges, les deux points de vue évoluent en se nuançant.

Se reporter aux documents A, B, C et D du sujet 5.

LES CLÉS DU SUJET

Comprendre le sujet

Faites la « **définition** » du texte à produire, à partir de la consigne.

Débat (*genre*) dans lequel deux élèves argumentent sur (*type de texte*) leur conception de la poésie (*thème*), pour déterminer si son rôle est seulement d'exprimer des sentiments douloureux (*buts*).

Chercher des idées

Le fond : deux thèses s'opposent

- **Thèse 1 : rapprochement entre poésie et souffrance**

– La poésie est propre à l'expression des sentiments : le poète exprime son moi intérieur.
– La poésie n'est pas affaire de raison ou de logique, elle est irrationnelle.
– La vie est souffrance, la poésie apporte des remèdes aux maux de la vie.
– La poésie sublime la douleur, sert de remède.

- **Thèse 2 : autres conceptions et fonctions de la poésie**

– Décrire : le poète latin Horace définit la poésie comme une « peinture ».
– Créer un nouveau langage en travaillant ou en jouant avec les mots.
– Mettre en valeur des idées, exprimées avec plus de force et d'intensité que par la prose, défendre des idées : c'est la poésie engagée.

– Recréer le monde ou créer un monde nouveau.
– Jouer un rôle d'évasion.
– « Dévoiler » la face cachée du monde (le poète est un « voyant »).

• Constituez-vous une liste de **poèmes** illustrant la thèse 1 et une autre illustrant les fonctions de la poésie retenues dans la thèse 2. Ces exemples donneront à votre écriture d'invention son efficacité argumentative.

La forme : les choix à faire

• La **personnalité des interlocuteurs** : il ne s'agit pas de rédiger un devoir argumentatif du type dissertation, mais de faire sentir la personnalité des élèves ; le dialogue doit avoir la **spontanéité et** la **vivacité** de la vie.

• L'**issue du débat** : les interlocuteurs peuvent finir par tomber d'accord.

▶ **Pour réussir l'écriture d'invention** : voir guide méthodologique.
▶ **La poésie** : voir mémento des notions.

CORRIGÉ 8

Nous ne donnons ici qu'un extrait de dialogue possible.

TOSCANE. – [...] Pour moi, poésie et sentiments vont de pair : la poésie n'est pas une affaire de raison, mais d'affectivité. Tu remarqueras que le siècle des Lumières n'a pas produit de grands poètes – Chénier peut-être... C'est que les philosophes considéraient la poésie comme un genre ennemi de la clarté et de la raison. Tandis que le XIXe siècle !... Écoute Musset repousser dans la *Nuit de mai* les genres que la Muse lui propose : poésie purement plastique, épique, philosophique... Pour lui, la vraie poésie naît de la souffrance, semblable à celle du Pélican qui regarde « couler sa sanglante mamelle... », et « rien ne nous rend si grands qu'une grande douleur ».

AMBRE. – Tu connais ça par cœur ? Bravo ! Hé bien, tu vois, moi, je pense que le poète ne doit pas être replié sur lui-même ; comme il est plus clairvoyant que le commun des mortels, il doit prêter sa voix aux autres, s'engager et oublier sa propre souffrance pour « éclairer » le « peuple », comme dit Hugo. Pense aux *Châtiments*, véritable coup de poignard à la tyrannie de Napoléon III.

> **Conseil**
> Apprenez des poèmes : ils vous serviront comme exemples précis, indispensables pour alimenter une écriture d'invention argumentative à teneur littéraire.

TOSCANE. – Mais, au fond, cette poésie-là aussi parle de souffrance. Pas directement de celle du poète, mais de celle des victimes : poésie engagée et poésie de la douleur ne sont pas si éloignées que ça.

AMBRE. – Mais le poète doit avant tout être tourné vers les autres, ceux qui n'ont ni son talent ni son génie pour faire entendre leur voix…

TOSCANE. – Je veux bien, mais pour parler pour les autres, il faut d'abord bien se connaître, puiser dans son moi intime. Et puis, la poésie engagée est parfois trop enracinée dans le quotidien, elle risque de se périmer… Elle ne plonge pas dans les tréfonds de l'être. Le poète doit chercher en lui ce qui fait la richesse affective de l'homme… Et puis, souvent, la douleur inspire des poèmes sublimes : « Les plus désespérés sont les chants les plus beaux,/ Et j'en sais d'immortels qui sont de purs sanglots ».

AMBRE. – Encore Musset !

TOSCANE. – Bon… J'aurais tout aussi bien pu te citer Gautier, pour qui « Il faut qu'il [le poète] ait au cœur une entaille profonde/ Pour épancher ses vers, divines larmes d'or » (« Le Pin des Landes »).

AMBRE. – Encore un romantique… mais nous ne sommes plus au XIXe !

TOSCANE. – Hé bien alors, Cadou qui doit ses plus beaux vers à la mort de son père (« Tu n'es plus là mon père… ») ou Jaccottet… il est encore vivant, lui ! tu ne peux pas me dire que c'est une conception vieillotte de la poésie !

AMBRE. – Mais c'est là une idée noire de la poésie ! Moi j'aime la poésie joyeuse, celle qui célèbre la vie, celle qui joue avec les mots et me fait rire : les inventaires à la Prévert, les facéties de Max Jacob (souviens-toi, on les apprenait en primaire…) : « Les manèges déménagent/ Ménager manager/ De l'avenue du Maine/ Qui ton manège mène/ Pour mener ton ménage ! » et même Pierre de Marbeuf en 1628 : « Et la mer et l'amour ont l'amer pour partage…/ Et la mer est amère, et l'amour est amer… »

TOSCANE. – Alors là, tu donnes des verges pour te faire battre ! Ton dernier exemple montre justement que l'expression de la douleur et le jeu sur le langage ne sont pas incompatibles en poésie. Tu vois bien que j'ai raison !

AMBRE. – D'accord, mais je pense que le poète doit aussi montrer la beauté de la vie et savoir, pour parodier un poète célèbre, « inviter au voyage » !

TOSCANE. – Entièrement d'accord, mais n'oublie pas que ces beaux paysages, ces envolées dans l'azur… Baudelaire en puise l'inspiration dans son fameux spleen et qu'ils lui servent d'exutoire. D'ailleurs, il a une expression géniale pour expliquer ça : « Tu m'as donné ta boue et j'en ai fait de l'or »… La boue, c'est aussi la douleur ; le poète transforme la laideur en beauté.

AMBRE. – Écoute, au fond nous sommes un peu d'accord : nous ne pensons ni l'une ni l'autre que le poète doit se complaire dans sa souffrance, l'intensifier, et dresser un tableau noir du monde. Il doit la transformer, la purifier…

TOSCANE. – Oui, c'est exactement ça… […]

France métropolitaine • Juin 2012
Séries ES, S • 4 points

La poésie doit être utile

Question

Documents

A – **Joachim du Bellay**, « Seigneur, je ne saurais regarder d'un bon œil... », sonnet 150, *Les Regrets*, 1558 (orthographe modernisée).
B – **Jean de La Fontaine**, « La Génisse, la Chèvre et la Brebis, en société avec le Lion », *Fables*, livre I, 6, 1668.
C – **Paul Verlaine**, « L'enterrement », *Poèmes saturniens*, 1866.
D – **Arthur Rimbaud**, « À la musique », *Poésies*, 1870.

▸ Après avoir lu tous les textes du corpus, vous répondrez à la question suivante : en quoi les quatre textes du corpus relèvent-ils de la poésie satirique ?

Après avoir répondu à cette question, les candidats devront traiter au choix un des trois sujets nos 10, 11 ou 12.

DOCUMENT A **« Seigneur, je ne saurais regarder d'un bon œil... »**

Seigneur[1], je ne saurais regarder d'un bon œil
Ces vieux singes de cour, qui ne savent rien faire,
Sinon en leur marcher les princes contrefaire[2],
Et se vêtir, comme eux, d'un pompeux appareil[3].

Si leur maître se moque, ils feront le pareil,
S'il ment, ce ne sont eux qui diront du contraire,
Plutôt auront-ils vu, afin de lui complaire,
La lune en plein midi, à minuit le soleil.

Si quelqu'un devant eux reçoit un bon visage[4],
Et le vont caresser, bien qu'ils crèvent de rage
S'il le reçoit mauvais[5], ils le montrent au doigt.

Mais ce qui plus contre eux quelquefois me dépite[6],
C'est quand devant le roi, d'un visage hypocrite,
Ils se prennent à rire, et ne savent pourquoi.

Joachim du Bellay, « Seigneur, je ne saurais regarder d'un bon œil… », sonnet 150, *Les Regrets*, 1558.

---

1. Apostrophe conventionnelle en début de sonnet. Du Bellay adresse son poème à un puissant.
2. Imiter l'allure des princes quand ils marchent.
3. Un vêtement digne d'un cérémonial magnifique.
4. S'il est bien accueilli par le roi, ou par un puissant.
5. S'il est mal accueilli.
6. Ce qui m'irrite et me peine.

DOCUMENT B

« La Génisse, la Chèvre et la Brebis, en société avec le Lion »

La Génisse, la Chèvre, et leur sœur la Brebis,
Avec un fier Lion, Seigneur du voisinage,
Firent société[1], dit-on, au temps jadis,
Et mirent en commun le gain et le dommage.
Dans les lacs[2] de la Chèvre un cerf se trouva pris.
Vers ses associés aussitôt elle envoie.
Eux venus, le Lion par ses ongles[3] compta,
Et dit : « Nous sommes quatre à partager la proie. »
Puis en autant de parts le cerf il dépeça ;
Prit pour lui la première en qualité de Sire :
« Elle doit être à moi, dit-il, et la raison,
C'est que je m'appelle Lion :
À cela l'on n'a rien à dire.
La seconde, par droit, me doit échoir[4] encor :
Ce droit, vous le savez, c'est le droit du plus fort.
Comme le plus vaillant, je prétends la troisième.
Si quelqu'une de vous touche à la quatrième,
Je l'étranglerai tout d'abord. »

Jean de La Fontaine, « La Génisse, la Chèvre et la Brebis, en société avec le Lion », *Fables*, livre I, 6, 1668.

---

1. S'allièrent.
2. Cordons lacés pour tendre un piège.
3. Avec ses griffes.
4. Doit me revenir.

DOCUMENT C **« L'enterrement »**

Je ne sais rien de gai comme un enterrement !
Le fossoyeur qui chante et sa pioche qui brille,
La cloche, au loin, dans l'air, lançant son svelte trille[1],
Le prêtre en blanc surplis[2], qui prie allègrement,

L'enfant de chœur avec sa voix fraîche de fille,
Et quand, au fond du trou, bien chaud, douillettement,
S'installe le cercueil, le mol éboulement
De la terre, édredon du défunt, heureux drille[3],

Tout cela me paraît charmant, en vérité !
Et puis, tout rondelets, sous leur frac[4] écourté,
Les croque-morts au nez rougi par les pourboires,

Et puis les beaux discours concis, mais pleins de sens,
Et puis, cœurs élargis, fronts où flotte une gloire,
Les héritiers resplendissants !

Paul Verlaine, « L'enterrement », *Poèmes saturniens*, 1866.

---

1. Note musicale, sonorité qui se prolonge.
2. Vêtement à larges manches que les prêtres portent sur la soutane.
3. Homme jovial.
4. Habit noir de cérémonie.

DOCUMENT D **« À la musique »**

Place de la Gare, à Charleville.
Sur la place taillée en mesquines pelouses,
Square où tout est correct, les arbres et les fleurs,
Tous les bourgeois poussifs qu'étranglent les chaleurs
Portent, les jeudis soirs, leurs bêtises jalouses.
– L'orchestre militaire, au milieu du jardin,
Balance ses schakos[1] dans la Valse des fifres :
– Autour, aux premiers rangs, parade le gandin[2] ;
Le notaire pend à ses breloques à chiffres.
Des rentiers à lorgnons soulignent tous les couacs :
Les gros bureaux[3] bouffis traînent leurs grosses dames
Auprès desquelles vont, officieux cornacs[4],
Celles dont les volants ont des airs de réclames ;

Sur les bancs verts, des clubs d'épiciers retraités
Qui tisonnent le sable avec leur canne à pomme,
Fort sérieusement discutent les traités,
Puis prisent en argent[5], et reprennent : « En somme !… »
Épatant sur son banc les rondeurs de ses reins,
Un bourgeois à boutons clairs, bedaine flamande,
Savoure son onnaing[6] d'où le tabac par brins
Déborde – vous savez, c'est de la contrebande ;
– Le long des gazons verts ricanent les voyous ;
Et, rendus amoureux par le chant des trombones,
Très naïfs, et fumant des roses, les pioupious[7]
Caressent les bébés pour enjôler les bonnes…
– Moi, je suis, débraillé comme un étudiant,
Sous les marronniers verts les alertes fillettes :
Elles le savent bien ; et tournent en riant,
Vers moi, leurs yeux tout pleins de choses indiscrètes.
Je ne dis pas un mot : je regarde toujours
La chair de leurs cous blancs brodés de mèches folles :
Je suis, sous le corsage et les frêles atours,
Le dos divin après la courbe des épaules.
J'ai bientôt déniché la bottine, le bas…
– Je reconstruis les corps, brûlé de belles fièvres.
Elles me trouvent drôle et se parlent tout bas…
– Et je sens les baisers qui me viennent aux lèvres…

Arthur Rimbaud, « À la musique », *Poésies*, 1870.

---

1. Coiffure militaire rigide.
2. Jeune élégant plus ou moins ridicule.
3. Personnes qui travaillent dans les bureaux.
4. Au sens premier, le cornac est un conducteur d'éléphant.
5. Puisent leur tabac à priser dans des tabatières en argent.
6. Pipe de prix, en terre cuite.
7. Jeunes soldats.

LES CLÉS DU SUJET

■ Comprendre la question

• La **satire** consiste à critiquer en se moquant. Elle comporte deux composantes : vous devez dire qui est critiqué et ce qui lui est reproché.
• Puis vous devez relever et analyser les indices de l'écriture satirique.

■ Chercher des idées

• Identifiez d'abord les **cibles** des quatre poèmes, puis essayez de les grouper par rapport à celles-ci.
• Précisez ensuite les **griefs** adressés à ces cibles, puis essayez de grouper les poèmes par rapport à ceux-ci.
• Relevez et analysez les **procédés de style** qui soutiennent la critique ou créent le ridicule.
• N'étudiez pas les documents séparément : il s'agit d'une **synthèse**. Construisez vos paragraphes autour des différentes cibles, griefs et moyens utilisés.
• **Structurez votre réponse :** encadrez-la d'une phrase d'**introduction**, qui situe les documents et reprend la question, et d'une brève **conclusion**, qui rappelle l'intérêt des éléments analysés.
• Accompagnez chaque remarque d'**exemples précis** tirés des différents textes.

▶ **Pour réussir les questions :** voir guide méthodologique.
▶ **La poésie :** voir mémento des notions.

CORRIGÉ 9

Les titres en couleur et les indications en italique servent à guider la lecture mais ne doivent pas figurer sur la copie.

[Problématique et présentation du corpus] Le poète joue parfois le rôle autrefois dévolu aux bouffons dans les cours royales : il dénonce ce que les autres n'osent pas dire et recourt à la satire pour stigmatiser les ridicules et les vices de ses contemporains. Dans un sonnet, du Bellay trace un portrait cruel des courtisans ; dans une fable, La Fontaine critique la brutalité arrogante des grands, sûrs de leur impunité, quand ils bafouent leurs engagements ; Verlaine compose, dans un sonnet décalé, un éloge paradoxal de l'enterrement, mais c'est pour fustiger la comédie sociale qui l'entoure ; Rimbaud, enfin, fait la caricature des bourgeois de sa petite ville.

Les cibles des poètes et leur implication

• Du Bellay et La Fontaine visent la société aristocratique de leur temps et le comportement de ceux qui la composent : flagornerie et hypocrisie des moindres seigneurs à l'égard du roi et des princes, brutalité impudente de ceux qui ont le pouvoir.

• Verlaine et Rimbaud font, au contraire, la satire des « bourgeois » de la fin du XIXe siècle dans une galerie de portraits qui rassemblent des héritiers, des « épiciers », des « notaires », « des rentiers », des « retraités » radoteurs et pleins de préjugés et de principes étriqués.

• Du Bellay et Verlaine, dans le premier quatrain et le premier tercet de leur sonnet, font part de leur sentiments par des marques de la 1re personne. Verlaine, lui, choisit l'antiphrase et affecte une fausse admiration pour tous ceux qui contribuent à un bel enterrement.

• Rimbaud attend le septième quatrain pour entrer nettement dans son poème mais c'est en témoin sarcastique qu'il a d'abord fait défiler ses bourgeois ridicules.

• La Fontaine semble complètement absent de sa fable. Pas de morale, pas de commentaire personnel… mais le lecteur comprend très bien la leçon implicite du fabuliste : c'est un marché de dupes qu'ont conclu les trois herbivores avec le fauve.

Déshumaniser, animaliser, pour rabaisser

• Du Bellay fait des courtisans de « vieux singes ». Il file la métaphore des « singes » courtisans par un vocabulaire de l'imitation.

• Rimbaud verrait plutôt ses bourgeois comme un troupeau d'éléphants puisqu'ils ont besoin de « cornacs ».

• La Fontaine transpose la cour dans le monde animal avec « La Génisse, la Chèvre et la Brebis, en société avec le Lion » ; il lui suffit d'une majuscule à chacun des noms communs pour en faire des personnages à part entière, au moins en ce qui concerne le Lion car les autres n'existent guère – au propre et au figuré – devant ce fauve menaçant.

Les figures d'insistance

• Du Bellay signale par des hyperboles le comportement des courtisans qui ne savent « rien faire », sinon imiter. Verlaine, ironiquement, ne sait « rien de gai comme un enterrement » et « tout cela » lui paraît charmant. Rimbaud présente la troupe en rangs serrés de « tous les bourgeois » « qu'étranglent les chaleurs ». Verlaine réduit les « croque-morts » à leur « nez rougi ». Rimbaud caricature l'obésité des nantis qu'il met en scène par tout un lexique dévalorisant (« bedaine », « poussifs », « gros », « bouffis », « grosses dames »). En contrepoint, il brosse le portrait des « alertes fillettes » que lorgne le jeune Arthur.

• Du Bellay joue de l'anaphore de « si » à quatre reprises pour montrer différentes situations qui illustrent son propos. Verlaine enchaîne les « et puis » pour nous mener, dans une gradation burlesque, au final de l'enterrement avec les « beaux discours » des héritiers. Rimbaud construit ses premiers quatrains sur une énumération des bourgeois qui assistent à la soirée.

Les figures d'opposition

• Les courtisans dont se moque du Bellay sont capables de voir « la lune en plein midi, à minuit le soleil » et font bonne figure alors qu'ils « crèvent de rage ». Pour Verlaine, la terre devient « un mol édredon » et l'on est « bien au chaud » au fond de la tombe. Rimbaud peint le notaire « qui pend à ses breloques à chiffres ».

• Tous tiennent des propos faux, creux ou stupides. On les entend à travers leurs paroles rapportées par du Bellay et Verlaine, qui feint d'admirer leurs « beaux discours concis » et « plein de sens », ou au style direct, quand le Lion de La Fontaine monopolise la parole avec une arrogance brutale. Rimbaud fait entendre quelques-unes des « bêtises » de ses bourgeois avec leurs expressions toutes faites (« en somme ») ou des aveux sans intérêt : « vous savez, c'est de la contrebande. »

Conclusion

Par leur ton humoristique et leur volonté de critiquer en ridiculisant leurs cibles, les quatre poèmes relèvent donc bien de la satire et assignent à la poésie une fonction dénonciatrice efficace.

SUJET

10

France métropolitaine • Juin 2012

Séries ES, S • 16 points

La poésie doit être utile

Commentaire

▸ Vous ferez le commentaire du texte de Paul Verlaine, « L'enterrement » (texte C).

Se reporter au document C du sujet nº 9.

LES CLÉS DU SUJET

Trouver les idées directrices

- Faites la « **définition** » du texte pour trouver les axes (idées directrices).

Sonnet (*genre*) qui décrit (*type de texte*) un enterrement (*thème*), satirique, ironique (*registres*), pittoresque, réaliste, contrasté, paradoxal, grinçant (*adjectifs*) pour dénoncer les travers des bourgeois, faire sourire le lecteur, proposer une vision de la condition humaine (*buts*).

Pistes de recherche

Première piste : une scène réaliste et pittoresque

- Imaginez la scène **visuellement** (pour *voir* le « tableau »).
- Analysez les **notations sensorielles** qui donnent vie à la cérémonie.

Deuxième piste : l'éloge paradoxal d'un poète iconoclaste

- Le thème et le titre du poème laissent-ils attendre son contenu ?
- Verlaine donne-t-il une image positive ou négative de la cérémonie ?
- D'où vient l'humour du poème ? Inspirez-vous de la question (sujet 1).

Troisième piste : la satire, la mise à distance de la mort

- Qui Verlaine critique-t-il dans son poème ? Quels reproches adresse-t-il à ses cibles ? Tirez parti de votre réponse à la question (sujet 1).
- Quelle image de la condition humaine révèle le poème ?

▶ **Pour réussir le commentaire :** voir guide méthodologique.

▶ **La poésie :** voir mémento des notions.

CORRIGÉ 10

Les titres en couleur et les indications en italique servent à guider la lecture mais ne doivent pas figurer sur la copie.

Introduction

[Amorce] En 1850, le peintre Courbet fit scandale en exposant *L'enterrement à Ornans*, tableau monumental où il représente une scène d'enterrement dans son village natal, avec, autour de la fosse ouverte, tous les participants, clergé, enfant de chœur, fossoyeur et un groupe de petits bourgeois. Cette toile, qui apparut comme le manifeste du réalisme en peinture, scandalisa par la crudité de la scène, sa tonalité sombre et brutale. [Présentation du texte] Une quinzaine d'années plus tard, sur le même thème mais dans une tonalité bien différente, Verlaine lui aussi s'attaque aux conformismes sociaux et rompt avec la poésie traditionnelle dans un sonnet au sujet macabre, « L'enterrement ». Jeune poète provocateur (il n'est pas encore le poète de la « nuance » et « de la musique avant toute chose »), [Annonce du plan] il décrit et raconte – comme s'il y assistait – de façon réaliste et pittoresque un enterrement (I). Témoin ironique de cette cérémonie, il en fait un éloge enthousiaste et burlesque (II). Par l'humour noir, c'est la comédie sociale qu'il dénonce et le trait est un peu trop appuyé pour ne pas laisser deviner dans ce poème l'horreur qu'inspire la mort (III).

I. Une scène réaliste et pittoresque

Comme si *L'enterrement à Ornans*, le tableau de Courbet, s'animait sous ses yeux, Verlaine met en place de façon réaliste les éléments et les personnages de l'enterrement et il en suit la chronologie.

1. Des silhouettes dessinées d'un trait vif

• Verlaine, d'un trait vif et net, individualise chaque personnage et les saisit en pleine action, en donnant à chacun une caractéristique précise.

• Ce sont d'abord le « fossoyeur » qui, armé de « sa pioche », creuse la tombe et le « prêtre » en « surplis » qui dit ses prières, assisté de l'« enfant de chœur ». Puis on apporte le « cercueil » que « les croque-morts » « rondelets », en « frac écourté », descendent dans la fosse et recouvrent de « terre ». Enfin, ce sont les discours des proches – « les héritiers » – qui sont prononcés près de la tombe.

2. Une fête pour les sens

Le récit de la cérémonie est rehaussé de détails pittoresques qui en font une vraie fête pour les sens.

• Verlaine donne une dimension sonore à ce spectacle qui devient presque une comédie musicale avec la chanson du « fossoyeur », les prières du prêtre qui contrastent avec « la voix fraîche de fille » de l'enfant de chœur, le carillon de la « cloche » et les discours plus graves « des héritiers ».

• C'est aussi un tableau coloré, lumineux dans lequel se mêlent les éclairs de la « pioche qui brille », l'éclat du « blanc surplis » du prêtre qui contraste avec la couleur sombre de « la terre » qui s'éboule et les tenues noires des fossoyeurs dont le « nez rougi » apporte une note tonique à l'ensemble.

• Même le toucher est sollicité : le « trou » est bien « chaud » – ce qui contraste comiquement avec la voix « fraîche » de l'enfant de chœur – et la « terre » se fait légère pour recouvrir le cercueil dans « un mol éboulement ».

II. L'éloge paradoxal d'un poète iconoclaste

Verlaine n'est pas seulement l'observateur de la cérémonie, il la commente aussi en poète peu conformiste.

1. Le détournement du sonnet par un poète iconoclaste

• Certes, Verlaine recourt à la forme classique du sonnet, le plus souvent réservé à la poésie lyrique sur des sujets amoureux. Cependant il le détourne et le traite avec désinvolture, non pas pour s'enthousiasmer sur quelque beauté féminine, mais pour faire l'éloge macabre d'un enterrement.

• Il conserve la structure en deux quatrains et deux tercets et la répartition des rimes, d'abord embrassées, mais avec deux tercets plus fantaisistes : au lieu des rimes *aab ccb* attendues, il joue sur des rimes *aab cbc*. Attentat plus grave contre la dignité du sonnet, il remplace l'alexandrin de la chute par un simple octosyllabe.

• Il glisse pourtant çà et là quelques délicatesses poétiques : une jolie personnification de la cloche qui « lance un svelte trille », une synesthésie pour la « voix fraîche de fille » de l'enfant de chœur (qui rappelle « les parfums frais comme des chairs d'enfant » de Baudelaire), un raccourci original – et humoristique – pour ces « nez rougis par les pourboires » qui nous font voir les trognes d'ivrognes des fossoyeurs transformant en tournées bien arrosées les pourboires reçus pour leur peine.

2. Un témoin enthousiaste, à l'expression familière

Comme du Bellay dans son tableau des « vieux singes de cour », Verlaine commente ironiquement la scène qu'il décrit et indique sa présence par des marques de première personne (« Je », « me ») et des exclamations enthousiastes au début du premier quatrain et du premier tercet.

• Le récit se déroule sur le ton d'une conversation assez familière, dans la syntaxe et le vocabulaire. Il résume sa longue énumération des deux quatrains par un vague et banal « tout cela » et ponctue son commentaire d'un « en vérité », lui aussi courant.

• Il enchaîne d'une façon lâche par des « et puis » peu recherchés ses remarques des deux tercets. L'oralité se marque aussi par la familiarité du diminutif « rondelets », l'adverbe « douillettement » ou la désignation peu respectueuse du défunt (un « joyeux drille ») et de sa tombe (un simple « trou »). Curieux éloge funèbre : comme on dit « un bon vivant », ici, c'est d'un « bon mort » qu'il s'agit.

• C'est un mélange bizarre que nous sert Verlaine. À côté d'adjectifs aussi communs que décalés pour parler d'un enterrement (« gai », « charmant », « beau »), il se sert d'un présent – à la fois d'habitude et de « vérité générale » – et de déterminants définis (« l'enterrement », « le fossoyeur », « la cloche ») qui donnent à cet éloge un ton faussement profond et réfléchi.

3. Un éloge paradoxal sur le mode de l'humour noir

• Au lieu de traiter l'enterrement sur le mode funèbre de la déploration, Verlaine choisit l'humour noir et grinçant, sur le thème du « tout est beau, tout est bon dans ce dernier voyage ».

• La mort n'est plus synonyme de froid, de ténèbres, de silence, d'immobilité mais est au contraire « vécue » (si l'on peut dire) « allégrement » (« gai »), dans la lumière qui « brille », dans le confort : le mort, bien au « chaud » est « douillettement couché » sous « un mol édredon » (de terre…). On chante, on va trinquer (*cf.* le « nez rouge » des croque-morts) à la santé du mort (« un joyeux drille »), la cloche ne fait pas entendre le glas mais un « svelte trille ».

• Le dernier tercet fait voir un final burlesque avec son vocabulaire boursouflé, emphatique (« pleins », « élargis », « gloire », « resplendissants ») et Verlaine, malicieusement, glisse même une allitération fantaisiste avec ces « *f*ronts où *f*lotte une gloire ». Les assistants, euphoriques, dans un chœur héroï-comique font l'éloge funèbre du disparu dont l'héritage est à portée de main.

III. La satire des hommes, mise à distance de l'horreur de la mort

Que retenir de ce récit burlesque ? Ce n'est certes pas une poésie engagée mais plutôt une charge contre l'hypocrisie et l'égoïsme des hommes, et de la bourgeoisie en particulier. Mais derrière l'humour noir, c'est aussi une constatation désabusée sur la condition humaine.

1. Une satire de l'égoïsme et de l'hypocrisie

• L'enterrement n'est plus un rite social et religieux pour témoigner affection et respect au disparu. Inutile de chercher dans les protagonistes de la cérémonie un sentiment sincère. Chacun – fossoyeur, prêtre, enfant de chœur, croque-morts, héritiers – par ses chansons, ses prières, ses discours convenus et emphatiques, et jusqu'à la cloche par son joyeux carillon, manifeste son indifférence et ses préoccupations intéressées, « pourboire » pour les uns, héritage pour les autres.

• C'est une triste galerie de portraits à la « gloire » de l'égoïsme de ces bourgeois ironiquement réduits par une métonymie à des « cœurs » et « des fronts », alors qu'ils sont dépourvus et de la générosité du « cœur » et de l'intelligence du « front ».

2. Une dénonciation de la misère humaine

• Cet « enterrement » « charmant » peut être lu comme une antiphrase soulignant en creux la misère de la condition humaine qui n'a d'autre issue que la mort, ce que d'autres poètes ont appelé « le mot de la fin ». L'aboutissement de la vie humaine est donc cette parade grotesque où l'on masque l'horreur des faits par une cérémonie hypocrite. On pense à la constatation d'Hamlet, tenant en ses mains le crâne de Yorick : « To be or not to be… » Courbet, dans *L'enterrement à Ornans*, a lui aussi représenté un crâne.

• Verlaine, lui, préfère donner de la mort une image plus réjouissante, celle d'un mort bien « au chaud » sous un « mol édredon ». Mieux vaut en rire, nous conseille-t-il.

Conclusion

• L'humour, même noir, est un bon moyen pour prendre de la distance par rapport à ce que la réalité peut avoir d'affligeant. Bien loin du réalisme sombre de Courbet ou de Balzac décrivant l'enterrement à la va-vite du père Goriot avec un prêtre pressé d'en finir dans l'atmosphère sinistre d'un crépuscule humide, Verlaine s'amuse et nous amuse par sa fantaisie provocatrice, comme La Fontaine, qui commence ainsi sa fable « Le Curé et la Mort » (VII, 1) : « Un mort s'en allait tristement / S'emparer de son dernier gîte ; / Un curé s'en allait gaiement / Enterrer ce mort au plus vite. »

• Rimbaud, le rebelle, imitera dans plusieurs de ses poèmes la verve satirique de son ami (« Le Mal », « Les Assis »), mais il saura aussi évoquer avec compassion le « Dormeur du val » et demander à la nature de « [le bercer] chaudement, il a froid ». Verlaine lui-même se souviendra avec émotion des « voix chères qui se sont tues ».

SUJET 11

France métropolitaine • Juin 2012
Séries ES, S • 16 points

La poésie doit être utile

Dissertation

▸ Dans quelle mesure la poésie est-elle un genre efficace pour présenter une critique de la société ? Vous répondrez à cette question en vous appuyant sur les textes du corpus, sur ceux que vous avez étudiés en classe et sur vos lectures personnelles.

Les textes du corpus sont reproduits dans le sujet n° 9.

LES CLÉS DU SUJET

Comprendre le sujet

- « **Présenter une critique de la société** » met sur la voie de la poésie engagée.
- « **Efficace** » signifie : performant, qui atteint son but.
- La difficulté de la question vient de l'expression interrogative « **Dans quelle mesure** », très à la mode, mais vague et peu claire. Elle semble suggérer que vous « mesuriez » la force, le pouvoir de la poésie pour critiquer.
- En bref, demandez-vous si la poésie atteint son but (convaincre et persuader) et est adaptée à la critique sociale. Cela met sur la voie de la discussion.
- À partir de cette analyse, **reformulez la problématique** avec vos propres mots : *La poésie réussit-elle à exprimer des critiques sociales ?*
- Divisez cette problématique en **sous-questions**, en en variant la formulation : *Pourquoi le poète est-il particulièrement apte à la critique sociale ? D'où vient l'efficacité de la poésie ? Quels sont les atouts de la poésie pour critiquer la société ? Par quels moyens la poésie peut-elle convaincre ou persuader ? Pour quel public, à quels sujets est-elle appropriée ?* Puis, pour discuter : *Quelles seraient les limites de la poésie pour critiquer la société ? Qu'est-ce qui peut être un obstacle à son efficacité ?*
- Il vous faut **comparer** la poésie à d'autres genres.
- Vous pouvez aussi vous demander si la critique sociale est la **seule fonction de la poésie.** Mais cela dépasse le sens de la question posée (vous pouvez en faire une éventuelle 3e partie, mais pas obligatoirement).

■ Chercher des idées

- Faites une liste des **poètes engagés** que vous connaissez et retenez des exemples précis. Utilisez le corpus mais ne vous limitez pas à ses textes.
- Analysez ce que le poète/la poésie a de particulier : en quoi cela l'autorise-t-il/elle à « critiquer » la société, à s'engager ?
- Cherchez ce qui peut rendre la poésie **persuasive** (registres, utilisation des mots, images, musicalité…).
- Cherchez ce qui peut en **limiter l'efficacité**.

▶ **Pour réussir la dissertation :** voir guide méthodologique.
▶ **La poésie :** voir mémento des notions.

CORRIGÉ 11

Les titres en couleur et les indications en italique servent à guider la lecture mais ne doivent pas figurer sur la copie.

Introduction

[Amorce] « As-tu oublié que ton libérateur, / C'est le Livre ? » (Hugo). Beaucoup d'écrivains ont mis leur plume au service de la libération de l'homme dans des luttes concrètes – politiques ou sociales. Cependant, parmi les genres littéraires, la poésie est plus souvent associée à l'épanchement des sentiments, aux jeux sur les mots, à l'évasion dans l'imaginaire qu'à l'expression des « idées ». Préjugé que dément pourtant l'existence de nombreux poèmes porteurs d'un message ou même engagés au point que le poète Gabriel Celaya définit la poésie comme « une arme chargée de futur ». [Problématique] La poésie est-elle une « arme » efficace pour défendre des idées et préparer un avenir meilleur que le présent qu'elle critique ? Quelles sont ses spécificités ? [Annonce du plan] Certes, l'écriture poétique a des atouts pour renforcer les idées. Mais ses qualités mêmes ne l'amènent-elles pas à parfois affaiblir les idées ? Sans doute plus propre à persuader qu'à convaincre, la poésie admet mal que l'idée prime et elle s'adresse à un public bien spécifique.

I. Force et atouts de la poésie pour critiquer

Aux heures noires de l'occupation nazie, un groupe de poètes fait entendre sa voix, pour appeler une nation à la dérive à se dresser contre l'oppresseur (certains poèmes seront même déversés par avion sur les populations civiles – bombes de papier, mots explosifs). Est-ce à dire que la poésie a une force particulière pour dénoncer les abus de la société et du monde ?

1. La fonction sociale du poète, être sensible et inspiré, pour « crier, accuser, espérer »

• Homme parmi les hommes avant d'être poète, il ne peut se désintéresser du sort de ses semblables. Son talent lui donne d'autres responsabilités, que rappelle le philosophe Jean-Paul Sartre : « L'écrivain est en situation dans son époque : chaque parole a des retentissements. […] Nous écrivons pour nos contemporains, nous ne voulons pas regarder notre monde avec des yeux futurs, mais avec nos yeux de chair, avec nos vrais yeux périssables. »

• Le poète doit agir sur le monde, au moins le faire réagir : « Et c'est assez pour le poète d'être la mauvaise conscience de son temps », dit Saint-John Perse. Hugo, dans « La Fonction du poète », explique pourquoi il est désigné pour critiquer la société : mage, sa mission est de « faire flamboyer l'avenir ».

• Comme il est maître des mots, il sait « dire » mieux que le commun des mortels qui n'a du langage qu'une utilisation quotidienne, utilitaire ; il peut donc et doit prêter sa voix à ceux à qui on a confisqué la parole : enfants, peuples opprimés… Pour dénoncer les conditions inhumaines du travail des jeunes enfants au XIXe siècle, Hugo « donne » – au sens littéral – la parole à ces pauvres victimes : « Ils semblent dire à Dieu : – Petits comme nous sommes, / Notre père, voyez ce que nous font les hommes » (« Melancholia »).

2. La poésie, un genre dense, frappant et divers

• Arme, sans doute, mais légère et maniable, la poésie s'accommode très bien de la concision. Le « poème » n'a pas les dimensions d'un essai, et, dense, il n'en devient que plus frappant.

• À la concision, la poésie allie la variété : vers réguliers, vers libres, prose, calligramme. C'est un genre protéiforme qui joue de tous les registres : souvent lyrique, la poésie peut être pathétique (« La nuit du 4 », Hugo), satirique (voir les textes du corpus) ; elle peut aussi être dramatique pour dénoncer la guerre (« Depuis six mille ans la guerre… », Hugo) ou épique (« Le Mal », Rimbaud).

II. Une magie qui dévoile : mots, images et musique

Mais ce sont surtout les « outils » dont le poète dispose qui donnent à la poésie son efficacité argumentative. « La poésie est à la fois Musique, Statuaire, Peinture, Éloquence… » (Théodore de Banville).

1. Les ressources du mot et de l'image

• La poésie est en effet proche de la peinture et la capacité des deux arts à transmettre des idées est de même nature. La fresque *Guernica* de Picasso, protestation violente contre la guerre, a frappé les imaginations. Or « Le Mal » de Rimbaud, qui oppose l'image du champ de bataille au clair-obscur de l'église où se morfondent les mères, n'a rien à envier au tableau de Picasso.

• C'est aussi par les images que la poésie touche et persuade le lecteur. Plus elles sont inattendues, plus la critique prend de force ; l'élégance, la nouveauté des mots ou le rapprochement inhabituel de réalités d'ordinaire étrangères l'une à l'autre, ravivent les couleurs de l'idée. Voici, par Boris Vian, la dénonciation, en couleur et en violence, du sort des enfants qu'on envoie à la guerre : « Voilà le monde parfumé / Plein de rires, plein d'oiseaux bleus / Soudain griffé d'un coup de feu / Un monde neuf où sur un corps / Qui va tomber / Grandit une tache de sang… » (« À tous les enfants… »).

• En poésie, le rapport entre le mot, l'image et l'idée est spécifique : d'une vision et de son expression, de sa « traduction » en mots jaillit l'idée, qui n'est pas imposée didactiquement au lecteur. En lisant un poème nous voyons, nous partageons les sentiments ou les idées exprimées, nous les connaissons et les comprenons d'autant plus profondément.

• Certains poètes poussent à l'extrême cette capacité de la poésie en inventant des mots qui, par leurs sons et par leur magie, créent réellement le sens : c'est encore Boris Vian qui rend sensible presque physiquement l'arrogance des puissants de la guerre qui « *ventripotent* dans la vie ».

2. L'envoûtement du rythme et des sons

• Ce sont les sonorités et le rythme qui donnent leur force à cet appel au combat de Desnos dans « Ce cœur qui haïssait la guerre » : « Car ces cœurs qui haïssaient la guerre battaient pour la liberté au rythme même des saisons et des marées, du jour et de la nuit. » Ou à ce cri de résistance héroïque de Marianne Cohn : « Je trahirai demain, pas aujourd'hui. / La lime est sous le carreau, / La lime n'est pas pour le barreau, / La lime n'est pas pour le bourreau, / La lime est pour mon poignet. »

• Ainsi, le poème, loin d'être une simple transmission d'idées, est une recherche plus profonde sur les mots ; il survit à la lecture, à la compréhension de l'idée. Pour mesurer la différence avec la prose ordinaire, Valéry explique : « Le poème ne meurt pas pour avoir servi ; il est fait expressément pour renaître de ses cendres et redevenir indéfiniment ce qu'il vient d'être. » Et à chaque fois qu'il renaît, l'idée renaît avec lui.

3. Surprenante, la poésie dévoile le monde

• Le pouvoir de la poésie tient aussi à l'interaction des mots entre eux. Il faut les « placer » d'une certaine façon, sans souci de la logique, parfois de la syntaxe, sans souci de l'idée même, pour qu'ils deviennent poétiques.

• Rimbaud définit son idéal poétique comme une « alchimie du verbe » (« verbe » au sens de « mot »). Lui faisant écho, le poète mexicain Octavio Paz écrit : « La création poétique est d'abord une violence faite au langage.

Son premier acte est de déraciner les mots. Le poète les soustrait à leurs connexions et à leurs emplois habituels » (*L'Arc et la Lyre*).

• Le poète renouvelle notre vision du monde. Jean Cocteau définit ainsi la poésie : « La poésie [...] dévoile dans toute la force du terme. Elle montre nues, sous une lumière qui secoue la torpeur, les choses surprenantes qui nous environnent et que nos sens enregistraient machinalement » (*Le Secret professionnel*).

• Ainsi la poésie sort le lecteur des clichés, pour redonner aux idées une brillance qu'elles avaient perdue : le travail des enfants prend un nouveau visage dans « Melancholia » : « Travail maudit qui prend l'âge en sa serre, [...] / Et qui ferait – [...] / D'Apollon un bossu, de Voltaire un crétin ».

III. Les limites de la poésie dans la critique et le débat d'idées

L'engagement du poète a cependant des limites : dans ses combats immédiats, dans sa contestation d'aujourd'hui, le poète doit se souvenir qu'« Il est l'homme des utopies, / Les pieds ici, les yeux ailleurs [...] » (Hugo, « La Fonction du poète »). La poésie a les défauts de ses qualités ; ses atouts, sa force persuasive ne vont pas sans revers de la médaille...

1. Plus propre à persuader qu'à convaincre : réservée à un certain public ?

• La poésie est impression plus que compréhension. Transformons les vers de « Ultima Verba » de Hugo (*Les Châtiments*) : « Ô France ! France aimée et qu'on pleure toujours, / Je ne reverrai pas ta terre douce et triste, / Tombeau de mes aïeux et nid de mes amours », en : « Exilé, je ne rentrerai pas en France où sont restées ma famille et les femmes que j'ai aimées »... La signification ne change pas, mais l'effet n'est pas le même. Le lecteur n'a pas à comprendre, mais à se laisser porter par le pouvoir des mots. « L'auditeur subit un charme : effet proprement physique sur les sens », dit Gide.

• L'expression des idées est en poésie plus frappante qu'en prose parce qu'elles ne sont pas transmises au lecteur mais recréées en lui. Pour faire comprendre l'idée, le poète la fait ressentir. Ainsi, le poème « Liberté » d'Eluard fait *sentir* la soif de liberté par la dynamique des sons, du rythme, par la répétition du mot « Liberté ». Cette particularité exige du lecteur une capacité à se laisser émouvoir, une sensibilité qui n'est pas donnée à tous. Certains esprits pragmatiques restent froids à ce type d'argumentation.

2. « Dangers » de l'implicite : une alchimie délicate

• Genre bref, allusif, qui suggère plus qu'il ne dit, la poésie recourt à l'implicite. Or, l'implicite échappe parfois au lecteur. Alors l'idée se perd dans le poème, elle est recouverte d'un voile qui l'opacifie.

• Parfois réfractaires à l'explication, les poèmes ne se comprennent que difficilement. Nerval affirme : « Mes sonnets [...] perdraient en charme à être expliqués, si la chose en était possible. » Or une idée doit être comprise.

• Un jour que le peintre Degas déplore : « Je ne parviens pas à écrire. Ce ne sont pourtant pas les idées qui me manquent », Mallarmé lui réplique : « Mais, Degas, ce n'est point avec des idées qu'on fait des poèmes, c'est avec des mots ». Par cette boutade, Mallarmé indique les dangers que court la poésie à privilégier l'idée. L'affirmation de Mallarmé semble confirmée par l'échec des poètes pour qui prime l'idée dans une poésie faite plus de raison que de langage. Qui se souvient du *Mondain* de Voltaire, dans lequel le philosophe fait l'apologie du luxe et du commerce ?

3. Transcender le temps...

• Ainsi, l'œuvre poétique ne doit pas avoir pour seule ambition une efficacité immédiate, elle doit aussi chercher à atteindre une vérité éternelle. Il faut qu'elle soit lisible par-delà l'époque, les causes qui l'ont motivée ; il convient qu'elle les dépasse. À l'inverse d'autres genres, comme le pamphlet ou l'essai ancrés dans le temps, et valant par leurs références précises, la poésie, pour être efficace, ne doit pas se commettre dans le prosaïque et dans la contingence.

• De fait, le poète parle toujours du monde et de soi, il s'engage personnellement. Toute vision poétique est une prise de position par rapport au monde. Mais il s'agit plus d'une *vision* du monde que de l'exposé d'idées sociales. Ainsi, « Zone » d'Apollinaire dépasse le contexte précis du Paris du XXe siècle et résonne comme une apologie de la modernité.

• Les idées que la poésie convoie doivent accéder à un degré suffisant d'intemporalité pour traverser le temps. Le poète est au-dessus de l'idée terre à terre : « Le Mal » ou « Le Dormeur du val » de Rimbaud sont plus des condamnations de la guerre en général que d'une guerre précise (celle de 1870).

Conclusion

La poésie est toujours exploration du monde et de son sens par la sensibilité : ni mots, ni idées, ou plutôt les deux à la fois... Elle est efficace pour critiquer, mais ne doit pas se borner à cela. Ce n'est qu'une de ses multiples fonctions, qui font sa richesse.

SUJET

12

France métropolitaine • Juin 2012
Séries ES, S • 16 points

La poésie doit être utile

Écriture d'invention

▸ Vous imaginerez un dialogue entre deux critiques littéraires au cours d'un débat sur la poésie. L'un pense que la poésie doit être utile et éveiller l'esprit critique du lecteur ; l'autre estime que l'on ne saurait la réduire à cette seule fonction. Chacun des points de vue devra comporter plusieurs arguments, illustrés par des références précises à des poèmes.

Le candidat peut s'appuyer sur les textes du corpus reproduits dans le sujet n° 9.

LES CLÉS DU SUJET

Comprendre le sujet

Faites la **définition** du texte à produire, à partir de la consigne.

Dialogue/débat (*genre*), qui argumente sur (*type de texte*) les fonctions/le rôle de la poésie (*thème*), un peu polémique (*registre*), pour opposer deux conceptions de la poésie et définir son (ses) rôle(s) (*buts*).

Chercher des idées

Le fond

Il s'agit en fait d'une dissertation déguisée en dialogue. Vous devez donc chercher des **arguments** et des **exemples**.

• **Thèse 1** : « utile » est très vaste ; il faut préciser « utile à... » ou « **pour...** ». Ce peut être : pour critiquer (engagement social et politique) ; pour faire passer ses idées et convictions ; pour éveiller l'esprit critique ; pour rendre compte de la réalité ; pour dénoncer les abus de notre monde...

• **Thèse 2** : « la poésie a **aussi** pour **rôle de...** » Cet interlocuteur a une vision plus large de la poésie : expression des sentiments (lyrisme) ; célébration de la beauté ; évasion hors du réel ; donner une vision du monde ;

faire redécouvrir le quotidien ; jouer sur les mots ; créer une œuvre d'art (l'art pour l'art)...

• **Variez les types d'arguments** : argument d'autorité sous la forme de citations, argument par comparaison, argument logique, argument *ad hominem* (utilisé pour discréditer quelqu'un, en attaquant non pas les idées, mais la personne même)...

– **Exemples d'arguments pour le tenant d'une poésie « utile »** : un poète vit dans le monde et dans la société, il ne peut se désintéresser des problèmes de son temps. Il doit donc s'engager et éclairer les lecteurs. Un poète connaît les ressources de la langue : il doit parler pour ceux qui ne savent pas ou ne peuvent pas « s'exprimer ».

– **Exemples d'arguments pour le tenant d'une poésie plus universelle** : le poète est un artiste qui doit produire une œuvre d'art ; or l'utilité nuit à la beauté (Théophile Gautier dans la *Préface à Mlle de Maupin* : « Il n'y a de vraiment beau que ce qui ne peut servir à rien ; tout ce qui est utile est laid, car c'est l'expression de quelque besoin, et ceux de l'homme sont ignobles et dégoûtants, comme sa pauvre et infirme nature »).

• Constituez-vous une liste de **poèmes engagés et « utiles »**, une autre de **poèmes à portée plus générale et universelle.**

La forme

• **La personnalité des interlocuteurs** : il ne s'agit pas de faire un devoir argumentatif pur, du type dissertation, mais de faire sentir la personnalité des deux critiques ; le dialogue doit avoir la **spontanéité et la vivacité** de la vie réelle.

• La personnalité des deux critiques (violence, bienveillance) et leur attitude plus ou moins conciliante déterminera le **ton du dialogue** : le choix des verbes de parole, la modalité des phrases (exclamatives, questions rhétoriques, phrases elliptiques, le rythme des répliques : l'un coupe la parole à l'autre, par exemple) varieront.

• **L'issue du débat** : les deux critiques peuvent camper sur leur position et se quitter en désaccord ou, au contraire, tomber finalement d'accord (compromis nuancé).

▶ **Pour réussir l'écriture d'invention** : voir guide méthodologique.
▶ **La poésie** : voir mémento des notions.

CORRIGÉ 12

Voici un court extrait d'un dialogue possible.

[...]

– Mais enfin, vous n'êtes pas cohérent ! Vous me dites que le poète est un être plus sensible, qu'il est le maître des mots, qu'il sait mieux « dire » que le commun des mortels – qui n'a du langage qu'une utilisation quotidienne ; soit, nous sommes d'accord là-dessus... Mais ces capacités, ce don qu'on dit presque divin lui donnent des responsabilités, il ne peut rester dans sa tour d'ivoire : homme parmi les hommes, il doit mettre son art au service de ceux qui ne peuvent ni ne savent manier la langue et les mots. Tenez, il n'y a pas si longtemps, Jean-Paul Sartre rappelait les écrivains à leur devoir – et un poète est un écrivain, que je sache... « L'écrivain est en situation dans son époque : chaque parole a des retentissements. [...] Nous écrivons pour nos contemporains, nous ne voulons pas regarder notre monde avec des yeux futurs, mais avec nos yeux de chair, avec nos vrais yeux périssables. »

– Oui, mais je vous arrête : Sartre ne vise pas spécialement les poètes, et puis il parle en philosophe. Je ne suis pas sûr qu'il puisse parler au nom des poètes. Poésie et philosophie..., ce n'est pas forcément un mariage heureux.

– Alors, il vous faut d'autres voix plus... *autorisées* pour vous convaincre ? Hé bien, écoutez Eluard – ce n'est pas un philosophe, mais un poète, lui : « Les poètes sont descendus des sommets sur lesquels ils se croyaient... Ils ont appris les chants de révolte de la foule malheureuse [...], ils ont maintenant l'assurance de parler pour tous. » Et lui, il « parlait » en connaissance de cause : il a fait partie de ces poètes qui, aux heures noires de l'occupation nazie, ont fait entendre leur voix pour appeler une nation à la dérive à se dresser contre l'oppresseur ; ils ont même fait déverser certains de leurs poèmes par avion sur les populations civiles – bombes de papier, mots explosifs – pour redonner courage à ceux qui l'avaient perdu. Et puis vous connaissez son superbe poème « Liberté » ? Ou encore « L'Affiche rouge » d'Aragon, qui dénonce l'exécution d'un groupe de résistants ? Pouvaient-ils en conscience se désintéresser du sort de leurs semblables, aux pires heures de l'Occupation ? Il y a des circonstances, voyez-vous, où un poète ne peut pas se taire. Hugo l'avait déjà dit : « Malheur à qui prend ses sandales / Quand les haines et les scandales / Tourmentent le peuple agité ! » Hugo, tout de même, vous ne pouvez pas le récuser !

– Je vous ai laissé parler car j'attendais justement que vous en veniez à Hugo. Si j'étais irrespectueux, je dirais que vous donnez des verges pour vous faire battre ! Dites-moi, Hugo n'a-t-il pas mis sa plume au service de l'expression de ses sentiments personnels, de sa douleur après la perte de sa fille, tel Orphée déplorant la perte de son Eurydice ? Vous connaissez son poème : « Oh je fus comme fou… » ? Bouleversant, mais pas spécialement « utile », au sens où vous l'entendez. Du pur lyrisme ! Et puis, je vous dirais que, pour moi aussi, le poète doit soulager les malheureux et rendre plus légères les souffrances des hommes, mais pas forcément, comme vous le prétendez, en « éveillant l'esprit critique » du lecteur… Et si son rôle était justement de permettre à ceux qui souffrent de s'évader dans des mondes oniriques qui leur feraient oublier un moment leur sort ? Lire « L'invitation au voyage », de Baudelaire, emmène dans un univers où « tout n'est qu'ordre et beauté, luxe, calme et volupté » et a un effet « thérapeutique » aussi important que des cris de révolte effrayants de violence, comme celui de Daumal : « Aux armes ! À vos fourches, à vos couteaux, à vos cailloux, à vos marteaux, vous êtes mille, vous êtes forts, délivrez-vous, délivrez-moi ! » Par ailleurs, vous me dites qu'« il y a des circonstances où un poète ne peut pas se taire ». Alors, cela veut dire que notre poète est… je dirais, au risque de paraître prosaïque, « au chômage » dans les moments où règnent l'harmonie, la paix, le bonheur…

– Mais vous savez bien que ces moments n'existent pas !

– À mon tour de ne pas en « être si sûr », comme vous dites ! Mais admettons que le monde soit un perpétuel enfer ! Eh bien, je maintiens que le poète a pour rôle – tout autant que de s'engager dans la lutte sociale ou politique – de transfigurer le malheur, le mal, le sordide en un monde idéal pour panser les souffrances de ses « frères ». Comme Baudelaire qui se propose d'extraire la beauté du mal et qui affirme : « Tu m'as donné ta boue et j'en ai fait de l'or »…

– Mais vous me rejoignez, sans même vous en rendre compte ! Pour moi, cela aussi c'est une façon d'être « utile » !

– Vous êtes un peu sophiste… Ce n'est pas vraiment de cette utilité-là que vous parliez au début de notre débat : vous me citiez Hugo et ses *Châtiments,* Aimé Césaire et la négritude, Pablo Neruda… Leur « utilité » n'est pas vraiment celle du magicien alchimiste comme Baudelaire. J'ai encore quelque chose à ajouter : ne croyez-vous pas que l'utilité peut tuer la poésie ? Je n'irais pas jusqu'à dire, avec Gautier, que « tout ce qui est utile est laid », mais je serais presque d'accord quand il affirme – un peu catégoriquement, j'en conviens : « Il n'y a de vraiment beau que ce qui ne peut servir à rien ». L'art pour l'art… Pourquoi pas ? Cela peut se concevoir. […]

SUJET 13

Antilles • Juin 2012
Séries ES, S • 4 points

La rencontre amoureuse

Question

Documents

A – **Molière**, *L'École des femmes*, acte II, scène 5 (extrait), 1662.
B – **Marivaux**, *La Dispute*, scène 4 (extrait), 1744.
C – **Jean Giraudoux**, *Ondine*, acte I, scène 3 (extrait), 1939.

▸ En comparant les textes du corpus, vous montrerez comment est représentée, dans ces scènes de théâtre, la première rencontre amoureuse.

Après avoir répondu à cette question, les candidats devront traiter au choix un des trois sujets nos 14, 15 ou 16.

DOCUMENT A

Arnolphe a choisi une jeune fille innocente, Agnès, dont il s'est constitué le tuteur. Il la tient depuis son enfance à l'écart de la société afin de pouvoir l'épouser. Horace, un jeune homme, a toutefois réussi à rencontrer Agnès. Celle-ci s'apprête à raconter à Arnolphe l'histoire de cette rencontre.

Acte II, scène 5
ARNOLPHE, AGNÈS

AGNÈS

Elle[1] est fort étonnante, et difficile à croire.
J'étais sur le balcon à travailler au frais,
Lorsque je vis passer sous les arbres d'auprès
Un jeune homme bien fait, qui, rencontrant ma vue,
D'une humble révérence aussitôt me salue :
Moi, pour ne point manquer à la civilité,
Je fis la révérence aussi de mon côté.
Soudain il me refait une autre révérence ;

Moi, j'en refais de même une autre en diligence ;
Et lui d'une troisième aussitôt repartant,
D'une troisième aussi j'y repars à l'instant.
Il passe, vient, repasse, et toujours de plus belle
Me fait à chaque fois révérence nouvelle ;
Et moi, qui tous ces tours fixement regardais,
Nouvelle révérence aussi je lui rendais :
Tant que, si sur ce point la nuit ne fût venue,
Toujours comme cela je me serais tenue,
Ne voulant point céder, ni recevoir l'ennui
Qu'il me pût estimer moins civile que lui.

ARNOLPHE

Fort bien.

AGNÈS

Le lendemain, étant sur notre porte,
Une vieille m'aborde, en parlant de la sorte :
« Mon enfant, le bon Dieu puisse-t-il vous bénir,
Et dans tous vos attraits longtemps vous maintenir !
Il ne vous a pas fait une belle personne,
Afin de mal user des choses qu'il vous donne ;
Et vous devez savoir que vous avez blessé
Un cœur qui de s'en plaindre est aujourd'hui forcé. »

ARNOLPHE, *à part*

Ah ! suppôt de Satan ! exécrable damnée !

AGNÈS

Moi, j'ai blessé quelqu'un ? fis-je tout étonnée.
« Oui, dit-elle, blessé, mais blessé tout de bon ;
Et c'est l'homme qu'hier vous vîtes du balcon. »
Hélas ! qui pourrait, dis-je, en avoir été cause ?
Sur lui, sans y penser, fis-je choir[2] quelque chose ?
« Non, dit-elle ; vos yeux ont fait ce coup fatal,
Et c'est de leurs regards qu'est venu tout son mal. »
Eh, mon Dieu ! ma surprise est, fis-je, sans seconde ;
Mes yeux ont-ils du mal, pour en donner au monde ?
« Oui, fit-elle, vos yeux, pour causer le trépas[3],
Ma fille, ont un venin que vous ne savez pas,
En un mot, il languit, le pauvre misérable ;
Et s'il faut, poursuivit la vieille charitable,
Que votre cruauté lui refuse un secours,
C'est un homme à porter en terre dans deux jours. »
Mon Dieu ! j'en aurais, dis-je, une douleur bien grande.

Mais pour le secourir qu'est-ce qu'il me demande ?
« Mon enfant, me dit-elle, il ne veut obtenir
Que le bien de vous voir et vous entretenir ;
Vos yeux peuvent eux seuls empêcher sa ruine,
Et du mal qu'ils ont fait être la médecine. »
Hélas ! volontiers, dis-je ; et, puisqu'il est ainsi,
Il peut, tant qu'il voudra, me venir voir ici.

Molière, *L'École des femmes*, acte II, scène 5 (extrait), 1662.

1. Elle : « l'histoire ». 2. Choir : tomber. 3. Trépas : mort.

THÉÂTRE

DOCUMENT B

Afin de savoir qui de l'homme ou de la femme a été infidèle le premier, deux jeunes filles et deux jeunes garçons ont été enfermés dès leur plus jeune âge sans jamais voir personne. Âgés de dix-huit ans, ils sont « libérés ». Une des jeunes filles, Églé, alors qu'elle admire son reflet dans un ruisseau, va rencontrer un des jeunes garçons, Azor.

Scène 4

ÉGLÉ, AZOR

Églé un instant seule, Azor paraît vis-à-vis d'elle.

ÉGLÉ, *continuant et se tâtant le visage.* – Je ne me lasse point de moi. (*Et puis apercevant Azor avec frayeur.*) Qu'est-ce que cela, une personne, comme moi… N'approchez point. (*Azor étendant les bras d'admiration et souriant. Églé continue.*) La personne rit, on dirait qu'elle m'admire. (*Azor fait un pas.*) Attendez… Ses regards sont pourtant bien doux… Savez-vous parler ?

AZOR. – Le plaisir de vous voir m'a d'abord ôté la parole.

ÉGLÉ. – La personne m'entend, me répond, et si agréablement !

AZOR. – Vous me ravissez.

ÉGLÉ. – Tant mieux.

AZOR. – Vous m'enchantez.

ÉGLÉ. – Vous me plaisez aussi.

AZOR. – Pourquoi donc me défendez-vous d'avancer ?

ÉGLÉ. – Je ne vous le défends plus de bon cœur.

AZOR. – Je vais donc approcher.

ÉGLÉ. – J'en ai bien envie. (*Il avance.*) Arrêtez un peu… que je suis émue !

AZOR. – J'obéis, car je suis à vous.

ÉGLÉ. – Elle[1] obéit ; venez donc tout à fait, afin d'être à moi de plus près. (*Il vient.*) Ah ! la voilà, c'est vous, qu'elle est bien faite ! En vérité vous êtes aussi belle que moi.

AZOR. – Je meurs de joie d'être auprès de vous, je me donne à vous, je ne sais pas ce que je sens, je ne saurais le dire.

ÉGLÉ. – Eh, c'est tout comme moi.

AZOR. – Je suis heureux, je suis agité.

ÉGLÉ. – Je soupire.

AZOR. – J'ai beau être auprès de vous, je ne vous vois pas encore assez.

ÉGLÉ. – C'est ma pensée, mais on ne peut pas se voir davantage, car nous sommes là.

AZOR. – Mon cœur désire vos mains.

ÉGLÉ. – Tenez, le mien vous les donne ; êtes-vous plus contente ?

AZOR. – Oui, mais non pas plus tranquille.

ÉGLÉ. – C'est ce qui m'arrive, nous nous ressemblons en tout.

AZOR. – Oh ! Quelle différence ! Tout ce que je suis ne vaut pas vos yeux, ils sont si tendres !

ÉGLÉ. – Les vôtres si vifs !

AZOR. – Vous êtes si mignonne, si délicate !

Marivaux, *La Dispute*, scène 4 (extrait), 1744.

1. Au début de l'extrait, Azor est désigné par l'expression « une personne », ce qui explique le féminin.

DOCUMENT C

Ondine est une divinité des eaux (de la mythologie germanique), elle a 15 ans, vit chez ses parents (Auguste et Eugénie). Par un soir d'orage, un Chevalier arrive dans la cabane de pêcheurs où ils vivent.

Acte I, scène 3

LE CHEVALIER, AUGUSTE, EUGÉNIE, ONDINE

ONDINE, *de la porte où elle est restée immobile.* – Comme vous êtes beau !

AUGUSTE. – Que dis-tu, petite effrontée ?

ONDINE. – Je dis : comme il est beau !

AUGUSTE. – C'est notre fille, Seigneur. Elle n'a pas d'usage.

ONDINE. – Je dis que je suis bien heureuse de savoir que les hommes sont aussi beaux… Mon cœur n'en bat plus !…

AUGUSTE. – Vas-tu te taire !

ONDINE. – J'en frissonne !

AUGUSTE. – Elle a quinze ans, Chevalier. Excusez-la…

ONDINE. – Je savais bien qu'il devait y avoir une raison pour être fille. La raison est que les hommes sont aussi beaux…

AUGUSTE. – Tu ennuies notre hôte…

ONDINE. – Je ne l'ennuie pas du tout… Je lui plais… Vois comme il me regarde… Comment t'appelles-tu ?

AUGUSTE. – On ne tutoie pas un seigneur, pauvre enfant !

ONDINE, *qui s'est approchée.* – Qu'il est beau ! Regarde cette oreille, père, c'est un coquillage ! Tu penses que je vais lui dire vous, à cette oreille ?… À qui appartiens-tu petite oreille ?… Comment s'appelle-t-il ?

LE CHEVALIER. – Il s'appelle Hans…

ONDINE. – J'aurais dû m'en douter. Quand on est heureux et qu'on ouvre la bouche, on dit Hans…

LE CHEVALIER. – Hans von Wittenstein…

ONDINE. – Quand il y a de la rosée, le matin, et qu'on est oppressée, et qu'une buée sort de vous, malgré soi on dit Hans…

LE CHEVALIER. – Von Wittenstein zu Wittenstein…

ONDINE. – Quel joli nom ! Que c'est joli, l'écho dans un nom !… Pourquoi es-tu ici ?… Pour me prendre ?…

AUGUSTE. – C'en est assez… Va dans ta chambre…

ONDINE. – Prends-moi !… Emporte-moi !

Eugénie revient avec son plat.

EUGÉNIE. – Voici votre truite au bleu, Seigneur. Mangez-la. Cela vous vaudra mieux que d'écouter notre folle…

ONDINE. – Sa truite au bleu !

LE CHEVALIER. – Elle est magnifique !

ONDINE. – Tu as osé faire une truite au bleu, mère !…

EUGÉNIE. – Tais-toi. En tout cas, elle est cuite…

ONDINE. – Ô ma truite chérie, toi qui depuis ta naissance nageais vers l'eau froide !

AUGUSTE. – Tu ne vas pas pleurer pour une truite !

ONDINE. – Ils se disent mes parents… Et ils t'ont prise… Et ils t'ont jetée vive dans l'eau qui bout.

LE CHEVALIER. – C'est moi qui l'ai demandé, petite fille.

ONDINE. – Vous ?… J'aurais dû m'en douter… À vous regarder de près tout se devine… Vous êtes une bête, n'est-ce pas ?

EUGÉNIE. – Excusez-nous, Seigneur !

ONDINE. – Vous ne comprenez rien à rien, n'est-ce pas ? C'est cela la chevalerie, c'est cela le courage !… Vous cherchez des géants qui

THÉÂTRE

n'existent point, et si un petit être vivant saute dans l'eau claire, vous le faites cuire au bleu !

LE CHEVALIER. – Et je le mange, mon enfant ! Et je le trouve succulent !

ONDINE. – Vous allez voir comme il est succulent… (*Elle jette la truite par la fenêtre*)… Mangez-le maintenant… Adieu.

Giraudoux, *Ondine*, acte I, scène 3 (extrait), 1939.

LES CLÉS DU SUJET

Comprendre la question

- Le **thème** de la question est « la première rencontre amoureuse ».
- « **comment** signifie « par quels moyens (littéraires) ».
- Récapitulez les **moyens littéraires** propres au théâtre : types de texte ; personnages (identité, rapports entre eux, caractère…) ; vocabulaire ; registre(s)…
- **Repérez les faits d'écriture** les plus marquants.
- N'étudiez pas les documents séparément (« en comparant les textes ») : il s'agit d'une **synthèse**.

Structurez votre réponse

- Encadrez-la d'une phrase d'**introduction**, qui situe les documents et reprend la question, et d'une brève **conclusion**.
- Accompagnez chaque remarque d'**exemples précis** tirés des textes.

▶ **Pour réussir les questions :** voir guide méthodologique.

▶ **Le théâtre :** voir mémento des notions.

CORRIGÉ 13

[Amorce et présentation du corpus] La première rencontre amoureuse, par son potentiel de surprise et d'émotions, est un thème privilégié de la littérature, et notamment du théâtre. Molière au XVIIe siècle dans *L'École des femmes,* Marivaux au XVIIIe siècle dans *La Dispute,* Giraudoux au XXe siècle dans *Ondine* tirent profit de cette situation qui sert de point de départ à leurs pièces. [Rappel de la question] À quelles ressources littéraires et théâtrales ces divers dramaturges recourent-ils pour représenter cet événement fertile en troubles affectifs ? Les trois scènes présentent certaines ressemblances mais elles portent aussi la marque de leur époque.

• Ces trois scènes présentent trois situations identiques, trois « surprises de l'amour » : trois ingénues, auparavant isolées et éloignées des hommes, découvrent l'amour.

• Mais les modes de représentation sont différents. Dans *L'École des Femmes*, la rencontre et ses suites sont relatées a posteriori : Molière propose un récit en alexandrins fait par la jeune Agnès au passé, mené en deux tirades correspondant à deux étapes ; il s'agit donc d'un retour en arrière dans l'action qui sert à souligner la réaction d'Arnolphe, le tuteur désapprobateur, surpris et au supplice. Dans les deux autres scènes, le spectateur assiste « en direct » à la rencontre des deux jeunes gens, à leur dialogue en prose et à leurs réactions.

• Cependant ces rencontres amoureuses se distinguent par l'identité des personnages mentionnés ou mis en scène : chez Molière, Horace et Agnès, lors de leur entrevue, sont seuls, puis une vieille entremetteuse fait le lien entre eux ; Marivaux ne met en scène que les deux personnages concernés, Églé et Azor, seuls ; Giraudoux, lui, adjoint aux deux jeunes gens – le Chevalier et Ondine – deux autres personnages, les parents d'Ondine, qui interviennent à plusieurs reprises, ce qui modifie sensiblement la situation.

Conseil
Ne renvoyez pas aux documents du corpus par les expressions « texte A, texte B… ». Utilisez des expressions comme : « Molière, dans la tirade d'Agnès… » ou « Dans *l'École des femmes*… », ou « La scène de Giraudoux… »

• Le lexique amoureux émaille les trois scènes et rend compte de toutes les dimensions de la rencontre amoureuse. C'est d'abord le vocabulaire du corps, notamment de la vue (« ma vue », « moi qui […] regardais », « vos yeux », « leurs regards », « mes yeux » ; « vous voir »… chez Molière) ; de la beauté (« jeune homme bien fait », « vos attraits », « belle personne » chez Molière ; « bien faite », « aussi belle », « si mignonne » chez Marivaux), parfois de la proximité ou même du toucher (« être à moi de plus près », « auprès de vous », « vos mains » chez Marivaux ; Ondine « *s'est approchée* », « pour me prendre ? » chez Giraudoux). Puis ce sont les mots du domaine des sentiments naissants (« vous avez blessé/un cœur », « il languit » chez Molière ; « je suis à vous », « heureux », « vous m'enchantez », « agité » chez Marivaux ; « Je lui plais… » chez Giraudoux) et, chez Marivaux, ceux de l'amour-propre (« elle m'admire », « aussi belle que moi »).

• Les émotions et les sentiments des protagonistes se ressemblent. Les trois scènes soulignent leur naïveté, associée à leur spontanéité : Agnès ne cache rien à Arnolphe ; Églé et Ondine livrent leurs pensées les plus intimes face à celui qu'elles veulent séduire (« La personne m'entend, me répond et si

THÉÂTRE

agréablement », dit Églé ; « Je savais bien qu'il devait y avoir une raison pour être fille. La raison est que les hommes sont si beaux », déclare Ondine). Les trois ingénues découvrent « l'autre », mais elles se découvrent aussi elles-mêmes, et en particulier leur pouvoir de séduction. Cependant, les émotions et les sentiments des amoureux n'évoluent pas de la même façon dans les trois scènes : à l'émerveillement réciproque des amoureux chez Molière et chez Marivaux s'oppose la désillusion d'Ondine à la fin de la scène.

• Enfin, ces trois rencontres sont traitées avec vivacité : le discours direct (pour rapporter sa conversation avec l'entremetteuse) dans le récit d'Agnès, les stichomythies dans les scènes de Marivaux et de Giraudoux leur donnent de la légèreté.

• Les trois scènes ont un registre humoristique, voire comique : les auteurs recourent au comique de gestes et de répétition (Agnès et Horace multiplient les révérences, Églé et Azor les compliments), mais aussi au comique de caractère : outre leur naïveté, l'incompréhension d'Agnès qui prend au pied de la lettre les discours de l'entremetteuse sur la « blessure » d'Horace, la totale indifférence d'Ondine aux reproches de ses parents et le décalage entre son naturel, la gêne de ses parents et la relative indifférence du Chevalier font sourire. Ensuite les dramaturges jouent sur les situations : Agnès ne se rend pas compte de la jalousie croissante que chacun de ses mots provoque chez Arnolphe ; la situation se renverse brutalement dans la scène de Giraudoux qui se termine par le jet de la truite… Enfin, plus subtilement, le comique de mots fait sourire : jeu sur le propre et le figuré du verbe « blesser » chez Molière, jeu sur le masculin et le féminin dans la scène de Marivaux, ou la métonymie « Tu penses que je vais lui dire vous, à cette oreille ? » dans *Ondine*…

[Conclusion] Avec des moyens différents, ces trois scènes sont des éloges de la jeunesse et de la pureté d'un amour naissant.

SUJET
14

Antilles • Juin 2012
Séries ES, S • 16 points

La rencontre amoureuse

Commentaire

▸ **Vous commenterez la scène d'*Ondine* de Giraudoux.**

Se reporter au document C du sujet n° 13.

LES CLÉS DU SUJET

Trouver les idées directrices

• Faites la « **définition** » du texte pour trouver les idées directrices.

Scène de rencontre amoureuse (*genre*) où deux jeunes gens se découvrent (*thème*), fantastique, comique, parodique (*registres*), vive, surprenante, poétique, contrastée (*adjectifs*), pour rendre compte des sentiments lors d'une rencontre amoureuse, pour rendre sensible la personnalité d'Ondine et proposer une attitude face à la vie (*buts*).

• La réponse à la **question sur le corpus** (sujet précédent) vous donne des pistes.
• Montrez ce qui donne à cette scène sa **singularité** par rapport aux scènes de première rencontre traditionnelles.
• Tenez compte de la **théâtralité** de la scène : visualisez ce que le texte théâtral indique pour une éventuelle mise en scène et son **efficacité dramatique**.
• Analysez les **registres** de cette scène.
• La scène propose-t-elle un **message** ?

Pistes de recherche

Première piste : une scène de rencontre amoureuse vive et inattendue

• Quelles caractéristiques de la rencontre amoureuse théâtrale traditionnelle cette scène présente-t-elle ?
• En quoi s'en distingue-t-elle ?

• Peut-on vraiment parler d'une scène d'amour ?

Deuxième piste : une scène de comédie parodique

• Quelles formes de genres, de textes, de situations cette scène « imite »-t-elle ?

• D'où vient le comique ou l'humour de cette « imitation » ?

Troisième piste : l'originalité du personnage d'Ondine et sa vision du monde

• Analysez la singularité du personnage d'Ondine en la comparant aux autres personnages présents sur scène.

• Explicitez sa vision du monde et, au-delà, le message que Giraudoux transmet à travers elle.

▶ **Pour réussir le commentaire** : voir guide méthodologique.

▶ **Le théâtre** : voir mémento des notions.

CORRIGÉ 14

Les titres en couleur ne doivent pas figurer sur la copie.

Introduction

[Amorce] Les scènes de première rencontre amoureuse et les personnages d'ingénues sont de « vieilles recettes » des dramaturges qui y voient un ingrédient pouvant leur assurer le succès : Molière dans *L'École des femmes*, Marivaux dans *La Dispute* ou *Le Jeu de l'amour et du hasard* en ont tiré profit. [Présentation du texte] Au XXe siècle Giraudoux, dont l'œuvre est nourrie des mythes antiques et de légendes de divers pays, met en scène dans *Ondine* une jeune divinité des eaux de la mythologie germanique. Un soir d'orage, un Chevalier frappe à la porte de la cabane de pêcheur où vit la jeune fille avec ses parents. [Annonce du plan] Son arrivée donne lieu à une scène de rencontre amoureuse mouvementée, à la fois conforme à la tradition et surprenante par bien des aspects [I], notamment par son registre parodique qui fait sourire [II]. Mais derrière l'humour, à travers l'originalité du personnage d'Ondine qui se révèle dans la scène, Giraudoux livre implicitement un message à son spectateur [III].

I. Une scène de rencontre amoureuse vive et inattendue

La rencontre entre la jeune Ondine et le Chevalier retient l'attention du spectateur par sa vivacité mais aussi par son étrangeté.

1. Les caractéristiques traditionnelles d'une première rencontre amoureuse

• Ondine a la jeunesse des ingénues de théâtre : c'est une « *petite* effrontée », « elle a *quinze ans* », son père l'appelle « pauvre *enfant* », le Chevalier « mon enfant » et « petite fille ».

• La scène est émaillée du vocabulaire et des répliques propres à la rencontre amoureuse : « homme/fille », « cœur », « plaire », « prends-moi » ; présentation des personnages (« C'est notre fille ») et demande du nom de la personne rencontrée (« Comment s'appelle-t-il ?/Il s'appelle Hans ») ; compliments sur le jeune homme (« beau »), sur son oreille, sur son nom.

• La scène rend sensibles les manifestations physiques de l'amour, notamment de l'amour naissant : répétition des termes du champ lexical de la beauté ; « mon cœur n'en bat plus », « j'en frissonne » ; vocabulaire du regard : « il me regarde » ; mention de l'oreille du Chevalier ; « pour me prendre/prends-moi ». Elle rend compte de l'exaltation lyrique de la jeune fille (par ses exclamations, par la force des mots qu'elle emploie et les répétitions, par les impératifs), qui confine à la folie.

• Les didascalies (« *elle est restée immobile/qui s'est approchée* »), les exclamations qui donnent à la scène sa théâtralité soulignent le phénomène du coup de foudre et les caractéristiques de la cristallisation.

2. Une surprise de l'amour qui bouleverse les convenances

Cependant, Giraudoux s'éloigne de la tradition théâtrale et bouleverse les convenances.

• Une scène fantastique : l'identité d'Ondine (divinité des eaux enfant), le lien avec la légende de la mythologie germanique, la présence du Chevalier (être terrestre) font de cette rencontre une scène fantastique irréelle.

• Une scène poétique : l'intrusion de tournures et d'images poétiques, très caractéristiques du théâtre de Giraudoux (« Quand on est heureux et qu'on ouvre la bouche… »/ « Quand il y a de la rosée, le matin, et qu'on est oppressée, et qu'une buée sort de vous », « cette oreille […], c'est un coquillage ! »/ « Quel joli nom ! Que c'est joli, l'écho dans un nom ! »), donnent à la scène une poésie et une fantaisie qui contribuent à son étrangeté.

• Mais surtout, s'agit-il d'une scène de rencontre amoureuse ou plutôt d'une scène de rupture ? En effet, en plein milieu de la scène, intervient un coup de théâtre qui renverse la situation et dans lequel la truite joue un rôle déterminant. C'est la didascalie « *Eugénie revient avec son plat* » qui marque le passage de la scène d'amour à la scène de dépit tragique. La déclaration amoureuse devient une déclaration de haine (« Vous êtes une bête »). Ce n'est plus à Hans mais à la truite que s'adresse la déclaration d'amour d'Ondine (« Ô ma truite chérie »), qui devient éloge funèbre (« toi qui depuis ta naissance [...]/ et ils t'ont jetée vive dans l'eau [...] »). La montée de la tension dramatique aboutit à une rupture nette.

II. Une scène de comédie parodique

Et pourtant, la scène fait sourire : son originalité, sa fantaisie et sa théâtralité viennent aussi de son humour et du comique qui ressortissent essentiellement à la parodie.

Notez bien
La parodie est l'imitation d'une œuvre, en général célèbre, ou d'un genre ou d'un style sur un registre comique : elle déforme, caricature ou marque une distance, un décalage avec le texte source.

1. Une parodie de rencontre amoureuse

• L'identité des personnages présents sur scène est un premier élément de parodie : la scène d'amour se déroule en présence des parents de la jeune fille, et l'intimité propice à la déclaration en est singulièrement altérée.

• Le « couple » de jeunes gens lui aussi est étrange : l'opposition entre l'ingénuité d'Ondine et la relative indifférence du Chevalier amuse le spectateur. Ce Chevalier, du reste, semble peu amoureux : il fait des compliments de... la truite (« Elle est magnifique ») et non d'Ondine.

2. Une parodie de scène poétique et de légende

• La poésie attendue d'une scène d'amour est ici entachée d'éléments triviaux et terre à terre, comme le nom étrange et redondant du Chevalier, aux consonances germaniques rudes (contrastant avec le commentaire enthousiaste qu'en fait Ondine), ou la présence de nourriture (notamment de la « truite au bleu »).

• L'association de la truite avec la poésie et le pittoresque de la présence d'une divinité des eaux crée un effet de décalage et désacralise la séduction nimbée de rêve d'Ondine.

3. Une parodie de la relation parents-enfant

• Les parents d'Ondine ressemblent plus à des parents de contes enfantins qu'à ceux rencontrés dans la mythologie ou le théâtre. Pour tenter de contenir l'espièglerie d'Ondine, ils la réprimandent comme une « petite fille » par des répliques prosaïques (« Vas-tu te taire ! », « Va dans ta chambre... », « Tais-toi », « Tu ne vas pas pleurer pour une truite ! ») tout à fait décalées par rapport à la situation et à l'âge d'Ondine.

• La scène est autant une scène de conflit entre deux générations qu'une scène d'amour. Le ton devient polémique : les deux « partis » se désignent parfois l'un l'autre par des pronoms de la 3e personne, pronoms de l'absence

(« *Elle* n'a pas d'usage », « *Ils* se disent mes parents… ») qui excluent l'adversaire. Le spectateur s'amuse de cette algarade un peu naïve.

III. Le message convoyé par l'originalité du personnage d'Ondine

1. Des personnages repoussoir en contraste avec Ondine

C'est par sa différence avec les autres personnages que se révèle l'originalité d'Ondine.

• Le Chevalier est un personnage froid et distant : il parle très peu et ne s'adresse pratiquement pas à Ondine, sauf pour répondre à des questions banales (son identité). C'est un homme des plaisirs terrestres, matérialiste, un peu rustre (il aime manger : « Et je le mange […] ! Et je le trouve succulent ! »), qui, à cause de son rang, dicte ses désirs et se permet de « demander » à ses hôtes une truite. Il est totalement insensible à l'émotion d'Ondine et se montre même ironique (sa dernière réplique). Son nom même en fait un personnage stéréotypé, sans véritable caractère.

• Les parents d'Ondine aussi sont stéréotypés : ce sont des représentants de l'ordre et des conventions (« Elle n'a pas d'usage » ; « Tu ennuies notre hôte… », « On ne tutoie pas un seigneur »), de la soumission à la hiérarchie sociale (« Voici votre truite au bleu, Seigneur »), en somme des « vieilles générations ».

2. L'originalité du personnage d'Ondine

Ces deux types de personnages adultes, tout comme le renversement de situation qui dynamise la scène, mettent en relief et éclairent par contraste la singularité d'Ondine qui leur fait face : ils lui servent de révélateurs.

• À l'indifférence du Chevalier s'oppose la sensibilité d'Ondine devant la « rosée, le matin », devant « un petit être vivant » et son supplice (« ils t'ont jetée vive dans l'eau qui bout »). En cela elle est attachante et touchante. Mais c'est aussi l'exaltation d'Ondine qui contraste avec le flegme du chevalier : impulsive, elle s'exprime essentiellement par des exclamations et est capable de gestes brusques (« *Elle jette la truite par la fenêtre* »), de réactions excessives, qui font dire à sa mère qu'elle est « folle ».

• À la raideur intransigeante de ses parents s'opposent la fraîcheur, l'innocence et la naïveté d'Ondine, encore « enfant » et « petite fille ». L'expression de sa surprise fait sourire le spectateur : elle s'étonne devant une oreille, devant un nom…

• C'est un personnage plus proche de la nature que du monde conventionnel des hommes : elle dialogue avec la truite qu'elle tutoie ; elle puise ses

THÉÂTRE

métaphores dans la nature (« c'est un coquillage ! »). Tous ces traits la portent vers une vision poétique du monde qu'elle exprime avec lyrisme.

• Cela n'exclut pas une grande force de caractère : obstinée et résolue, elle est « effrontée » et provocatrice. Elle fait front à ses parents, elle leur adresse des reproches (« Tu as osé [...] »), elle semble presque les renier (« *Ils se disent* mes parents »). Elle ne craint pas d'user de l'ironie, même face à un « Seigneur » qu'elle ravale au rang de « bête », dont elle met en doute avec mépris les exploits chimériques (« Vous cherchez des géants qui n'existent point ») et les valeurs chevaleresques (« C'est cela la chevalerie, c'est cela le courage ! »), et même l'intelligence (« Vous ne comprenez rien à rien »).

3. Quel message à travers le personnage d'Ondine ?

• La révolte d'Ondine, sa liberté d'esprit et le peu de cas qu'elle fait des convenances et des rappels à l'ordre marquent un renversement des valeurs : la « folie » d'Ondine devient une incitation à privilégier la liberté, la sincérité, le naturel, la folie amoureuse face au matérialisme, aux compromis de la vie en société, à l'ordre et à l'hypocrisie.

• Au fond, comme d'autres jeunes filles du théâtre du XXe siècle, comme l'Antigone d'Anouilh, Ondine dit « non ». Elle est une incarnation de l'absolu face à la « cuisine » du monde humain. En cela elle est bien une divinité des eaux, élément pur, mais changeant et parfois impétueux.

Conclusion

[Synthèse] « Quinze ans. Et je suis née depuis des siècles. Et je ne mourrai jamais », c'est la définition qu'Ondine donne d'elle-même. Effectivement, l'héroïne de Giraudoux n'appartient pas au théâtre traditionnel : elle n'est pas un personnage ancré dans la réalité, comme l'Agnès de Molière ou la Silvia de Marivaux. Son nom même l'indique déjà, qui n'est pas un nom de baptême, mais un nom commun renvoyant à un monde irréel, légendaire. Née d'un mythe, elle continue à être un mythe au XXe siècle : elle incarne la « femme » rêvée, amoureuse et sincère, qui se heurte à un monde brutal, insensible et raide, et ce dès sa première rencontre avec un homme, Hans, le chevalier errant, être ordinaire aimant la guerre et la bonne chère. [Ouverture] À la croisée de la légende, du conte, du théâtre, de la comédie et de la tragédie, Ondine est à la fois déesse, enfant, nature, poésie, jeunesse, amour… Elle témoigne par là de la force et du charme des réécritures de mythes.

SUJET

15

Antilles • Juin 2012
Séries ES, S • 16 points

La rencontre amoureuse

Dissertation

▸ **Peut-on réduire le théâtre à un échange de paroles ? Vous répondrez en vous appuyant sur votre expérience de lecteur et de spectateur.**

Se reporter aux documents du sujet nº 13.

LES CLÉS DU SUJET

Comprendre le sujet

- « **paroles** » renvoie au texte théâtral ; « spectateur » à la « représentation ».
- Reformulez la problématique : *Est-ce que la parole est plus importante que ce que le spectateur perçoit à la représentation théâtrale ?*
- « Peut-on le réduire à ? » suggère un **plan dialectique** : le théâtre est parole, mais aussi autre chose.

Chercher des idées

- Partez des **éléments du texte de théâtre** (répliques et didascalies), des diverses formes (monologue, tirade, dialogue, récit…), mais aussi des **moyens d'expression autres que la parole** : le visuel (gestes, mimiques ; décor, costumes, masques, éclairages…), bruits et sons, jeu de l'acteur…
- Posez-vous les questions : *Quelle est l'importance au théâtre : des paroles, des autres moyens d'expression ? Quels sont les rapports entre ces deux composantes du théâtre ?*
- Faites-vous une **réserve d'exemples** de représentations que vous avez vues.
- Pour le **théâtre de la parole** : théâtre classique en vers (peu de didascalies), en prose (*Spectacle dans un fauteuil* de Musset). Cherchez des raisons à la prédominance de la parole : importance de l'analyse psychologique,

bienséances au XVIIe siècle, désir de convaincre (théâtre engagé : Sartre, Camus…).

• Pour un **théâtre où ne domine pas la parole** : commedia dell'arte, comédie-ballet, mime, théâtre « moderne » (Beckett, Ionesco).

▶ **Pour réussir la dissertation** : voir guide méthodologique.
▶ **Le théâtre** : voir mémento des notions.

CORRIGÉ 15

Les titres en couleur ne doivent pas figurer sur la copie.

Introduction

[Amorce] « Je ne fais pas de littérature. Je fais une chose tout à fait différente ; je fais du théâtre », dit Ionesco dans *Notes et contre-notes*. On sent là son mépris pour une valeur pourtant reconnue : le texte. Dans *Le Théâtre et son double*, Antonin Artaud déplore que le théâtre soit « un théâtre de la parole ». [Problématique] Le théâtre n'est-il qu'un échange de paroles ? [Annonce du plan] Certes, le texte occupe une place prépondérante au théâtre [I]. Mais le spectacle théâtral recourt à bien d'autres moyens d'expression qui mettent la parole en valeur et forment avec elle un tout indissociable [II].

I. Le théâtre est parole

1. Un genre à « histoires » qui se lit et s'analyse

• On attend du théâtre qu'il mette en représentation une « histoire », qui puise ses sources le plus souvent dans le fonds culturel ou dans la vie quotidienne. Pour remplir cette fonction, le théâtre a besoin de paroles. *Exemples* : *Le Cid* de Corneille (héros espagnol qui a vraiment existé) ; *Le Fil à la patte* de Feydeau (historiettes comiques tirées du monde bourgeois).

• Dans la pratique, le théâtre est souvent réduit au seul texte et est seulement lu, à la manière d'un roman : on suit le parcours des personnages, à la destinée desquels on s'attache. Musset publie *Un spectacle dans un fauteuil*, pièces écrites pour la lecture seule et adressées, selon leur auteur, à l'imagination et au rêve. Dans les classes, « étudier » *Phèdre*, c'est encore en partie analyser la « parole » des personnages, l'expression des sentiments, la beauté des vers…

2. Le théâtre remplit les fonctions assignées à la parole

• Théâtre et poésie : la parole esthétisée. Au théâtre, la forme est parfois aussi travaillée que la poésie. Autrefois, le travail de la diction primait sur le jeu. La tragédie en alexandrins exige un travail artistique dont la matière est le mot esthétisé (poésie, plaintes de la *Bérénice* de Racine ; lyrisme des litanies, « *dites* et jouées comme un rituel » dans *Le roi se meurt* de Ionesco).

• La parole est révélatrice d'un personnage et créatrice d'émotion. Dans la vie, il est rare que l'on parle tout seul. Au théâtre, il arrive fréquemment que les personnages dévoilent émotions et pensées dans des monologues, ou encore à un valet (comédie) ou à un confident (tragédie). Rodrigue dans ses Stances s'adresse à son « âme » ; Dom Juan se confie à Sganarelle.

• Au-delà, le théâtre devient une tribune où se dit un discours social, politique ou moral. Les personnages y sont les porte-parole de leur créateur. La parole prend parfois l'allure de maximes, de réflexion morale et existentielle (« Qu'avez-vous fait pour tant de biens ? Vous vous êtes donné la peine de naître » *Le Mariage de Figaro*, V, 3 ; le Jardinier de Giraudoux prêche « Joie et Amour », *Électre* ; la « leçon » de politique de Créon dans *Antigone*).

THÉÂTRE

3. Un jeu sur la parole

• Parole et silence. La première forme de ce jeu réside dans les rapports entre la parole et le silence : le spectateur ne peut participer à l'échange de paroles sur scène. La deuxième forme de ce jeu consiste dans l'utilisation, à l'intérieur même des répliques, du silence pour mettre en valeur l'absence de parole et, en creux, la parole elle-même (monologue de Winnie ponctué de silences signalés par la didascalie « *Un temps* », Beckett, *Oh les beaux jours*).

• La parole vidée de son sens : parler pour parler. Ailleurs, omniprésente, la parole devient une logorrhée sans logique. Derrière ce vide, se cache un message implicite : les hommes sont impuissants à communiquer vraiment. C'est alors la parole qui consacre sa propre vanité (Vladimir et Estragon ne cessent de parler pour ne rien dire dans *En attendant Godot* de Beckett).

• La parole à la place de l'action. Parfois, au contraire, la parole se substitue à l'action, qui n'est pas représentée : ce sont les récits, fréquents dans la tragédie classique soumise à la règle de la bienséance : la parole recrée le passé (récit de la mort d'Hippolyte dans *Phèdre* ; récit de la victoire sur les Maures dans *Le Cid*).

• La parole comme lien avec le public. Dans certaines situations, la parole instaure un lien avec les spectateurs : c'est le cas du monologue ou de l'aparté, qui s'adressent au public et le font pour ainsi dire « exister » (monologue d'Harpagon dans *L'Avare* : « N'y a-t-il personne qui veuille me ressusciter en me rendant mon cher argent ? », IV, 7).

4. Cas de figures plus complexes

• La parole dans la parole. Il arrive que la parole théâtrale soit elle-même mise en scène : c'est le « théâtre dans le théâtre », qui complique le réseau des répliques et exige toute l'attention du spectateur. Au début de *Cyrano de Bergerac* d'Edmond Rostand, Cyrano assiste à une représentation de *La Clorise* par le comédien Monfleury.

• La parole sur la parole. Plus étrangement, le théâtre offre des cas insolites d'un personnage sorti de la pièce, placé sur l'avant-scène : sa parole n'appartient plus vraiment à la pièce, mais elle n'est pas non plus parole du public. C'est en quelque sorte la parole *sur* la parole. Le Prologue dans *Antigone* d'Anouilh commente la tragédie qui va se jouer (« Ces personnages vont vous jouer l'histoire d'Antigone… ») ; le Mendiant dans l'*Électre* de Giraudoux « raconte » le dénouement de la pièce.

[Transition] La prépondérance de la parole au théâtre est évidente, soulignée parfois par des mises en scène minimalistes (scène vierge de tout décor).

II. Mais le théâtre n'est pas qu'un échange de paroles

1. Les avatars de la parole et la spécificité du texte théâtral

• Il existe un théâtre où les répliques ne préexistent pas à la représentation ou qui réduit la parole au minimum : la parole est alors à inventer. Dans la commedia dell'arte, un canevas sert de schéma à la pièce qui se construit lors du spectacle constitué de plaisanteries (lazzi) et de jeux de scène bouffons (chutes, soufflets) ; dans les matchs d'improvisation théâtrale : la parole inexistante naît sur le champ, improvisée.

• La parole déguisée. Certaines pièces de théâtre ne comportent pas de réels échanges de paroles. Le contexte, l'intonation, l'expression du visage ou les mouvements mettent alors le spectateur sur la voie du sens. Jean Tardieu, dans *Un mot pour un autre*, part de phrases stéréotypées et remplace un mot par un autre mot proche par les sonorités (« Fiel !… Ma pitance ! » = « Ciel ! Mon mari ! »).

• Un théâtre sans parole ? Il existe enfin un théâtre sans parole : le mime Marceau met en scène l'histoire de David et Goliath sans prononcer un seul mot, grâce à l'expressivité de ses gestes et de ses mimiques.

• La spécificité de l'écriture théâtrale : les didascalies. Ionesco écrit : « Mon texte n'est pas seulement un dialogue, mais il est aussi "indications scéniques". Ces indications scéniques sont à respecter aussi bien que le texte, elles sont nécessaires. » Elles ne se traduisent pas par de la parole mais par des décors, des gestes… Elles sont de plus en plus abondantes dans les pièces de Ionesco ou de Beckett.

2. Les moyens d'expression autres que la parole

• Le travail d'interprétation. Le théâtre est plus que de la parole ou de la littérature, il se vit, il se voit. Ainsi, une fois les paroles écrites, l'auteur est dépossédé de sa pièce : c'est au metteur en scène à compléter la création. L'importance du travail du metteur en scène et des acteurs est telle qu'ils peuvent transformer totalement une pièce par tout un faisceau d'autres moyens d'expression.

• Le corps au service de la parole ou substitut de la parole. Certaines pièces ne peuvent se passer du jeu du corps. Que vaut la scène (Molière, *Les Fourberies de Scapin*, III, 2) où Scapin enferme Argante dans son sac et joue à lui tout seul « une demi-douzaine de spadassins » sans les prouesses physiques et vocales de l'acteur qui doit se démultiplier ? Le corps prend là le relais de la parole.

• Un théâtre à voir : les décors participent à la première impression visuelle et contribuent à la qualité esthétique du spectacle. Le costume révèle d'emblée les caractéristiques des personnages ou leur rang social : dans l'Antiquité, le costume blanc signalait un vieillard, le jaune une courtisane, le pourpre un riche, le rouge un pauvre… Dans le *Dom Juan* de Mesguich, le Pauvre, presque nu, porte juste quelques feuilles d'arbre sur lui, qui figurent son dénuement. Le changement de costume est parfois un élément de l'intrigue : que serait *Ruy Blas* sans le jeu du manteau de Premier ministre et la livrée qui crée le coup de théâtre ?

• Une parole théâtralisée : les lumières portent aussi leur part de sens. L'évolution des techniques de mise en scène offre des possibilités telles que le texte paraît tenir de moins en moins de place. La nuit, à la fin du *Mariage de Figaro*, crée l'atmosphère et permet le stratagème du rendez-vous trompeur qui confond le Comte.

• Une parole orchestrée : les sons viennent aussi soutenir la parole : dans *Rhinocéros* de Ionesco, seules les galopades que l'on entend dans les coulisses rendent compte de la progression de l'invasion des rhinocéros.

Conclusion

Antonin Artaud attire l'attention sur le danger d'un théâtre qui oublierait le rôle de la représentation. C'est en effet dans l'alliance de celle-ci et de la parole que réside la spécificité du théâtre. Une pièce de théâtre n'a pas un seul créateur – l'auteur – mais plusieurs. « Création multiple, [elle] résulte de la volonté d'un dramaturge, des efforts de style d'un metteur en scène, du jeu des comédiens […] et de la complicité d'un public » (Jean Duvignaud, *Spectacle et société*).

THÉÂTRE

SUJET

16

Antilles • Juin 2012

Séries ES, S • 16 points

La rencontre amoureuse

Écriture d'invention

▸ **Dans l'extrait de *L'École des femmes*, Agnès raconte à Arnolphe sa rencontre avec Horace. Imaginez le récit que peut faire Horace à un ami de cette même rencontre.**
Votre texte sera une scène de théâtre en prose.

Se reporter au document A du sujet n° 13.

LES CLÉS DU SUJET

Comprendre le sujet

- **Sujet** : « la rencontre » d'Agnès et d'Horace.
- **Genre :** « scène de théâtre ». Respectez-en les caractéristiques formelles (répliques précédées du nom du personnage). Attention ! Molière écrit en vers ; vous, vous devez écrire en prose.
- **Type de texte** : « récit » indique que le texte est narratif. L'accent doit être mis sur le récit d'Horace ; l'ami peut dire quelques répliques mais ne doit pas se substituer à lui.
- **Thème :** « cette *même* rencontre » indique que vous devez reprendre les éléments informatifs du texte de Molière sans transformation ni incohérence, mais avec inventivité (ne pas recopier le texte source).
- **Registre :** logiquement, ce doit être celui de la scène, le comique.
- **Situation d'énonciation :** *qui parle* ? Horace ; *à qui* ? un ami ; *quand ?* après la rencontre ; *où ?* non précisé.
- **Niveau de langue :** dans la mesure du possible, adoptez un langage adapté au contexte de la pièce (le XVIIe siècle), assez soutenu.
- « **Définition** » du texte à produire à partir de la consigne.

Scène de théâtre en prose (*genre*) dans laquelle Horace raconte (*type de texte*) à un ami (*situation d'énonciation*) la rencontre d'Agnès avec Horace (*thème*), comique (*registre*).

■ Chercher des idées

• **Le personnage d'Horace**
Vous devez donner à Horace une **personnalité**. On peut imaginer toutes sortes d'Horace (naïf, cynique, romanesque, libertin…) pourvu qu'il soit cohérent. Pour cela, il faut bien identifier et analyser ses **sentiments**.
• **Le registre comique :** récapitulez et utilisez les **procédés comiques** que vous connaissez (de gestes, de répétition, de mots, de situation, etc.).
• **Le contexte :** c'est celui du XVIIe siècle, donc pas d'anachronismes. Vous pouvez imiter le langage d'Agnès ou recourir au langage précieux (hyperboles, exclamations, métaphores, périphrases, adjectifs substantivés…).
• Donnez à votre récit de la **vivacité et** du **rythme.**
Remarque : le récit qu'on vous demande d'écrire, Molière l'a inséré dans sa pièce (I, 4), mais il est en vers et s'adresse… à Arnolphe !

▶ **Pour réussir l'écriture d'invention** : voir guide méthodologique.
▶ **Le théâtre** : voir mémento des notions.

CORRIGÉ 16

VALÈRE. – Quoi, tu ne vas pas venir ce soir chez Camille ?

HORACE. – Non ! Combien de fois me tuerai-je à te le répéter ? Que ne comprends-tu donc pas dans « non » ?

VALÈRE. – Quelle extravagance de refuser d'aller voir une agréable personne, à qui tu rends visite depuis plus de six mois !

HORACE *hésite puis se décide.* – J'ai rencontré hier une jeune personne qui… J'ignore son nom. Tout ce que je sais, c'est que c'est la créature la plus charmante que j'aie jamais vue ! D'une beauté céleste, d'une innocence lumineuse ! Et des yeux aux mille feux, mon ami, d'une douceur sans pareille !

VALÈRE, *à part.* – Une niaise ! (*À Horace, d'un air complaisant*) Sans doute !

HORACE *le regarde, méfiant, puis avec passion.* – Tout en elle n'était que perfection : sa taille fine, ses doigts délicats, son regard doux, et ses cheveux tombant en vagues d'or… Camille n'est que vulgarité à côté d'elle !

VALÈRE, *à part.* – Et voilà pour Camille ! (*À Horace)* Ensuite ?

HORACE. – Je ne savais que faire ! Tantôt je m'approche, tantôt je n'ose bouger… Elle, tout à son ouvrage, ne me voit pas aussitôt. Je me désespérais d'attirer jamais son attention quand elle lève enfin la perle de ses yeux sur moi. Je défaille… D'un coup, je me sens prêt à tout ! À renier mes parents, à forcer la loi, à mourir au combat, à trahir mes amis, à… enfin, à en venir à toutes les extrémités pour ces beaux yeux-là !

VALÈRE. – Et… ?

HORACE, *d'un air fier.* – Je l'ai saluée.

VALÈRE, *après quelques instants de silence.* – Est-ce là tout ?

HORACE. – Oh, toi, tu n'as jamais senti ces doux transports… T'es-tu jamais senti faiblir et trembler sous le regard d'une femme dont tu sais qu'au moindre geste déplacé, tout est perdu ? Moi-même, je ne l'ai compris qu'hier, sous son regard limpide et pur ! Camille n'était qu'une passade…

VALÈRE, *à part, à la fois révolté et amusé.* – Oh, le goujat ! (*Tout haut*) Achève !

HORACE. – Cette délicieuse créature me rendit mon salut, avec une courtoisie à laquelle se mêlait une grâce infinie. Que faire ? Je craignais de l'effaroucher. Je pris mon courage à deux mains : je la saluai une seconde fois !

VALÈRE. – Merveilleuse invention !

HORACE. – Mais après cela, je ne sus plus que faire.

VALÈRE. – Je t'ai connu plus entreprenant et audacieux auprès de Camille…

HORACE. – Que veux-tu, je n'aimais pas alors ! Voilà qui rendait l'entreprise furieusement plus aisée ! Je dus donc m'éloigner, mortifié. Mais je ne pus me résoudre à la quitter ainsi, sans un mot ! Je n'y tins plus : je retournai la saluer. Elle me rendit mon salut !

VALÈRE, *avec ironie.* – Assurément ! La belle conversation que voilà !

HORACE. – Tu n'y entends rien !

VALÈRE. – Et combien de temps dura cette plaisante pantomime ?

HORACE. – Je ne sais… Je me vis forcé de partir : il se faisait tard. Mais je m'en allai décidé à la revoir au plus vite. J'ai dans ce dessein mandé Nérine de l'entretenir de mon amour. Je l'ai enjointe de me retrouver secrètement ici pour éclairer mon cœur sur la situation de cette aimable beauté. Ah, je vais bientôt apprendre son nom ! Et je suis résolu à tout faire pour obtenir sa main ! Ni mes parents, ni les dieux ne sauront arrêter l'impétuosité de ma passion ! (*Jetant un coup d'œil à la coulisse.*) Ah, voici venir Nérine ! Ô extase d'amour ! Conçois-tu mon bonheur ?

VALÈRE, *à part.* – Dans son état, il serait capable de faire quelque folie et de s'aller jeter dans quelque fâcheuse affaire ! Ne le quittons pas…

SUJET

17

Amérique du Nord • Juin 2012
Séries ES, S • 4 points

Les moments d'indécision

Question

Documents

A – **Jean Racine**, *Iphigénie*, acte IV, scènes 7 et 8, 1674.
B – **Victor Hugo**, *Ruy Blas*, acte V, scène 3, 1838.
C – **Laurent Gaudé**, *Pluie de cendres*, acte IV, scènes 5 à 7, 2001.

▸ **Quels sont les moyens théâtraux mis en œuvre dans ces trois textes pour exprimer les difficiles enjeux du choix auquel sont confrontés les personnages principaux ?**

Après avoir répondu à cette question, les candidats devront traiter au choix un des trois sujets n°s 18, 19 ou 20.

DOCUMENT A

Les dieux ont exigé d'Agamemnon, roi des Grecs, qu'il leur sacrifie sa fille Iphigénie en échange de leur aide contre les Troyens. Le roi a fini par se soumettre à la volonté divine. Achille, qui devait épouser la jeune fille, a pris sa défense dans la scène précédente, s'opposant avec force à Agamemnon.

Scène 7

AGAMEMNON, *seul.*

Et voilà ce qui rend sa perte inévitable.
Ma fille toute seule était plus redoutable.
Ton insolent amour[1], qui croit m'épouvanter,
Vient de hâter le coup que tu veux arrêter.
Ne délibérons plus. Bravons sa violence.
Ma gloire intéressée[2] emporte la balance[3].
Achille menaçant détermine mon cœur.
Ma pitié semblerait un effet de ma peur.
Holà, gardes, à moi !

Scène 8

AGAMEMNON, EURYBATE, GARDES

EURYBATE[4]

Seigneur.

AGAMEMNON

Que vais-je faire ?
Puis-je leur prononcer cet ordre sanguinaire ?
Cruel ! à quel combat faut-il te[5] préparer ?
Quel est cet ennemi que tu leur vas livrer ?
Une mère[6] m'attend, une mère intrépide,
Qui défendra son sang contre un père homicide.
Je verrai mes soldats, moins barbares que moi,
Respecter dans ses bras la fille de leur Roi.
Achille nous menace, Achille nous méprise.
Mais ma fille en est-elle à mes lois moins soumise ?
Ma fille, de l'autel[7] cherchant à s'échapper,
Gémit-elle du coup dont je la veux frapper ?
Que dis-je ? Que prétend mon sacrilège zèle ?
Quels vœux en l'immolant[8] formerai-je sur elle ?
Quelques prix glorieux qui me soient proposés,
Quels lauriers me plairont de son sang arrosés ?
Je veux fléchir des dieux la puissance suprême :
Ah ! quels dieux me seraient plus cruels que moi-même ?
Non, je ne puis. Cédons au sang, à l'amitié,
Et ne rougissons plus d'une juste pitié.
Qu'elle vive. Mais quoi ! peu jaloux de ma gloire,
Dois-je au superbe[9] Achille accorder la victoire ?
Son téméraire orgueil, que je vais redoubler,
Croira que je lui cède, et qu'il m'a fait trembler.
De quel frivole soin[10] mon esprit s'embarrasse !
Ne puis-je pas d'Achille humilier l'audace ?
Que ma fille à ses yeux soit un sujet d'ennui[11] !
Il l'aime. Elle vivra pour un autre que lui.
Eurybate, appelez la princesse, la reine.
Qu'elles ne craignent point.

Jean Racine, *Iphigénie*, acte IV, scènes 7 et 8, 1674.

---

1. Agamemnon s'adresse à Achille.
2. Ma gloire intéressée : l'intérêt de mon honneur.
3. La balance : le choix.
4. Domestique d'Agamemnon.

5. Te : Agamemnon se parle à lui-même.
6. Il s'agit de Clytemnestre, la mère d'Iphigénie.
7. Autel : lieu de sacrifice.
8. En l'immolant : en la sacrifiant.
9. Superbe : empli d'orgueil.
10. Frivole soin : souci inutile.
11. Sujet d'ennui : cause d'une souffrance extrême.

DOCUMENT B

Don Salluste, déchu de son rang de grand personnage de l'État, veut se venger de la reine. Il exerce sur elle un chantage pour retrouver sa place à la cour en menaçant de révéler son rendez-vous amoureux avec Ruy Blas, son valet, qu'il a fait passer pour son neveu Don César.

Scène 3

LES MÊMES, DON SALLUSTE

RUY BLAS

Grand Dieu ! Fuyez, Madame !

DON SALLUSTE

Il n'est plus temps.
Madame de Neubourg[1] n'est plus reine d'Espagne.

LA REINE, *avec horreur.*

Don Salluste !

DON SALLUSTE, *montrant Ruy Blas.*

À jamais vous êtes la compagne
De cet homme.

LA REINE

Grand Dieu ! c'est un piège, en effet !
Et Don César…

RUY BLAS, *désespéré.*

Madame, hélas ! qu'avez-vous fait ?

DON SALLUSTE, *s'avançant à pas lents vers la reine.*

Je vous tiens. – Mais je vais parler, sans lui déplaire,
À Votre Majesté, car je suis sans colère.
Je vous trouve, – écoutez, ne faisons pas de bruit,
– Seule avec Don César, dans sa chambre, à minuit.

THÉÂTRE

Ce fait, – pour une reine, – étant public, en somme,
Suffit pour annuler le mariage à Rome.
Le Saint-Père en serait informé promptement.
Mais on supplée au fait par le consentement.
Tout peut rester secret.
(Il tire de sa poche un parchemin qu'il déroule et qu'il présente à la reine.)
Signez-moi cette lettre
Au seigneur notre roi. Je la ferai remettre
Par le grand écuyer au notaire mayor.
Ensuite, une voiture, où j'ai mis beaucoup d'or,
(désignant le dehors)
Est là. – Partez tous deux sur-le-champ. Je vous aide.
Sans être inquiétés, vous pourrez par Tolède
Et par Alcantara gagner le Portugal.
Allez où vous voudrez, cela nous est égal.
Nous fermerons les yeux. – Obéissez. Je jure
Que seul en ce moment je connais l'aventure ;
Mais, si vous refusez, Madrid sait tout demain.
Ne nous emportons pas. Vous êtes dans ma main.
(Montrant la table, sur laquelle il y a une écritoire.)
Voilà tout ce qu'il faut pour écrire, Madame.

LA REINE, *atterrée, tombant sur le fauteuil.*
Je suis en son pouvoir !

DON SALLUSTE
De vous je ne réclame
Que ce consentement pour le porter au roi.
(Bas, à Ruy Blas, qui écoute tout, immobile et comme frappé de la foudre.)
Laisse-moi faire, ami, je travaille pour toi.
(À la reine.)
Signez.

LA REINE, *tremblante, – à part.*
Que faire ?

DON SALLUSTE, *se penchant à son oreille et lui présentant une plume.*
Allons ! qu'est-ce qu'une couronne ?
Vous gagnez le bonheur, si vous perdez le trône.
Tous mes gens sont restés dehors. On ne sait rien
De ceci. Tout se passe entre nous trois.

(Essayant de lui mettre la plume entre les doigts sans qu'elle la repousse ni la prenne.)

Eh bien ?

(La reine, indécise et égarée, le regarde avec angoisse.)

Si vous ne signez point, vous vous frappez vous-même.
Le scandale et le cloître !

LA REINE, *accablée.*

Ô Dieu !

DON SALLUSTE, *montrant Ruy Blas.*

César vous aime.

Il est digne de vous. Il est, sur mon honneur,
De fort grande maison. Presque un prince. Un seigneur
Ayant donjon sur roche et fief dans la campagne.
Il est duc d'Olmedo, Bazan, et grand d'Espagne…

(Il pousse sur le parchemin la main de la reine éperdue et tremblante, et qui semble prête à signer.)

RUY BLAS, *comme se réveillant tout à coup.*

Je m'appelle Ruy Blas, et je suis un laquais[2] !

(Arrachant des mains de la reine la plume, et le parchemin qu'il déchire.)

Ne signez pas, Madame ! – Enfin ! – je suffoquais !

Victor Hugo, *Ruy Blas* (acte V, scène 3), 1838.

1. Nom de jeune fille de la reine.
2. Laquais : domestique.

THÉÂTRE

DOCUMENT C

Ajac a refusé de se battre pour défendre sa ville assiégée par des ennemis. Considérant cette lutte perdue d'avance, il a préféré creuser secrètement un tunnel pour s'échapper avec son amante Korée mais cette dernière, refusant d'abandonner son peuple, s'est suicidée. Bratsch et le vieil Argo sont les deux autres derniers survivants de la cité.

Scène 5

BRATSCH, *seul, armé, couvert de blessures, près de l'entrée du tunnel d'Ajac.*

BRATSCH. – Je ne voulais pas y croire, on disait qu'Ajac creusait un tunnel, qu'il allait bientôt avoir un moyen de sortir d'ici, c'était un bruit qui courait entre nous, mais je ne voulais pas y croire et maintenant je vois que c'est vrai. Je pourrais partir. Parce que je me suis battu comme un lion. Parce que le combat est perdu et que je n'ai de leçons à recevoir de personne. Je me suis battu pour défendre la ville mais maintenant il n'y a plus personne à défendre et je pourrais partir. J'ai gagné ce droit-là. Mais je ne le ferai pas. Non. Je vais m'asseoir ici. Couvert de mes blessures et je vais me laisser mourir. Et lorsqu'ils arriveront et qu'ils verront le tunnel, ils comprendront que nous avions une porte et que nous avons décidé de la sceller nous-mêmes. Ils verront alors que nous étions plus forts qu'eux, immensément plus forts.

Scène 6

ARGO, *seul.*

Il entre avec une sorte de hotte dans laquelle sont rangés d'innombrables bâtons. Il en porte un à la main. Chaque bâton est criblé de centaines de petites entailles faites au couteau.

ARGO. – Le vieux fou construit sa forêt. J'arpente la ville, du nord au sud, d'est en ouest, j'arpente les ruines et je n'oublierai personne. Pour chacun, une entaille. Les encoches, comme des prières murmurées par le vieil Argo. Je n'oublierai personne. Lorsque j'aurai fini, je ferai une dernière encoche pour moi, et je planterai en terre cette forêt d'arbres manchots. Le vieil Argo n'oubliera personne. Je rôde partout et je suis celui qui compte. Je planterai bientôt la forêt des ombres. Et ils sauront alors, lorsqu'ils fouleront ces ruines, ils sauront, qui qu'ils soient, lorsqu'ils entreront dans la ville et qu'ils découvriront les bâtons en terre, ils sauront que nous n'avons pas cessé d'être des hommes.

Entre Ajac portant dans ses bras le corps de Korée.

AJAC. – J'ai marché jusqu'à toi, Argo, et j'ai prié que tu ne sois pas mort.

ARGO. – Je n'ai pas eu la force.

AJAC. – Je te supplie d'accepter ce que je veux te demander. J'ai marché jusqu'à toi parce que tu es le seul à qui je puisse la confier. Je veux que tu la portes dans tes bras. Que tu la berces comme une enfant, que tu dises, si tu les connais, les mots qui apaisent les morts. Et qu'elle ne reste pas seule. Dans les gravats de la ville. Qu'elle ne reste pas seule.

ARGO. – *(Il la prend)* Korée, comme ton corps est lourd maintenant. Je peux à peine te soutenir. Il émane encore de ton corps le parfum violent de ton regard. Tu seras comptée. Argo est là. Jusqu'au dernier instant, je veillerai sur toi. Tu sentiras mes mains sur ton visage. Tu entendras ma voix dans tes cheveux. Argo est là. Je te mettrai en terre et je planterai sur ta tombe la forêt de stèles[1]. Et ces bâtons scarifiés diront à jamais ce que tu fus.

Scène 7

AJAC, *seul.*

AJAC. – Voilà, je suis le dernier des hommes. Ils vont venir maintenant. *(Il arme son pistolet.)* La nuit tombe. Ils vont bientôt descendre des collines parce qu'ils ne peuvent pas s'en empêcher, parce qu'ils attendent cela depuis longtemps. Ils vont descendre avec la rage de piller et ils seront pris au piège. Je connais la ville. La nuit, ici, je suis invincible. Ils vont déferler sur la ville sans que plus aucune digue ne puisse les contenir. Il n'y a plus qu'Ajac, le lâche, le rat, qui sera là, pour les attendre. Tu avais raison, Korée, il n'y avait que toi qui pouvais faire cela, me tuer ainsi. Je suis le dernier des combattants, et je vais les attendre pour en tuer le plus grand nombre, je suis le dernier et je serai le seul à n'avoir personne pour prendre soin de mon corps. Je suis le dernier et ils seront encore beaucoup à tomber sous mes coups. Je vais me battre, dans cette pluie de feu, au milieu de cette nuit qui tombe et que je connais bien, je vais partir à la chasse, et les proies seront innombrables. Ils ne m'attraperont pas. Car, de la ville, je connais chaque pierre et chaque recoin, et leur sang bientôt coulera dans les rues comme un grand fleuve impétueux. Je suis le dernier, tu as fait de moi le dernier, Korée, je ne suis plus qu'un poing serré sur une arme.

Laurent Gaudé, *Pluie de cendres*, acte IV, scènes 5 à 7, 2001.

1. Stèles : pierres tombales.

THÉÂTRE

LES CLÉS DU SUJET

Comprendre la question

• Les « moyens théâtraux » désignent les **faits d'écriture et** les **éléments spécifiques au théâtre** (type de réplique, didascalies, registre[s]).

• « Enjeu » renvoie aux **conséquences d'un choix**.

• **Définissez** pour chaque texte le **choix** auquel les personnages sont contraints **et** ses **conséquences**.

• Repérez les **faits d'écriture** traduisant la difficulté du choix pour les personnages.
• N'étudiez pas les documents séparément : il s'agit d'une **synthèse**. Construisez vos paragraphes autour des différents moyens utilisés.

Structurez votre réponse

• Encadrez-la d'une **introduction** qui situe les documents et reprend la question, et d'une **conclusion** rappelant l'intérêt des éléments analysés pour la compréhension du corpus.
• Accompagnez chaque remarque d'**exemples précis** tirés des différents textes.

▶ **Pour réussir les questions :** voir guide méthodologique.
▶ **Le théâtre :** voir mémento des notions.

CORRIGÉ 17

Introduction

[Amorce et présentation du corpus] Les trois extraits mettent en scène des personnages confrontés à un choix difficile, devant lequel ils marquent un moment d'indécision : Agamemnon doit-il sacrifier sa fille pour sauver les Grecs ? La reine d'Espagne, amoureuse de Ruy Blas, doit-elle fuir avec son amant ou rester ? Doit-elle signer la lettre d'aveu que lui tend Don Salluste ? Bratsch, Argo, Ajac doivent-ils vivre et mourir en hommes ou renoncer à leur condition d'homme ? [Rappel de la question] Le théâtre, à la fois texte et représentation, dispose de moyens très divers pour rendre compte de la difficulté de ces choix.

Le texte théâtral et ses ressources

• La longueur des répliques témoigne de l'intensité du débat intérieur. L'indécision de certains personnages s'exprime dans de longues interventions, souvent des monologues : le monologue d'Agamemnon à la scène 7 s'étend sur 9 alexandrins, sa tirade délibérative de la scène 8 sur plus de 29 ; de même, dans *Pluie de cendres*, se succèdent trois longs monologues, celui de Brastch (sc. 5), celui d'Argo (sc. 6) et enfin celui d'Ajac. Le monologue permet au personnage d'exprimer librement l'alternative qui s'offre à lui. Au contraire, le trouble de la Reine dans *Ruy Blas* la laisse presque sans voix et ses répliques se réduisent à de très brèves phrases.

• La modalité des phrases se calque sur les variations dans l'émotion et l'état d'âme. Les phrases interrogatives marquent l'embarras dans la délibération, tantôt par une tournure infinitive délibérative (Agamemnon : « Que vais-je faire ? », « Dois-je [...] accorder la victoire ? » ; la Reine se demande : « Que faire ? »), tantôt par la reprise en main de soi-même (« Que dis-je ? », « Mais quoi ! »). Les phrases exclamatives, parfois nominales ou elliptiques du verbe, notamment chez Racine et Hugo, traduisent le trouble (« Grand Dieu ! », Hugo), l'accablement (« Ô Dieu ! », Hugo), ou à l'inverse une brève ardeur dans la décision (« Qu'elle vive », Racine). Elles sont alors soutenues par des interjections ou des apostrophes (« Cruel ! », « Korée » à plusieurs reprises). Les phrases injonctives (« Bravons », « cédons au sang », « Qu'elle ne reste pas seule » chez Gaudé) expriment un sursaut de la volonté, tout comme les négations qui soulignent le refus ou l'impuissance (« Non, je ne puis », Racine ; « Mais je ne le ferai pas. Non », Gaudé ; « Ne signez pas », Hugo).

• La délibération suppose une alternative et finalement une décision : les modes et les temps des verbes en rendent compte. Le conditionnel « je pourrais partir » (Bratsch dans *Pluie de cendres*) exprime l'un des choix possibles. Les verbes au futur indiquent au contraire que la décision est prise : « elle vivra », lance Agamemnon ; les répliques d'Argo sont au futur simple (sc. 6), celle d'Ajac (sc. 7) au futur proche (« Je vais me battre... »).

• La présence d'autres personnages met en lumière l'enjeu : ainsi, dans *Ruy Blas*, deux personnages opposés incarnent deux enjeux qui déchirent la Reine et qu'ils formulent clairement : « Ne signez pas » (Ruy Blas), « Signez-moi cette lettre » (Don Salluste).

Un texte théâtral à mettre en scène

• L'énonciation, chaotique, suppose un jeu qui mette en valeur le trouble. Pour mieux délibérer, les personnages se parlent à eux-mêmes, soit à la 1re personne par le « je » (Agamemnon ; Ajac à la scène 7 de *Pluie de cendres*), soit à la 2e personne par le « tu » (Agamemnon : « Quel est cet ennemi que *tu* leur vas livrer ? », sc. 8), soit encore par le « nous » (Agamemnon : « *cédons* au sang », sc. 8). Parfois, ils semblent se détacher d'eux-mêmes : ils se nomment et utilisent les indices de la 3e personne du singulier (« le vieil Argo n'oubliera personne » ; « Il n'y a plus qu'Ajac le lâche »), comme pour mieux s'observer. Enfin, dans leur trouble, ils s'adressent à des absents : Agamemnon parle à Achille (sc. 7) ; la Reine invoque Dieu à deux reprises (« Grand Dieu », « Ô Dieu ») ; Ajac destine la plupart de ses réflexions à une morte (« Korée, tu... »,

THÉÂTRE

sc. 6 ; « tu avais raison, Korée », sc. 7). L'acteur, là, se voit dicter par le texte même des effets de scène ou de regards.

• La tonalité de ces scènes est pathétique, ce que marquent le vocabulaire affectif et les images saisissantes, souvent en forte opposition : les mots connotant le crime (« homicide », « coup », « frapper », « immolant »... chez Racine), se référant au « combat » (v. 11 de la scène de Racine ; « défendra », « battre », « proies », « sang », « arme »... chez Gaudé) ou à la mort (Gaudé : « forêt des ombres », « mort », « tombe », « stèles ») contrastent fortement avec les termes qui évoquent la tendresse de la famille (« fille », « mère » chez Racine ; « berces comme une enfant » chez Gaudé). Les figures de l'amplification, les répétitions (anaphore de « fille » chez Racine ; de « Argo est là », « je suis le dernier » chez Gaudé), le rythme ample des phrases rendent compte de l'exaltation pendant et après le choix, de la volonté de se persuader.

• Les didascalies, plus fournies dans le théâtre des XIXe et XXe siècles, précisent les émotions : la Reine parle « *avec horreur* », elle est « *accablée* », « *atterrée* », « *éperdue et tremblante* » ; elles indiquent les attitudes physiques : la Reine, « *tombant sur le fauteuil* », « *semble prête à signer* » ; l'entrée d'Ajac (sc. 6) « *portant dans ses bras le corps de Korée* », le moment où « *il arme son pistolet* » dramatisent sa situation. Les didascalies précisent même le jeu des regards : « *regarde [Don Salluste] avec angoisse* ».

• Les objets, enfin, prennent un rôle symbolique : le « parchemin » et la « plume » concrétisent le choix que la Reine doit faire ; les armes de Bratsch, les « bâtons » d'Argo, le « pistolet » d'Ajac symbolisent leur choix.

Conclusion

Le théâtre offre au dramaturge et aux acteurs une grande variété de moyens pour dramatiser les moments de choix difficiles inhérents à la condition humaine, grâce à sa dualité : à la fois texte et spectacle à voir et à entendre.

SUJET 18

Amérique du Nord • Juin 2012
Séries ES, S • 16 points

Les moments d'indécision

Commentaire

▸ Vous commenterez les scènes 6 et 7 de *Pluie de cendres*, de Laurent Gaudé.

Se reporter au document C du sujet n° 17.

LES CLÉS DU SUJET

Trouver les idées directrices

• Faites la « **définition** » du texte pour trouver les idées directrices :

> Scènes de dénouement de tragédie moderne (*genre*) où les personnages délibèrent et se déterminent (*type argumentatif*) sur la conduite à tenir dans la guerre (*thème*), pathétique, dramatique (*registres*), poignantes, symboliques, paradoxales (*adjectifs*), pour rendre compte du tragique de la vie et exposer sa conception de la dignité humaine (*buts*).

• Analysez ce qui crée **le tragique.**

• Tenez compte de la **théâtralité** de ces deux scènes : visualisez ce que le texte théâtral indique pour une éventuelle mise en scène et son **efficacité dramatique** (voir sujet précédent).

• Montrez ce qui donne à ces deux scènes leur **modernité**.

• En quoi, paradoxalement, ces scènes marquent-elles en quelque sorte le **triomphe de l'être humain** sur la fatalité ?

Pistes de recherche

Première piste : un dénouement tragique

• Analysez la présence et la nature de la fatalité.

• Étudiez la progression de l'action : qu'est-ce qui crée l'urgence ? De quel type de dénouement s'agit-il ?

Deuxième piste : une tragédie moderne de la condition humaine

• Relevez et analysez ce qui donne sa **modernité** au monologue.

• Analysez comment se manifeste le **combat** entre l'individu et le groupe (les expressions qui traduisent le poids du groupe).

• Quelle **valeur symbolique** l'attitude des divers personnages prend-elle face au destin ?

• Comment la **dignité humaine** se manifeste-t-elle ?

Troisième piste : une définition paradoxale de la dignité humaine

• Relevez les **paradoxes** à l'œuvre dans ces deux scènes.

• Au total, la pièce finit-elle bien ou mal ? Est-elle **optimiste ou pessimiste** ?

▶ **Pour réussir le commentaire :** voir guide méthodologique.

▶ **Le roman :** voir mémento des notions.

CORRIGÉ 18

Les titres en couleur servent à guider la lecture mais ne doivent pas figurer sur la copie.

Introduction

[Amorce] Les dramaturges modernes, après avoir exploré les ressources du théâtre de l'absurde, reviennent, dans la seconde moitié du XXe siècle, à la tragédie grecque, source du théâtre, tout en l'adaptant au monde moderne. [Présentation du texte] Romancier mais aussi dramaturge, Laurent Gaudé aborde ainsi dans plusieurs de ses ouvrages le thème de la guerre : son roman *Cris* a pour toile de fond la Première Guerre mondiale ; sa troisième pièce, écrite en 1981, se déroule dans une ville assiégée anonyme, bombardée, incendiée, recouverte d'une « pluie de cendres » qui ensevelit tout. Tous les habitants savent que la mort les attend, inéluctable, mais ils continuent le combat, excepté Ajac qui veut s'échapper avec son amante Korée. Mais celle-ci s'est suicidée ; ayant appris la nouvelle, dans les dernières scènes de la pièce Ajac rejoint les deux autres derniers survivants, Brastch et le « vieil Argo ». [Annonce du plan] Ce dénouement met un point final au parcours tragique de personnages qui acceptent leur destin (I). Mais Laurent Gaudé a su moderniser la tragédie en redéfinissant la condition d'homme et la notion de dignité humaine à travers l'attitude de ses trois personnages (II). Et, curieusement, le tragique, fondé sur une série de paradoxes apparents, consacre la victoire des valeurs et de la volonté humaines (III).

I. Le dénouement tragique accepté par les personnages

1. Un sort inéluctable

• Les deux scènes marquent la fin et le caractère inéluctable du parcours des trois survivants : la situation de la ville assiégée a scellé le sort de tous. Dans la scène précédente, Bratsch avait déclaré : « le combat est perdu » ; Argo, dans la scène 6, mentionne au futur de certitude le moment où « les ennemis entreront dans la ville » ; Ajac confirme : « ils vont venir maintenant ».

• Le cadre du dénouement matérialise cet aboutissement fatal : la ville est assiégée de toutes parts, les scènes se déroulent « dans les gravats de la ville », *« près de l'entrée du tunnel d'Ajac »*, désormais inutile. Certains détails de la mise en scène concrétisent visuellement cette progression irrémédiable, comme les « entailles [...] faites au couteau » par Argo, qui parle du moment où il « aura fini » et prophétise que la « dernière encoche » sera pour lui.

2. Des liens indestructibles entre les derniers survivants et les morts

Des liens indestructibles se sont tissés entre le destin des trois personnages.

• Dans cette interaction, le personnage de Korée a une importance déterminante : présente sur scène puisque Ajac porte *« dans ses bras [son] corps »* et que, dans la scène 7, il l'apostrophe et lui parle, elle est exclue de l'action de la pièce puisqu'elle est morte.

• Mais, même morte, indirectement elle agit : c'est son suicide qui oblige Ajac à affronter son statut de « dernier des hommes » ; ils sont donc intimement liés, comme en témoignent les paroles que lui adresse Ajac dans la scène 7. Par ailleurs, le fait que son corps passe des bras d'Ajac à ceux d'Argo qui « est là » et qui « veiller[a] » sur elle marque concrètement sur scène ces liens indéfectibles.

• Au-delà de ce cas particulier, Argo devient le dépositaire du souvenir de tous les disparus : il affirme solennellement qu'il « n'oubliera personne » (scène 6).

3. Des personnages déterminés envers et contre tout

Ce dénouement tragique ne joue pas sur un réalisme pathétique mais il met en relief l'attitude assumée des personnages.

• La dernière scène s'achève avant l'arrivée des ennemis, évitant ainsi le réalisme tapageur et trop facilement spectaculaire. Le désastre à venir, lorsque les ennemis « vont déferler sur la ville », lorsque « dans cette pluie de feu [...] leur sang coulera dans les rues », n'est pas représenté sur scène mais seulement évoqué prophétiquement par Ajac. L'imminence du désastre ne change rien au parcours d'Argo ou d'Ajac qui savent ce qui les attend et l'imaginent avec une netteté et une précision prophétiques.

• Laurent Gaudé refuse ce type de dramatisation et met plutôt l'accent sur les personnages et leur détermination face au cataclysme inéluctable : la pièce se clôt au moment où chacun a décidé ce qu'il allait faire. La répétition, dans les propos d'Argo, des futurs de certitude à valeur modale, celle, dans le monologue d'Ajac, du verbe *aller* (« Je vais me battre, [...] je vais partir ») traduisent la volonté inébranlable de ces survivants.

II. La tragédie modernisée de la condition humaine

Dénouement tragique, certes, mais il s'agit d'un tragique renouvelé et modernisé par Laurent Gaudé.

1. Le refus de renoncer à sa condition d'homme

• Le tragique de ces dernières scènes ne tient pas, comme dans les tragédies antiques, à une fatalité matérialisée par les dieux ou, comme dans les tragédies classiques, à la puissance du désir (chez Phèdre par exemple) ou à la soif de pouvoir.

• L'enjeu de ces dernières scènes consiste à ne pas renoncer à sa condition d'homme : si Argo fait des entailles dans des bâtons, c'est pour que les ennemis sachent, comme il le dit, « que nous n'avons pas cessé d'être des hommes ». Ajac débute son monologue par une affirmation très nette dans sa formulation : « Voilà, je suis le dernier des hommes. » Vivre et mourir en hommes est ce qui motive et explique les décisions des trois personnages.

2. Garder le souvenir des disparus

• Dans cette perspective, le travail d'Argo prend tout son sens : il se charge de garder la trace et le souvenir des disparus, il remplit le devoir de mémoire. Les « entailles », les « encoches » qu'il fait prennent une double valeur symbolique. Elles indiquent d'abord que « chacun » compte et sera compté (« Pour chacun, une entaille »), que tous ont une valeur égale.

• Ensuite, « cette forêt d'arbres manchots » qu'il aura « plantée », qui viendra combler et repeupler le vide laissé par la guerre, manifeste aussi aux ennemis que quelqu'un a pris soin des morts. Laurent Gaudé emploie là une métaphore saisissante empruntée au monde du paysan qui prend soin de la terre. La triple répétition du verbe « ils sauront » affirme sur un ton solennel presque épique la mission sacrée des « bâtons en terre » d'Argo, qui sont comme une nouvelle germination.

• Ainsi, faire partie de l'humanité signifie d'abord être l'objet de soins, compter pour autrui. C'est cette conviction qui explique la demande finale d'Ajac à Argo à propos de Korée, demande qu'il formule à deux reprises : « Qu'elle ne reste pas seule ».

3. Les moyens d'affirmer sa dignité d'homme

• Cette fin de pièce met en scène l'enjeu majeur pour chacun des personnages : affirmer sa dignité d'homme, comme en témoigne le monologue d'Ajac dans la scène 7. Tout en conjurant sa peur légitime devant la « rage de piller », il y affirme fermement le bien-fondé de son choix par les nombreuses répétitions du mot clé « le dernier » et par le futur proche.

• Sa décision est le fruit d'un débat intérieur intense, dans lequel il explore toutes les voies possibles pour acquérir cette humanité. Pour cela, les moyens sont divers : prendre soin d'autrui, se souvenir des disparus, témoigner – c'est le rôle d'Argo, défini par Ajac dans la scène 6 –, mais aussi ne pas fuir (Ajac affirme : « Je vais me battre, dans cette pluie de feu »), rester digne et debout, se battre « un poing serré sur une arme ». L'attitude est ferme, le gros plan sur « le poing » et « l'arme » est poignant.

III. Des paradoxes qui soulignent la puissance de la volonté

La victoire des valeurs et de la volonté repose cependant sur une série de paradoxes.

1. Un suicide fondateur

• Le suicide, dans ce type de circonstance, est souvent considéré comme une marque de lâcheté, de fuite. Ici, paradoxalement, celui de Korée, loin d'être présenté comme un aveu de défaite, est un acte fondateur.

• D'une part, elle demeurera à jamais dans la ville assiégée, comme un témoignage de la folie guerrière ; d'autre part, c'est son acte qui oblige Argo et Ajac à faire face à leur dignité. Ajac, qui a pris conscience du rôle de Korée, lui rend hommage dans une prosopopée déchirante : « Tu avais raison, Korée, il n'y avait que toi qui pouvais faire cela » ; « tu as fait de moi le dernier, Korée ». Elle a transformé « le lâche, le rat » qu'était Ajac en « homme ».

2. Une victoire transformée en défaite, une défaite transformée en victoire

• Paradoxalement encore, la victoire assurée des ennemis – soulignée par les futurs et par l'affirmation d'Ajac « ils vont déferler sur la ville sans que plus aucune digue puisse les contenir » – devient, dans sa bouche, une défaite : ces vainqueurs « seront pris au piège », et lui, Ajac, se dit « invincible ».

• Comment résoudre ce paradoxe des vainqueurs-vaincus et du vaincu-vainqueur ? Par ce jeu sur les mots de la victoire et de la défaite, Ajac entend montrer que la seule vraie victoire consiste à revendiquer et à garder sa dignité d'homme.

3. Des valeurs plus fortes que la mort

• Enfin, les remerciements qu'Ajac adresse à Korée de le « tuer ainsi » surprennent par le paradoxe qu'ils renferment. Comment le comprendre ? Il faut entendre l'expression comme « donner l'occasion de mourir », c'est-à-dire d'accéder au statut d'homme véritable. La mort même ne changera donc rien à la victoire des valeurs et de la volonté. Mourir et résister, être « combattant », être « le dernier », c'est être homme.

• Le spectateur retrouve là les accents de Hugo dans « Ultima verba » (*Les Châtiments*), qui affirme : « Et s'il n'en reste qu'un, je serai celui-là » ou de Bérenger dans *Rhinocéros* (Ionesco), qui proclame : « Ma carabine ! Ma carabine ! [...] Contre tout le monde, je me défendrai : Je suis le dernier homme ! Je le resterai jusqu'au bout je ne capitule pas ! »

4. Tragédie grecque ? Tragédie moderne ? Les deux à la fois

Ainsi, Argo et Ajac sont l'image de héros qui revendiquent leur humanité dans un monde inhumain. Mais de quel monde s'agit-il ? Sommes-nous dans une tragédie antique ou dans un monde résolument moderne ?

• Le nom des personnages, à consonance proche du grec (Korée, en grec, signifie « jeune fille » ; Ajac ressemble à « Ajax » et Argo à « Argos »), la ville « en cendres » renvoient aux tragédies grecques et les soins donnés au corps de Korée rappellent la sollicitude d'une Antigone envers le corps de son frère.

• Cependant Laurent Gaudé retrouve ici les accents du dénouement de *Rhinocéros* ; la répétition de « dernier » dans le monologue d'Ajac rappelle aussi le titre du chapitre 16 de *Si c'est un homme* de Primo Levi, témoignage sur les camps de concentration, intitulé « Le dernier » : un condamné à la pendaison parle et s'écrie : « Camarades, je suis le dernier ». La date de parution de la pièce peut faire penser à Sarajevo... Nous sommes résolument au XXe siècle.

• En réalité, en laissant la ville anonyme, l'auteur semble vouloir donner une portée universelle à cette pièce, qui met en scène le thème existentiel de la condition humaine.

Conclusion

Ce dénouement bouleversant, qui prend toute sa puissance à la représentation, présente les caractéristiques essentielles de la tragédie et donne une image du héros tragique. Laurent Gaudé a su se ranger dans toute une lignée de dramaturges tragiques mais il a su aussi s'en démarquer pour ancrer sa pièce dans notre monde contemporain et poser devant un public moderne la « question de l'homme », thème central de la tragédie.

SUJET
19

Amérique du Nord • Juin 2012
Séries ES, S • 16 points

Les moments d'indécision

Dissertation

▶ **Selon vous, les moments où l'indécision des personnages domine présentent-ils de l'intérêt dans la représentation théâtrale ? Vous répondrez à cette question en vous fondant sur le corpus, votre culture personnelle et votre expérience de spectateur.**

Les textes du corpus sont reproduits dans le sujet n° 17.

THÉÂTRE

LES CLÉS DU SUJET

Comprendre le sujet

- Le sujet se présente sous la forme d'une **question** : la problématique est clairement exprimée.
- « Les **moments d'indécision** » : l'expression renvoie aux moments où les personnages doivent faire un **choix** et hésitent sur le parti à prendre.
- La formulation de la question suggère un **plan dialectique** : quels sont les inconvénients, puis les intérêts de ces moments d'indécision ?
- **Reformulez la problématique** avec vos propres mots : *Les scènes d'indécision nuisent-elles à l'efficacité dramatique d'une pièce ou non ?*

Chercher des idées

- Pour trouver des idées, reprenez la question et **reformulez-la** de plusieurs façons : *Quels sont les inconvénients des moments d'indécision ? Quels sont leurs intérêts ?*
- Prolongez ces questions en faisant la liste des **perspectives possibles**. *Inconvénients/intérêts* : par rapport à l'attention du spectateur ? pour l'action ? pour la vraisemblance de la pièce ? pour la compréhension des personnages ? pour l'acteur ?…
- Constituez-vous une **réserve d'exemples de scènes** où les personnages délibèrent : vous pourrez y puiser des idées :

– Shakespeare, *Hamlet*, « Être ou ne pas être ? » ;

– Corneille, les « stances » du *Cid* (« Percé jusques au fond du cœur… »), I, 6 ;
– Corneille, *Cinna*, IV, 2 : Auguste doit-il punir ceux qui ont comploté contre lui ou pardonner ?
– Racine, *Andromaque*, V, 1 : Hermione balance entre remords et désir de vengeance, et ne sait pas si elle craint ou veut la mort de Pyrrhus qu'elle aime ;
– Molière, *Le Misanthrope* : les hésitations d'Alceste lorsqu'il apprend que Célimène le trahit ;
– Hugo, *Ruy Blas*, la scène de dénouement ;
– Giraudoux, *La guerre de Troie n'aura pas lieu :* faut-il tout faire pour éviter la guerre ? Ou faut-il s'y résoudre ?
– Ionesco, *Rhinocéros*, monologue final de Bérenger : devenir un rhinocéros ou résister ?

▶ **Pour réussir la dissertation** : voir guide méthodologique.
▶ **Le théâtre :** voir mémento des notions.

CORRIGÉ 19

Dans ce corrigé, vous devez ajouter des exemples tirés de vos connaissances personnelles.

Les titres en couleur et les indications en italique servent à guider la lecture mais ne doivent pas figurer sur la copie.

Introduction

« L'homme s'ennuie […], c'est pour cela qu'il va au théâtre. » C'est cela, selon Lechy Elbernon, l'actrice imaginée par Claudel dans *L'Échange* (1894), être spectateur : venir vivre au théâtre une tranche de vie, des moments intenses, des aventures folles « en accéléré ». L'action est au cœur de la pièce de théâtre et c'est elle qui crée la dynamique dramatique. Pourtant, le rythme de l'intrigue est parfois rompu par des moments où l'indécision des personnages domine, mettant en péril le tourbillon de la représentation au risque d'ennuyer le public. D'où vient, alors, que ces scènes de délibération et d'hésitation soient si nombreuses dans le théâtre : quel peut en être l'intérêt ? Si elles peuvent présenter des « dangers » pour la vivacité du spectacle et pour le plaisir du spectateur, elles ont néanmoins une efficacité qui leur est propre et capte l'attention du public.

I. Les « dangers » des scènes d'indécision

1. Des pauses nuisibles à la dynamique de la pièce et du spectacle

Le théâtre, par nature, est action et mouvement.

• L'intrigue prend son intérêt dans les rebondissements, les coups de théâtre qui maintiennent l'intérêt [*exemples personnels*]. Rien n'est plus divertissant que les scènes où les échanges sont vifs et alertes, où les répliques des personnages s'opposent comme en un duel verbal. [*Exemples personnels.*]

• Les moments d'indécision peuvent alors être perçus comme une rupture, une pause dans l'intensité de la dynamique dramatique. [*Exemple du corpus* : la délibération d'Agamemnon dans *Iphigénie.*]

• La représentation doit aussi satisfaire la vue, l'intérêt du spectacle tenant au mouvement sur scène (*Le Barbier de Séville* de Beaumarchais, *Le Jeu de l'amour et du hasard* de Marivaux + *exemples personnels*) ; or, les scènes d'indécision sont plutôt statiques. [*Exemple du corpus* : *Pluie de cendres.*]

2. De longues interventions artificielles qui font chuter l'intérêt

• Les moments d'indécision s'expriment souvent par de longues tirades ou monologues et nuisent à la « condensation » nécessaire du temps au théâtre. Le spectateur sent un décalage, une disproportion dans le rythme d'écoulement du temps, démesurément allongé par rapport au reste de la pièce.

• L'expression n'en est souvent pas naturelle : ces scènes peuvent alors paraître artificielles, car, dans la vie, ces moments n'existent pas vraiment sous cette forme (les stances de Rodrigue dans *Le Cid*).

• Cela nuit à la vraisemblance de l'action dramatique, donc à l'illusion théâtrale nécessaire pour qu'un spectateur se sente pris dans le spectacle et y adhère. [*Exemples personnels.*]

3. Des moments de confusion qui parfois brouillent les pistes

• Le spectateur ne peut, comme le lecteur, relire une scène pour bien la comprendre : le théâtre exige que l'intrigue et les personnages soient compris et appréhendés d'emblée, à la seule vue des personnages sur scène et dans la rapidité de l'oral.

• Or, les scènes d'indécision sont souvent complexes : le personnage y expose longuement ses doutes, ses sentiments, ses arguments souvent complexes, parfois de façon ambiguë, tortueuse ou très changeante [délibération d'Agamemnon dans *Iphigénie* + *exemples personnels*] ; le spectateur est alors plongé dans la confusion et l'incompréhension et ne peut mesurer le sens profond de la réflexion et les enjeux. Les pistes sont brouillées.

4. La vanité de ces moments inutiles face à l'inéluctable

• Parfois ces scènes de délibération semblent vaines, et par là artificielles, face à l'inéluctabilité de l'issue dramatique, notamment dans les tragédies : le spectateur sait que des forces – la « fatalité » ou le « destin » – vont triompher et excluent de fait le choix. Phèdre, comme tous les personnages victimes chez Racine, ne peut lutter contre « Vénus tout entière à sa proie attachée » : inutile de croire à un libre arbitre, qui justifierait que l'on délibère.

• Ce sentiment de vanité est encore plus sensible dans les réécritures théâtrales, de mythes par exemple, parce que le spectateur connaît déjà l'issue de toute cette agitation dont il ne voit plus l'utilité. Qui assiste à l'*Antigone* d'Anouilh sait d'avance que les dés sont jetés, qu'Antigone va mourir – du reste, le Prologue l'en avait déjà averti. Quel spectateur assistant à *La guerre de Troie n'aura pas lieu* ignore qu'elle a effectivement eu lieu ? À quoi bon, alors, délibérer pendant de longs moments ?

5. Des scènes très difficiles à jouer

• Enfin, si l'on adopte, non plus le point de vue du spectateur, mais celui de l'acteur, la difficulté de jouer ce type de scène peut nuire à leur interprétation.

• La complexité des sentiments et des solutions envisagées, leurs nuances et leurs variations rapides – parfois violentes – exigent des interprètes hors pair, sous peine de ne pas emporter l'adhésion du public : les fluctuations du cœur d'Hermione qui balance entre remords et désir de vengeance et ne sait pas si elle craint ou veut la mort de Pyrrhus se succèdent très rapidement, parfois d'un vers à l'autre.

• La difficulté vient aussi de ce que ce type d'hésitation n'autorise pas une grande variation dans les jeux de scène, les mouvements et les gestes : l'intensité en est tout intérieure et affective ; l'interprète doit savoir, avec le minimum de jeu physique, rendre compte par les intonations, les jeux du visage ou des mouvements imperceptibles, de l'intensité de la délibération.

II. L'intérêt des scènes d'indécision

Mais, s'ils ne sont pas « théâtraux » au sens traditionnel du terme, ces moments d'indécision présentent un intérêt ou une dynamique d'un autre type, qui leur est propre.

1. Des pauses qui créent un effet d'attente

• Les hésitations des personnages, l'expression de leurs doutes, si elles suspendent la dynamique de l'action, créent un effet d'attente et de suspense propres à tenir le spectateur en haleine.

• La suite de l'intrigue, fébrilement attendue, dépend le plus souvent de la solution que le personnage cherche à trouver et de la décision qui clôt la délibération. Le temps suspendu fait ressentir la progression de la réflexion et permet de mesurer l'importance de l'enjeu. [*Exemples personnels.*]

2. Des délibérations qui sont au cœur de l'intrigue ou qui éclairent le sens de l'action

• Parfois encore, l'indécision naît d'un dilemme qui constitue lui-même le cœur de l'intrigue, notamment dans la tragédie classique. Le monologue souligne alors l'importance de la décision du personnage dans le déroulement général de la pièce. Dans *Le Cid*, les solutions de l'alternative – venger son père ou risquer de perdre Chimène – sont toutes les deux insatisfaisantes et le dilemme qui déchire le héros soutient toute l'action : sans lui, la pièce n'existerait pas.

• Ces hésitations douloureuses qui révèlent les intentions du personnage, souvent dans un sommet dramatique, informent le spectateur des actions à venir et permettent ainsi d'entrevoir, quand il en est encore temps, les différentes voies et leurs conséquences, les « possibles » qui s'ouvrent au personnage – et dont un seul se réalisera –, tout en laissant intactes les perspectives (« J'attire en me vengeant *sa haine et sa colère* ; J'attire *ses mépris* en ne me vengeant pas », se désespère Rodrigue).

• La décision finale est replacée dans l'ensemble des possibles de la destinée du personnage et prend alors tout son sens. Et le spectateur comprend mieux les tenants et les aboutissants de la situation.

3. Des moments qui éclairent les personnages

• Ainsi ancrés dans la pièce, les moments d'hésitation expriment le déchirement, les contradictions, les incertitudes du personnage ; ils permettent de mieux découvrir et comprendre son caractère et les ressorts de ses décisions. Ils jouent le rôle de l'analyse psychologique du roman mais sans l'intermédiaire d'un narrateur : pris sur le vif, ils sont plus directs, plus authentiques. Par le débat intérieur qu'il fait naître, le moment d'indécision donne au personnage toute sa profondeur. [*Exemples personnels.*]

• Dans ces scènes d'hésitation, le plus souvent le héros se met à distance de lui-même et se dédouble en quelque sorte pour mieux se rendre compte de la situation et se découvrir soi-même – parfois même en se tutoyant, parfois en apostrophant ses propres sentiments ou encore des personnages absents (Ajac, dans *Pluie de cendres*, s'adresse à Korée).

• Cette intrusion dans un univers mental suscite l'émotion du spectateur qui, plongé dans la conscience du héros, en oublie l'invraisemblance de la convention de ces introspections, se sent en empathie et vibre avec lui dans ces moments d'une extrême intensité. Il arrive parfois qu'au contraire, il soit envahi par l'indignation. En tout cas, il ne reste pas indifférent. [*Exemples personnels.*]

• Ces scènes introduisent ainsi, par le jeu de la double énonciation, une relation privilégiée entre le personnage et le spectateur qui prend le statut de témoin, de confident ou même de complice. Ainsi, il arrive que le héros s'adresse à lui, le prenne directement à témoin ou à parti, ce qui constitue un puissant ressort dramatique : le spectateur se sent partie prenante de l'action, « joue un rôle ». [*Exemples personnels.*]

4. Des moments porteurs de message

• Enfin, ces délibérations et surtout leur issue sont porteuses du message de la pièce – aspect fondamental de la représentation théâtrale –, concrétisé par le choix et donc par l'attitude adoptée par le héros. Elles posent les problèmes essentiels de la condition humaine (par exemple : « To be or not to be ? » d'Hamlet) et traduisent une vision du monde.

• Cela se vérifie surtout dans le dénouement des pièces du XXe siècle, où il s'agit de définir clairement ce que signifie « être un homme ou un héros ». Ainsi, à la fin de *Rhinocéros* de Ionesco, Bérenger lance « je ne capitule pas » devant l'invasion des rhinocéros : c'est, après bien des souffrances, un appel à la résistance, un plaidoyer pour la dignité humaine. De même, Ajac à la fin de *Pluie de cendres*, a pris sa décision, lourde de signification : « Je suis le dernier des hommes ; [...] je vais me battre ».

• Dans cette optique, la teneur allégorique est forte et l'intensité dramatique des moments de délibération intensifiée par la présence d'objets symboliques qui éclairent le message et en même temps créent une dramatisation scénique. Ce sont par exemple les « innombrables bâtons » d'Argo ou le « pistolet » d'Ajac.

5. Des morceaux de bravoure pour un acteur

Enfin, ces scènes présentent un intérêt pour l'acteur : elles constituent, par leur difficulté et leur complexité mêmes, un morceau de bravoure et une occasion de déployer toutes ses qualités d'interprète qui sait faire ressentir les nuances de la pensée et des sentiments et captiver sans grande marge de jeu scénique. [*Exemples personnels.*]

Conclusion

Les moments d'indécision au théâtre passent souvent pour des hors d'œuvres qui ralentissent l'action et diminuent la dynamique dramatique et le plaisir du spectateur. Mais, en réalité, ils ont une efficacité bien spécifique et peuvent au contraire accroître l'intensité et la profondeur de la représentation théâtrale. Cependant, ils ne prennent toute leur force qu'à la mise en scène, car ce sont autant le dramaturge avec son texte théâtral que les acteurs avec leur jeu qui peuvent le mettre réellement en valeur. Ce sont souvent ces scènes qui font que le public « n'a point envie de s'en aller » (Lechy Elbernon).

Amérique du Nord • Juin 2012
Séries ES, S • 16 points

Les moments d'indécision

Écriture d'invention

▶ **Eurybate tente de convaincre Agamemnon de renoncer au sacrifice d'Iphigénie avant qu'il ne fasse amener sa fille par les gardes. Vous rédigerez, en prose, le dialogue théâtral entre les deux protagonistes. Dans les didascalies, vous indiquerez toutes les informations nécessaires au dispositif scénique de cette confrontation.**

Le candidat peut s'appuyer sur le document A reproduit dans le sujet n° 17.

LES CLÉS DU SUJET

Comprendre le sujet

Faites la « **définition** » du texte à produire, à partir de la consigne.

Dialogue de théâtre (*genre*) entre Agamemnon et Eurybate (*situation d'énonciation*) qui argumentent sur (*type de texte*) la nécessité de sacrifier Iphigénie (*thème*) pour prolonger la délibération d'Agamemnon et dramatiser la situation (*buts*).

Chercher des idées

• **Arguments** pour soutenir les deux thèses : les scènes 7 et 8 de Racine vous donnent des pistes. Exploitez la double identité d'Agamemnon (roi et père) qui le soumet à deux types de « lois » (lois familiales et lois politiques), sans oublier les lois humaines (privilégiées par Eurybate) et les lois divines (qui pèsent sur Agamemnon).
Le **registre** n'est pas précisé, mais l'identité des personnages suggère le **tragique** ; l'échange peut aussi être légèrement **polémique**.
• Le **contexte** est celui de l'Antiquité grecque : ne commettez pas d'anachronismes. Vous pouvez en revanche tirer parti de vos connaissances de la mythologie (guerre de Troie).

• Donnez à votre dialogue de la **vivacité et** du **rythme**. La **personnalité**, les sentiments des deux personnages doivent apparaître à travers leurs répliques : ceux d'Agamemnon sont à analyser dans le texte de Racine ; ceux d'Eurybate sont à « inventer ».
• **Niveau de langue :** soutenu (à calquer sur le texte de Racine, même si la conversation n'est pas en vers). **Attention** : Eurybate ne parle pas comme un « domestique » mais comme un confident de tragédie (respect pour le roi, mais aussi certaine tenue dans le langage).

▶ **Pour réussir l'écriture d'invention :** voir guide méthodologique.
▶ **Le théâtre :** voir mémento des notions.

CORRIGÉ 20

Jusqu'ici, Agamemnon s'est exprimé en aparté. Pendant ce temps, Eurybate le regarde avec insistance, intrigué. Après un temps de silence.

EURYBATE. – Vous semblez troublé, seigneur.

AGAMEMNON – Le mot est faible, Eurybate. (*Il semble ne se reprendre qu'à grand peine, mais dit fermement)* Rassemblez la garde et amenez-moi ma fille Iphigénie.

EURYBATE, *stupéfait, après un temps.* – Votre fille ?

AGAMEMNON, *lui tournant le dos, avec effort.* – Ma fille, Eurybate, oui ! Ma fille ! Allez, obéissez !

EURYBATE, *après un temps, saluant Agamemnon*. – Seigneur (*il esquisse un mouvement pour sortir, mais revient sur ses pas*), Seigneur, veuillez considérer…

AGAMEMNON, *vivement.* – Un roi sur ces affaires ne prend aucun conseil !

EURYBATE. – Quel crime a-t-elle donc commis ? La princesse ne saurait s'être rendue coupable d'une quelconque faute ! Pour une décision si grave, dans une telle conjoncture… Prenez le temps de la réflexion ! L'inculpée ne peut être coupable !

AGAMEMNON. – Là n'est pas la question, Eurybate. Iphigénie est innocente, je le sais.

EURYBATE. – Les dieux n'approuveront pas ce sacrilège, seigneur. Ils ne le réclament que pour que vous le refusiez. Le sang de votre fille criera à l'injustice ; vous serez poursuivi pour ce crime, jamais les Érynies ne vous laisseront en repos. Vous-même l'avez dit à Calchas ! Cet ordre sanguinaire, inhumain, vous condamne !

AGAMEMNON. – Ces conseils ne sont plus de saison, Eurybate : ce sont d'autres motifs qui me forcent à agir et je ne peux m'y soustraire, hélas.

EURYBATE. – Lesquels, Seigneur ?

AGAMEMNON. – Achille me menace. Il vient de m'annoncer qu'il me retire l'appui de ses Myrmidons si je refuse de céder, si je livre ma fille. La sédition menace tout le camp : Achille refusant la bataille ! Autant abandonner la guerre contre Troie. Quelle insolence ! Avoir osé me donner un ordre ! Le traître ! Je n'ai plus à consulter sur le sort de ma fille. En voulant la sauver, Achille a précipité son sort. (*Rire amer.*) N'est-ce pas ironique, Eurybate ? J'allais la faire fuir avec Clytemnestre, mais en me venant provoquer, Achille a tout perdu.

EURYBATE. – C'est lui qu'il faut châtier, non pas Iphigénie, seigneur. Cela serait barbare. Assurément, Achille est en tort, assurément vous êtes offensé. Mais sacrifierez-vous votre propre sang à l'ire des dieux par la faute d'un traître qui vous provoque ?

AGAMEMNON. – Ils me l'ordonnent.

EURYBATE. – Sacrifier Iphigénie à Hélène ? La vertu au vice ? Les dieux ne sauraient le vouloir !

AGAMEMNON. – Les dieux ne s'embarrassent plus guère de cela, Eurybate.

EURYBATE. – Mais vous, céderez-vous à cet arrêt barbare ?

AGAMEMNON. – Je suis roi, Eurybate : le vice et la vertu n'ont guère à faire ici.

EURYBATE. – Sacrifier votre fille, Seigneur, ne résoudra rien. La faire exécuter ne fera qu'attiser la fureur d'Achille.

AGAMEMNON. – Cela est vrai. (*Il réfléchit quelques instants, mais se reprend.*) Et si je cède ? Quel roi serai-je donc ? Devrai-je donc m'incliner devant les caprices de tous les traîtres à qui il plaira de me défier ?

EURYBATE. – Considérez seulement votre fille, seigneur, non votre rang.

AGAMEMNON. – Le puis-je seulement, Eurybate ? Ah, vous ne savez pas ce que c'est qu'être roi. Au cœur de la nuit noire, sur le champ de bataille, devant la mort même, vous êtes redevable de ce rang, de ce bandeau royal. Rien n'importe plus : amour, amitié, liens du sang ! Même ma fille, entendez-vous ? (*Il baisse d'un ton.*) Même ma fille…

EURYBATE. – S'il ne le fallait pas vraiment ? Si votre rang exigeait de vous de ne pas sacrifier votre fille, justement ? Si la grandeur royale exigeait de vous la clémence ?

THÉÂTRE

AGAMEMNON. – Peut-être. Mais ce serait folie que de céder à Achille maintenant : tous en profiteraient, ce serait l'anarchie.

EURYBATE. – Vous pouvez tout du moins renoncer à cette guerre. Ménélas n'a pas le droit d'exiger de vous un tel sacrifice !

AGAMEMNON, *amèrement.* – Ne suis-je pas lié par le serment que nous fîmes tous devant les dieux après le tirage au sort de l'époux d'Hélène ? Je n'en serai jamais défait : je dois aller à Troie, je l'ai juré.

EURYBATE. – Seigneur, les dieux eux-mêmes le renient en vous donnant le choix !

AGAMEMNON, *n'y tenant plus.* – Les dieux, Eurybate ? Les dieux ! Ils me donnent le choix, dis-tu ? Non, ils jouent avec moi, Eurybate ! Les dieux n'ont que faire de nous ! Ils sont aveugles à tout, ils flattent nos désirs, mais les déçoivent enfin pour mieux en rire. (*Quelques instants. Agamemnon tente de reprendre son calme et dit avec difficulté :*) Du haut des cieux, ils nous regardent débattre et rient de nos douleurs. C'est tout.

EURYBATE, *après un temps.* – Seigneur, je vois bien que je ne vous convaincs pas.

AGAMEMNON. – Vous êtes bon, Eurybate. Mais vous ne savez pas ce que c'est qu'une gloire à soutenir. Vous ne connaissez pas le poids d'une couronne. Vous pouvez faire ce que vous voulez de votre fille, vous. Le roi des rois ne le peut.

EURYBATE, *en une dernière tentative désespérée.* – Ainsi vous préférez les lois humaines aux lois divines. Ainsi vous sacrifierez votre fille à…

AGAMEMNON, *l'interrompant* – Je le dois, Eurybate. (*Avec beaucoup de difficulté.*) Allez chercher ma fille.

EURYBATE. – Vous le regretterez, Seigneur.

AGAMEMNON, *avec un pauvre sourire* – Je le sais, Eurybate. Allez chercher ma fille.

SUJET 21

Pondichéry • Mai 2013
Séries ES, S • 4 points

Violence sur scène

Question

Documents

A – **Pierre Corneille**, *Horace*, acte IV, scène 5 (extrait), 1641.
B – **Alfred de Musset**, *Lorenzaccio*, acte IV, scène 11, 1834.
C – **Jean Giraudoux**, *Électre,* acte II, scène 9 (extrait), 1937.

▸ Après avoir précisément déterminé les raisons pour lesquelles les meurtriers commettent leur crime, vous examinerez comment les trois extraits du corpus parviennent à représenter ou à évoquer ces actes violents.

Après avoir répondu à cette question, les candidats devront traiter au choix un des trois sujets nos 22, 23 ou 24.

DOCUMENT A

Deux Romains, Horace et Camille, sont frère et sœur. Par un tragique hasard, Horace doit combattre l'époux de Camille, un guerrier issu de la cité voisine, Albe. N'écoutant que son devoir patriotique, il tue cet ennemi, provoquant la colère de sa sœur Camille.

HORACE

Suis moins ta passion, règle mieux tes désirs,
Ne me fais plus rougir d'entendre tes soupirs ;
Tes flammes désormais doivent être étouffées ;
Bannis-les de ton âme, et songe à mes trophées :
Qu'ils soient dorénavant ton unique entretien[1].

CAMILLE

Donne-moi donc, barbare, un cœur comme le tien ;
Et si tu veux enfin que je t'ouvre mon âme,
Rends-moi mon Curiace[2], ou laisse agir ma flamme :
Ma joie et mes douleurs dépendaient de son sort ;

Je l'adorais vivant, et je le pleure mort.
Ne cherche plus ta sœur où tu l'avais laissée ;
Tu ne revois en moi qu'une amante offensée,
Qui comme une furie attachée à tes pas,
Te veut incessamment reprocher son trépas[3].
Tigre altéré de sang, qui me défends les larmes,
Qui veux que dans sa mort je trouve encor des charmes,
Et que jusques au ciel élevant tes exploits,
Moi-même je le tue une seconde fois !
Puissent tant de malheurs accompagner ta vie,
Que tu tombes au point de me porter envie[4] ;
Et toi, bientôt souiller par quelque lâcheté
Cette gloire si chère à ta brutalité !

HORACE

Ô ciel ! Qui vit jamais une pareille rage !
Crois-tu donc que je sois insensible à l'outrage,
Que je souffre en mon sang ce mortel déshonneur ?
Aime, aime cette mort qui fait notre bonheur,
Et préfère du moins au souvenir d'un homme
Ce que doit ta naissance aux intérêts de Rome.

CAMILLE

Rome, l'unique objet de mon ressentiment !
Rome, à qui vient ton bras d'immoler mon amant[5] !
Rome qui t'a vu naître, et que ton cœur adore !
Rome enfin que je hais parce qu'elle t'honore !
Puissent tous ses voisins ensemble conjurés
Saper ses fondements encor mal assurés !
Et si ce n'est assez de toute l'Italie,
Que l'orient contre elle à l'occident s'allie ;
Que cent peuples unis des bouts de l'univers
Passent pour la détruire et les monts et les mers !
Qu'elle-même sur soi renverse ses murailles,
Et de ses propres mains déchire ses entrailles !
Que le courroux du ciel allumé par mes vœux
Fasse pleuvoir sur elle un déluge de feux !
Puissé-je de mes yeux y voir tomber ce foudre,
Voir ses maisons en cendre, et tes lauriers en poudre,
Voir le dernier Romain à son dernier soupir,
Moi seule en être cause, et mourir de plaisir !

HORACE, *mettant l'épée à la main, et poursuivant sa sœur qui s'enfuit.*
C'est trop, ma patience à la raison fait place ;
Va dedans les enfers plaindre ton Curiace.

CAMILLE, *blessée derrière le théâtre*[6].

Ah ! Traître !

HORACE, *revenant sur le théâtre*[7].

Ainsi reçoive un châtiment soudain
Quiconque ose pleurer un ennemi romain !

Pierre Corneille, *Horace*, acte IV, scène 5 (extrait), 1641.

---

1. Horace reproche à sa sœur Camille de pleurer la mort de son époux, et lui ordonne de se réjouir plutôt de sa victoire. 2. Nom de l'époux passionnément aimé de Camille. 3. Mort. 4. Puisse ta vie être plus malheureuse que la mienne. 5. Horace a tué l'époux de Camille, Curiace, pour honorer Rome. 6. Assassinée dans les coulisses. 7. Sur scène.

DOCUMENT

Le duc de Florence, un débauché tyrannique, est craint et détesté par tous les habitants de la ville. Lorenzo, surnommé Lorenzaccio, a gagné la confiance du duc pour l'assassiner. Il lui a donné rendez-vous dans sa chambre, lui faisant croire que sa tante Catherine est prête à passer la nuit avec lui. Il est accompagné de son valet Scoronconcolo.

La chambre de Lorenzo. Entrent le Duc et Lorenzo.

LE DUC. – Je suis transi, – il fait vraiment froid. *(Il ôte son épée).* Eh bien, mignon, qu'est-ce que tu fais donc ?

LORENZO. – Je roule votre baudrier[1] autour de votre épée, et je la mets sous votre chevet. Il est bon d'avoir toujours une arme sous la main. *(Il entortille le baudrier de manière à empêcher l'épée de sortir du fourreau.)*

LE DUC. – Tu sais que je n'aime pas les bavardages, et il m'est revenu que la Catherine était une belle parleuse. Pour éviter les conversations, je vais me mettre au lit. – À propos, pourquoi donc as-tu fait demander des chevaux de poste à l'évêque de Marzi ?

LORENZO. – Pour aller voir mon frère, qui est très malade, à ce qu'il m'écrit.

LE DUC. – Va donc chercher ta tante.

LORENZO. – Dans un instant. *(Il sort.)*

LE DUC, *seul.* – Faire la cour à une femme qui vous répond « oui » lorsqu'on lui demande « oui ou non » cela m'a toujours paru très sot, et tout à fait digne d'un Français. Aujourd'hui, surtout que j'ai soupé comme trois moines, je serais incapable de dire seulement : « Mon cœur, ou mes chères entrailles », à l'infante[2] d'Espagne. Je veux faire semblant de dormir ; ce sera peut-être cavalier[3], mais ce sera commode. (*Il se couche. – Lorenzo rentre l'épée à la main.)*

LORENZO. – Dormez-vous, seigneur ? *(Il le frappe.)*

LE DUC. – C'est toi, Renzo ?

LORENZO. – Seigneur, n'en doutez pas. *(Il le frappe de nouveau. – Entre Scoronconcolo).*

SCORONCONCOLO. – Est-ce fait ?

LORENZO. – Regarde, il m'a mordu au doigt. Je garderai jusqu'à la mort cette bague sanglante, inestimable diamant.

SCORONCONCOLO. – Ah ! mon Dieu ! c'est le duc de Florence !

LORENZO, *s'asseyant sur le bord de la fenêtre.* – Que la nuit est belle ! Que l'air du ciel est pur ! Respire, respire, cœur navré de joie[4] !

SCORONCONCOLO. – Viens, Maître, nous en avons trop fait ; sauvons-nous.

LORENZO. – Que le vent du soir est doux et embaumé ! Comme les fleurs des prairies s'entrouvrent ! O nature magnifique, ô éternel repos !

SCORONCONCOLO. – Le vent va glacer sur votre visage la sueur qui en découle. Venez, seigneur.

LORENZO. – Ah ! Dieu de bonté ! quel moment !

SCORONCONCOLO, *à part.* – Son âme se dilate singulièrement. Quant à moi, je prendrai les devants.

LORENZO. – Attends ! Tire ces rideaux. Maintenant, donne-moi la clef de cette chambre.

SCORONCONCOLO. – Pourvu que les voisins n'aient rien entendu !

LORENZO. – Ne te souviens-tu pas qu'ils sont habitués à notre tapage ? Viens, partons. *(Ils sortent.)*

Alfred de Musset, *Lorenzaccio*, acte IV, scène 11, 1834.

---

1. Sangle qui permet de porter une arme en bandoulière. 2. Titre donné à une princesse d'Espagne. 3. Se comporter de façon cavalière signifie « se comporter avec sans-gêne ». 4. Blessé par la joie.

THÉÂTRE

DOCUMENT C

Clytemnestre, aidée de son amant Égisthe, a assassiné son mari le roi Agamemnon. Un tel crime, commis à l'insu de tous, leur a permis d'usurper le pouvoir. Vers la fin de la pièce, le Mendiant dévoile aux personnages présents les circonstances de ce meurtre encore impuni.

Alors le roi des rois[1] donna de grands coups de pied dans le dos de Clytemnestre, à chacun elle sursautait toute, la tête muette sursautait et se crispait, et il cria, et alors pour couvrir la voix, Égisthe poussait de grands éclats de rire, d'un visage rigide. Et il plongea l'épée. Et le roi des rois n'était pas ce bloc d'airain et de fer qu'il imaginait, c'était une douce chair, facile à transpercer comme l'agneau ; il y alla trop fort, l'épée entailla la dalle. Les assassins ont tort de blesser le marbre, il a sa rancune : c'est à cette entaille que moi j'ai deviné le crime. Alors il cessa de lutter ; entre cette femme de plus en plus laide et cet homme de plus en plus beau, il se laissa aller ; la mort a ceci de bon qu'on peut se confier à elle ; c'était sa seule amie dans ce guet-apens, la mort ; elle avait d'ailleurs un air de famille, un air qu'il reconnaissait, et il appela ses enfants, le garçon d'abord, Oreste, pour le remercier de le venger un jour, puis la fille, Électre, pour la remercier de prêter ainsi pour une minute son visage et ses mains à la mort. Et Clytemnestre ne le lâchait pas, une mousse à ses lèvres, et Agamemnon voulait bien mourir, mais pas que cette femme crachât sur son visage, sur sa barbe. Et elle ne cracha pas, tout occupée à tourner autour du corps, à cause du sang qu'elle évitait aux sandales, elle tournait dans sa robe rouge, et lui déjà agonisait, et il croyait voir tourner autour de lui le soleil. Puis vint l'ombre. C'est que soudain, chacun d'eux par un bras, l'avait retourné contre le sol. À la main droite quatre doigts déjà ne bougeaient plus. Et puis, comme Égisthe avait retiré l'épée sans y penser, ils le retournèrent à nouveau, et lui la remit bien doucement, bien posément dans la plaie.

Jean Giraudoux, *Électre*, acte II, scène 9 (extrait), 1937.

---

1. Cette expression désigne Agamemnon.

LES CLÉS DU SUJET

■ Comprendre la question

• La consigne comporte **deux questions** : 1. *Pourquoi* les meurtriers tuent-ils ? 2. *Comment* les auteurs rendent-ils compte de la violence ?
• Vous trouverez la réponse à la première question dans les paratextes.
• « **Comment** » signifie « par quels moyens (littéraires) ? ». Récapitulez ces **moyens littéraires,** en insistant sur ceux propres au théâtre : vocabulaire, didascalies, comportement des personnages, modalités des phrases… Repérez les **faits d'écriture** les plus marquants.
• N'étudiez pas les documents séparément : il s'agit d'une **synthèse.** Construisez vos paragraphes autour des différents moyens utilisés.
• **Structurez** votre réponse : encadrez-la d'une phrase d'**introduction**, qui situe les documents et reprend la question, et d'une brève **conclusion**.
• Accompagnez chaque remarque d'**exemples précis.**

▶ **Pour réussir les questions** : voir guide méthodologique.
▶ **Le théâtre** : voir mémento des notions.

CORRIGÉ 21

[Amorce et présentation du corpus] L'assassinat, par son potentiel dramatique et émotionnel, est privilégié par les dramaturges. Tantôt perpétré dans les coulisses (*Horace* de Corneille), tantôt présenté en direct sur scène (*Lorenzaccio* de Musset), tantôt rapporté par un tiers (*Électre* de Giraudoux), il introduit dans l'action une violence qui frappe les spectateurs. Mais les modes de représentation de cette violence diffèrent selon les époques et les pratiques théâtrales. [Question] Comment les auteurs, depuis le XVIIe siècle classique jusqu'aux réécritures de mythes au XXe siècle, en passant par la liberté esthétique du romantisme au XIXe siècle, rendent-ils compte de cette violence ?

• Les motivations qui poussent les personnages au meurtre ne sont pas du même ordre : Horace ne supporte pas de voir Rome « en cendres » et les imprécations de Camille lui font perdre « patience ». Le meurtre du duc de Médicis par Lorenzo est au contraire prémédité : Lorenzo l'accomplit avec calme pour libérer Florence. Clytemnestre et Égisthe, eux, assassinent Agamemnon par traîtrise (c'est un « guet-apens »), pour usurper le pouvoir. Ces meurtres ont néanmoins en commun d'être en relation avec la situation politique (guerre entre Albe et Rome, tyrannie sur Florence, ambition royale).

• Ces trois meurtres introduisent la violence dans la pièce. Les actes représentés ou évoqués sont brutaux, accompagnés de détails concrets et réalistes. Le vocabulaire du corps apparaît de plus en plus précisément au fil des époques : presque absent chez Corneille, il apparaît dans *Lorenzaccio* avec la mention du sang, et se multiplie dans *Électre*.

Notez bien
Les ouvrages littéraires au XVIIe siècle devaient respecter la règle de la bienséance : en étaient exclus le langage réaliste ou familier, les actions triviales, les actes violents. Le théâtre romantique (XIXe siècle) a aboli cette règle.

• La récurrence des objets liés au meurtre intensifie la théâtralité : « l'épée » est présente dans les trois pièces. La mention concrète des coups donnés et des blessures infligées donne à voir la scène : Horace « *met l'épée à la main* », Camille est « *blessée* », Lorenzo « *frappe* » le Duc ; le Mendiant détaille la violence des coups (« grands coups de pied », « plongea l'épée »...).

• La description précise, souvent en gros plan, des réactions des personnages permet de mesurer la violence. Ce sont d'abord celles des victimes : le cri brutal de Camille entendu des coulisses, la morsure que le Duc inflige au « doigt » de Lorenzo, les sursauts de la « tête muette » d'Agamenon et sa progressive agonie (« quatre doigts déjà ne bougeaient plus ») ont la réalité d'un film.

• Ces meurtres s'accompagnent de mouvements et bruits. Horace « poursui[t] sa sœur qui s'enfuit », Lorenzo et Scoronconcolo « entre[nt] », puis « sortent » ; les gestes des amants sont brusques (« sursautait », « plongea »...). À cette agitation correspondent des sons violents : imprécations de Camille, « tapage » de l'assassinat du Duc, cris d'Agamemnon.

• Cette violence visuelle et sonore s'accompagne de violence verbale. Le vocabulaire est brutal : injures chez Corneille (« barbare, tigre, traître ») et, dans les trois extraits, mots dévalorisants qui connotent la sauvagerie : « brutalité » (Corneille), « assassins », « crime » (Giraudoux). La modalité des phrases et les tournures oratoires reflètent l'intensité des actes commis : les imprécations de Camille se font sur le mode exclamatif, soutenu par l'ampleur de l'alexandrin et une violente anaphore ; les répliques de Lorenzo et du Duc sont courtes, celles de Scoronconcolo exclamatives ; le rythme heurté du récit du Mendiant, par la multiplication des « et/et puis », crée une impression de martèlement.

Ainsi, quelle que soit l'époque d'écriture, c'est autant par les éléments de la représentation sur scène que par le texte théâtral que les dramaturges font ressentir au spectateur la violence meurtrière de leurs personnages.

SUJET 22

Pondichéry • Mai 2013
Séries ES, S • 16 points

Violence sur scène

Commentaire

▸ **Vous commentérez la scène d'*Électre* de Giraudoux.**

Se reporter au document C du sujet n° 21.

LES CLÉS DU SUJET

Trouver les idées directrices

- Faites la « **définition** » du texte pour trouver les idées directrices.

Tirade théâtrale (*genre*) qui raconte (*type de texte*) l'assassinat d'Agamemnon (*sujet*), tragique, dramatique (*registres*), réaliste, violente, intense, horrible, effrayante (*adjectifs*), pour émouvoir, pour rendre sensible la violence d'un événement « hors scène », pour moderniser le mythe (*buts*).

- Montrez ce qui donne à cette scène sa **singularité** pour rendre compte d'un assassinat.
- Tenez compte de la **théâtralité** de la scène : comment, bien que le meurtre ne soit pas représenté sur scène, Giraudoux/le Mendiant en fait-il revivre l'atrocité ?
- La réponse à la **question sur le corpus** (sujet précédent) vous donne des pistes.
- La scène propose-t-elle un **message** ?
- N'oubliez pas qu'il s'agit de la **réécriture d'un mythe.**

Pistes de recherche

Première piste : l'efficacité dramatique et la théâtralité du récit

- Visualisez ce que dépeint le Mendiant pour dégager ce qui donne à la tirade son **efficacité dramatique**.
- Par quels **autres détails** que les précisions visuelles le Mendiant anime-t-il le récit pour donner l'**impression qu'on y assiste** ?
- Analysez les **points de vue** successivement adoptés par le Mendiant.

• Analysez le **rythme du récit** (accélération, ralentissement, pauses...) et dégagez les procédés utilisés pour assurer de la variété dans cette tirade.

Deuxième piste : la réécriture d'un mythe

• Quels types de scène et de situation cette scène « **imite** »-t-elle ?

• Analysez la part de tradition et de modernité dans le **personnage du Mendiant.** D'où vient sa fantaisie ?

• Mesurez l'**écart** entre les personnages évoqués et leurs « modèles » antiques.

• En quoi Giraudoux **renouvelle-t-il** la **notion du tragique** et son expression littéraire ?

▶ **Pour réussir le commentaire** : voir guide méthodologique.
▶ **Le théâtre** : voir mémento des notions.

CORRIGÉ 22

Introduction

[Amorce] Au XVIIe siècle classique, en vertu de la règle de la bienséance, les meurtres et les actes violents étaient bannis des scènes de théâtre. Le mouvement romantique du XIXe siècle s'est affranchi de règles littéraires trop astreignantes et les dramaturges ont alors multiplié les morts sur scène. [Présentation du texte] Au XXe siècle, Giraudoux renoue avec la tradition antique et les règles classiques : dans sa réécriture du mythe d'Électre, à la fin de la pièce un étrange personnage, le Mendiant, vient faire le récit rétrospectif du meurtre d'Agamemnon par sa femme Clytemnestre et son amant Égisthe. [Annonce du plan] Bien que le meurtre n'ait pas lieu « en direct », mais soit rapporté indirectement, la scène atteint une grande intensité dramatique [I]. Mais, dans cette réécriture, Giraudoux ne « copie » pas : par différents moyens, il apporte une touche de modernité au mythe [II].

I. L'efficacité dramatique, la théâtralité de la scène

1. La précision réaliste d'une scène horrible

• Un récit « spectaculaire » qui permet de voir. Chaque détail concret est précisé pour que le spectateur « voie » littéralement la scène. Les parties du corps de la victime (« pied », « tête », « chair », « visage », « barbe », « bras », « main droite », « quatre doigts ») sont énumérées comme autant de gros plans émotionnels qui marquent la « dislocation » de ce corps autrefois vénérable. Le

Mendiant mentionne les blessures (« la plaie ») et leurs conséquences – le « sang » qui manque d'éclabousser Clytemnestre et auquel fait écho la couleur de sa robe « rouge ». Il effectue aussi un gros plan sur l'arme du crime, celle-là même de la tragédie grecque.

• Une scène tout en mouvement. Tout le récit est traversé de notations de mouvements, tant de la victime que des meurtriers et même des objets. Le Mendiant décompose les différentes phases de la chute et de l'agonie d'Agamemnon, jusqu'à l'immobilité de la mort : les « grands coups de pied » désordonnés du roi, les sursauts de la « tête muette », le renoncement à la « lutte » et le « laisser-aller », la paralysie des doigts… Les déplacements et gestes des assassins sont signalés comme autant de didascalies pour une éventuelle mise en scène : le geste d'Égisthe est relaté avec une sécheresse glaçante (« plongea l'épée ») ; Clytemnestre « sursaut[e] », « tourn[e] autour du corps » pour « évit[er] » le sang ; ils « retourn[ent] » à deux reprises le corps. Le spectateur peut même suivre la trajectoire de l'épée : elle « transperc[e] » de part en part la chair, puis la dalle, puis Égisthe la « retir[e] », et enfin, méticuleusement, la « rem[et] bien doucement, bien posément dans la plaie ».

• Un récit qui permet d'entendre. Le mendiant rend aussi compte de la violence de la scène par des précisions sonores. La « bande-son » allie toutes sortes de bruits variés et cacophoniques : la « voix » et les cris d'Agamemnon (« il cria »), les « grands éclats de rires » d'Égisthe, totalement incongrus dans la situation, les appels désespérés du roi des rois à ses enfants, puis, en contraste, le silence angoissant qui suit l'agonie. Il semble que l'on assiste à la scène, la tension dramatique est palpable et crée l'épouvante.

2. Un assassinat perpétré et vécu de l'intérieur

• Cette dramatisation de la mort est d'autant plus poignante que le Mendiant fait vivre la scène à ses auditeurs en combinant et entrelaçant les points de vue. Omniscient, il perce les sensations, les pensées et les intentions de tous les personnages.

• Il prend parfois le point de vue des meurtriers. Il connaît le stratagème d'Égisthe qui rit « *pour* couvrir la voix » d'Agamemnon ; il rend compte de ce que ressent physiquement le meurtrier au contact de « la douce chair », « facile à transpercer », étonné de ne pas rencontrer la résistance à laquelle il s'attendait, ce « bloc d'airain et de fer qu'il *imaginait* ». Après avoir rendu visible de l'extérieur la haine de Clytemnestre, qui a la « mousse aux lèvres », le Mendiant élucide les raisons de ses précautions : elle veut « évit[er] » le « sang aux sandales ».

• Plus étonnamment encore, le Mendiant fait aussi vivre l'agonie d'Agamemnon de l'intérieur. C'est à travers ses yeux de victime que l'on perçoit ses assassins qu'il juge : « *cette* femme de plus en plus *laide* » sous l'effet de la haine, « *cet* homme de plus en plus *beau* » dans son geste sacrificateur. Le Mendiant perce les intentions d'Agamemnon (« il appela ses enfants [...] *pour* le/la remercier »). Il rapporte ses réflexions et ses pensées confuses à travers le style indirect libre : « la mort [...] avait un air qu'il reconnaissait ». Il fait ressentir sa résignation (il « cessa de lutter », « se laissa aller », « *voulait bien* mourir »), mais aussi ses sursauts de dignité (« mais [il ne voulait] pas qu'elle crachât »). Enfin il traduit ses dernières sensations les plus intimes, l'illusion d'optique de sa vue qui le trompe (« il *croyait voir* tourner [...] le soleil »), la plongée dans la mort (« puis vint l'ombre ») et l'immobilité qui le gagne.

3. Le jeu sur le temps : ralenti et suspense

• Le meurtre est relaté principalement à travers une cascade de passés simples, marque de violence subite et d'actions rapportées dans un ordre chronologique rigoureux et définitivement rejetées dans le passé.

• Mais le Mendiant opère un jeu sur le temps qu'il dilate : l'imparfait de durée – qui fait revivre dans sa durée une action révolue – décrit par moments la scène comme au ralenti (« il agonisait », « il croyait voir ») et retarde la mort, d'autant plus angoissante.

• Cette alternance introduit une variation de rythme que vient soutenir la longueur des phrases. La première phrase, qui décrit les sursauts d'Agamemnon, s'étale sur trois lignes au rythme bousculé par les coupes, mais finalement assagi, comme occulté par le stratagème d'Égisthe qui rit. Les phrases qui relatent les coups mortels frappent, elles, par leur brièveté ; celles qui rapportent les pensées des personnages suivent un rythme plus apaisé. Le geste final d'Égisthe est détaillé comme au ralenti dans une phrase en gradation descendante (16/9/9/7) pour rendre compte de son calme effrayant.

II. La modernisation du mythe

1. Le Mendiant, un personnage hors du commun

L'un des éléments majeurs de la modernisation réside dans la présence et le rôle du Mendiant, personnage à mi-chemin entre la scène – l'action – et la salle.

• Certes il s'inscrit dans la tradition antique : c'est un héritier du messager chargé de dévoiler aux autres personnages et au public ce qui s'est déroulé dans les coulisses, hors scène. C'est aussi un avatar du chœur des tragédies grecques, généralement constitué de vieillards, qui intervient aux moments forts pour commenter la situation et jeter le regard de la raison sur les événements. Il en a l'âge relativement avancé ; et, comme dans la tragédie grecque, il intercale dans son récit des réflexions pleines de bon sens et d'intuition, qui

THÉÂTRE

prennent la forme de maximes bien frappées, construites autour d'un présent de vérité générale, d'un vocabulaire moral et parfois d'un pluriel globalisant (« Les assassins ont tort de blesser le marbre »), ou parfois d'une notion philosophique et d'un pronom indéfini (« La mort a ceci de bon qu'on peut se confier à elle »).

• Mais le Mendiant dépasse cette fonction traditionnelle : personnage énigmatique, inventé par Giraudoux, il est à mi-chemin entre le marginal (le pauvre) et le dieu. Clairvoyant, il lit les émotions et les pensées des personnages mais aussi, pourvu de dons de prophétie, il prédit le futur : il pressent – et formule de façon affirmative – qu'« Oreste » viendra « pour venger un jour » son père, et « Électre » pour « prêter une minute son visage et ses mains à la mort ».

• Mélange d'humain et de divin, détective (il a « deviné le crime » à un indice ténu qui aurait pu passer inaperçu : « l'entaille » dans la dalle et il établit clairement la culpabilité de Clytemnestre et d'Égisthe) et porte-parole de son créateur, le Mendiant fait partie des personnages qui donnent au théâtre de Giraudoux sa fantaisie. Et il est aussi poète, quand il recourt à des images inattendues, que ce soit la métaphore du « bloc d'airain et de fer » pour désigner la « chair » d'Égisthe ou la personnification du « marbre » qui a « sa rancune », ou de « la mort », « seule amie » d'Agamemnon, avec son « air de famille ».

Notez bien
Le théâtre moderne met souvent en scène des personnages à mi-chemin entre scène et salle, qui commentent l'action dans des tirades : le Prologue dans l'*Antigone* d'Anouilh ; le Jardinier dans *Électre* de Giraudoux « quitte » la pièce à l'entracte après avoir expliqué au public ce qu'est la tragédie ; le Bonimenteur dans *La Résistible Ascension d'Arturo Ui* de Brecht…

2. Les héros désacralisés ?

• Giraudoux ôte leur prestige aux héros épiques homériques et les désacralise. Agamemnon est certes désigné par son titre prestigieux de « roi des rois » mais, au lieu de mourir dans la dignité, il donne « de grands coups de pied » convulsifs peu dignes d'un héros, il « cri[e] », il a une « chair douce », il « cess[e] » de lutter, il est méprisé par sa femme qui a envie de lui « cracher » au visage, pour finalement être réduit à l'état de corps inerte qu'on retourne et qu'on refrappe impunément.

• Égisthe, lui, est « beau », certes, mais il « pouss[e] de grands éclats de rire » peu nobles qui visent à cacher la lâcheté et la vulgarité de cet assassinat, il s'acharne sur un cadavre… Clytemnestre, désignée par un démonstratif méprisant (« *cette* femme ») devient « de plus en plus laide » et la « mousse à ses lèvres » la fait ressembler à une chienne enragée, tout comme son envie vulgaire de « cracher » sur la victime sans défense ; son souci très terre à terre de la propreté de ses sandales la ravale au simple rang de « femme ». Les deux amants agissent comme de simples tueurs à gages.

3. Une nouvelle image du tragique et de la fatalité

• C'est le personnage du Mendiant qui, constamment présent sur scène, devient la figure du destin. Par son don de divination, il marque l'action passée, présente et future du sceau de l'inéluctable. Tout semble joué à l'avance : en effet, sa tirade inscrit, au cœur même de son récit du meurtre passé, la présence et la nécessité de la vengeance à venir, puisque Agamemnon « remercie » déjà Oreste de « le venger un jour » et Électre de participer à la mort d'Égisthe et de Clytemnestre.

• Giraudoux fait aussi ressentir la fatalité par son style même. Contrairement au présent de narration, le choix des temps du passé (passé simple et imparfait) marque les faits comme définitivement achevés et irréversibles, et rend sensible l'impression de destinée tragique. En même temps, la fréquence des connecteurs temporels (« Alors.../et alors... », « et puis... ») et l'utilisation au début et à l'intérieur même de chaque phrase de la conjonction « et » enchaînent par accumulation les faits et donnent l'impression d'une succession mécanique que l'on ne peut enrayer.

• Enfin, la modernisation et l'aspect « bourgeois » de ce récit – et de la pièce – visent à montrer que les passions destructrices, la haine, la vengeance, la faiblesse, le tragique sont éternels et universels, et tout simplement humains, et non réservés aux héros d'une Antiquité révolue. Dans ce contexte, la comparaison de la chair d'Agamemnon, « facile à transpercer *comme l'agneau* » fait du « roi des rois » une victime propitiatoire à l'antique, certes, mais sacrifiée de façon très banale, non pas en l'honneur de quelque culte divin, mais pour satisfaire la haine d'une femme et d'un amant totalement humains.

Conclusion

Giraudoux réussit dans cette tirade un tour de force dramatique : créer l'horreur et l'épouvante, captiver le spectateur par le simple récit d'un assassinat perpétré sept ans avant l'action de la pièce, plus peut-être que que ne l'aurait fait sa représentation « en direct » sur scène. Il renouvelle aussi par sa réécriture l'image du mythe d'Électre en le représentant dans un monde plus proche de nous, pour mieux nous faire comprendre à travers son porte-parole, un simple mendiant, que la question de l'homme est fondamentalement la même en tout temps et en tout lieu.

SUJET

23

Pondichéry • Mai 2013

Séries ES, S • 16 points

Violence sur scène

Dissertation

▶ **La représentation de la violence peut provoquer une certaine fascination chez le spectateur. Vous montrerez que le théâtre peut être le reflet d'une telle fascination mais aussi que cet art peut utiliser la violence à des fins plus profondes. Vous développerez votre argumentation en vous appuyant sur les textes du corpus et sur votre culture personnelle.**

Les textes du corpus sont reproduits dans le sujet n° 21.

LES CLÉS DU SUJET

Comprendre le sujet

- Le devoir doit porter sur la **violence représentée**, donc sur le texte théâtral écrit, mais aussi sur la représentation ; « **violence** » renvoie à des actes physiquement brutaux, mais aussi à la brutalité verbale, morale.
- « **fascination** » signifie attirance, alors que la raison pourrait y répugner. Cherchez pourquoi les spectateurs sont attirés par la violence.
- « **utiliser** » et « **fins** » (= buts) suggèrent que les dramaturges font de la violence un outil. Cherchez leurs intentions.
- **Reformulez** la problématique qui comporte deux questions : *Pourquoi les spectateurs sont-ils attirés par la représentation de la violence ? Pourquoi un dramaturge choisit-il de représenter la violence sur scène ?*
- « Vous montrerez que » ne **permet pas la discussion** : il ne s'agit pas de dire si oui ou non la représentation de la violence est utile. Vous devez aller dans le sens de la thèse : *La violence a une utilité.*

■ Chercher des idées

• Pour trouver des idées, commencez votre phrase par : *La violence fascine les spectateurs parce que…* puis : *À travers la violence au théâtre, le dramaturge peut…*

• **Arguments du côté de la fascination** : on prend plaisir à la représentation d'actes qui, dans la réalité, inspireraient le dégoût (Aristote) ; le théâtre est « action » et la violence est une action intense, le théâtre est un spectacle : il faut solliciter la vue (les « récits » sont lassants et peu « actifs ») ; le théâtre doit faire réagir fortement : la violence est un moyen pour cela ; la violence, génératrice d'émotions fortes, est l'essence même de la tragédie.

• **Arguments du côté des « fins profondes » :** la vie, le monde sont violents, et le théâtre est censé représenter la vie, non l'édulcorer ; les scènes violentes montrent ce que la réalité ne donne pas l'occasion de voir, mais qui existe ; la représentation de la violence peut servir à la dénonciation ; vertu cathartique de la violence.

▶ **Pour réussir la dissertation** : voir guide méthodologique.
▶ **Le théâtre** : voir mémento des notions.

THÉÂTRE

CORRIGÉ 23

Les titres en couleur ne doivent pas figurer sur la copie.

Introduction

[Amorce] La tragédie trouve son origine dans les rituels religieux de la Grèce antique, au cours desquels on sacrifiait un bouc, acte pacificateur mais essentiellement violent. De la tragédie antique au boulevard du crime, de Shakespeare au théâtre de la cruauté, la violence a été et reste présente sur les scènes de théâtre occidentales : infanticide et régicide, assassinats, torture physique ou morale, actes sauvages, viols… [Problématique] Comment expliquer cette présence de la violence sur scène ? [Annonce du plan] Les dramaturges savent qu'en lui donnant à voir des combats, des meurtres, des corps blessés, du sang qui gicle ou des invectives, ils sont assurés de fasciner le public, touché dans ses sens [I] et aussi dans ses émotions et ses sentiments [II]. Mais ils sont aussi conscients qu'ils peuvent tirer un parti plus profond de la sauvagerie humaine, que la violence au théâtre peut « instruire » [III].

I. La violence « plaît » : voyeurisme et goût du spectacle

1. La violence répond à un instinct et à un plaisir

• La violence répond au goût du voyeurisme sanglant qui a connu des formes diverses : jeux du cirque, combats d'animaux, exécutions publiques… Cette curiosité malsaine qui, dans la vie réelle, fait accourir les passants pour « voir » un accident est jugée condamnable mais, au spectacle, elle est légitimée, parce que l'action « représentée » est « irréelle ». Jusqu'au XVIIe siècle le mot « échafaud » désignait le lieu de supplice et le lieu du théâtre… La violence au théâtre captive parce qu'elle permet de voir ce qu'on ne peut pas voir dans la vie.

• Pour un dramaturge montrer l'action violente présente donc l'avantage de répondre à une attente du public et de satisfaire un plaisir, celui de voir le sang et la souffrance d'autrui. Plaisir énigmatique, car il intervient en lieu et place du dégoût. Comment l'expliquer ? Par le fait que, par son intensité, le spectacle violent donne le sentiment de vivre plus intensément.

• La violence sur scène peut aussi faire scandale : au plaisir du spectacle de la souffrance s'ajoute la fascination de l'interdit, du tabou transgressé. C'est le cas lorsque la barbarie a une composante sexuelle.

2. La violence intensifie le spectacle : du « réel dans l'irréel »

• L'étymologie du mot « théâtre » a à voir avec la vue (le grec *théamai* signifie « je vois »). Or, la violence « donne à voir » et fournit l'occasion d'en « mettre plein la vue », au sens propre du terme, par une mise en scène captivante. Elle permet l'exploitation des ressources du décor : effets d'éclairages brutaux, mises en scène de batailles, coups intensifiés par des effets spéciaux, souvent à grand spectacle. Chez Shakespeare, la violence est montrée brutalement : il y a des combats et même des assassinats sur scène.

• Les scènes violentes sollicitent aussi l'ouïe : même poussé des coulisses, le cri d'agonie de Camille dans *Horace* de Corneille terrorise le public ; chez Shakespeare, le champ de bataille à l'acte V de *Macbeth*, les batailles dans *Henry VI* ou dans *Richard III* retentissent de coups de canon et des cris des blessés…

• Le spectateur, happé dans un univers où il lui est difficile de contrôler ses réactions, n'a plus la distance pour juger de ce qui se passe. Le théâtre peut alors devenir manipulateur car, comme le souligne Hugo, « il y a des cœurs humains sur scène », les personnages sont là en chair et en os. La violence semble vécue dans la chair. Comme le dit Giraudoux dans *L'Impromptu de Paris*, « le théâtre c'est d'être réel dans l'irréel ».

3. La violence captive parce qu'elle crée de l'action

• Intervenant à des moments stratégiques de l'action, la scène de violence introduit un rythme qui fait alterner tensions et détentes. Le dramaturge, grâce à elle, joue avec les nerfs du spectateur. Sentie comme inévitable, elle est attendue, comme la confrontation de Camille et d'Horace, quand est annoncée la victoire de Rome sur Albe. Ses prémisses sont génératrices de suspense.

• Une fois la scène commencée, le spectateur est tendu vers son issue : comment cela va-t-il finir ? Lorenzo va-t-il réussir à assassiner le Duc ? Celui-ci va-t-il se débattre et déjouer les plans de son neveu ?

• L'efficacité d'une scène de violence dépend alors de la stratégie du dramaturge : elle s'appuie sur le crescendo qui fait monter l'attente et trouve son apogée dans la scène de violence spectaculaire, ou qui fait se succéder des scènes de plus en plus violentes. Ainsi, dans *Lorenzaccio*, l'assassinat du Duc par Lorenzo est échafaudé, annoncé, répété sur scène même : il ne peut être évité et intervient « en vrai » dans l'acte IV.

II. La violence fascine par les émotions provoquées

1. La violence crée des réactions paroxystiques

• On dit qu'une image vaut mille mots, qu'elle montre la vérité. En ce sens, la représentation de la violence émeut davantage que le récit de cette violence. Elle provoque les réactions les plus fortes et les plus variées, parfois même contradictoires. En outre, elle produit une empreinte mémorable : l'action se grave dans la mémoire du public.

• Certaines anecdotes rendent compte de l'effet paroxystique de la violence d'un spectacle et de la force du dramaturge. On raconte que, lors de la représentation d'une tragédie de Phrynikos, qui mettait en scène la mise à sac de la ville de Milet par les Perses, le spectacle était si violent que tout le public éclata en sanglots ; ou encore que, pendant la représentation des *Euménides* d'Eschyle, des femmes enceintes ont accouché et des enfants sont morts de peur…

2. Peur, dégoût, horreur, révolte

• La violence provoque d'abord des émotions « négatives » fortes : peur, dégoût, horreur, terreur – sans lesquels il n'est pas de tragédie. Peur quand Ruy Blas et Don Salluste se mesurent au dernier acte et que le valet tue – enfin ! – son tortionnaire ; révolte quand le commandant Izquierdo torture six otages innocents et les fait exécuter un à un pour faire avouer son secret au révolutionnaire

> **Conseil**
> Quand vous donnez un exemple, fournissez des éléments assez précis pour que le lecteur comprenne de quoi il s'agit, même s'il n'a pas lu l'œuvre (auteur, titre, situation…).

vénézuélien Monserrat (*Monserrat*, Roblès) ; horreur quand les enfants de la reine des Goths, Démétrius et Chiron, assassinent Bassanius, puis violent sauvagement Lavinia, sa fiancée, et lui coupent la langue et les mains (*Titus Andronicus*, Shakespeare)…

3. Pitié et admiration, culpabilité

• Le plaisir provoqué par la violence sur scène peut s'inverser : au lieu de jouir de la souffrance d'autrui, le spectateur souffre avec lui. Ainsi on éprouve de la pitié pour Junie mise au supplice quand Néron lui ordonne de dire à son amant qu'elle ne l'aime plus et l'avertit qu'elle causera sa mort si elle lui donne des signes d'amour, alors qu'il l'épie, caché (*Britannicus*, Racine). Ce sentiment permet au spectateur de se sentir moralement bon.

• Le public peut aussi ressentir, face à la violence, de l'admiration, soit pour la monstruosité des héros du mal, soit au contraire pour le courage ou la résistance de celui qui souffre : ainsi Monserrat, qui parvient à se taire sous la torture avant d'être exécuté, force le respect.

• Enfin, se sentant au fond proche du meurtrier ou du tortionnaire parce que capable de forfaits identiques, ou honteux de n'avoir pas su éviter ces débordements, le spectateur éprouve une certaine culpabilité.

III. Des fins plus « profondes » : la violence « instruit »

1. Le théâtre comme peinture de la réalité et de l'homme

• Pourquoi montrer toute cette sauvagerie au théâtre ? Tout simplement « parce qu'elle existe ! Et que l'art peut et doit jouer le rôle d'une loupe » (L. Vigeant, « Questions autour de la violence au théâtre »). Le théâtre témoigne de la violence du monde. L'assassinat du Duc par Lorenzo est un fait historiquement établi. Et, nous le savons, l'Histoire foisonne de crimes et de forfaits.

• Ainsi le dramaturge, en fouillant « la partie noire de l'homme », fait mieux comprendre les ressorts de l'âme et de l'action humaines. Car ce n'est pas vraiment le crime qui est intéressant au théâtre mais plutôt la raison pour laquelle il est commis. Le dramaturge, en stylisant l'acte violent, en esthétisant la souffrance, provoque la réflexion et attire l'attention sur sa cause, sa signification, plus qu'il n'impressionne par le réalisme de sa représentation. Le théâtre ne fait pas que « montrer » la violence, il l'explique.

• C'est alors le texte qui accompagne la violence, qui « commente » et éclaire ce que voient les yeux : le théâtre de Shakespeare doit son succès à travers le temps à la profondeur et à l'exactitude des portraits psychologiques de ses personnages monstrueux, tels Macbeth et sa femme.

2. La représentation de la violence comme enjeu politique ou social

• Le dramaturge fait voir les conséquences néfastes de la violence et, par là, critique, dénonce les abus de pouvoir ou les cruautés d'une société. Quand le père Ubu « annonc[e] que pour enrichir le royaume [il va] faire périr tous les Nobles et prendre leurs biens » (*Ubu Roi*), Jarry montre comment s'enchaînent le goût du pouvoir et de l'argent, la tyrannie arbitraire et la barbarie à grande échelle, la ruine d'un pays et la perte des valeurs humaines.

• Au-delà, la représentation de la violence peut être un moyen de susciter la révolte et d'inciter à la résistance contre la barbarie : *La Tragédie du roi Christophe* de Césaire (1963), en portant sur scène les conditions de travail cruelles que le roi impose au peuple haïtien, est un appel à la révolte pour la liberté.

3. La violence cathartique… à certaines conditions

• Aristote attribue aussi une vertu morale au théâtre, à travers ce qu'il appelle la « catharsis » : l'homme, en vivant à travers les personnages les situations violentes mises en scène, se « purge » de ses passions secrètes ou inavouables. En montrant le destin tragique et la punition des héros du mal, le dramaturge accomplit alors une tâche morale : le spectateur, par une mise à distance postérieure, serait dissuadé de commettre des crimes.

• Néanmoins, pour remplir efficacement ces « fins plus profondes », le dramaturge ne doit pas nécessairement déployer sur scène un excès de violence, dont le spectacle peut se révéler contre-productif : ainsi, « Douche d'acide sur un homme, tabassage avec bouteilles en grand nombre fracassées sur un crâne – et les bruits qui correspondent évidemment –, viols avec cris, halètements, etc. » dans la mise en scène de *Requiem 3* aux Bouffes du Nord (2011) par Vincent Macaigne, ont fait fuir les spectateurs, furieux…

• La transposition, la suggestion, l'évocation sont parfois plus efficaces que la débauche de violence, dont l'effet essentiel est de choquer. Ainsi le récit du meurtre d'Agamemnon par le Mendiant crée autant l'effroi que sa représentation « en direct ». L'art, la stylisation, par le biais de l'imagination, suscite la réflexion au-delà du temps du spectacle, éphémère.

Conclusion

La violence au théâtre est un défi difficile à relever pour le dramaturge et le metteur en scène, car elle pose un problème de réalisation : où sont les bornes de ce qu'ils peuvent « montrer » ? Qu'est-ce qui est « jouable » (au sens propre) par les acteurs – et par les scénographes –, comment maintenir l'illusion du vrai et éviter le ridicule ? Jusqu'où le public est-il prêt à accepter les manifestations violentes sur scène ? Chaque époque, en fonction de sa sensibilité esthétique, a répondu différemment à ces questions.

SUJET

24

Pondichéry • Mai 2013
Séries ES, S • 16 points

Violence sur scène

Écriture d'invention

▸ **Dans un dialogue de théâtre, deux personnes délibèrent : la violence sur scène peut-elle constituer un spectacle acceptable ? Ce dialogue argumenté entre les deux personnes qui s'affrontent sur cette question s'enrichira de votre connaissance du corpus et d'autres références au genre théâtral.**

Les textes du corpus sont reproduits dans le sujet n° 21.

LES CLÉS DU SUJET

Comprendre le sujet

- Faites la « **définition** » du texte à produire, à partir de la consigne.

Dialogue de théâtre en prose (*genre*) dans lequel deux personnes argumentent sur (*type de texte*) la représentation sur scène de la violence (*thème*), (*registre ?*), pour peser le pour et le contre des effets de la violence sur scène (*but*).

Chercher des idées

- Il s'agit en fait d'une **dissertation déguisée… en dialogue.** Il faut que le débat procède par argument/contre-argument, assortis d'exemples.
- Rappel de la **règle de la bienséance** : le théâtre ne doit pas choquer. La violence peut exister dans la pièce (le texte) mais est exclue de la scène.
- **Quelques arguments pour :** reportez-vous à la dissertation.
- **Quelques arguments contre :** la violence sur scène est choquante ; elle est difficile à mettre en scène de façon crédible ; risque d'accoutumance et même de contagion (voir les jeux vidéo violents qui « anesthésient » les joueurs) ; trop d'émotion tue le spectacle et empêche le spectateur de comprendre ; la violence peut être rendue indirectement (récit, objets

symboliques qui sollicitent l'imagination) ; trouver des moyens indirects efficaces stimule l'ingéniosité du dramaturge ou du metteur en scène.

• Les **exemples** : reportez-vous à la dissertation (sujet précédent). Cherchez aussi des pièces qui ne présentent aucune situation violente.

• **Les « personnes » en présence et les circonstances** : on attend de vrais personnages cohérents : des candidats au concours du Conservatoire national d'art dramatique discutent de la scène qu'ils vont choisir pour leur audition ; des membres d'une troupe choisissent les pièces à mettre au répertoire ; un metteur en scène et un acteur s'opposent sur la représentation d'une pièce violente ; des spectateurs discutent à la sortie d'une représentation…

• **Le registre :** « s'affrontent » autorise le registre **polémique** (violence du ton, exclamations, dénégations…). L'un d'eux (professeur, metteur en scène) peut prendre un ton **didactique**. Ils peuvent par endroits se laisser aller à des répliques lyriques enthousiastes.

▶ **Pour réussir l'écriture d'invention** : voir guide méthodologique.

▶ **Le théâtre** : voir mémento des notions.

THÉÂTRE

CORRIGÉ 24

CÉLINE, *sortant du théâtre*. – Non mais quelle horreur, cette pièce ! J'avoue que je ne m'attendais pas à ça de la part de Shakespeare… Ah, je m'en souviendrai, de *Titus Andronicus* !

MARIANNE. – C'est sûr qu'il faut avoir l'estomac bien accroché…

CÉLINE. – L'estomac bien accroché ? Indigeste ? Tu as le mot pour rire ! Le héros fait manger ses enfants en pâté à son ennemi, après les avoir saignés comme des cochons !

MARIANNE. – Oh, tu dis ça, mais le mythe de Thyeste ne t'a pas tant choquée quand on l'a étudié en classe. Pourtant, on y retrouve aussi bien le meurtre sanglant que le cannibalisme.

CÉLINE. – Oui, mais ce n'est pas pareil ! Shakespeare, c'est du théâtre !

MARIANNE. – Oui, c'est sûr : cela montre que parler de violence, cela passe, mais que la voir représentée, c'est plus dérangeant.

CÉLINE. – Exact. C'est une question de représentation. Et la question se pose de façon encore plus cruciale pour le théâtre que pour le cinéma.

MARIANNE. – Pourquoi ?

> **Conseil**
> Dans un dialogue qui procède par arguments/contre-arguments, pour donner de la dynamique et un fil conducteur, pensez aux formules de concession : *Oui, mais... Je veux bien mais... Oui, c'est sûr...*

CÉLINE. – Parce que le théâtre, c'est « frontal » : tu es proche de ce à quoi tu assistes, tu vis et respires en même temps que les personnages évoluent. Dans une salle de cinéma, on est moins frappé par ce qui se passe sur scène, parce que les acteurs n'y sont pas présents. Un corps souffrant est plus palpitant, donc plus troublant sur scène que sur un écran plat. C'est pourquoi les films d'horreur ne m'ont jamais vraiment fait peur : je trouve ça juste dégoûtant. Alors que cette pièce, j'en tremble encore ! Et puis, tu vois, il y a autre chose : représenter la violence ne me semble pas être réellement acceptable en soi. Je dirais que c'est une question de morale.

MARIANNE. – Ah, les fameuses bienséances du XVIIe siècle... Camille de Corneille qui court se faire assassiner par son frère en coulisses, parce que sur scène, cela ne se fait pas ! Tu ne trouves pas ça un peu ridicule ?

CÉLINE. – Si cela se limitait à ce que tu dis, certainement. Mais il faut remettre les bienséances dans leur contexte. Elles ont été érigées en règle contre un théâtre qui devenait stérile à force de surenchère dans la violence. Prends l'exemple de *Scédase, ou l'Hospitalité violée*, d'Alexandre Hardy. Hé bien je peux te dire qu'il n'y a pas que l'hospitalité qu'on viole dans la pièce ! Deux jeunes hommes s'introduisent dans la maison de Scédase, outragent ses deux filles, les tuent, et les jettent dans un puits. Et tout ça sur scène !

MARIANNE. – Je vois ce que tu veux dire : la débauche de violence finit par ne plus choquer, puisqu'elle habitue le spectateur à tout voir. Et les bienséances visaient à régler ce type de spectacle un peu trop « baroque ».

CÉLINE. – Exactement.

MARIANNE. – Mais faut-il pour autant interdire toute représentation de la violence sur scène ? Après tout, le théâtre a aussi pour vocation de renvoyer l'image de notre monde. Il est aussi hypocrite de cacher la violence qu'il est excessif de faire couler des ruisseaux de sang sur scène.

CÉLINE. – Oui, mais cela pose encore une fois problème : rappelle-toi ce que dit Aristote dans sa *Poétique*. Il parle du paradoxe de la représentation, qui nous fait apprécier, voire admirer ce que, dans la réalité, nous détesterions regarder. C'est le principe du plaisir esthétique.

MARIANNE. – Où veux-tu en venir ?

CÉLINE. – À ceci : avons-nous le droit d'admirer un meurtre ? Corneille disait de sa Cléopâtre dans *Rodogune* « qu'en même temps qu'on détestait ses actions, on ne pouvait s'empêcher d'admirer la source dont elles partaient » : est-il moralement défendable d'être fasciné par le Mal ?

MARIANNE. – Je suis tout à fait d'accord avec toi. Mais justement, c'est là l'intérêt du théâtre. On ne *devrait* pas être fasciné par le Mal, mais en réalité nous le sommes ! Nous sommes tous des voyeurs. Pour moi, le théâtre existe pour nous révéler cette réalité-là : il nous montre ce genre d'acte, pour que nous prenions conscience de notre part d'ombre.

CÉLINE. – Ce n'est pas une raison pour verser dans l'excès inverse, comme le font certains de nos dramaturges contemporains, notamment en Angleterre. Edward Bond, dans sa pièce *Sauvés*, fait tuer un bébé dans une poussette ; et Sarah Kane, dans *Anéantis*, fait carrément manger un bébé sur scène... Est-il nécessaire d'en venir à de telles extrémités pour nous rappeler que nous ne sommes pas parfaits ? Moi, je trouve que *Britannicus* de Racine, où la violence est feutrée, toute psychologique, est plus efficace que ces pièces-charniers ! La scène de torture psychologique, où Néron force Junie à chasser Britannicus, qu'elle aime, alors qu'il écoute tout derrière un rideau, est absolument extraordinaire. Et pourtant, pas une goutte de sang, pas un geste violent. Tout est dans le raffinement de cette cruauté, dans la parole et la pression terrible qui pèse sur les épaules de la malheureuse Junie.

MARIANNE. – Sans doute. Mais dans la mesure où la violence a deux versants, l'un physique, l'autre psychologique, il me semble que représenter les deux est également important. En revanche, un problème se pose en ce qui concerne la violence physique : elle est très difficile à représenter sur scène. Le théâtre n'a pas les effets spéciaux du cinéma : comment donner l'illusion à une salle remplie qu'on coupe la tête de quelqu'un ? Il faut être très ingénieux pour faire oublier que la violence est factice, et l'utilisation d'un trucage au théâtre rappelle immédiatement au public que c'est du faux. La question ne se pose pas avec le poison, mais regarde le meurtre du duc Alexandre dans *Lorenzaccio*...

CÉLINE. – Hé bien, il suffit d'un faux poignard dont la lame rentre dans le manche dès qu'on l'appuie contre quelque chose.

MARIANNE. – Voilà ! Tu vois, tu connais la solution ! Si tu voyais cette pièce au théâtre, au moment de la mort du Duc, tu penserais automatiquement à ce « truc » ; cela te ferait peut-être même rire...

CÉLINE. – En effet. C'est un véritable défi pour le metteur en scène.

MARIANNE. – Tu vois, cela peut être stimulant ! Bon, c'est bien beau, tout ça, mais si on allait déjeuner, maintenant ?

CÉLINE (*avec une moue*). – Ah non alors ! Cette pièce m'a vraiment coupé l'appétit !

SUJET

25

France métropolitaine • Juin 2013
Série ES-S • 4 points

Des personnages extraordinaires ?

Question

Documents

A – **Colette**, *Sido*, 1930.
B – **John Steinbeck**, *Les Raisins de la colère*, 1939 (traduit de l'anglais par M. Duhamel et M. E. Coindreau).
C – **Jean Giono**, *Un roi sans divertissement*, 1947.

▸ Quelles sont les caractéristiques des figures maternelles dans les textes du corpus ?

Après avoir répondu à cette question, les candidats devront traiter au choix un des trois sujets nos 26, 27 ou 28.

DOCUMENT A

La narratrice, dont la famille habite en province, évoque le souvenir de sa mère, revenant de l'un de ses séjours à Paris.

Elle revenait chez nous lourde de chocolat en barre, de denrées exotiques et d'étoffes en coupons, mais surtout de programmes de spectacles et d'essence à la violette, et elle commençait de nous peindre Paris dont tous les attraits étaient à sa mesure, puisqu'elle ne dédaignait rien.

En une semaine elle avait visité la momie exhumée, le musée agrandi, le nouveau magasin, entendu le ténor et la conférence sur la *Musique birmane*. Elle rapportait un manteau modeste, des bas d'usage, des gants très chers.

Surtout elle nous rapportait son regard gris voltigeant, son teint vermeil que la fatigue rougissait, elle revenait ailes battantes, inquiète de tout ce qui, privé d'elle, perdait la chaleur et le goût de vivre. Elle n'a jamais su qu'à chaque retour l'odeur de sa pelisse en ventre-de-gris[1], pénétrée d'un parfum châtain clair, féminin, chaste, éloigné des basses séductions axillaires[2], m'ôtait la parole et jusqu'à l'effusion.

D'un geste, d'un regard elle reprenait tout. Quelle promptitude de main ! Elle coupait des bolducs[3] roses, déchaînait des comestibles coloniaux, repliait avec soin les papiers noirs goudronnés qui sentaient le calfatage[4]. Elle parlait, appelait la chatte, observait à la dérobée mon père amaigri, touchait et flairait mes longues tresses pour s'assurer que j'avais brossé mes cheveux… Une fois qu'elle dénouait un cordon d'or sifflant, elle s'aperçut qu'au géranium prisonnier contre la vitre d'une des fenêtres, sous le rideau de tulle, un rameau pendait, rompu, vivant encore. La ficelle d'or à peine déroulée s'enroula vingt fois autour du rameau rebouté[5], étayé d'une petite éclisse[6] de carton… Je frissonnai, et crus frémir de jalousie, alors qu'il s'agissait seulement d'une résonance poétique, éveillée par la magie du secours efficace scellé d'or…

Colette, *Sido*, 1930.

1. Manteau en fourrure de ventre d'écureuil.
2. Qui vient des aisselles. Colette évoque les odeurs de sueur.
3. Rubans.
4. Traitement des coques des navires avec du goudron pour les rendre étanches.
5. Réparé.
6. Plaque servant à étayer, c'est-à-dire à soutenir, un membre fracturé.

ROMAN

DOCUMENT B

Tom Joad est de retour chez lui. Il retrouve sa famille, son père, le vieux Tom, ses grands-parents, ses frères et sœurs plus jeunes ainsi que sa mère, Man, décrite dans l'extrait suivant.

Elle regardait dans le soleil. Nulle mollesse dans sa figure pleine, mais de la fermeté et de la bonté. Ses yeux noisette semblaient avoir connu toutes les tragédies possibles et avoir gravi, comme autant de marches, la peine et la souffrance jusqu'aux régions élevées de la compréhension surhumaine. Elle semblait connaître, accepter, accueillir avec joie son rôle de citadelle de sa famille, de refuge inexpugnable[1]. Et comme le vieux Tom et les enfants ne pouvaient connaître la souffrance ou la peur que si elle-même admettait cette souffrance et cette peur, elle s'était accoutumée à refuser de les admettre. Et comme, lorsqu'il arrivait quelque chose d'heureux ils la regardaient pour voir si la joie entrait en elle, elle avait pris l'habitude de rire même sans motifs suffisants. Mais, préférable à la joie, était le calme.

Le sang-froid est chose sur laquelle on peut compter. Et de sa grande et humble position dans la famille, elle avait pris de la dignité et une beauté pure et calme. Guérisseuse, ses mains avaient acquis la sûreté, la fraîcheur et la tranquillité ; arbitre, elle était devenue aussi distante, aussi infaillible qu'une déesse. Elle semblait avoir conscience que si elle vacillait, la famille entière tremblerait, et que si un jour elle défaillait ou désespérait sérieusement, toute la famille s'écroulerait, toute sa volonté de fonctionner disparaîtrait.

John Steinbeck, *Les Raisins de la colère*, traduit par M.-E. Coindreau et M. Duhamel, © Éditions Gallimard, 1939.

1. Qu'on ne peut pas prendre par la force.

DOCUMENT C

Mme Tim est la femme du châtelain de Saint-Baudille. Autour d'elle s'organisent des fêtes familiales dont le narrateur garde le souvenir.

[...] Mme Tim était abondamment grand-mère. Les filles occupaient aussi des situations dans les plaines, en bas autour.

À chaque instant, sur les chemins qui descendaient de Saint-Baudille on voyait partir le messager et, sur les chemins qui montaient à Saint-Baudille, on voyait monter ensuite des cargaisons de nourrices et d'enfants. L'aînée à elle seule en avait six. Le messager de Mme Tim avait toujours l'ordre de faire le tour des trois ménages et de tout ramasser.

C'étaient, alors, des fêtes à n'en plus finir : des goûters dans le labyrinthe de buis[1] ; des promenades à dos de mulets dans le parc ; des jeux sur les terrasses et, en cas de pluie, pour calmer le fourmillement de jambes de tout ce petit monde, des sortes de bamboulas[2] dans les grands combles[3] du château dont les planchers grondaient alors de courses et de sauts, comme un lointain tonnerre.

Quand l'occasion s'en présentait, soit qu'on revienne de Mens (dont la route passe en bordure d'un coin de parc), soit que ce fût pendant une journée d'automne, au retour d'une petite partie de chasse au lièvre, c'est-à-dire quand on était sur les crêtes qui dominent le labyrinthe de buis et les terrasses, on ne manquait pas de regarder tous ces amusements. D'autant que Mme Tim était toujours la tambour-major[4].

Elle était vêtue à l'opulente d'une robe de bure[5], avec des fonds énormes qui se plissaient et se déplissaient autour d'elle à chaque pas, le long de son corps de statue. Elle avait du corsage et elle l'agrémentait de jabots de linon[6]. À la voir au milieu de cette cuve d'enfants dont elle tenait une grappe dans chaque main, pendant que les autres giclaient autour d'elle, on l'aurait toute voulue. Derrière elle, les nourrices portaient encore les derniers-nés dans des cocons blancs. Ou bien, en se relevant sur la pointe des pieds et en passant la tête par-dessus la haie, on la surprenait au milieu d'un en-cas champêtre, distribuant des parts de gâteaux et des verres de sirop, encadrée, à droite, d'un laquais (qui était le fils Onésiphore de Prébois) vêtu de bleu, portant le tonnelet d'orangeade et, à gauche, d'une domestique femme (qui était la petite-fille de la vieille Nanette d'Avers), vêtue de zinzolins[7] et de linge blanc, portant le panier à pâtisserie. C'était à voir !

Jean Giono, *Un roi sans divertissement*, Éditions Gallimard, 1947.

1. Arbustes.
2. Fêtes.
3. Espaces compris entre le dernier étage de la demeure et le toit.
4. Grade militaire (sous-officier qui commande les tambours et les clairons d'un régiment) donné ici, de façon plaisante, à Mme Tim qui commande tout.
5. Étoffe de laine brune.
6. Ornements de tissu qui s'étalent sur la poitrine.
7. Tissus d'un violet rougeâtre.

ROMAN

LES CLÉS DU SUJET

Comprendre la question

- « Figures maternelles » signifie « personnages de mères » (s'y ajoute une « grand-mère », texte C, qui est aussi mère).
- Analysez et commentez les **traits particuliers** dominants de ces femmes.
- Commencez par dégager les **points communs** entre ces femmes ; puis vous pouvez analyser ce qui fait les éventuelles **particularités de chacune**.
- **Structurez votre réponse :** encadrez-la d'une phrase d'**introduction**, qui situe les documents et reprend la question, et d'une brève **conclusion**, qui rappelle l'intérêt des éléments analysés.
- Accompagnez chaque remarque d'**exemples précis**.

▶ **Pour réussir les questions** : voir guide méthodologique.
▶ **Le roman** : voir mémento des notions.

CORRIGÉ 25

Les titres en couleur ne doivent pas figurer sur la copie.

[Présentation du corpus et problématique] À l'opposé des mères détestables de *L'Enfant* de Jules Vallès et de *Poil de Carotte* de Jules Renard, ou de l'horrible Folcoche de *Vipère au poing* (Hervé Bazin), ces extraits de romans du XXe siècle proposent trois figures maternelles exemplaires. À travers Sido, mère de l'écrivain Colette, Man (dans *Les Raisins de la colère* de John Steinbeck) et de Mme Tim (dans *Un roi sans divertissement* de Jean Giono), on assiste à la métamorphose de mère ou de grand-mère en personnages hors du commun. On découvre ces femmes exceptionnelles à travers le point de vue subjectif d'une fille (*Sido*), d'un fils (Steinbeck) ou d'un narrateur prenant le lecteur à témoin (Giono). Quoique ces figures maternelles diffèrent, elles présentent bien des points communs.

Des maîtresses femmes, généreuses et protectrices

• C'est autour d'elles que s'organise la vie des familles : famille réduite à un couple et des enfants chez Colette, clan familial dans le roman de Steinbeck, véritable tribu chez Giono… Colette décrit une famille de la bourgeoisie provinciale ; Giono, la vie d'une châtelaine riche et puissante ; la famille de Man est assez misérable.

• Toutes trois jouent pleinement leur rôle de chef de famille : Sido, dès son retour, « repren[d] tout » et multiplie des actions dont elle est l'unique sujet. Le père, « amaigri », semble effacé. Man est une femme solide, « un pilier », une « citadelle », « un refuge inexpugnable » qui protège le clan. Quant à Mme Tim, « tambour-major » dont on ne conteste pas les ordres, elle règne en souveraine sur sa tribu de filles, de petits-enfants et de domestiques.

• La multiplication des verbes d'action et de mouvement à l'imparfait de répétition, l'expression « quelle promptitude de main » chez Colette, l'amplitude des phrases rythmées et les accumulations d'activités au pluriel (« tous ces amusements ») chez Giono traduisent l'hyperactivité de Sido et de Mme Tim.

Des figures tutélaires débordantes de joie et nourricières

• Mais leur autorité s'exerce dans la joie. Sido redonne le « goût de vivre ». Sans elle, la maison perd « sa chaleur ». Man a pris « l'habitude de rire », même sans motif, juste pour redonner force et confiance à sa famille, et ce sont « des fêtes à n'en plus finir » autour de Mme Tim.

• Ce sont aussi de vraies mères nourricières. Sido rapporte de son séjour à Paris de délicieuses « denrées exotiques » et Mme Tim distribue à profusion « en-cas », « parts de gâteaux », « sirop », « orangeade »... Mais chez les Joad, Man n'a pas grand-chose à offrir, sinon son sourire.

Des personnages extraordinaires

• Cette singularité transparaît dans leur aspect physique. Sa fille porte un regard émerveillé sur Sido et ses perfections infinies, son élégance, la douceur « chaste » de son parfum, la sûreté de son coup d'œil, sa capacité à se démultiplier pour tout voir, tout faire en quelques jours à Paris. Le jeune Joad se souvient de « la beauté pure et calme » de sa mère. Malgré son âge, Mme Tim a « un corps de statue » et des formes opulentes que regardent avec enthousiasme les villageois de Saint-Baudille : « C'était à voir ! »

• Elles présentent toutes des qualités hors du commun : ses souffrances passées ont donné à Man expérience, sûreté, « sang-froid » et un jugement « infaillible » ; Sido, exubérante et équilibrée à la fois, sait être pleine de sollicitude mais elle ne s'oublie pas pour autant (l. 1-7) ; Mme Tim a gardé la fougue et la générosité de la jeunesse.

Plus que des mères : des divinités humaines

• Ces femmes sont-elles encore de simples mères ? Man est vue comme une « déesse infaillible » par son fils et, Mme Tim, de son vivant, est statufiée en divinité de la fécondité qui, de sa corne d'abondance, répand à profusion nourriture et divertissements. Quant à Sido, elle est douée, comme Man, de dons de « guérisseuse » et soigne comme par « magie » le géranium blessé.

Info
Figures de l'amplification (intensification d'un énoncé) : gradation, répétition, anaphore, énumération, accumulation, rythme ample des phrases, hyperbole (superlatifs, mots forts, chiffres...), images mélioratives...

• Comment rendre compte de ces femmes exceptionnelles et atypiques, et de leurs qualités, sinon en multipliant les figures de l'amplification (accumulations, hyperboles, termes mélioratifs...) ? L'une est un oiseau aux « ailes battantes » ou un chien qui « flair[e] », la seconde est à la fois « citadelle » et « arbitre », la troisième « statue » et « tambour-major »...

ROMAN

SUJET

26

France métropolitaine • Juin 2013

Série ES-S • 16 points

Des personnages extraordinaires ?

Commentaire

▸ Vous commenterez le texte de Jean Giono.

Se reporter au document C du sujet n° 25.

LES CLÉS DU SUJET

Trouver les idées directrices

• Faites la « **définition** » du texte pour trouver les axes (idées directrices).

Extrait de roman (*genre*) qui raconte (*type de texte*) une fête (*sujet*) et décrit (*type de texte*) la nature, un château, ses environs et une grand-mère/mère (*sujet*), lyrique (*registre*), précis, vivant, pittoresque, (*adjectifs*), pour faire le portrait d'une grand-mère atypique, fantaisiste et énergique, pour rendre compte du bonheur d'enfants dans un monde familier et festif (*buts*).

Pistes de recherche

Première piste : un spectacle merveilleux

• Analysez le **point de vue** du narrateur pour rendre compte de la scène.
• Définissez le **statut** du narrateur et analysez sa personnalité.
• Quelle est l'**atmosphère** de cette fête ? Comment le narrateur en rend-il compte ? Comment organise-t-il sa description ?
• Caractérisez les éléments de cette scène (lieux, personnages…).

Deuxième piste : une protagoniste extraordinaire

• Analysez le personnage de Mme Tim (question et sujet d'invention).
• Quels sont : son statut dans la famille, ses traits caractéristiques ?
• À quel personnage de notre imaginaire culturel ressemble-t-elle ?
• Son portrait est-il positif ou négatif ? Quel regard le narrateur porte-t-il sur elle ?

▶ **Pour réussir le commentaire** : voir guide méthodologique.
▶ **Le roman** : voir mémento des notions.

CORRIGÉ 26

Les titres en couleur ne doivent pas figurer sur la copie.

Introduction

[Amorce] Dans *Un roi sans divertissement*, Giono rompt avec ses précédentes œuvres. Il situe toujours l'action dans les montagnes de l'arrière-pays provençal mais il s'agit quasiment d'un roman policier doublé d'une réflexion philosophique (le titre – étrange – est emprunté à une citation des *Pensées* de Pascal). Giono y raconte des crimes sanglants, un suicide spectaculaire, mais aussi des moments apaisés, à l'image de la dualité du monde où cohabitent des êtres pervers ou généreux. Dans ce passage, il donne la parole à un narrateur pour décrire les fêtes données pour ses petits-enfants par une châtelaine pittoresque. [Annonce du plan] Ce narrateur fait revivre dans toutes leurs dimensions spectaculaires ces divertissements où tous les sens étaient à la fête [I]. Il fait le portrait de la protagoniste de ces spectacles, métamorphosée en une espèce de divinité tutélaire qui dispense autour d'elle joie et abondance dans ce petit paradis provençal [II].

ROMAN

I. Un spectacle merveilleux

1. Un narrateur-spectateur bien informé

• Le narrateur, qui est aussi spectateur, se démultiplie par le pronom personnel indéfini « on », toujours sujet de verbes de perception, de mouvement, de sentiment. Excellent conteur, il sait mettre en scène son récit et lui donner du crédit. Il présente d'abord brièvement le personnage principal, puis retarde son entrée en scène ; en trois paragraphes, il crée une atmosphère, installe le décor avant de nous faire entrer au cœur de la fête, dans le château, comme dans un long travelling de cinéma.

• Il est bien informé de tout ce qui touche au château dont il connaît « les terrasses », le « parc » et il doit avoir ses entrées même dans les « combles » pour y suivre les « galopades » des enfants ; il sait tout sur la famille de Mme Tim et le petit monde qui gravite autour, il cite les noms, leurs relations familiales (« Onésiphore de Prébois », « la petite fille de la vieille Nanette »).

• On imagine qu'il appartient à cette communauté paysanne sur laquelle « règne » Mme Tim. Il nous entraîne dans les lieux environnants dont il connaît tout, « plaine », « crêtes », « chemins », localités voisines comme « Saint-Baudille » ou « Mens ». Avec lui, on monte, on descend, on a différents points de vue qui convergent tous vers le château.

2. Un narrateur enthousiaste

• En homme de la campagne, il vit au rythme des saisons et des activités qui les accompagnent, comme la chasse en « automne ». Il parle de la végétation et de la vie de la nature, des « buis », des « parcs », des « pluies » ; il compare le bruit des « galopades » dans les combles au « tonnerre » ; les langes des enfants sont des « cocons », comme des chrysalides de vers à soie (on est au pays des mûriers et de la vigne), les enfants sont « des grappes » qui giclent autour de Mme Tim, comme au pressoir après la vendange.

• Il s'exprime dans un langage familier, peu soucieux de la correction académique mais très coloré ; il décrit cette Mme Tim, « abondamment grand-mère » et vêtue « à l'opulente », s'amuse des « bamboulas » ou transforme nourrices et nourrissons en « cargaisons » bonnes à « ramasser ».

• Il aime les plaisirs de la vie : il n'est pas insensible aux formes de Mme Tim, belle comme une « statue » antique, ni à ses nourritures délicieuses.

3. Un spectacle total et merveilleux

Le champ lexical de la vue est récurrent (« voir » est répété trois fois, « on ne manquait pas de regarder ») mais les autres sens aussi sont à la fête.

• Le spectacle est une fête pour les sens. Il est sonore : on entend, malgré la distance, les « galopades » des enfants et le narrateur joue des allitérations en [*r*] et en [*m/n*] pour rendre compte de ce « tonnerre » enfantin. C'est aussi, pour le goût, une débauche de nourritures, toutes plus appétissantes les unes que les autres : on distribue « parts de gâteaux », « sirop », « orangeade » et « pâtisserie ». On a l'impression de pouvoir prendre à pleines mains ces « grappes » d'enfants qui « gicl[ent] », de toucher tous ces tissus (« bure », « linon », « zinzolins »).

• L'exubérance de ce monde est rendue par des phrases au rythme varié et dynamique, les nombreux pluriels, les chiffres qui multiplient les progénitures (« trois » ménages donc « trois » filles, et déjà « six » enfants pour l'aînée).

• Le spectacle s'anime de multiples figurants. Le narrateur fait se succéder les personnages dans ce spectacle qui brasse sans trop de hiérarchie les « domestiques », les « nourrices », le « messager », un « laquais », et la famille des « filles et petits-enfants ». Les vêtements métamorphosent magnifiquement les simples paysans devenus domestiques au château.

[Transition] Une fois le décor planté, on n'attend plus que la protagoniste…

II. Une protagoniste extraordinaire, une figure tutélaire

Mme Tim est comme au centre d'un tableau (elle est d'ailleurs décrite à la fin du texte comme « encadrée » mais… par un laquais et une domestique).

1. Un pouvoir sans limite

• Mme Tim domine, dans tous les sens du terme : géographiquement, le château surplombe la « plaine », depuis la colline de « Saint-Baudille ». Socialement, tel un général d'armée ou un simple « tambour-major », elle donne « l'ordre », organise les divertissements, habille ses domestiques.

• Ses filles, quoique mariées et mères de famille, semblent encore bien soumises à leur mère et n'ont pas leur mot à dire.

• Les enfants sont réduits, avec un humour affectueux, à « un petit monde » dont on ne voit que « les jambes » agitées, quand ils ne sont pas assimilés à de simples « cargaisons de nourrices et d'enfants » qu'il faut « ramasser ».

2. Une allégorie de l'abondance

Bref, la seule personne qui compte vraiment, c'est « Mme Tim », allégorie de l'abondance. Il semble en effet qu'une corne d'abondance déverse ses trésors sur ce monde enchanté.

> **Info**
> Une allégorie est une figure de style qui consiste à représenter une idée ou une notion abstraite par un élément concret (exemple : la colombe est une allégorie de la paix).

• Le narrateur crée l'impression de « monde à l'opulente » par l'accumulation des groupes nominaux au pluriel, avec leurs articles indéfinis ; il se souvient « *des* fêtes… *des* goûters… *des* promenades… *des* jeux… *des* sortes de bamboulas » ; les imparfaits de répétition dans les deuxième et troisième paragraphes, les hyperboles (« des fonds énormes ») et le champ lexical de la multiplicité contribuent aussi à ce sentiment de profusion (« abondamment », « à chaque instant », « des cargaisons de », « à n'en plus finir »). La nourriture est offerte par « panier » entier et la boisson par « tonnelet ».

• Mme Tim est elle-même emblématique de son royaume. Sa description physique est assez sommaire mais on ne voit d'elle que ses formes généreuses et malgré son âge – c'est une grand-mère –, les rondeurs de son « corsage » et ses « jabots de linon » ne laissent pas les hommes indifférents.

3. Un portrait plus ambigu qu'il n'y paraît

• Elle présente en effet des oppositions surprenantes. Elle est vêtue « à l'opulente », mais sa robe est de « bure », une étoffe de laine brune assez grossière traditionnellement associée à la robe austère des moines. Elle a la beauté immobile et imposante d'une « statue », mais ses vêtements accompagnent ses mouvements (« se plissaient, se déplissaient »).

• Qui est-elle en vérité ? Une simple grand-mère respectable ou une divinité qui rappelle à fois Dionysos, dieu du vin, dispensateur de la vie mais aussi des désordres de l'ivresse, ou Déméter, déesse des moissons, des récoltes et de la fertilité ? Au début du texte, on a l'impression d'assister à une procession chargée d'offrandes qui monte vers le temple de cette divinité.

• Dans le même temps, elle n'est pas dépourvue d'une espèce d'animalité, comme la reine pondeuse d'une fourmilière entourée de ces nouveau-nés dans leurs « cocons blancs » et autour de qui tous s'affairent. Elle rassure par sa générosité et ses largesses mais elle inquiète aussi par sa démesure d'ogresse qui rapetisse ceux qui l'approchent ou les métamorphose en « grappe » humaine, en « cuve » de vin où ils « gicl[ent] autour d'elle ». Mme Tim est elle-même à ce point désirable qu'elle suscite des appétits irrépressibles et qu'« on l'aurait toute voulue ».

4. La gardienne d'un paradis perdu ou préservé

• La phrase « C'était alors des fêtes à n'en plus finir » au début du troisième paragraphe marque la rupture entre le monde banal et familier de la « plaine » et l'espace enchanté du château en fête.

• Isolé dans un monde clos, un « parc » fermé par des haies, parfois « lointain » au fond des combles du château ou plus proche sur les « terrasses » ou dans le « labyrinthe » de verdure, ce paradis n'est accessible aux villageois que par la vue ou l'ouïe. Seuls les enfants en ont la jouissance pleine et entière, comme Adam et Ève dans le paradis terrestre.

• Et c'est sur ce « vert paradis des amours enfantines », pour parodier Baudelaire, que veille Mme Tim qui y apporte sa fantaisie et sa démesure.

Conclusion

Ce tableau, qui tient plus des fêtes paysannes de Breughel que des fêtes galantes de Watteau, marque une pause de bonheur dans les tragédies qui vont secouer ce coin de Provence. Giono y donne vie avec simplicité à des personnages attachants, son narrateur bonhomme et enthousiaste, cette Mme Tim à l'énergie communicative entourée de ribambelles d'enfants. « Le bonheur est dans le pré, cours-y vite, cours-y vite », disait le poète Paul Fort.

SUJET
27

France métropolitaine • Juin 2013
Série ES-S • 16 points

Des personnages extraordinaires ?

Dissertation

▶ **Le romancier doit-il nécessairement faire de ses personnages des êtres extraordinaires ?**
Vous répondrez à la question en vous fondant sur les textes du corpus ainsi que sur les textes et œuvres que vous avez étudiés et lus.

Se reporter aux documents du sujet n° 25.

LES CLÉS DU SUJET

Comprendre le sujet

• Le sujet est centré sur le **personnage de roman** et pas seulement sur le personnage principal.

• Il propose une définition du personnage romanesque comme un **être d'exception**. Cela présuppose que le romancier ne créerait pas de personnages communs, banals.

• La formulation « doit-il nécessairement » laisse entendre qu'il y a une alternative, une **discussion possible**, qu'une prise de position est attendue de votre part.

• La **problématique** peut être reformulée ainsi : *Le personnage de roman doit-il ou non sortir obligatoirement de l'ordinaire ?*

Chercher des idées

• **Scindez cette problématique en sous-questions** : *Par quels aspects* un personnage de roman peut-il se montrer extraordinaire ? *Pourquoi* un personnage hors du commun est-il approprié au roman ? *Comment* un tel personnage rend-il le roman intéressant ? instructif ? Le roman *ne comporte-t-il pas* pourtant des personnages ordinaires ? *Quel peut être l'intérêt* de personnages banals ? *Ne peut-on* dépasser cette alternative ?

• **Le plan doit être dialectique** : confirmez l'intérêt des personnages extraordinaires ; montrez pourquoi des personnages ordinaires peuvent aussi être intéressants ; essayez de dépasser cette apparente contradiction.
• Cherchez des **exemples** qui illustrent les sortes de personnages que le sujet oppose implicitement : personnages hors norme/ordinaires.
• Comme vous aurez à faire souvent référence aux notions d'extraordinaire/ordinaire, constituez une **réserve de mots** pour éviter les répétitions :
– Extraordinaire : singulier, singularité, unique ; original, originalité ; se démarquer, se distinguer, se signaler par ; singulier, se singulariser ; étonnant, atypique, particulier, particularité ; différent, différence ; spécial, hors norme ; anormal, anomalie ; d'exception, exceptionnel ; dérouter, déroutant…
– Ordinaire : commun, commun des mortels ; banal, banalité ; médiocre, médiocrité ; quelconque, insignifiant ; humble ; normal, normalité…

▶ **Pour réussir la dissertation** : voir guide méthodologique.
▶ **Le roman** : voir lexique des notions.

CORRIGÉ 27

Le corrigé se présente sous forme d'un plan dont seuls quelques passages sont rédigés et signalés comme tels. Vous pouvez vous exercer à rédiger l'ensemble du devoir en y incluant vos propres exemples.
Les titres en couleur ne doivent pas figurer sur la copie.

Introduction [rédigée]

[Amorce] Dans la vie courante, l'expression « C'est du roman ! » signifie « Cela n'a rien de réel, c'est de la fantaisie ! ». Mais, dans la préface de son roman *Pierre et Jean*, Maupassant distingue plusieurs types de romanciers et, corollairement, de personnages : certains « transforme[nt] la vérité […] pour en tirer une aventure exceptionnelle » et mettent en scène des héros extraordinaires, d'autres font de leurs créations des êtres du quotidien et évitent « tout enchaînement d'événements qui paraîtrait exceptionnel ». [Problématique] Existe-t-il un modèle type de personnage romanesque ? [Annonce du plan] Certes, le héros – au sens premier du terme : « surhomme » – peut fasciner le lecteur [I]. Cependant, pour un romancier, peindre des personnages ordinaires présente aussi un intérêt [II]. Au total, faut-il nécessairement choisir entre ces deux extrêmes ? La tâche artistique du romancier n'est-elle pas de transformer le quotidien en singularité ? Même lorsqu'il peint la banalité, son écriture lui permet de la transfigurer en une « destinée singulière », selon les mots du marquis de Sade [III].

I. Intérêts du héros de roman au destin extraordinaire

1. Par son origine l'univers romanesque est souvent « fabuleux »

• Le roman est héritier de l'épopée, aux héros exceptionnels (*Odyssée, Iliade* ; romans de chevalerie). Les origines du roman expliquent qu'il présente des univers différents du nôtre. [*Exemples*] Rabelais, *Gargantua* (univers de géants) ; Verne : *Voyage au centre de la terre* (découverte d'un monde inconnu) ; Tolkien, *Le Seigneur des anneaux* (anneau qui rend invisible).

• De même, il propose des péripéties extraordinaires. [*Exemples*] Dumas, *Le Comte de Monte-Cristo* (évasion du château d'If). *Harry Potter à l'école des sorciers* (scènes fantastiques).

2. Dans ce contexte, certains personnages sortent de l'ordinaire

• Par leur physique. Certains personnages romanesques se démarquent de l'humanité commune par leur physique, qu'ils soient particulièrement beaux ou, au contraire, horriblement laids. [*Exemple rédigé*] Ainsi, dans *La Princesse de Clèves*, lorsque Mme de La Fayette fait le portrait du duc de Nemours, un « prince » de la cour d'Henri II, elle le présente comme « un chef-d'œuvre de la nature, [...] l'homme du monde le mieux fait et le plus beau ». L'emploi des superlatifs élogieux, intensifiés par la précision « du monde », la métaphore hyperbolique « chef-d'œuvre », empruntée à la peinture, font imaginer au lecteur un héros « singulier » qui ne peut « être imité et dont la beauté dépasse les êtres ordinaires ».

Notez bien
Lorsque vous donnez l'exemple d'une œuvre, la référence doit être précise (titre de l'œuvre souligné, nom de l'auteur, éventuellement époque ou courant littéraire) et rapidement mise en contexte : situer l'épisode ou la scène, le personnage dans l'intrigue, dans l'œuvre.

• Par leur exception sociale. [*Exemple*] Dumas, *Le Comte de Monte-Cristo* (hors-la-loi).

• Certains personnages de romans peuvent apparaître comme « singuliers » par leur exception morale (dans le bien ou dans le mal...). [*Exemple*] L'intégrité morale du commissaire Maigret (Simenon).

• D'autres fois, c'est la monstruosité morale qui donne au personnage son originalité. [*Exemple rédigé*] Ainsi, Vautrin, ancien forçat protagoniste du roman

Conseil
Formulez de façon variée un même argument. Pour celui-ci : certains personnages romanesques font preuve de qualités morales exceptionnelles. Ou : un romancier peut doter ses héros de vertus ou de vices qui dépassent l'humanité ordinaire. Ou : c'est parfois la perfection ou la monstruosité morale qui donne au personnage son originalité.

réaliste de Balzac *Le Père Goriot*, à travers un long discours à Rastignac, son « élève », veut, dans cette « leçon de vie », apprendre au jeune étudiant inexpérimenté à « parvenir » dans la société parisienne. Il met alors en œuvre une redoutable stratégie de persuasion, en exploitant toutes les ressources de la parole. Son absence totale de conscience morale, son assurance, sa lucidité et ses qualités d'orateur hors pair font de Vautrin un tentateur inquiétant, un diable incarné.

3. Les personnages héroïques, modèles ou antimodèles

• Le personnage extraordinaire a une vie plus intense et donne lieu à une intrigue plus passionnante ; il fait rêver et répond à notre besoin d'aventure et d'évasion hors du monde quotidien [*exemples personnels*].

• Un personnage extraordinaire peut devenir un modèle à imiter. Il permet d'explorer les limites de l'humain, de donner une image des capacités humaines et de la perfection, de provoquer l'admiration. [*Exemples*] Le duc de Nemours ou la princesse de Clèves chez Mme de Lafayette (l'héroïsme de la passion en lutte avec le sens du devoir).

• Un personnage extraordinaire dans le mal peut servir d'antimodèle à ne pas imiter. Il permet au romancier de peindre des passions absolues, dévastatrices [*exemples personnels*].

[Transition] Le lecteur se laisse emporter par ces êtres extraordinaires. Cependant il se reconnaît parfois dans la peinture d'une humanité plus commune.

II. Le personnage ordinaire, portrait réaliste de l'humanité

1. Il donne une vision du réel et favorise l'illusion du vrai

• Le personnage romanesque est souvent un être sans qualités particulières. [*Exemples*] Frédéric Moreau dans *L'Éducation sentimentale* de Flaubert, roman réaliste ; Meursault dans *L'Étranger* de Camus, roman de l'absurde ; Gervaise, l'héroïne de *L'Assommoir* de Zola, roman naturaliste.

• Il donne lieu à une intrigue plausible, vraisemblable : on y croit. Immergé dans la vie quotidienne, son destin est « ordinaire ». [*Exemples*] La vie de province, banale, ennuyeuse dans *Madame Bovary*, de Flaubert ; la destinée de Frédéric Moreau dans *L'Éducation sentimentale* ; la découverte de Paris par une adolescente dans *Zazie dans le métro*, de Queneau.

2. Une image du lecteur : le personnage-miroir

• Il représente l'humanité moyenne et nous sert de miroir : le lecteur peut s'identifier à lui. Balzac, dans ses romans, veut « faire concurrence à l'état civil ».

• Il est représentatif de la société et permet au romancier de faire passer à travers lui sa vison de la société : les personnages types. [*Exemple*] Georges Duroy dans *Bel-Ami* semble caractérisé par des préoccupations matérielles, un milieu et une existence plutôt ordinaires. Il apparaît comme un type social du roman réaliste.

3. Une autre sorte de leçon de morale vivante

• Le destin du personnage ordinaire propose non pas un idéal inaccessible, mais des objectifs que l'on peut atteindre (qui ne découragent pas). Il procure parfois de l'optimisme [*exemples personnels*].

• Le personnage ordinaire illustre les défaites de l'existence d'autrui et fait que le lecteur se sent moins seul en partageant ses déboires [*exemples personnels*].

• La proximité avec le personnage permet de mieux faire passer aux lecteurs le message du romancier [*exemples personnels*].

III. Une fausse alternative ?

Enfermer le romancier dans une alternative ne rend pas compte de la complexité du roman et du personnage romanesque.

1. Le roman comme transfiguration d'un personnage banal en destinée singulière

• Des événements personnels ou historiques (l'intrigue du roman imaginée par le romancier) peuvent transformer un simple homme en héros, en lui donnant une destinée extraordinaire. [*Exemples*] J. A Suter dans *L'Or* de Cendrars ; Angelo dans *Le Hussard sur le toit* de Giono.

• Des personnages qui vont au bout de leur destin, par exemple en accomplissant des choix difficiles, acquièrent une certaine grandeur. Simenon dit bien : « Un personnage de roman, c'est n'importe qui dans la rue, mais qui va jusqu'au bout de lui-même. » [*Exemples*] Julien Sorel dans *Le Rouge et le Noir* de Stendhal ; Jean Valjean dans *Les Misérables* de Hugo.

• Le roman révèle la part d'héroïsme cachée dans la banalité de la vie de chacun. À travers des êtres humbles, le romancier permet à l'homme de mieux connaître ses potentialités et sa part d'exception. [*Exemples*] Le héros du *Père Goriot* de Balzac, « Christ de la paternité » ; le narrateur de *À la recherche du temps perdu* de Proust découvrant sa vocation d'artiste.

• C'est parfois le regard déformant d'un autre personnage qui fait d'un être banal un « héros », sous le coup de l'admiration ou de l'affection [*corpus*].

ROMAN

2. Héros ou commun des mortels ? Tout dépend de la mission que se donne le romancier

• S'il veut exalter et faire rêver son lecteur, susciter son admiration, son choix se portera sur les héros.

• Si le roman est pour lui un instrument d'exploration, s'il veut « peindre » le monde tel qu'il est et l'expliquer (roman réaliste et naturaliste) ou encore dénoncer ses travers (roman engagé), le romancier peuplera son univers de personnages qui donnent une (presque) parfaite illusion de la réalité.

• On peut même imaginer la cohabitation entre ces deux types de personnages… [*Exemples*] Malraux, *La Condition humaine* (Kyo, le héros ; Clappique, homme de l'humanité moyenne) ; Camus, *La Peste.*

Conclusion [rédigée]

Être complexe et protéiforme, le personnage de roman ne saurait se réduire à une définition trop schématique et il n'est pas de recette dans la création romanesque. C'est en fonction de son lectorat, de sa conception du roman et aussi de la vie que le romancier choisit de faire de ses personnages des êtres hors du commun ou des hommes ordinaires. Mais faut-il s'étonner que le roman propose des types de personnages aussi divers ? Non, puisque le roman est une œuvre artistique, au même titre que la peinture. Or, l'art est un « miroir » qui déforme, mais, par là même, nous révèle à nous-mêmes, plus « vrais que nature ». Le roman reflète la vie, dit-on. Or, dans la vie, n'existe-t-il pas des êtres d'exception au milieu de l'humanité commune ?

SUJET 28

France métropolitaine • Juin 2013
Série ES-S • 16 points

Des personnages extraordinaires ?

Écriture d'invention

▸ **Le regard que porte la narratrice du texte A sur sa mère fait de cette dernière un personnage fascinant. Comme Colette et en vous inspirant des autres textes du corpus, vous proposerez le portrait d'un être ordinaire qui, sous votre regard, prendra une dimension extraordinaire.**

Se reporter au document A du sujet n° 25.

ROMAN

LES CLÉS DU SUJET

Comprendre le sujet

- **Genre du texte à produire :** *Sido* est un roman autobiographique.
- **Sujet/thème du texte :** « un être ordinaire ».
- **Type de texte :** « portrait » indique que le texte est descriptif.
- **Situation d'énonciation :** « vous… » indique que vous êtes le narrateur.
- **Niveau de langue :** courant (ou soutenu) mais vif et pittoresque.
- **Le registre** n'est pas indiqué. Mais « dimension extraordinaire » suggère un ton enthousiaste et sans doute lyrique.
- « **Définition** » du texte à produire, à partir de la consigne :

Extrait autobiographique (*genre*), qui décrit [portrait] (*type de texte*) un personnage ordinaire (*sujet*), lyrique ? (*registre*), pour souligner la « grandeur » du personnage et rendre compte des liens du narrateur avec lui (*buts*).

Chercher des idées

Le narrateur

- On doit percevoir son identité et ses **relations avec le personnage.**
- **Personne grammaticale** : 1re personne (texte A) ou 3e personne (textes B et C).
- Le **point de vue doit être interne** : c'est le « regard » du narrateur qui transfigure le personnage.

Le personnage décrit

• Il doit être **lié au narrateur** : liens familiaux, sociaux, sentimentaux, ou plus originaux que ceux du corpus (professeur, artisan, commerçant, camarade de classe…).

• Donnez des précisions suffisantes pour qu'il puisse être qualifié d'« **ordinaire** » (statut social ou familial, âge, physique, culture, profession…).

• « Prendre une **dimension extraordinaire** »/« fascinant » : il faut que le personnage soit transfiguré et impressionne (beauté intérieure, puissance affective, charisme…). Vous pouvez le transformer en monstre.

• Pour lui donner de « l'épaisseur », imaginez d'autres **personnages (secondaires)** autour de lui, avec lesquels il interagit.

La forme

• Analysez les **procédés d'écriture** des textes de façon à les reproduire : images (comparaisons, métaphores, animalisations…), exclamations, accumulations, hyperboles, figures de l'amplification…

• Vous pouvez insérer des **paroles rapportées** pour animer le portrait.

• Attention ! **Un devoir trop court sera lourdement pénalisé.**

▶ **Pour réussir l'écriture d'invention** : voir guide méthodologique.
▶ **Le roman** : voir mémento des notions.

CORRIGÉ 28

Voici le devoir d'une élève, A.-L. de P., qui a composé en temps limité.

Elle revenait certains samedis soirs, sans penser à me prévenir. Moi, qui travaillais ou paressais dans ma chambre, je sortais soudain de ma concentration, de ma torpeur, au timbre de sa voix qui me parvenait étouffée depuis le rez-de-chaussée, au bruit des volets de sa chambre qui s'ouvraient, au son de ses affaires déposées dans l'entrée et qui s'écroulaient en un tas hétéroclite de reliques étudiantes, qui à mes yeux paraissaient des trésors.

Alors je descendais l'escalier, je traversais de mes pas nus le dallage froid, et je frappais doucement à sa porte entrouverte où j'apercevais la présence vivante de ma sœur revenue. Lorsque j'avais poussé la porte, n'osant tout à fait en franchir le pas, je me tenais là, timide comme une fiancée, les yeux baissés, sans me risquer à trop la regarder en face, de peur d'être éblouie.

Elle ne savait pas que j'espérais avec passion ses retours de plus en plus rares, ces heures de plus en plus courtes aux cours desquelles je m'emplissais les yeux de ses éternels polos *Atom* bleu vif, de ses cheveux qui semblaient jaillir sur ses épaules comme des tempêtes de cascades, de ses mains si habiles. Elle ignorait qu'au cours des semaines sans elle j'amassais au quotidien chacune des petites anecdotes susceptibles de l'intéresser pour les offrir au retour à son regard bienveillant et tendre, à son rire doux qui fusait toujours au bon moment, à son sourire patient qui jamais ne semblait me chasser. Je restais là, à la porte de sa chambre, à chercher que lui dire, de peur de briser cet enchantement en cessant de parler.

Lorsqu'elle revenait, toute la maison se pressait autour d'elle pour lui faire fête. Il surgissait aux fenêtres des fleurs, et sur la grande table garnie d'une nappe blanche, des mets de festin : rôtis gorgés de sauce aux oignons dans d'immenses plats carrés, plateaux à fromages qu'on tenait à deux mains, tiramisus onctueux et parfumés qui semblaient ne jamais s'épuiser.

Mon frère brandissait sa coupe de vainqueur du tournoi d'échecs, ma sœur sa recette de cuisine la plus récente, et les deux petits, leurs derniers dessins et leurs bonshommes en pâte à sel. Elle regardait tout, s'émerveillait de tout, invitée d'honneur à qui on exhibait, dans sa propre maison, les plus beaux détails capables de la faire revenir.

Quand elle parlait, la maison s'emplissait de son jargon de prépa, et je buvais avec délice ces mots qui me semblaient renfermer tous les bonheurs secrets de la vie adulte : *pougne, agrelles, khâss, taupins, khôlle, pal, épices, co, champial, BJ.* Elle racontait les traits d'esprit et les histoires drôles, et au timbre de sa voix la vie en maths sup revêtait l'éclat chaud d'un monde où tous étaient drôles, généreux et intelligents. Elle me contait ses footings dans le grand escalier, les matchs de rugby sous la pluie, les chansons qui jaillissaient à tout moment ; à mes yeux de lycéenne, la guerre *Atom-Piston* prenait des accents d'épopée, j'aurais tout fait pour avoir part avec elle à cette vie qui m'apparaissait pleine de plaisirs et de divertissements.

> **Info**
> Chaque classe « prépa » scientifique de l'institution privée que fréquente cette sœur reçoit un surnom comme « Atom » ou « Piston » et se sert d'un jargon particulier : un pougne ? un élève trop travailleur !

Puis elle repartait, aussi soudainement qu'elle était arrivée. Une fois seulement, je l'ai raccompagnée, un jour brûlant d'avril. Je l'ai regardée descendre de la voiture, chargée de son sac et de nos au-revoir, le sourire aux lèvres ; à peine déposée sur le trottoir, elle saluait déjà un camarade posté devant la grille. Et, sans se retourner, elle avançait d'un pas vif et assuré, vers des lieux où je ne pouvais la suivre – où jamais je ne pourrais la suivre.

Et je rentrai chez moi, pour me remettre à amasser anecdotes anodines et histoires insignifiantes… pour la prochaine fois.

SUJET 29

Antilles, Guyane • Juin 2012
Série L • 4 points

Le poids des épreuves

Question

Documents

A – **Jean Giono**, *Le Chant du monde*, 1934.
B – **Albert Camus**, *La Peste*, 1957.
C – **J. M. G. Le Clézio**, *Le Chercheur d'or*, 1985.

▶ **En comparant les textes, montrez comment les auteurs rendent sensible le rapport des personnages à leur environnement naturel.**

Après avoir répondu à cette question, les candidats devront traiter au choix un des trois sujets n°s 30, 31 ou 32.

DOCUMENT A

Antonio vit au bord d'un fleuve qu'il connaît mieux que personne. Au matin, il entre dans l'eau pour savoir s'il n'est pas trop tard dans la saison pour faire descendre des troncs d'arbres, coupés dans la montagne en amont, en les laissant charrier par le fleuve.

Il plongea. Dans l'habitude de l'eau, ses épaules étaient devenues comme des épaules de poisson. Elles étaient grasses et rondes, sans bosses ni creux. Elles montaient vers son cou, elles renforçaient le cou. Il entra de son seul élan dans le gluant du courant.

Il se dit :

« L'eau est épaisse. »

Il donna un coup de jarret. Il avait tapé comme sur du fer. Il ne monta pas. Il avait de longues lianes d'eau ligneuse[1] enroulées autour de son ventre. Il serra les dents. Il donna un coup de pied. Une lanière d'eau serra sa poitrine. Il était emporté par une masse vivante.

Il se dit :

« Jusqu'au rouge. »

C'était sa limite. Quand il était à bout d'air il entendait un grondement dans ses oreilles, puis le son devenait rouge et remplissait sa tête d'un grondement sanglant à goût de soufre.

Il se laissa emporter. Il cherchait la faiblesse de l'eau avec sa tête.

Il entendait dans lui :

« Rouge, rouge. »

Et puis le ronflement du fleuve, pas le même que celui d'en haut mais ce bruit de râpe que faisait l'eau en charriant son fond de galets.

Le sang coula dans ses yeux.

Alors, il se tourna un peu en prenant appui sur la force longue du courant ; il replia son genou droit comme pour se pencher vers le fond, il ajusta sa tête bien solide dans son cou et, en même temps qu'il lançait sa jambe droite, il ouvrit les bras.

Il émergeait. Il respira. Il revoyait du vert. Ses bras luisaient dans l'écume de l'eau.

C'étaient deux beaux bras nus, longs et solides, à peine un peu renflés au-dessus du coude mais tout entourés sous la peau d'une escalade de muscles. Les belles épaules fendaient l'eau. Antonio penchait son visage jusqu'à toucher son épaule. À ce moment l'eau balançait ses longs cheveux comme des algues. Antonio lançait son bras loin là-bas devant, sa main saisissait la force de l'eau. Il la poussait en bas sous lui cependant qu'il cisaillait le courant avec ses fortes cuisses.

« L'eau est lourde », se dit Antonio.

Il y avait dans le fleuve des régions glacées, dures comme du granit, puis de molles ondulations plus tièdes qui tourbillonnaient sournoisement dans la profondeur.

« Il pleut en montagne », pensa Antonio.

Il regarda les arbres de la rive.

« Je vais aller jusqu'au peuplier. »

Il essaya de couper le courant. Il fut roulé bord sur bord comme un tronc d'arbre. Il plongea. Il passa à côté d'une truite verte et rouge qui se laissa tomber vers les fonds, nageoires repliées comme un oiseau. Le courant était dur et serré.

« Pluie de montagne, pensa Antonio. Il faut passer les gorges aujourd'hui. »

ROMAN

Enfin il trouva une petite faille dans le courant. Il s'y jeta dans un grand coup de ses deux cuisses. L'eau emporta ses jambes. Il lutta des épaules et des bras, son dur visage tourné vers l'amont. Il piochait de ses grandes mains ; enfin, il sentit que l'eau glissait sous son ventre dans la bonne direction. Il avançait. Au bout de son effort il entra dans l'eau plate à l'abri de la rive. Il se laissa glisser sur son erre[2]. De petites bulles d'air montaient sous le mouvement de ses pieds. Il saisit à pleines mains une racine qui pendait. Il l'éprouva en tirant doucement puis il se hala sur elle et il sortit de l'eau, penché en avant, au plein du soleil, ruisselant, reluisant. Ses longs bras pendaient de chaque côté de lui souples et heureux. Il avait de bonnes mains aux doigts longs et fins.

« Il faut passer les gorges d'aujourd'hui. Il pleut en montagne, l'eau est dure. Le froid va venir. Les truites dorment, le courant est toujours au beau milieu, le fleuve va rester pareil pour deux jours. Il faut passer les gorges d'aujourd'hui. »

Jean Giono, *Le Chant du monde*, 1934.

1. Ligneuse : de la nature du bois.
2. Erre : manière d'aller, vitesse acquise (pour un navire).

DOCUMENT B

Une épidémie de peste frappe la ville d'Oran, en Algérie, dans les années 1940. La ville est isolée du reste du monde par la quarantaine indispensable pour éviter la propagation du fléau. Un soir, le docteur Rieux et Tarrou, devenus amis au fil des épreuves partagées, vont prendre un bain de mer.

– Avec nos laissez-passer, nous pouvons aller sur la jetée. À la fin, c'est trop bête de ne vivre que dans la peste. Bien entendu, un homme doit se battre pour les victimes. Mais s'il cesse de rien aimer par ailleurs, à quoi ça sert qu'il se batte ?

– Oui, dit Rieux, allons-y.

Un moment après, l'auto s'arrêtait près des grilles du port. La lune s'était levée. Un ciel laiteux projetait partout des ombres pâles. Derrière eux s'étageait la ville et il venait un souffle chaud et malade qui les poussait vers la mer. Ils montrèrent leurs papiers à un garde qui les examina assez longuement. Ils passèrent et à travers les terre-pleins couverts de tonneaux, parmi les senteurs de vin et de poisson, ils prirent la direction de la jetée. Peu avant d'y arriver, l'odeur de l'iode et des algues leur annonça la mer. Puis ils l'entendirent.

Elle sifflait doucement au pied des grands blocs de la jetée et, comme ils les gravissaient, elle leur apparut, épaisse comme du velours, souple et lisse comme une bête. Ils s'installèrent sur les rochers tournés vers le large. Les eaux se gonflaient et redescendaient lentement. Cette respiration calme de la mer faisait naître et disparaître des reflets huileux à la surface des eaux. Devant eux, la nuit était sans limites. Rieux, qui sentait sous ses doigts le visage grêlé des rochers, était plein d'un étrange bonheur. Tourné vers Tarrou, il devina, sur le visage calme et grave de son ami, ce même bonheur qui n'oubliait rien, pas même l'assassinat[1].

Ils se déshabillèrent. Rieux plongea le premier. Froides d'abord, les eaux lui parurent tièdes quand il remonta. Au bout de quelques brasses, il savait que la mer, ce soir-là, était tiède, de la tiédeur des mers d'automne qui reprennent à la terre la chaleur emmagasinée pendant de longs mois. Il nageait régulièrement. Le battement de ses pieds laissait derrière lui un bouillonnement d'écume, l'eau fuyait le long de ses bras pour se coller à ses jambes. Un lourd clapotement lui apprit que Tarrou avait plongé. Rieux se mit sur le dos, face au ciel renversé, plein de lune et d'étoiles. Il respira longuement. Puis il perçut de plus en plus distinctement un bruit d'eau battue, étrangement clair dans le silence et la solitude de la nuit. Tarrou se rapprochait, on entendit bientôt sa respiration. Rieux se retourna, se mit au niveau de son ami, et nagea dans le même rythme. Tarrou avançait avec plus de puissance que lui et il dut précipiter son allure. Pendant quelques minutes, ils avancèrent avec la même cadence et la même vigueur, solitaires, loin du monde, libérés enfin de la ville et de la peste. Rieux s'arrêta le premier et ils revinrent lentement, sauf à un moment où ils entrèrent dans un courant glacé. Sans rien dire, ils précipitèrent tous deux leur mouvement, fouettés par cette surprise de la mer.

Habillés de nouveau, ils repartirent sans avoir prononcé un mot. Mais ils avaient le même cœur et le souvenir de cette nuit leur était doux. Quand ils aperçurent de loin la sentinelle de la peste, Rieux savait que Tarrou se disait, comme lui, que la maladie venait de les oublier, que cela était bien, et qu'il fallait maintenant recommencer.

Albert Camus, *La Peste,* © Éditions Gallimard, 1957.

1. Assassinat : la ville a été obligée de réprimer des soulèvements et des pillages.

ROMAN

DOCUMENT C

Le narrateur, Alexis, vit avec sa famille – sa sœur, Laure, son père et sa mère qu'il appelle Mam – à l'île Maurice. Il a huit ans et il se promène seul, car sa grande sœur est fatiguée et son ami Denis absent, quand un ouragan le surprend sur l'Étoile, un promontoire rocheux qui domine la mer.

Je n'arrive pas à détacher mon regard du grand rideau gris qui avance à toute allure sur la vallée, sur la mer, qui engloutit les collines, les champs, les arbres. Déjà le rideau recouvre les brisants[1]. Puis disparaissent la montagne du Rempart, les Trois Mamelles. Le nuage sombre est passé sur elles, les a effacées. Maintenant il dévale la pente des montagnes vers le Tamarin et l'Enfoncement du Boucan[2]. Je pense tout à coup à Laure, à Mam, qui sont seules à la maison, et l'inquiétude m'arrache au spectacle de la pluie qui accourt. Je bondis du rocher, et je descends aussi vite que je le peux la pente de l'Étoile, sans hésiter à travers les broussailles qui griffent mon visage et mes jambes. Je cours comme si j'avais une meute de chiens fous à mes trousses, comme si j'étais un cerf échappé d'un « chassé ». Sans comprendre, je retrouve tous les raccourcis, je dévale un torrent sec qui va vers l'est, et en un instant je suis à Panon.

Alors le vent me frappe, le mur de la pluie s'écroule sur moi. Jamais je n'ai ressenti cela. L'eau m'enveloppe, ruisselle sur ma figure, entre dans ma bouche, dans mes narines. Je suffoque, je suis aveuglé, je titube dans le vent. C'est le bruit surtout qui est effrayant. Un bruit profond, lourd, qui résonne dans la terre, et je pense que les montagnes sont en train de s'écrouler. Je tourne le dos à la tempête, je marche à quatre pattes au milieu des buissons. Des branches d'arbres arrachées fouettent l'air, filent comme des flèches. Accroupi au pied d'un grand arbre, la tête cachée dans mes bras, j'attends. L'instant d'après la rafale est passé. La pluie tombe à verse, mais je peux me redresser, respirer, voir où je suis. Les broussailles au bord du ravin sont piétinées. Non loin, un grand arbre comme celui qui m'a abrité est renversé, avec ses racines qui tiennent encore la terre rouge. Je recommence à marcher, au hasard, et tout à coup, dans une accalmie, je vois la butte Saint Martin, les ruines de l'ancienne sucrerie. Il n'y a pas à hésiter : c'est là que je vais m'abriter.

Je connais ces ruines. Je les ai vues souvent, quand je parcourais les friches avec Denis[3]. Lui n'a pas voulu s'en approcher, il dit que c'est la maison de Mouna, qu'on y bat le « tambour du diable ». Dans les vieux murs, je me blottis dans un recoin, sous un pan de voûte. Mes vêtements trempés collent à ma peau, je grelotte de froid, de peur aussi. J'entends les rafales arriver à travers la vallée. Cela fait le bruit d'un énorme animal se couchant sur les arbres, écrasant les fourrés et les branches, brisant les troncs comme de simples brindilles. Les trombes d'eau avancent sur le sol, entourent les ruines, cascadent vers le ravin. Les ruisseaux apparaissent comme si des sources venaient de naître de la terre. L'eau glisse, s'écarte, fait des nœuds, des tourbillons. Il n'y a plus ni ciel ni terre, seulement cette masse liquide et le vent qui emportent les arbres et la boue rouge. Je regarde droit devant moi, espérant apercevoir le ciel à travers la muraille de l'eau. Où suis-je ? Les ruines de Panon sont peut-être tout ce qui reste sur la terre, le déluge a peut-être noyé tout le monde. Je voudrais prier, mais mes dents s'entrechoquent, et je ne me souviens même plus des paroles. Je me souviens seulement de l'histoire du déluge, que Mam nous lisait dans le grand livre rouge, lorsque l'eau s'est abattue sur la terre et a recouvert jusqu'aux montagnes, et le grand bateau qu'avait construit Noé pour s'échapper, dans lequel il avait enfermé un couple de chaque espèce animale. Mais moi, comment pourrais-je faire un bateau ? Si Denis était là, peut-être qu'il saurait faire une pirogue, ou un radeau avec des troncs. Est-ce parce que les hommes sont endurcis, comme dit mon père, et qu'ils mangent la pauvreté des travailleurs dans la plantation ? Et puis je pense à Laure et à Mam, dans la maison abandonnée, et l'inquiétude m'étreint si fort que je peux à peine respirer. Que sont-elles devenues ? Le vent furieux, la muraille liquide les ont peut-être englouties, emportées, et j'imagine Laure se débattant dans le fleuve de boue, essayant de s'accrocher aux branches des arbres, glissant vers le ravin. Malgré les rafales du vent et la distance, je me lève, je crie : « Laure !... Laure ! »

Mais je me rends compte que cela ne sert à rien, le bruit du vent et de l'eau couvre mes appels. Alors je m'accroupis à nouveau contre la muraille, le visage caché entre mes bras, et l'eau qui ruisselle sur ma tête se mêle à mes larmes, car je ressens un désespoir immense, un vide sombre qui m'avale, sans que je puisse rien faire, et je tombe, assis sur mes talons, à travers la terre liquide.

J. M. G. Le Clézio, *Le Chercheur d'or*, © Éditions Gallimard, 1985.

---

1. Brisants : rochers qui affleurent, écueils.
2. Enfoncement du Boucan : nom du terrain sur lequel la maison d'Alexis est bâtie, isolée.
3. Denis : l'ami noir d'Alexis, un peu plus âgé que lui, compagnon de tous ses jeux loin de la maison familiale.

ROMAN

LES CLÉS DU SUJET

Comprendre la question

- « **rendre sensible…** » signifie : faire comprendre et sentir.
- « **le rapport** à leur environnement naturel » signifie : comment les personnages considèrent la nature qui les entoure.
- « **comment** » implique d'analyser aussi les moyens utilisés par les auteurs pour que le lecteur comprenne ces rapports personnages-nature.
- « **En comparant** » : vous ne devez pas analyser les trois textes successivement mais organiser votre réponse par **perspectives** ou **points de vue**.
- **Structurez votre réponse :** encadrez-la d'une petite **introduction** qui situe les documents et reprend la question, et d'une brève **conclusion** qui rappelle l'intérêt des éléments analysés.
- Accompagnez chaque remarque d'**exemples précis**.

▶ **Pour réussir les questions** : voir guide méthodologique.
▶ **Le roman** : voir mémento des notions.

CORRIGÉ 29

La réponse se présente sous forme de plan que vous devez rédiger et assortir d'exemples précis extraits des textes du corpus.

[Amorce] Mentionner l'importance des éléments naturels dans la vie des hommes. [Présentation du corpus] Trois textes où la présence de l'eau est très marquée, chez Giono comme élément indispensable à la vie du paysan (le fleuve charrie les troncs d'arbres), chez Camus comme milieu de détente, chez Le Clézio comme force déchaînée sous la forme d'un ouragan.

Le passage du familier à l'exceptionnel

Les textes marquent une gradation dans les rapports des personnages avec la nature, perçue comme de moins en moins familière au fil des textes.

- Dans *Le Chant du monde*, Antonio entretient un rapport de familiarité avec le fleuve, de connivence, engendrée par un contact physique très fort (« lianes entourées autour de son ventre ») avec cet élément qui est à la fois un allié et un adversaire dont il sait prendre la mesure.
- Chez Camus, l'eau aussi est omniprésente et « enveloppe » : la mer est ressentie comme un élément familier qui permet une parenthèse dans le quotidien contraignant (« libérés enfin de la ville et de la peste ») des personnages.

• Chez Le Clézio, le personnage n'est pas immergé dans l'eau ; elle est déversée par un ouragan inattendu (« qui avance à toute allure »). La surprise (« tout à coup ») exclut toute familiarité. Il s'établit, au contraire des autres textes, un rapport de soumission terrifiée de l'enfant (« mais je me rends compte que cela ne sert à rien », « sans que je puisse rien faire ») à l'ouragan ; c'est un moment exceptionnel par sa violence.

Conseil
Pour éviter les répétitions d'une expression clé (ici « environnement naturel »), constituez-vous une réserve de synonymes : *nature, milieu, monde, cadre de vie...*

Des personnages confrontés aux éléments personnifiés

Les trois auteurs personnifient ou animalisent les éléments pour mieux souligner leur force, que les personnages ressentent pourtant différemment.

• Dans les deux premiers textes, les éléments sont une puissance positive (« la force du courant ») et revigorante (« fouettés par cette surprise de la mer ») à laquelle s'adaptent souplement les personnages.

• Chez Le Clézio, au contraire, les éléments sont perçus comme des puissances dévorantes, destructrices (les verbes connotent la violence : « frappe, s'écroule... ») contre lesquelles il semble impossible de lutter. Les notations sensorielles (principalement du toucher et de l'ouïe : le « bruit » effrayant), les émotions d'Alexis sont transcrites par le point de vue interne [*exemples*].

Des confrontations très différentes

Mais les trois textes se distinguent surtout par leur atmosphère.

• Dans *La Peste*, ce sont des retrouvailles heureuses (« étrange bonheur ») entre les hommes – Rieux et Tarrou – et la mer, et l'attente aimante se traduit par la sensualité de leur approche. Le moment du bain est très sensuel.

• Chez Giono, lors de la confrontation, chacun – l'homme et l'eau – a ses atouts et les fait valoir (« il cherchait la faiblesse de l'eau ; une petite faille »). L'eau est à la fois alliée et adversaire.

• Chez Le Clézio, la lutte est inégale : l'enfant est en position de victime, traqué par un prédateur terrifiant. Le lecteur assiste au combat d'un monstre et de sa proie avec des sensations physiques [*exemples*] et des sentiments violents [*exemples*].

[Conclusion] Le face-à-face entre le personnage et la nature sert souvent de révélateur sur l'homme. Il pose aussi implicitement la question de la condition de l'homme dans la nature, image des forces qui le menacent et que parfois il arrive à dompter, ou même à s'attacher.

SUJET

30

Antilles, Guyane • Juin 2012

Série L • 16 points

Le poids des épreuves

Commentaire

▸ **Vous commenterez le texte de Jean Giono.**

Se reporter au document A du sujet n° 29.

LES CLÉS DU SUJET

Trouver les idées directrices

- Faites la « **définition** » du texte pour trouver les idées directrices.

> Extrait de roman (*genre*) qui raconte et décrit (*type de texte*) la lutte d'un homme avec un fleuve (*thème*), épique (registre), tendu, étrange, presque merveilleux, poétique (*adjectifs*), pour rendre compte des rapports entre l'homme et la nature, pour créer du suspense, pour célébrer la beauté du monde et montrer le bonheur de l'homme sur la terre (*buts*).

- Analysez l'identité et les caractéristiques des « **personnages** ».
- Commentez la progression de la **lutte** entre l'homme et le fleuve.
- Analysez l'aspect **merveilleux** et presque **épique** du récit.
- Quel **message** semble vouloir faire passer Giono à travers cet épisode ?

Pistes de recherche

Première piste : la connivence entre l'homme et le fleuve

- Analysez ce qui rapproche les deux « personnages » en présence.
- Mettez en valeur l'étrangeté de ces « personnages » au regard de la réalité.

Deuxième piste : une confrontation assez farouche

- Analysez l'atmosphère de la lutte qui oppose Antonio au fleuve.
- Dégagez du récit les atouts de chacune des « forces » en présence.

Troisième piste : le message d'un texte poétique

- Interprétez cette lutte : qu'est-ce qui assure le succès d'Antonio ? Quelle est sa stratégie ?

- Comment Giono donne-t-il un ton épique et poétique à ce récit ?
- Déduisez-en le regard de Giono sur le monde et les hommes.

▶ **Pour réussir le commentaire** : voir guide méthodologique.
▶ **Le roman** : voir mémento des notions.

CORRIGÉ 30

Les titres en couleur ne doivent pas figurer sur la copie.

Introduction

[Amorce] Giono est autant un poète qu'un romancier : il puise son inspiration aussi bien dans la vie des hommes que dans la nature dont il est très proche.

[Présentation de l'œuvre et du texte] Dans *Le Chant du monde,* Giono raconte comment Antonio, qui doit faire descendre des troncs d'arbres dans la montagne grâce au courant du fleuve, se mesure avec l'eau, élément naturel qu'il connaît bien et qui est au centre du roman. [Annonce du plan] Le récit témoigne d'une étrange connivence entre l'homme et le fleuve [I], qui se livrent cependant une lutte farouche et par instants tendue [II]. Mais, à travers cet épisode, Giono révèle surtout sa conception du monde et des rapports que l'homme doit entretenir avec la nature qui l'entoure [III].

ROMAN

I. La connivence entre l'homme et le fleuve

1. Un homme-poisson

- Nombre d'expressions soulignent la familiarité d'Antonio avec le fleuve (« l'habitude de l'eau », « c'était sa limite »), sensible tout au long du texte.
- Le lecteur assiste à la métamorphose du corps par la nage : le corps d'Antonio est comparé à celui d'un poisson : « ses épaules étaient devenues comme des épaules de poisson […] grasses et rondes, sans bosses ni creux » ; « Ses longs bras pendaient de chaque côté de lui, souples ».
- Sa façon même d'entrer dans l'eau (« Il entra de son seul élan », « Il donna un coup de jarret »), ses mouvements sont ceux d'un poisson [+ *exemples*].

2. Un fleuve-créature

- Dans un mouvement inverse, le fleuve s'anime et prend vie : « masse vivante », il rappelle la vision des éléments naturels dans la mythologie.

• Il est personnifié et devient une créature proche de l'homme : « l'eau balançait ses longs cheveux », « Une lanière d'eau serra sa poitrine ».

• Ses manifestations aussi sont presque humaines : « ronflement du fleuve ». L'auteur lui prête même des traits de caractère (« sournoisement »).

3. Une fusion entre les éléments de la nature et l'homme

Ces images, qui établissent des rapports et des liens solides entre les éléments de la nature, décrivent un monde unitaire, en communion. Ainsi, les membres du corps humain sont confondus avec des éléments de la nature.

II. Une confrontation assez farouche

1. Une lutte sans violence

• Le lecteur assiste cependant à une lutte, mais sans cruauté ni violence excessive. Chacun fait valoir ses armes [*exemples à commenter*].

• Chacun est pour l'autre un allié et un adversaire dont il sait prendre la mesure [*relever et commenter les expressions qui le montrent*].

2. Le jeu stratégique du nageur

• Antonio se livre à un véritable jeu stratégique lors de sa nage : « Il *cherchait* la faiblesse de l'eau ». Il passe tantôt en force (« coup de jarret ; coup de pied ; saisissait la force de l'eau, d'un grand coup ; saisit à pleines mains… »), tantôt en douceur (« il se tourna un peu », « se laissa glisser »).

• Son corps est fait pour résister aux surprises des courants (« renforçait le cou », « sa tête bien solide »). Il est lui aussi une « force de la nature ».

3. Les atouts de l'élément liquide

• L'eau personnifiée se présente comme un adversaire qui a lui aussi ses atouts notamment le fait d'être « une masse vivante » et presque solide (« épaisse », « lourde », « comme du granit », « dure et serrée »).

• Sa relative supériorité lui vient de sa « profondeur » et des surprises qui attendent le nageur selon les strates parcourues (« régions glacées/dures/ puis de molles ondulations […] qui tourbillonnaient »). Tout le texte révèle la force de l'eau [*relever et commenter le champ lexical de la force*].

4. La mise en danger de l'homme

• À plusieurs reprises au cours du texte Antonio est en danger [*relever les lignes où il se trouve en posture dangereuse*]. Mais il veut aller jusqu'au bout de ses possibilités physiques, ce qui révèle et fait valoir sa solidité mentale.

• Antonio calcule bien les risques, il se connaît aussi bien qu'il connaît le fleuve, il mesure ses limites dont il a pleine conscience.

III. Un texte poétique : *Le Chant du monde*

Mais ce passage est autant une description que le récit d'une lutte qui pourrait, elle, se réduire à quelques lignes. Quelle est la fonction de cette description ? Comme souvent chez Giono, l'évocation de la nature se fait sur le mode poétique et un peu surnaturel. Elle révèle aussi une conception de la vie et de la condition humaine face aux éléments, aux forces qui l'entourent.

1. Une soumission qui est la condition de la connaissance

• Si Antonio sort vainqueur de la lutte, c'est qu'il analyse le monde et les situations essentiellement par ses sens qui lui transmettent des informations : c'est l'écoute attentive de son corps qui le guide [*exemples à relever : vocabulaire du corps et des sensations*].

• C'est aussi sa connaissance (toujours par les sens) du fleuve, qui est une matière changeante. Il connaît ses variations comme on connaît un être humain. De ce contact immédiat et sensuel avec l'eau, il retire un savoir car, pour lui, la sensation est connaissance : plongé dans le fleuve, il sait d'après ce qu'il sent qu'« il pleut en montagne ».

• Il vit en parfaite communion avec la nature, ses organes de perception étant reliés à tous les éléments. Il a avec le fleuve un rapport de solidarité étroite, presque d'osmose. Il épouse ses flux de forces : « Il se laissait porter par les courants ». Le choix des verbes accentue cette fusion sensuelle avec l'eau : « il tâtait », « il touchait », « il sentait », « pour essayer de toucher ».

• C'est grâce à cela qu'il élabore progressivement sa stratégie et arrive à la victoire et au bonheur (« heureux »). Ses paroles (ou pensées) rapportées témoignent de cette prise de conscience : il répertorie méthodiquement les informations (« L'eau est lourde », « Il pleut en montagne ») au fur et à mesure de sa nage pour arriver au bilan final qui récapitule sur un mode assertif (« Il faut passer », deux fois).

2. Le respect de la vie sous toutes ses formes

Cette confrontation avec le fleuve est génératrice d'un bonheur (« heureux ») sensible pour Antonio.

• Son bien-être provient de la présence de cette « masse » qui n'est pas inerte, mais qui vit (« ronflement du fleuve »), qui résiste et en même temps fait corps avec lui (« l'eau balançait ses longs cheveux », « Une lanière d'eau serra sa poitrine »).

• Antonio se sent vivre et son contentement culmine au sortir de ce bain, au-delà de l'enquête menée. Sa réussite le rend beau (« reluisant », « souples », « bonnes mains/doigts [...] fins ») et semble se propager à tout ce qui l'entoure (« au plein du soleil »).

ROMAN

3. L'épopée et la poésie du monde qui s'offre à nous

Giono donne à cet épisode poétique une dimension presque épique.

• Antonio est bien un héros épique, par son physique d'abord (« C'étaient deux beaux bras nus, longs et solides, à peine un peu renflés au-dessus du coude mais tout entourés sous la peau d'une escalade de muscles ») ; par ses aspirations ensuite : plein d'énergie, il y a en lui un désir de violence qu'il assouvit dans l'affrontement : ici, il accomplit un « exploit ».

• Le texte comporte aussi d'autres caractéristiques du registre épique : les éléments sont personnifiés [*relever les effets d'amplification : hyperboles, rythmes parfois amples*].

• De l'épopée, Giono tire aussi son esthétique et son écriture poétique : les images abondent [*les analyser*]. La vie est perçue à travers la multiplication des sensations qui créent d'enivrantes synesthésies [*exemples à commenter*].

• Quel sens donner au récit poétique de cette confrontation ? Giono y invite le lecteur à mesurer le double aspect du « monde », à la fois violent [*exemples*] et beau [*exemples*]. Homme et fleuve sont des organismes complexes [*analyser les éléments qui les composent*], qui sortent grandis de leur confrontation. Jamais Antonio ne cherche à contrôler le fleuve, il fait confiance à ses sens aiguisés par l'expérience pour se mesurer au monde de l'eau.

> **Notez bien**
> Les synesthésies établissent des correspondances entre les perceptions des cinq sens. Les exemples les plus connus sont le poème « Voyelles » de Rimbaud ou « Correspondances » de Baudelaire : pour celui-ci, « Les parfums, les couleurs et les sons se répondent. [...] Il est des parfums frais comme des chairs d'enfants,/ Doux comme les hautbois, verts comme les prairies. »

La leçon à tirer est que l'homme, s'il sait écouter, voir, entendre et surtout toucher la nature, ne doit pas craindre le monde, mais le pénétrer pour mieux le comprendre, vivre en harmonie tonique avec lui et trouver ainsi le bonheur, une joie cosmique. Cette poésie de la nature est un hymne qui célèbre le monde.

Conclusion

À travers ce récit un peu merveilleux, à travers ses descriptions, Giono suggère que les composantes du monde (éléments et humains) se confondent, que l'homme a certes une lutte à mener, mais que, s'il sait comprendre la nature, il saura la dompter sans la brusquer, et que par là il atteindra le bonheur. C'est par une vision et une langue poétique foisonnante, mais très simple, que Giono fait « chanter » le monde qui guide son écriture.

SUJET **31**

Antilles, Guyane • Juin 2012
Série L • 16 points

Le poids des épreuves

Dissertation

▸ **Un personnage de roman ne devient-il intéressant qu'à partir du moment où il traverse des épreuves ?**
Vous développerez votre argumentation en vous appuyant sur les textes du corpus, les œuvres que vous avez étudiées en classe et celles que vous avez lues.

Les textes du corpus sont reproduits dans le sujet nº 29.

ROMAN

LES CLÉS DU SUJET

Comprendre le sujet

• Le thème de l'argumentation est la notion d'« épreuves à traverser ». Cela vous met sur la piste du **roman initiatique**.

• « intéressant » signifie « qui suscite l'intérêt », qui « accroche » le lecteur (le roman divertissement), mais aussi le fait réfléchir (le roman source de réflexion).

• Le **présupposé du sujet** est la thèse suivante : *Un personnage de roman n'intéresse le lecteur que s'il est confronté à des épreuves.*

• La négation partielle « ne... que » vous incite à adopter un **plan dialectique**, à discuter cette thèse.

• **Reformulez la problématique** : *Qu'est-ce qui intéresse le lecteur dans un personnage de roman ?* Point de départ : *Un personnage de roman ne suscite-t-il l'intérêt que s'il est confronté à des situations difficiles ?*

Chercher des idées

• **Analysez la notion d'épreuve** et cherchez les types d'épreuves auxquelles peut être confronté un personnage romanesque (conflits, pauvreté, maladie, mort d'un proche, échec, solitude...).

• Constituez-vous une **réserve d'exemples** :
– de romans où **abondent** les épreuves : *Don Quichotte* de Cervantès (XVIIe siècle), les romans initiatiques ou d'apprentissage et le roman picaresque : *Jacques le Fataliste* de Diderot, *La Vie de Marianne* de Marivaux, *Le Rouge et le Noir* et *La Chartreuse de Parme* de Stendhal ; *L'Enfant*, *Le Bachelier* et *L'Insurgé* de Vallès ; *Le Hussard sur le toit* de Giono.
– de romans où le héros vit des **situations sans épreuves, banales** : les romans réalistes du XIXe siècle, le Nouveau Roman, *L'Étranger* de Camus…

▶ **Pour réussir la dissertation** : voir guide méthodologique.
▶ **Le roman** : voir mémento des notions.

CORRIGÉ 31

Ce corrigé se présente sous forme de plan à rédiger. Les titres en couleur ne doivent pas figurer sur la copie.

Introduction

[Amorce] Dans la préface de son roman *Pierre et Jean*, Maupassant distingue plusieurs types de romanciers : certains confrontent leurs personnages à de multiples péripéties et obstacles et « transforme[nt] la vérité […] pour en tirer une aventure exceptionnelle », d'autres « prétend[ent] nous donner une image exacte de la vie », évitant « tout enchaînement d'événements qui paraîtrait exceptionnel ». Le plus souvent, dans le langage courant, celui dont on dit « c'est un vrai personnage de roman » est un être à part, confronté à de multiples épreuves, aux « plus singulières aventures » (marquis de Sade). [Problématique] Qu'est-ce qui intéresse le lecteur dans un personnage de roman ? Celui-ci ne suscite-t-il l'intérêt que s'il est confronté à l'adversité ? [Annonce du plan] Certes, les situations difficiles donnent au héros de roman un relief particulier [I]. Mais le lecteur peut aussi s'attacher à des personnages moins malmenés par l'existence [II]. En réalité, l'attrait pour un personnage ne saurait se réduire à cette alternative : même lorsqu'il raconte une vie banale, le romancier sait la transfigurer en une destinée singulière captivante [III].

I. L'intérêt du personnage qui affronte des épreuves

1. Qu'est-ce que « traverser des épreuves » ?

• Les épreuves, ce sont des obstacles dont il faut triompher. C'est donc **l'intrigue du roman avec sa suite d'obstacles qui met en valeur le personnage**.

Celui-ci n'est pas intéressant en lui-même, c'est l'action qui le rend intéressant. Le personnage captivant serait alors celui des romans d'aventures.

• Cela renvoie, par exemple, aux romans d'apprentissage ou d'initiation dans lesquels le personnage passe de l'adolescence à l'âge adulte ou de l'ignorance à la sagesse par l'expérience [*exemples*]. Ce type de roman suppose aussi un groupe (familial, social…) troublé et, pour le roman d'initiation, des rites de passage, souvent symboliques, avec un autre personnage qui initie (le passeur) ou a un rôle dans l'épreuve (d'opposant par exemple). Cela donne du corps au roman [*exemples*].

• « Devenir intéressant » signifie que le lecteur est soucieux ou curieux du sort du personnage. Dans le texte de Le Clézio, Antonio devient intéressant par le malheur auquel il est confronté et par la disproportion entre les forces de l'ouragan et les siennes.

• Le personnage qui affronte des épreuves est générateur d'un suspense qui attise l'anxiété et la curiosité du lecteur [*exemples*]. Ce type de héros suscite des émotions fortes. Mais la raison de l'intérêt porté au personnage varie selon qu'il sort de l'action vaincu ou vainqueur.

2. L'intérêt d'un personnage vaincu par les épreuves

• Le lecteur peut ressentir de la sympathie ou de l'empathie pour le personnage parce que sa défaite l'humanise, le rend proche de lui. *Exemples* : épisode de l'échec du travail dans l'usine d'armement dans *L'Écume des jours* de Boris Vian ; le personnage de Renée échoue à entraîner Maxime dans son rêve d'évasion, dans *La Curée* de Zola.

• Face à un personnage vaincu par les épreuves, on peut aussi ressentir une satisfaction morale : le personnage l'a mérité [*exemples personnels*].

3. L'intérêt d'un personnage qui triomphe des épreuves

• En cas de victoire, le lecteur admire le personnage ; il peut même s'identifier à lui, identification valorisante (attrait de Don Quichotte pour les « chevaliers »). *Exemples* : dans *Les Trois Mousquetaires* de Dumas, d'Artagnan réussit à récupérer les ferrets de la reine et déjoue ainsi le complot de Richelieu ; succès des jeunes magiciens de la saga *Harry Potter*…

• Le lecteur vit alors, par personnage interposé, une vie exaltante qui redonne du piment à sa propre existence. Le héros qui surmonte les épreuves construit une image optimiste de l'homme et de la vie et donne optimisme ou espoir au lecteur [*corpus et exemples personnels*].

Attention !
Pour choisir des exemples, vous devez vous appuyer sur le corpus, mais cela n'est pas suffisant : il faut ajouter des exemples personnels qui témoignent de votre culture littéraire ou artistique. Ne vous bornez pas à citer des titres : commentez les exemples.

ROMAN

II. Un personnage « hors épreuves » est-il inintéressant ?

• Un personnage « hors épreuves » est un personnage qui n'est pas dans une position particulièrement éprouvante, c'est-à-dire dont la position est assez banale et n'engage rien d'exceptionnel. *Exemple du corpus* : le bain de mer est l'occasion de voir les personnages de *La Peste* dans un moment ordinaire pour qui habite en bord de mer comme le docteur Rieux.

• Dans un moment « hors épreuves », le personnage évolue dans un monde et une action plus humains, à l'image de la « normalité » du lecteur, dont il est alors plus proche. *Exemple du corpus* : le bain de mer de Rieux avec son ami Tarrou est un moment de relâchement, pour le personnage comme pour le lecteur. Le docteur héroïque est plus proche de nous dans son abandon sensuel au plaisir de l'instant. Dans ce passage, le corps est enfin heureux.

• L'humanité d'un personnage se construit aussi en grande partie dans des épisodes en apparence banals. Pour Zola, « le premier homme qui passe est un héros suffisant ». Dans *Madame Bovary*, Flaubert montre l'importance de l'expérience de l'ennui pour Emma. Et son époux, Charles Bovary, devient attachant malgré ou peut-être grâce à la banalité de ses aspirations [*exemples*].

• L'imagination du lecteur peut se nourrir de petits faits banals. Le Nouveau Roman abolit toute action et tout héros exceptionnels et confie la représentation d'un monde énigmatique à des individualités transparentes. Dès le début de *La Modification*, de Michel Butor, le lecteur peut se mettre à la place de cet homme tourmenté par l'approche de la cinquantaine et les aléas de sa vie amoureuse.

• Le pôle d'intérêt principal d'un roman peut être l'analyse par l'auteur de la psychologie du personnage, plus que les épreuves ou les situations originales auxquelles il est confronté. Plus qu'aux péripéties, c'est à l'univers mental que l'on s'attache. Ce sont les romans qui privilégient le « courant de conscience » et le monologue intérieur [*James Joyce* + *exemples personnels*].

• Enfin le personnage peut être destiné à illustrer la contingence, l'absurde de la vie, souvent insipide (Meursault dans *L'Étranger* de Camus).

III. La confrontation au banal comme à l'exceptionnel

1. L'intérêt du personnage dépend de la fonction du roman

• Le lecteur qui voit dans le roman une évasion, un divertissement devant faire vibrer et donner du mouvement à sa vie quotidienne est plus attiré par le héros qui affronte de multiples épreuves, obstacles et dangers.

• Celui qui cherche dans le roman la reproduction de la vie quotidienne, l'analyse du cœur humain, peut préférer le personnage confronté à une existence plus ordinaire (romans réalistes du XIXe siècle).

2. Le personnage à l'image de la vie

• Cependant, à supposer que le personnage de roman doive être l'image fidèle de la réalité, la vie étant un mélange de routine et d'épreuves, son intérêt est de reproduire ce mélange même. Félicité, dans *Un cœur simple* de Flaubert, a la vie rude et banale d'une servante orpheline ; mais, dans quelques épisodes, elle révèle son exceptionnel courage physique et moral. Harry Potter dans *À l'école des sorciers* passe du statut d'enfant « banalement » mal aimé à celui d'élève original et talentueux, dont les qualités sont enfin reconnues.

• Le héros n'est jamais aussi convaincant que dans les moments où, victime de ses propres faiblesses, il échoue. Il se construit alors dans sa capacité à rebondir à partir de son échec. Fabrice, dans *La Chartreuse de Parme*, de Stendhal, trouve dans son amour pour Clélia un aliment à sa rêverie : le lecteur est pris par le romantisme du personnage qui se révèle alors.

3. Éviter tout excès : ni trop d'épreuves ni trop de platitude

En tout état de cause, tout excès risque de désamorcer l'intérêt du lecteur pour le personnage. À multiplier les épreuves, le romancier risque que le lecteur n'adhère plus à son personnage dont la destinée semble trop artificielle. À confronter son héros à des situations trop banales et trop plates, il risque d'ennuyer le lecteur. Un savant dosage est nécessaire pour être crédible.

4. La transfiguration d'une vie banale en destinée singulière

• Le roman a pour privilège de rendre la banalité unique et certains personnages médiocres, confrontés à une vie commune, sont devenus de véritables mythes (Emma dans *Madame Bovary* de Flaubert, Meursault dans *L'Étranger* de Camus).

• C'est au romancier, par son art, de rendre exceptionnel ce qui est banal. « Le pire des lieux communs, le plus mort des vivants peuvent jouer leur rôle dans un grand drame » (James Joyce).

Conclusion

« Le roman fabrique du destin sur mesure », écrit Camus dans *L'Homme révolté* (1951). En effet, le roman n'est ni le simple récit d'exploits extraordinaires, ni la pure représentation de la réalité. Ainsi, le personnage de roman intéresse le lecteur lorsqu'il est confronté aux épreuves mais aussi lorsqu'il a un destin moins agité. C'est la combinaison de ces deux composantes qui fait son originalité et attire le lecteur. « Miroir » qui déforme, le roman nous révèle à nous-mêmes, plus « vrais que nature ».

SUJET

32

Antilles, Guyane • Juin 2012

Série L • 16 points

Le poids des épreuves

Écriture d'invention

▸ **Imaginez la suite de l'extrait du *Chercheur d'or* de J. M. G. Le Clézio. Vous veillerez à mêler récit, description et monologue intérieur à la manière de l'auteur.**

Se reporter au document C reproduit dans le sujet nº 29.

LES CLÉS DU SUJET

Comprendre le sujet

• « **Définition** » du texte à produire, à partir de la consigne.

Extrait de roman (*genre*) qui raconte (*type de texte*) la lutte d'Antonio avec l'ouragan (*thème*), décrit (*type de texte*) le phénomène (*thème*), rapporte les pensées du personnage, dramatique, pathétique, épique (*registres*) pour rendre compte de sa peur et de la violence de l'ouragan (*buts*).

Chercher des idées

• Vous devez **respecter le texte source**, ce qui implique de :

– conserver les **temps verbaux** et les **indices personnels** ;

– inclure le monologue intérieur dans le récit à partir de la **focalisation interne**, comme dans le texte de Le Clézio ;

– respecter les **traits de caractère de l'enfant** : très jeune, confronté au déchaînement des éléments et imaginant le pire pour les siens comme pour lui-même ;

– analyser et utiliser les **figures de style** de Le Clézio.

• Mais vous devez aussi vous montrer **inventif** :

– vous pouvez citer d'**autres personnages** ou en créer ;

– vous ne devez pas proposer uniquement un prolongement des mêmes émotions mais faire **rebondir le récit** : ainsi, Antonio peut évoluer et dominer sa peur.

▶ **Pour réussir l'écriture d'invention** : voir guide méthodologique.
▶ **Le roman** : voir mémento des notions.

CORRIGÉ 32

Voici un extrait répondant à la consigne, mais votre copie doit être enrichie : un devoir trop court sera pénalisé.

Un éclair… un éclair qui me découvre le paysage alentour… Et c'est comme si la lumière se faisait dans mon âme. Le bruit est toujours assourdissant, je suis toujours plongé dans l'obscurité, je sens toujours l'odeur âcre de la terre détrempée, j'ai toujours froid, et le goût âpre du sel dissous dans l'air remplit toujours ma bouche. Mais non, il n'y a pas de monstres qui viennent me dévorer. Oui, je suis bien sur l'Étoile… et je ne tremble presque plus.

Comme si cet éclair de lumière avait brutalement chassé la terreur panique qui me submergeait… Je ne ressens plus autant le besoin de crier à l'aide, de lutter contre l'ombre qui m'entoure et de me protéger de l'eau qui dévale et dévaste les collines. Un miracle ? La pensée de ma famille qui m'envoie du courage ? Oui, cet éclair me dit qu'ils sont saufs… Je les retrouverai…

Encore un éclair… Il me rassure… Les hommes m'ont abandonné, mais la nature semble me protéger comme une grande sœur. L'eau ne peut pas me faire de mal, après tout : si je tombe, elle me sauvera, elle me portera, moi si léger… Ce bruit assourdissant, c'est une berceuse terrible, mais magnifique. D'ailleurs, Mam ne m'a-t-elle pas dit, après avoir refermé le grand livre rouge, qu'il n'y aurait plus de déluge, que Dieu avait passé un pacte avec les hommes ? Que l'eau ne s'abattrait plus sur le monde pour tuer ? Non, elle ne nous fera pas de mal, j'ai eu tort de m'inquiéter. Et ils sont beaux, ces tourbillons virevoltants, ces volutes ombreuses, ces arabesques venteuses presque magiques.

> **Conseil**
> Pour écrire la suite d'un texte, il faut identifier ses faits d'écriture (ici les questions rhétoriques, les images saisissantes, les apostrophes à des absents), en faire la liste au brouillon et les réutiliser dans l'écriture de votre texte.

Je vais sortir de la sucrerie : je ne risque rien, et je verrai mieux ce magnifique spectacle du haut de l'Étoile. Je *dois* avoir confiance : je ne connais pas bien le chemin, mais je sais que les éléments me guideront. J'avance lentement : le vent me pousse vers le promontoire, il m'aide à avancer. La pluie bat mes tempes, elle me dicte mes pas et rythme mon avancée. Le froid met tous mes sens en éveil, il purifie l'air que je respire. La terre boueuse adhère à mes pieds, elle m'empêche de glisser et me donne un appui sûr.

Me voilà pourtant en haut de l'Étoile, sans plus de difficulté : je vais m'asseoir au bord du promontoire. Je balance mes jambes doucement dans le vide : je ne risque toujours rien, n'est-ce pas ?

J'attends : je guette un nouvel éclair de lumière qui déchirera l'ombre. Je voudrais que Laure et Mam soient avec moi pour profiter de cet instant magique. Mais elles ne comprendraient pas. Je les entends d'ici : *Alexis, reviens ! C'est dangereux !* Comme j'aimerais partager ce moment-là avec elles ! Mais, non, je me trompe : elles sont peut-être perdues dans le déluge… Perdues à jamais ? Alors à quoi me servira mon courage tout neuf ? À qui pourrai-je le montrer ?

Alexis ! Recule ! Descends ! C'est dangereux ! Est-ce leurs voix ? Où sont-elles ? Si elles me voyaient, elles me gronderaient… Mais je ne les entendrais pas : je ne suis qu'un regard avide, tendu vers cette immensité obscure qui m'effraie encore et pourtant m'enveloppe, qu'un corps pris d'une sensation de vertige à la fois angoissante et délicieuse. Quel est ce nouveau bruit ? Un éclair ! Un cri… Tout à coup, je sens qu'on empoigne ma main…

« Mais Antonio, tu es fou ? Sortir par un temps pareil ? Tu veux donc mourir ? » Denis ! C'est Denis ! Avec lui, je suis sauvé !

« Denis, mon Denis ! Tu es revenu ? Tu m'as cherché, n'est-ce pas ? Et Mam ? Et Laure ? Et papa ? Morts ?

– Morts ? Oui ! »

Mon cœur éclate ! Mon sang se glace… Impossible !

« Morts, oui… morts *d'angoisse*, tu comprends ? On vient de rapporter au village les corps des deux vieux pêcheurs du marché. Alors ils te croient mort aussi et parcourent les alentours en hurlant ton nom… »

Recule ! Descends ! C'est dangereux ! C'étaient donc bien leurs voix…

« Suis-moi, misérable héros de pacotille, et ne t'avise plus de faire le malin, de te mesurer aux forces de la nature ! »

Il me guide comme une gazelle à travers le sol trempé, son visage éclairé par les éclairs comme un ange descendu du ciel. Je me sens penaud et coupable… Comment vont m'accueillir Mam, Papa et Laure ? Et ces pauvres bons vieux pêcheurs… Sur mes joues, les larmes se mêlent aux gouttes de pluie…

SUJET

33

Liban • Mai 2012

Série ES, S • 4 points

Construire une vision du monde

Question

Documents

A – **Madame de La Fayette**, *La Princesse de Clèves*, 1678.
B – **Guy de Maupassant**, *Pierre et Jean*, 1888.
C – **Albert Camus**, *L'Étranger*, 1942.

▸ Vous comparerez ces demandes en mariage en mettant en évidence la façon dont elles caractérisent les personnages de roman suivants : mademoiselle de Chartres et le prince de Clèves ; Jean et madame Rosémilly ; Meursault et Marie.

Après avoir répondu à cette question, les candidats devront traiter au choix un des trois sujets nos 34, 35 ou 36.

ROMAN

DOCUMENT A

L'histoire se passe à Paris dans le milieu de la cour, au XVIe siècle, sous le règne d'Henri II. Mlle de Chartres a essayé d'épouser le cousin germain du roi, mais celui-ci s'est vivement opposé à cette tentative de mariage.

Personne n'osait plus penser à Mlle de Chartres, par la crainte de déplaire au roi ou par la pensée de ne pas réussir auprès d'une personne qui avait espéré un prince du sang. M. de Clèves ne fut retenu par aucune de ces considérations. La mort du duc de Nevers, son père, qui arriva alors, le mit dans une entière liberté de suivre son inclination[1] et, sitôt que le temps de la bienséance du deuil fut passé, il ne songea plus qu'aux moyens d'épouser Mlle de Chartres. Il se trouvait heureux d'en faire la proposition dans un temps où ce qui s'était passé avait éloigné les autres partis et où il était quasi assuré qu'on ne la lui refuserait pas. Ce qui troublait sa joie, était la crainte de ne pas lui être agréable, et il eût préféré le bonheur de lui plaire à la certitude de l'épouser sans en être aimé.

Le chevalier de Guise[2] lui avait donné quelque sorte de jalousie ; mais comme elle était plutôt fondée sur le mérite de ce prince que sur aucune des actions de Mlle de Chartres, il songea seulement à tâcher de découvrir s'il était assez heureux pour qu'elle approuvât la pensée qu'il avait pour elle. Il ne la voyait que chez les reines[3] ou aux assemblées ; il était difficile d'avoir une conversation particulière. Il en trouva pourtant les moyens et lui parla de son dessein et de sa passion avec tout le respect imaginable ; il la pressa de lui faire connaître quels étaient les sentiments qu'elle avait pour lui et il lui dit que ceux qu'il avait pour elle étaient d'une nature qui le rendrait éternellement malheureux si elle n'obéissait que par devoir aux volontés de madame sa mère.

Comme Mlle de Chartres avait le cœur très noble et très bien fait, elle fut véritablement touchée de reconnaissance du procédé du prince de Clèves. Cette reconnaissance donna à ses réponses et à ses paroles un certain air de douceur qui suffisait pour donner de l'espérance à un homme aussi éperdument amoureux que l'était ce prince ; de sorte qu'il se flatta d'une partie de ce qu'il souhaitait.

Elle rendit compte à sa mère de cette conversation, et Mme de Chartres lui dit qu'il y avait tant de grandeur et de bonnes qualités dans M. de Clèves et qu'il faisait paraître tant de sagesse pour son âge que, si elle sentait son inclination portée à l'épouser, elle y consentirait avec joie. Mlle de Chartres répondit qu'elle lui remarquait les mêmes bonnes qualités ; qu'elle l'épouserait même avec moins de répugnance qu'un autre, mais qu'elle n'avait aucune inclination particulière pour sa personne.

Dès le lendemain, ce prince fit parler à Mme de Chartres ; elle reçut la proposition qu'on lui faisait et elle ne craignit point de donner à sa fille un mari qu'elle ne pût aimer en lui donnant le prince de Clèves. Les articles[4] furent conclus ; on parla au roi, et ce mariage fut su de tout le monde.

Madame de La Fayette, *La Princesse de Clèves*, 1678.

---

1. Inclination : penchant, désir.
2. De Guise est tombé amoureux de Mlle de Chartres peu après son ami de Clèves, dont il est ainsi devenu un rival.
3. Il s'agit de la femme du roi (Catherine de Médicis), de la favorite du roi (Diane de Poitiers), de la sœur du roi et de l'épouse du fils du roi.
4. Articles : écrits officiels faisant office de contrat.

DOCUMENT B

Monsieur et madame Roland sont des bourgeois aisés du XIXe siècle. Avec leurs deux fils, Pierre et Jean, ils vont passer une journée en compagnie d'une amie de la famille, madame Rosémilly, sur une plage de Normandie. Jean, le frère cadet, qui se prépare à vingt-cinq ans à devenir avocat, parvient à s'isoler du groupe avec madame Rosémilly, jeune veuve de vingt-deux ans. Ils essaient tous deux de pêcher des crustacés entre les rochers. Madame Rosémilly, « adroite et rusée », vient justement d'en attraper plusieurs.

Jean maintenant ne trouvait rien, mais il la suivait pas à pas, la frôlait, se penchait sur elle, simulait un grand désespoir de sa maladresse, voulait apprendre.

– Oh ! montrez-moi, disait-il, montrez-moi !

Puis, comme leurs deux visages se reflétaient, l'un contre l'autre, dans l'eau si claire dont les plantes noires du fond faisaient une glace limpide, Jean souriait à cette tête voisine qui le regardait d'en bas, et parfois, du bout des doigts, lui jetait un baiser qui semblait tomber dessus.

– Ah ! que vous êtes ennuyeux, disait la jeune femme ; mon cher, il ne faut jamais faire deux choses à la fois.

Il répondit :

– Je n'en fais qu'une. Je vous aime.

Elle se redressa, et d'un ton sérieux :

– Voyons, qu'est-ce qui vous prend depuis dix minutes, avez-vous perdu la tête ?

– Non je n'ai pas perdu la tête. Je vous aime, et j'ose, enfin, vous le dire.

Ils étaient debout maintenant dans la mare salée qui les mouillait jusqu'aux mollets, et les mains ruisselantes appuyées sur leurs filets, ils se regardaient au fond des yeux.

Elle reprit, d'un ton plaisant et contrarié :

– Que vous êtes malavisé de me parler de ça en ce moment ! Ne pouviez-vous attendre un autre jour et ne pas me gâter ma pêche ?

Il murmura :

– Pardon, mais je ne pouvais plus me taire. Je vous aime depuis longtemps. Aujourd'hui, vous m'avez grisé à me faire perdre la raison.

Alors, tout à coup, elle sembla en prendre son parti, se résigner à parler d'affaires et à renoncer aux plaisirs.

– Asseyons-nous sur ce rocher, dit-elle, nous pourrons causer tranquillement.

ROMAN

Ils grimpèrent sur un roc un peu haut, et lorsqu'ils y furent installés côte à côte, les pieds pendants, en plein soleil, elle reprit :

– Mon cher ami, vous n'êtes plus un enfant et je ne suis pas une jeune fille. Nous savons fort bien l'un et l'autre de quoi il s'agit, et nous pouvons peser toutes les conséquences de nos actes. Si vous vous décidez aujourd'hui à me déclarer votre amour, je suppose naturellement que vous désirez m'épouser.

Il ne s'attendait guère à cet exposé net de la situation, et il répondit niaisement :

– Mais oui.

– En avez-vous parlé à votre père et à votre mère ?

– Non, je voulais savoir si vous m'accepteriez.

Elle lui tendit sa main encore mouillée, et comme il y mettait la sienne avec élan :

– Moi, je veux bien, dit-elle. Je vous crois bon et loyal. Mais n'oubliez point que je ne voudrais pas déplaire à vos parents.

– Oh ! pensez-vous que ma mère n'a rien prévu et qu'elle vous aimerait comme elle vous aime si elle ne désirait pas un mariage entre nous ?

– C'est vrai, je suis un peu troublée.

Ils se turent. Et il s'étonnait, lui, au contraire, qu'elle fût si peu troublée, si raisonnable. Il s'attendait à des gentillesses galantes, à des refus qui disent oui, à toute une coquette comédie d'amour mêlée à la pêche, dans le clapotement de l'eau ! Et c'était fini, il se sentait lié, marié, en vingt paroles. Ils n'avaient plus rien à se dire puisqu'ils étaient d'accord et ils demeuraient maintenant un peu embarrassés tous deux de ce qui s'était passé, si vite, entre eux, un peu confus même, n'osant plus parler, n'osant plus pêcher, ne sachant que faire.

Guy de Maupassant, *Pierre et Jean*, 1888.

DOCUMENT C

L'histoire se déroule dans la première moitié du XXe siècle. Le narrateur, Meursault, vit et travaille à Alger. Le lendemain de l'enterrement de sa mère, il rencontre Marie Cardona, une ancienne collègue de bureau, et passe la nuit avec elle. Au chapitre V de la première partie, il ne la connaît que depuis une dizaine de jours.

Le soir, Marie est venue me chercher[1] et m'a demandé si je voulais me marier avec elle. J'ai dit que cela m'était égal et que nous pourrions le faire si elle le voulait. Elle a voulu savoir alors si je l'aimais. J'ai répondu comme je l'avais déjà fait une fois[2], que cela ne signifiait rien mais que sans doute je ne l'aimais pas. « Pourquoi m'épouser alors ? » a-t-elle dit. Je lui ai expliqué que cela n'avait aucune importance et que si elle le désirait, nous pouvions nous marier. D'ailleurs c'était elle qui le demandait et moi je me contentais de dire oui. Elle a observé alors que le mariage était une chose grave. J'ai répondu : « Non. » Elle s'est tue un moment et elle m'a regardé en silence. Puis elle a parlé. Elle voulait simplement savoir si j'aurais accepté la même proposition venant d'une autre femme, à qui je serais attaché de la même façon. J'ai dit : « Naturellement. » Elle s'est demandé alors si elle m'aimait et moi, je ne pouvais rien savoir sur ce point. Après un autre moment de silence, elle a murmuré que j'étais bizarre, qu'elle m'aimait sans doute à cause de cela mais que peut-être un jour je la dégoûterais pour les mêmes raisons. Comme je me taisais, n'ayant rien à ajouter, elle m'a pris le bras en souriant et elle a déclaré qu'elle voulait se marier avec moi.

J'ai répondu que nous le ferions dès qu'elle le voudrait. Je lui ai parlé alors de la proposition du patron[3] et Marie m'a dit qu'elle aimerait connaître Paris. Je lui ai appris que j'y avais vécu dans un temps et elle m'a demandé comment c'était. Je lui ai dit : « C'est sale. Il y a des pigeons et des cours noires. Les gens ont la peau blanche. »

Puis nous avons marché et traversé la ville par ses grandes rues. Les femmes étaient belles et j'ai demandé à Marie si elle le remarquait. Elle m'a dit que oui et qu'elle me comprenait. Pendant un moment, nous n'avons plus parlé. Je voulais cependant qu'elle reste avec moi et je lui ai dit que nous pouvions dîner ensemble chez Céleste[4]. Elle en avait bien envie, mais elle avait à faire. Nous étions près de chez moi et je lui ai dit au revoir. Elle m'a regardé : « Tu ne veux pas savoir ce que j'ai à faire ? » Je voulais bien le savoir, mais je n'y avais pas pensé et c'est ce qu'elle avait l'air de me reprocher. Alors, devant mon air empêtré, elle a encore ri et elle a eu vers moi un mouvement de tout le corps pour me tendre sa bouche.

Albert Camus, *L'Étranger*, © Éditions Gallimard, 1942.

---

1. Marie est venue chercher Meursault sur son lieu de travail.
2. Elle lui a posé la même question le samedi précédent, après une journée à la plage.
3. Son patron lui a proposé le matin même un poste à Paris.
4. Il s'agit d'un restaurant où se rend souvent Meursault.

ROMAN

LES CLÉS DU SUJET

Comprendre la question

• « la façon dont elles caractérisent… » signifie : comment ces scènes clés révèlent-elles les personnages (personnalité, vision du monde…) ?

• « Comparez » signifie que vous ne devez pas analyser les trois textes séparément mais en les groupant par **perspectives ou points de vue.**

• **Structurez votre réponse :** une courte **introduction** doit situer les documents et reprendre la question, et une brève **conclusion** rappeler l'intérêt des éléments analysés dans la réponse pour la compréhension du corpus.

• Accompagnez chaque remarque d'**exemples précis** tirés des textes.

▶ **Pour réussir les questions** : voir guide méthodologique.

▶ **Le roman** : voir mémento des notions.

CORRIGÉ 33

Introduction

[Amorce et présentation du corpus] La demande en mariage est un moment clé de bien des romans : elle peut l'ouvrir (*La Princesse de Clèves*) et jouer un rôle décisif dans le destin des protagonistes, marquer une étape importante dans son dénouement (*Pierre et Jean*), ou n'être qu'un moment ordinaire dans la vie du protagoniste (*L'Étranger*). Ces trois demandes s'inscrivent dans des milieux et des époques contrastées : la cour d'Henri II à la fin du XVIe siècle, la petite bourgeoisie provinciale de la fin du XIXe siècle, et de modestes employés dans l'Algérie de la colonisation au XXe siècle. [Thème de la question] Elles n'en révèlent pas moins la façon dont chacun des protagonistes s'engage sentimentalement dans la demande et accepte ou refuse les conventions qui, à toutes les époques, régissent l'acte social qu'est le mariage.

Le cœur et le corps

• M. de Clèves joint à sa haute naissance de grandes « qualités » de cœur, une vraie « sagesse ». Il est le seul à éprouver une « passion », à être « éperdument amoureux ». C'est l'amour d'un homme mûr qui souhaite plus que tout que cet amour soit réciproque : « le bonheur de lui plaire » a plus de prix pour lui que « la certitude de l'épouser sans en être aimé ». Il est sensible à la perfection à la fois morale et physique de Mlle de Chartres.

• Jean est un jeune homme sans expérience amoureuse, qui semble sincèrement épris de la jeune veuve. Il se dit « grisé » par elle et prend plaisir à la

« frôl[er] », à lui envoyer des baisers du bout des doigts : sa manière de déclarer son amour est passablement maladroite. Il n'a pas compris qu'il a devant lui une femme de tête qui n'a plus le cœur au marivaudage, mais sait reconnaître en lui les qualités pour faire, à cette époque, un bon mari : il est « bon et loyal ».

• Meursault est encore jeune. Manifestement, il n'est pas dépourvu de séduction et Marie éprouve une attirance physique pour lui (« un mouvement de tout le corps pour [lui] tendre sa bouche »). Lui-même n'est pas indifférent à la beauté des femmes et il veut que Marie reste auprès de lui. Par sa froideur, son indifférence, il pourrait passer pour un goujat. Mais Marie, qui le connaît bien et l'aime, ne se choque pas de ses réponses déconcertantes (elle en « ri[t] »).

Trois jeunes femmes très différentes

• Mlle de Chartres est la perfection physique et morale incarnée (« cœur très noble et très bien fait »). Touchée par le procédé de M. de Clèves, elle éprouve de la « reconnaissance » pour lui. Elle est aussi sincère quand elle déclare à sa mère qu'elle n'a pour lui que de l'estime.

• Mme Rosémilly rappelle qu'elle n'est plus une « jeune fille », sous-entendant qu'elle n'attend plus du mariage la révélation du plaisir des sens (la pêche aux crustacés lui apporte ses « plaisirs »). Pour cette femme de tête, le mariage s'apparente à un contrat avec ses arrangements plus qu'à l'union de deux cœurs.

• Marie est sensuelle, gaie, libre, sans préjugés. C'est l'impossibilité de communiquer avec Meursault qui détermine son attitude. Elle le prend tel qu'il est, même si elle ne le comprend pas. Comme Mme Rosémilly, c'est elle qui prend l'initiative de la demande en mariage parce qu'elle aime Meursault. Lucide, elle reconnaît qu'il pourrait un jour « la dégoûter ».

Le respect des conventions ?

• Le prince ne voudrait pas que Mlle de Chartres l'épouse par obéissance à sa mère. Mais l'aveuglement de celle-ci, qui n'a pas écouté l'aveu de sa fille, scelle le destin tragique du prince et de la princesse.

• Mme Rosémilly dispose de sa main mais elle sait qu'une union réussie ne doit pas « déplaire » aux parents.

• Marie, elle, est affranchie de ces conventions et dispose librement de son cœur et de son corps. Elle garde son libre arbitre.

Conclusion

La demande en mariage est une scène clé des romans parce qu'elle fait avancer l'action et parce qu'elle révèle la personnalité, les motivations et les rapports au monde des personnages. Cette fonction peut aussi être remplie par d'autres moments cruciaux : les scènes de rupture, les scènes de conflit...

SUJET

34

Liban • Mai 2012

Série ES, S • 16 points

Construire une vision du monde

Commentaire

▸ **Vous ferez le commentaire du texte de Maupassant.**

Se reporter au document B du sujet nº 33.

LES CLÉS DU SUJET

Trouver les idées directrices

- Faites la « **définition** » du texte pour trouver des idées directrices.

> Extrait de roman (*genre*) qui raconte (*type de texte*) une déclaration d'amour et une demande en mariage (*thème*), par endroits ironique, satirique (*registre*), inhabituel, ridicule, contrasté, pessimiste (*adjectifs*), pour éclairer les deux personnages du roman et leurs relations, pour faire la critique de la conception bourgeoise de l'amour et du mariage (*buts*).

- Analysez ce qui est **surprenant** dans cette scène amoureuse.
- Comparez le **caractère et** le **comportement** des deux personnages mis en contraste.
- Déduisez-en le **regard de Maupassant** sur les habitudes bourgeoises.

Pistes de recherche

Première piste : le récit inhabituel d'une demande en mariage

- Analysez le **cadre** de cette déclaration : en quoi est-il inattendu ?
- Qu'est-ce qui rend cette déclaration un peu **ridicule** ? Quel regard le narrateur porte-t-il sur cette scène ?
- Qui formule la demande en mariage ? Pourquoi est-ce **étonnant** ?

Deuxième piste : deux personnages opposés

- Étudiez les paroles, le comportement de **Mme Rosémilly** ; caractérisez-la.
- Analysez le personnage de **Jean** : qu'est-ce qui montre sa maladresse et sa naïveté ?

Troisième piste : une vision pessimiste et satirique

- Comment se révèle le **regard critique** de Maupassant ?
- Que **dénonce**-t-il dans cette conception de l'amour et du mariage ?

▶ **Pour réussir le commentaire :** voir guide méthodologique.
▶ **Le roman :** voir mémento des notions.

CORRIGÉ 34

Les titres en couleur ne doivent pas figurer sur la copie.

Introduction

[Amorce] Maupassant était trop proche de son « père spirituel », Flaubert, pour adhérer totalement aux thèses provocatrices des naturalistes dont Zola était le chef de file. [Présentation de l'œuvre] Avec *Pierre et Jean*, paru en 1887, il publie un roman qui correspond parfaitement à son idéal littéraire : loin d'effets spectaculaires, il met en scène des personnages ordinaires dans le milieu provincial de la petite bourgeoisie. Deux frères – Pierre et Jean –, l'un déjà médecin, l'autre bientôt avocat, un couple de parents retraités affectueux, une jeune et jolie veuve, un héritage inattendu qui favorise curieusement un des frères et des secrets de famille enfouis qui ressortent. Maupassant jette un regard désabusé et lucide sur le jeu des uns et des autres ; il fait partager le drame à peine avoué de Pierre, jeune homme sombre et tourmenté, qui se sent étranger dans sa propre famille. [Présentation du texte] Jean, personnage insouciant et sans grand relief, préféré par sa mère parce qu'il est né d'une liaison adultère, profite d'une partie de pêche pour avouer son amour à Mme Rosémilly et la demander en mariage. [Annonce du plan] Maupassant observe cette déclaration et cette demande d'une façon détachée et même ironique. [I] En effet, ce rituel social ne se déroule pas de façon habituelle, ni par son cadre, [II] ni par le comportement des acteurs. [III] C'est, pour Maupassant, l'occasion de livrer sa vision pessimiste de l'amour et du mariage dans le monde étriqué de la petite bourgeoisie de son époque.

I. Le récit inhabituel d'une demande en mariage

La scène ne suit pas le déroulement attendu de la déclaration d'amour et de la demande en mariage au XIXe siècle. Habituellement, c'est l'homme qui, après une vie sentimentale bien remplie et à un âge avancé, décide de se « ranger » en demandant la main d'une jeune fille inexpérimentée, dans un cadre poétique.

Ici, Maupassant observe la scène, retranscrit gestes et paroles comme un témoin externe et détaché de ce qui lui apparaît comme une « comédie » où chacun joue son rôle avec plus ou moins de sincérité et d'adresse.

1. Une scène un peu ridicule

• Le cadre de la scène : cette plage qui s'étire à marée basse pourrait être le cadre d'une promenade sentimentale mais ici ce décor disparaît presque complètement et la mer n'a rien d'impressionnant : à marée basse, elle est réduite à la dimension d'une « mare » ; toute l'attention se porte sur les personnages, leurs gestes et leurs paroles. La plage n'est vue que comme un lieu de pêche par Mme Rosémilly qui, « adroite et rusée », a « le flair d'un chasseur » pour attraper les crustacés. Elle est complètement accaparée par sa pêche alors que Jean, tout entier dans ses projets amoureux, ne semble guère passionné ni désireux d'apprendre à pêcher, malgré ses dires. Pour Jean, la mer – ou ce qu'il en reste, « la mare » dans laquelle ils pataugent –, devient un accessoire de théâtre, une variante du miroir amoureux, magique, dans lequel se reflètent son visage et celui de la jeune femme.

• Un marivaudage un peu mièvre : Maupassant décrit avec ironie cette mise en abyme amoureuse. Jean se comporte comme un adolescent timide quand, devant leur reflet dans l'eau, « du bout des doigts, [il] lui [jette] un baiser », alors qu'il a en face de lui une femme, jeune mais déjà veuve et qui, par son expérience, ne doit plus être sensible à ces gamineries. La scène est rendue presque ridicule par les attentions naïves de Jean et sa comédie « du grand désespoir », triviale quand Maupassant décrit le couple « debout [...] dans la mare salée qui les mouill[e] jusqu'aux mollets » alors qu'« ils se regard[ent] au fond des yeux ». Maupassant, en faisant remonter son regard sur le couple de leurs « mollets » jusqu'à leur visage, évoqué seulement par un cliché banal (« au fond des yeux »), souligne le vide affectif de cet échange muet.

• Paradoxalement, cette jeune pêcheuse est la proie espérée de Jean qui la « sui[t] pas à pas ». Mais cette proie est plus expérimentée que lui.

2. Une déclaration et une demande inhabituelles

• Ce paradoxe se poursuit dans la demande en mariage. En effet, Jean est le seul à déclarer à trois reprises son amour mais c'est Mme Rosémilly qui aborde la question du mariage, et formule même indirectement la demande, à la place de Jean : « je suppose naturellement que vous désirez m'épouser ». Traditionnellement la demande est assurée par les hommes. Or, ici, les rôles sont inversés. C'est elle qui, littéralement, demande la main de Jean : « Elle lui tendit sa main encore mouillée », elle encore qui mène la conversation. Son comportement change, elle devient sérieuse, son ton est grave. Elle parle affaires, en maîtresse femme, dominante.

• Contrairement aux clichés de l'époque, selon lesquels dans ce genre de situation l'homme agit avec raison et la femme avec frivolité, ici, les rôles sont également inversés. C'est elle qui est « si peu troublée, si raisonnable » alors que Jean a d'abord minaudé, puis regrette qu'on ne joue pas à la « coquette comédie d'amour » qu'il escomptait.

II. Deux personnages opposés aux motivations bien différentes

Ce sont donc deux personnages aux caractères opposés et aux motivations bien différentes.

1. Mme Rosémilly, une maîtresse femme

• Mme Rosémilly apparaît comme une femme de tête qui impose son jugement et prend les décisions. Elle résume froidement la situation avec un vocabulaire qui fait appel à la raison (« savons », « pouvons peser toutes les conséquences », « décidez », « suppose », « désirez m'épouser »). Cette pêcheuse expérimentée mais aussi « rusée » préfère sa pêche aux déclarations de Jean qu'elle qualifie d'un « ça » vague et négatif. Elle n'est d'abord pas prête à « renoncer aux plaisirs » de la pêche pour lui parler et le remet à sa place avec des mots sévères et même méprisants (« que vous êtes ennuyeux », « avez-vous perdu la tête ? », « que vous êtes malavisé », « me gâter la pêche »).

• Mais elle sait s'adapter avec rapidité (« alors, tout à coup, elle sembla en prendre son parti »), et, la tête froide, elle interrompt les effusions de Jean par le rappel lucide de leur âge et de leur situation (« vous n'êtes plus un enfant », « je ne suis plus une jeune fille »). C'est elle qui pose les questions, dirige les réponses, parle pour elle et pour Jean, en alternant les « vous » et le « je » ou en les réunissant par « l'un et l'autre » ou « nous ».

• On ne sent pas vraiment d'enthousiasme dans sa décision : l'amour ne semble pas être sa motivation mais plutôt une estime raisonnable pour les qualités de Jean qu'elle croit « bon et loyal ». Ce n'est qu'après son exposé ferme et décidé qu'elle reconnaît qu'elle est « un peu troublée »…

2. Jean, un amoureux maladroit et naïf

• Jean est le complet opposé de Mme Rosemilly. Il est attiré par elle physiquement, prend plaisir à la « frôl[er] », avoue à la jeune femme qu'elle l'a « grisé ». C'est un séducteur maladroit et peu expérimenté en amour puisqu'il n'arrive qu'à « gâter la pêche » de Mme Rosemilly. Lui est vraiment troublé par cette femme et totalement pris au dépourvu par la tournure des événements.

• Maupassant commente d'abord cette attitude en narrateur externe, ironiquement : « il répondit niaisement ». À la fin du passage, il franchit le pas et restitue en narrateur omniscient, au style indirect libre, les réflexions

ROMAN

médiocres de son personnage sur l'accueil de sa déclaration et la tournure des événements, et sa déception de ne pouvoir déguster un peu plus longtemps ce mélange mièvre de « clapotement de l'eau » et de « coquette comédie d'amour ». Maupassant, amateur de femmes, n'a manifestement guère de sympathie pour cet apprenti séducteur sans envergure.

• Mais peut-être est-il un peu trop sévère envers son personnage ? Après tout, ce dernier a de l'enthousiasme et il répond « avec élan » à la main offerte de Mme Rosémilly. Il est manifestement amoureux d'elle et ne sait pas dissimuler ses sentiments. Sa déclaration est sans doute maladroite, mais elle est directe et sincère quand il affirme à trois reprises « je vous aime ». Il y a chez lui un côté juvénile et naïf – c'est un jeune homme encore très lié à sa mère, comme le montre sa remarque « Oh ! pensez-vous [...] entre nous ? » – et il est déçu de la rapidité et de la facilité avec laquelle Mme Rosémilly lui accorde sa main, comme le souligne l'intrusion que se permet Maupassant, au style indirect libre, dans l'intimité de ses réflexions.

[Transition] C'est donc une scène assez décalée, avec des personnages mal assortis, qui traduit implicitement l'idée que Maupassant se fait du mariage. Indirectement, par la manière dont il rapporte l'événement, le narrateur porte un regard critique sur l'amour et sur le mariage.

III. Une vision pessimiste et satirique

Le mariage qui se conclut s'inscrit dans la conception bourgeoise de la fin du XIXe siècle.

1. Le mariage comme un contrat

• Selon la logique bourgeoise, la déclaration d'amour se transforme immédiatement en discussion d'un contrat d'« affaires », comme le précise Mme Rosémilly : « Si vous vous décidez aujourd'hui à me déclarer votre amour, je suppose naturellement que vous désirez m'épouser. » Ils quittent alors la mare où ils pataugent et s'assoient sur « un rocher » pour « causer tranquillement ».

• Le temps des effusions où l'on se regarde « au fond des yeux » est réduit au minimum et le face-à-face amoureux devient un « côte à côte » où chacun doit garder la tête froide et les idées claires, comme le rappelle la jeune veuve qui se livre à « un exposé net » de la situation, avec un vocabulaire très rationnel : « Nous savons [...] peser les conséquences de nos actes », « si vous vous décidez aujourd'hui ». Le contrat est validé par une poignée de main, comme pour un marché (« Elle lui tendit sa main [...] il y mettait la sienne »). Il nécessite le consentement des « parents » (sur lequel portent la plupart des répliques de la fin du texte), même si, pour Jean, l'accord de sa mère suffit.

• Il n'y a pas d'enthousiasme dans ce projet matrimonial. Mme Rosémilly répond d'abord à Jean sur un « ton plaisant et contrarié » puis se « résign[e] à parler affaires ». Les modalisateurs « un peu » et le champ lexical de la gêne montrent cette tiédeur (« moi, je veux bien », « un peu troublée », « un peu embarrassés », « un peu confus »). La demande en mariage débouche sur le silence (« ils se turent », « n'osant plus parler », « ils n'avaient plus rien à se dire »), sur le vide (« c'était fini »), encore souligné par la multiplication des négations (« n'osant plus parler, n'osant plus pêcher, ne sachant que faire »).

2. Un piège dans lequel les plaisirs et l'amour n'ont pas de place

• Le mariage n'a pas de relation avec le plaisir : Mme Rosémilly doit « renoncer aux plaisirs » de la pêche pour répondre à Jean et elle rappelle qu'elle n'est plus « une jeune fille », ce qui sous-entend qu'elle a pris ses distances par rapport aux émois et aux jeux amoureux.

• Après un instant d'effusion, les personnages sont de nouveau très distants, presque étrangers l'un pour l'autre (« côte à côte, les pieds pendants »), dans une attitude peu affectueuse. « Mon cher ami » est le seul terme affectif dont se sert Mme Rosémilly. Son jugement sur Jean (« bon et loyal ») implique qu'il fera un bon mari mais révèle une conception très conventionnelle et peu tendre du mariage et de l'amour.

• Jean a l'impression d'être pris dans les filets de cette pêcheuse à la tête froide. Ce mariage n'est pas le début d'une aventure, c'est une impasse. Il marque aussi la perte de la liberté pour Jean qui « se sen[t] lié ». Quelle autre échappatoire à ce genre de mariage que l'adultère ?

Conclusion

Cette scène est un bon exemple de la technique narrative de Maupassant qui, la plupart du temps, observe ses personnages de l'extérieur car leurs paroles et leurs gestes suffisent pour les révéler dans leur vérité. Témoin distant et ironique de cette demande en mariage peu ordinaire, il nous fait partager sa vision négative du mariage bourgeois, qu'il juge trop associé à l'intérêt et aux conventions ; cependant, l'amour de Jean, dans sa naïveté maladroite, ne trouve pas davantage grâce à ses yeux. Il semble enfin que cet amoureux de la mer et des sports nautiques ait délibérément choisi de ne pas donner toute sa place au décor naturel de la mer et de la plage car il n'aurait pas correspondu à cette comédie galante, finalement assez médiocre.

SUJET

35

Liban • Mai 2012

Série ES, S • 16 points

Construire une vision du monde

Dissertation

▸ **Comment, à travers les relations qu'il établit entre ses personnages, un roman peut-il construire une vision du monde particulière ? Vous traiterez ce sujet en vous appuyant sur les textes du corpus, les textes étudiés en classe et vos lectures personnelles.**

Les textes du corpus sont reproduits dans le sujet n° 33.

LES CLÉS DU SUJET

Comprendre le sujet

• « les relations […] entre les personnages » invite à **analyser le « système » des personnages** que construit le romancier, les liens qui les unissent, les rapports qu'ils entretiennent.

• Le sujet se présente sous la forme d'une question, mais il pose clairement une affirmation, une **thèse présentée comme vraie** : les relations entre les personnages indiquent et éclairent la vision/l'image/la conception du monde que veut transmettre le romancier.

• La formulation de la question ne demande pas que vous discutiez cette affirmation : vous devez la **confirmer**, en apporter des **preuves**.

• **Reformulez la problématique** : *En quoi l'interaction entre les personnages romanesques met-elle en lumière la vision du monde de l'auteur ?*

Chercher des idées

• Récapitulez les **types de relations** qui peuvent exister entre les personnages dans un roman : entente, entraide, domination, conflit…

• Constituez une **réserve d'exemples** et analysez quelle « **vision du monde** » (optimiste, pessimiste…) ces liens de connivence ou d'opposition révèlent.

• Montrez que, dans cette perspective, certains « systèmes » de personnages, mais aussi certaines scènes clés sont particulièrement éclairantes.

▶ **Pour réussir la dissertation :** voir guide méthodologique.

▶ **Le roman :** voir mémento des notions.

CORRIGÉ 35

Dans ce corrigé, vous devez ajouter des exemples tirés de vos connaissances personnelles. Les titres en couleur et les indications en italique ne doivent pas figurer sur la copie.

Introduction

Le roman recrée tout un univers, avec ses valeurs positives ou négatives, et, par là, est porteur d'une « vision du monde ». Cette vision, l'auteur la transmet à travers ses personnages, par le regard qu'il porte sur eux et par ses rapports avec eux : sympathie ou antipathie, éloge ou blâme (explicite ou implicite). Mais cette vision se révèle aussi à travers les relations que le romancier établit entre ses personnages. Le héros de roman n'est pas un individu isolé qui se borne à incarner en soi une valeur ou un vice, il interagit avec les autres personnages. Comment cette interaction contribue-t-elle à construire la vision du monde que propose l'auteur ? C'est tout autant en créant des liens de connivence et de convergence entre les personnages qu'en suscitant contrastes et conflits entre eux que le romancier construit une vision particulière du monde.

I. Créer des ressemblances et des connivences pour proposer une vision du monde

Il se crée dans le roman des couples ou des groupes où chacun met en valeur l'autre et consolide leur vision partagée du monde.

1. Des individus en phase qui révèlent une même vision du monde

Le romancier crée des résonances, des échos entre les individus, qui, par ressemblance, par complémentarité ou par convergence de vue dessinent une vision du monde dominante dans l'œuvre.

• Ainsi, dans *La Peste* de Camus, l'épidémie qui ravage Oran a rapproché Rieux et Tarrou qui partagent la même conception du monde, de l'action. Et même si leur personnalité et leur comportement diffèrent – Rieux, fataliste, mène son combat humblement sur le terrain, sur un plan humain ; Tarrou, le saint sans Dieu, est plus révolté, idéaliste –, ils incarnent, par leur action, le même idéal d'humanité et de solidarité, celui de Camus, qui déclare : « Le plus proche de moi, ce n'est pas Tarrou, le saint, c'est Rieux, le médecin » (juin 1947). Ces deux personnages sont deux faces différentes d'une même conception humaniste moderne du monde.

• C'est parfois par leurs paroles que les personnages romanesques se ressemblent et véhiculent une même conception du monde. Dans *Le Père Goriot*,

Vautrin et Mme de Beauséant sont certes bien différents, aux deux extrêmes de la hiérarchie sociale (l'aristocrate et le forçat), mais leur discours sur la société parisienne se ressemble fort : ils partagent et exposent à Rastignac la même vision de ce monde où, pour « parvenir », il faut abdiquer toute morale, tout scrupule et accepter d'utiliser, de piétiner autrui.

2. Initiateur et disciple

• Le cas de figure qui réunit dans un « couple » un initiateur (ou une initiatrice) et son « disciple » est à cet égard très éclairant : l'un des personnages guide l'autre – souvent le héros – dans son parcours, lui explique le monde, le forme. Le romancier, par ce « système » particulier de personnages, construit à travers les conseils et les attitudes du « maître » une vision du monde que « l'élève » va affronter et dont il va faire l'expérience au fil de l'intrigue du roman. Ce schéma est à la base de la plupart des romans d'apprentissage.

• Dans un cas de figure plus complexe, le héros reçoit l'enseignement – parfois divergent – de plusieurs initiateurs, qui multiplient alors les perspectives sur le monde. Ainsi, Julien Sorel dans *Le Rouge et le Noir* reçoit les conseils de l'abbé Chélan, de l'abbé Pirard, du marquis de La Mole, mais aussi des femmes : Mme de Rênal et Mathilde ; tous lui offrent une vision du monde qu'il adopte un temps dans son parcours (voir aussi Rastignac, Vautrin, Goriot, Mme de Beauséant ; Bel-Ami de Maupassant). Dans l'optique du schéma actantiel, ces personnages se situent généralement du côté des « adjuvants ».

3. Un personnage en phase avec un groupe qu'il représente

La convergence peut s'effectuer entre un personnage et un ensemble de personnages.

• Ainsi, lorsque le destin et l'itinéraire du héros sont en résonance avec ceux de tout un groupe – notamment dans le roman des XIXe et XXe siècles –, il montre la société et le monde selon un angle particulier. Son comportement – souvent son combat – incarne et révèle une certaine conception de la vie, celle du personnage collectif dont il est le représentant. Dans le roman de Malraux *La Condition humaine,* le jeune révolutionnaire idéaliste Kyo dirige l'insurrection communiste de Shangai et lutte jusqu'à la mort pour la « dignité » des travailleurs. Par son action, lui qui « avait cherché les siens [les travailleurs] et les avait trouvés », révèle le point de vue des opprimés sur le monde, de « ces hommes que la famine [...] faisait mourir comme une peste lente ». [*Autre exemple* : Rieux dans *La Peste* de Camus.]

• Le personnage, d'abord vecteur et porte-parole d'une vision du monde collective, devient le symbole d'une cause qu'il faut défendre par l'action mais aussi par la parole. Dans *Germinal*, Étienne Lantier, meneur et théoricien actif de la grève dans les mines du Nord, fait un discours pour dénoncer les abus et les injustices de la bourgeoisie capitaliste propriétaire des mines : tous les mineurs l'écoutent, subjugués, et son ascendant sur eux leur fait partager cette image d'un monde injuste et, par conséquent, la nécessité de se révolter pour rendre ce monde meilleur.

[Transition] Mais si les relations entre les personnages se réduisaient à cette communauté de vue sur la vie, le roman donnerait du monde une image simpliste et schématique. Ce sont tout autant les conflits et les antagonismes qui éclairent le monde.

II. Créer des antagonismes pour multiplier les perspectives

Le roman raconte, sinon une vie entière, du moins une tranche de vie assez longue et recrée tout un univers dans sa diversité : il emmène ainsi ses héros dans un jeu complexe de relations. Parmi les personnages qui gravitent autour du héros, les « opposants » ont un rôle tout aussi révélateur que les « adjuvants » et les personnages qui s'affrontent font se heurter des attitudes, des conceptions du monde contrastées, qui multiplient et diversifient les perspectives et s'éclairent mutuellement.

1. Personnage contre personnage : le jeu des contrastes

Tout aussi fréquent que le couple « initiateur-initié », le cas de figure qui oppose deux personnages permet la confrontation des points de vue et construit une vision du monde plus complexe et plus riche.

• Le roman propose de nombreux personnages antagonistes, dont le plus souvent, l'un sert de repoussoir à l'autre pour mieux le mettre en valeur (Don Quichotte et Sancho Pança dans le roman de Cervantès ; Tchen et Kyo, les deux révolutionnaires de *La Condition humaine* de Malraux). Les personnages représentent alors deux visions du monde qui se mettent en relief l'une l'autre.

• Les relations entre deux individus établissent parfois des contrastes très violents qui se matérialisent souvent par des conflits et marquent encore plus évidemment l'opposition entre deux conceptions du monde, dont le narrateur, explicitement ou implicitement, privilégie l'une au détriment de l'autre (Jean Valjean et Javert ou Jean Valjean et les Thénardier dans *les Misérables* de Hugo) [ou *exemple personnel*]. Dans ce cas de figure, le personnage de victime est éclairant : en mettant en valeur la puissance, l'ascendant néfaste ou la cruauté de son « ennemi », il indique clairement laquelle, entre deux conceptions du monde, a la faveur du narrateur et, au-delà, de l'auteur (Cosette, victime des Thénardier dans *Les Misérables* de Hugo) [ou *exemple personnel*].

ROMAN

2. L'individu contre un groupe ou contre la société

• L'antagonisme ou le conflit se joue aussi entre un personnage – un individu – et un groupe. L'opposition entre un héros seul et ce « personnage collectif » ou la société tout entière éclaire tout autant le personnage lui-même que le monde dans lequel il se débat.

• Le conflit peut ne pas être violemment déclaré, rester latent, mais il n'en est pas moins révélateur : ainsi, Meursault, l'Étranger de Camus, oppose à la société son indifférence et son absence de réaction et, par là même, rend manifestes l'injustice de la justice, le poids absurde des conventions.

• Mais le conflit peut aussi être plus dur et cruel. Les menées de Vautrin pour « parvenir » révèlent l'immoralité, la cruauté, la corruption et l'égoïsme de la société mondaine parisienne : tous sont prêts à vendre leur âme, à s'avilir pour de l'argent. Dans ce contexte, le combat – d'un tout autre ordre – du père Goriot pour garder l'amour de ses filles dévoile la même vision de ce monde décadent. Les relations complexes et conflictuelles que chaque personnage entretient avec cette société où tous luttent férocement, nouent des liens factices ou excluent sans pitié, permettent au lecteur de déchiffrer ce monde d'apparence et mettent en lumière la « comédie humaine ».

3. Des groupes en conflit

• Enfin, l'affrontement peut opposer deux groupes, qui incarnent deux conceptions du monde. Le romancier prend alors du recul pour donner, à travers ses personnages, une perspective plus globale – non individuelle – et plus contrastée sur la vie.

• *Les Liaisons dangereuses*, de Laclos, opposent deux ensembles de personnages : les libertins, qui ne voient le monde qu'à travers la satisfaction de leur propre plaisir et de leur liberté, quitte à mener une vraie guerre morale ; et ceux qui respectent la vertu et les principes religieux. Valmont, au fil du roman, passe d'un ensemble à l'autre, changeant de vision du monde. La fin du roman consacre certes la punition des « méchants » (lettre 173) et le rejet de leur conception de la vie, mais le dénouement n'offre « aucune consolation pour les malheureuses victimes ». Au total, Laclos, à travers cette guerre sans merci entre deux visions du monde, donne une image pessimiste de la vie.

[La dissertation pourrait ne comporter que ces deux parties, mais vous pouvez approfondir la réflexion avec la troisième partie ci-dessous, qui se présente sous forme de plan à rédiger, avec vos exemples personnels.]

III. Des scènes clés qui construisent une vision du monde

Pour exploiter les ressources de toutes ces relations possibles entre les personnages, le romancier peut recourir à des scènes particulièrement révélatrices d'une vision du monde : celles qui offrent des regards croisés et proposent des points de vue divergents sur un même événement clé ; celles où apparaissent clairement les relations entre les personnages, où l'un (ou plusieurs) des personnages joue un rôle capital dans le parcours d'un autre.

1. Scènes capitales de la vie

- Naissance (Gargantua à la naissance de son fils Pantagruel, chez Rabelais : « rire ou pleurer » ?) [+ *exemple personnel*].
- Mariage (exemples du corpus).
- Mort (mort de M. de Clèves ; mort et enterrement du Père Goriot ; mort de l'enfant vue par différents personnages dans *La Peste*).

2. Scènes de rencontre, d'initiation et de rupture

- Scènes de rencontre, avec l'être aimé, avec un adversaire… : Jean Valjean et Mgr Myriel dans *Les Misérables*. Scène de rencontre de Julien avec Mme de Rênal, et, en écho avec Mathilde de la Mole, dans *le Rouge et le Noir* de Stendhal.
- Scènes d'initiation (à l'amour, à une activité…) : Rastignac avec Mme de Beauséant puis avec Vautrin.
- Scènes de rupture [*exemple personnel*].

3. Scènes d'action, scènes de délibération

- Scènes d'action, de combat (notamment dans un contexte de guerre : *Voyage au bout de la nuit*, de Céline).
- Scènes de choix précédées d'une discussion : le révolutionnaire Tchen qui vient consulter son mentor Gisors dans *La Condition humaine* de Malraux [+ *exemple personnel*].
- Scènes de crise (sentimentale, existentielle…) [*exemple personnel*].

Conclusion

[Synthèse] « Le roman fabrique du destin sur mesure », écrit Camus dans *L'Homme révolté* (1951) : la latitude dont dispose le romancier lui permet de créer des personnages révélateurs de la vision du monde qu'il veut construire. Il peut en effet faire varier leurs relations, leur faire affronter des situations qui les font réagir et interagir pour mieux rendre compte de la complexité de la vie. [Ouverture] Le romancier dispose d'un autre moyen pour transmettre au lecteur sa vision du monde : la présence d'un narrateur à travers lequel il jette sur ses personnages un regard – négatif ou positif, parfois nuancé et implicite – qui éclaire le lecteur.

ROMAN

SUJET

36

Liban • Mai 2012

Série ES, S • 16 points

Construire une vision du monde

Écriture d'invention

▸ Marie Cardona, de retour chez elle, raconte dans son journal intime le moment passé avec Meursault. Vous imaginerez et rédigerez ce passage du journal, en précisant les pensées, les impressions, les interrogations et les sentiments que vous prêtez à la narratrice.

Le candidat peut s'appuyer sur le document C reproduit dans le sujet nº 33.

LES CLÉS DU SUJET

Comprendre le sujet

Faites la « **définition** » du texte à produire, à partir de la consigne.

Extrait de journal intime (*genre*) de Marie Cardona (*situation d'énonciation*) qui raconte (*type de texte*) la demande en mariage entre elle et Meursault (*thème*) pour revenir sur cet épisode et rendre compte de l'attitude de Meursault, se confier, exprimer et analyser ses sentiments, exprimer ses interrogations (*buts*).

Chercher des idées

• Vous devez **reprendre** certains passages du texte de Camus, en prenant garde de :

• respecter la **teneur de la conversation** des deux personnages, les différents moments de la demande (c'est Marie qui la formule) et les gestes évoqués ;

• respecter les **traits de caractère** que révèle l'attitude de Meursault dans le texte de Camus.

• Vous devez **imaginer** les interrogations de Marie lors de la demande en mariage (elle peut alors les expliciter ; Meursault en formule une clairement :

« elle s'est demandé alors si elle m'aimait »), mais aussi quand elle écrit (elles doivent être alors plus sensibles à travers son écriture).

• Vous devez également choisir le **registre**, qui n'est pas précisé dans la consigne : vous pouvez opter pour le lyrisme, mais le texte de Camus suggère plutôt un ton assez neutre.

• Le **niveau de langue** doit être calqué sur le texte de Camus : il s'agit de la langue courante.

• Donnez à votre texte de la **vivacité et** du **rythme.**

▶ **Pour réussir l'écriture d'invention :** voir guide méthodologique.
▶ **Le roman :** voir mémento des notions.

CORRIGÉ 36

10 juillet

Cette semaine, c'est moi qui suis allée le chercher : j'étais en avance. J'appréhendais de le revoir, j'étais tendue... J'ai relu hier ce que j'ai écrit samedi dernier sur notre promenade, et je me suis demandé ce qui m'avait pris de lui demander de m'épouser. Mais cela ne m'a pas empêchée de le faire à nouveau aujourd'hui...

Il me déroute profondément : je ne sais pas pourquoi, avec lui, je fais toujours ce que par la suite j'estime être des sottises. Mais ce qui est plus déroutant encore, c'est qu'en sa présence j'oscille toujours entre le rire et l'inquiétude. Même après plusieurs heures de réflexion, je ne comprends pas pourquoi je me comporte de façon aussi étrange, presque lunatique, avec lui. Enfin bref : revenons à aujourd'hui. J'étais si confuse et troublée que la première chose que j'ai faite a été de lui redemander s'il voulait se marier avec moi. Je me suis immédiatement maudite intérieurement, mais je n'y pouvais rien, c'était fait.

Et le pire, c'est qu'il m'a répondu « qu'il le voulait bien, *si je le voulais* »... « Si je le voulais » ? Et lui, alors ? Je n'ai pas pu me retenir de lui demander s'il m'aimait, lui : il m'a répliqué, sans ciller, que « cela ne signifiait rien, mais que sans doute, il ne m'aimait pas »... Au moins, je ne pouvais pas l'accuser d'hypocrisie ! Mais pourquoi acceptait-il de m'épouser, alors ? J'ai à peine écouté sa réponse : *c'était moi qui décidais*, quelque chose dans ce goût-là... Cela me blesse un peu, maintenant que j'y réfléchis. Je tiens à lui, je le lui dis, et qu'est-ce que j'obtiens en échange ?... Mais le plus étrange, c'est que, sur le coup, je n'arrivais même pas à lui en vouloir. J'étais juste complètement décontenancée, à tel point que j'ai répété ce que ma mère m'a dit et redit pendant des années : « Le mariage est une chose grave ». Quel cliché ! Et dire que je m'étais juré de ne jamais le dire moi-même… Enfin, passons… Là encore, il m'a surprise : il m'a tout simplement répondu non.

Je ne sais pas combien de temps nous sommes restés muets. Il avait l'air distant : j'aurais tout aussi bien pu être une inconnue. Je me suis donc prise à penser : *si j'avais été une autre femme, cela aurait-il changé quelque chose ?* Je lui ai posé brutalement la question : forcément, il m'a dit non.

Comment puis-je l'aimer, après tant de vérités si difficiles à entendre ? Il est si compliqué à cerner… Bien sûr, cela le rend assez fascinant. Mais est-ce de l'amour ? Je n'en suis pas plus sûre maintenant que je ne l'étais alors. Cette fascination peut se transformer par la suite en aversion. On ne supporte pas forcément longtemps ce genre d'attitude, cette indifférence… Cela ne me dégoûterait-il pas, au bout d'un moment ?

Peut-être ai-je parlé tout haut à ce moment-là. Je ne sais plus vraiment ce que j'ai dit ou non. Toujours est-il qu'il n'a rien dit : nous nous sommes regardés quelques instants en chiens de faïence. Je ne savais toujours pas quoi penser, mais, quoi qu'il arrivât par la suite, je me disais que je voulais vraiment l'épouser. Il me subjuguait. Je le lui ai dit, il n'a fait qu'acquiescer. Mais il est vite passé à autre chose, comme si cela ne le concernait pas. Étrangement, cela ne me dérangeait pas : je commençais à m'habituer à sa façon de passer du coq-à-l'âne. Il me parlait d'un changement de poste : on lui proposait *d'aller à Paris*. L'idée de quitter Alger ne me rebutait pas, et cela faisait longtemps que je voulais aller voir la capitale… J'ai ri quand il m'a dit que Paris était *sale*, à cause *des pigeons*, et que les gens y avaient *la peau blanche*… C'est sûr qu'à Alger, les gens ont meilleure mine !

Nous avons continué à arpenter les rues au hasard. J'aime beaucoup ce quartier d'Alger, très plaisant. Tout d'un coup, il m'a demandé si j'avais remarqué que les femmes que nous croisions étaient belles. La question m'a prise de court, j'ai dit oui sans réfléchir. J'ai ajouté que je comprenais, sans trop le penser, en fait. Comprendre quoi ? Pourquoi me disait-il cela ? Surtout, pourquoi me le disait-il après avoir accepté de m'épouser ? Pourquoi me parlait-il d'autres femmes, alors que nous étions si bien ensemble ? Là encore, nous nous sommes tus pendant je ne sais combien de temps. Je crois que j'ai ressenti un peu de jalousie, confusément. Mais je crois qu'il n'avait en fait aucune malice…

Je pensais qu'il ne pouvait pas me surprendre davantage quand il m'a demandé de dîner avec lui chez Céleste. Toujours le coq-à-l'âne ! Cela m'a fait sourire. J'étais sur le point d'accepter lorsque je me suis rappelé le dossier que je devais finir. Pour une fois que je n'avais pas terminé un travail dans la journée, il fallait que cela tombe le jour où j'aurais aimé passer la soirée dehors ! Je lui ai donc dit à contrecœur que j'avais quelque chose à faire. Je m'attendais à ce qu'il me demande quoi, mais bien sûr, il ne l'a pas fait. Je me suis demandé si je m'habituerais jamais à la façon qu'il avait de toujours me surprendre. Furieuse contre moi, j'ai voulu détourner son attention et le faire culpabiliser : ne voulait-il pas savoir ce que j'avais à faire ? Mais j'ai ri juste après : mon attitude était vraiment puérile ! Quant à lui, il avait l'air d'un enfant pris en faute… Pour me faire pardonner, je l'ai embrassé. Puis je suis partie…

Je ne sais toujours pas quoi penser de lui. Pas plus que la semaine dernière. Cela ne me dérange pas pour le moment. Peut-être que plus tard, cela m'ennuiera… Peut-être. Nous verrons bien.

SUJET 37

Polynésie française • Juin 2012

Série L • 4 points

La condition de l'homme

Question

Documents

A – **Michel de Montaigne**, « Apologie de Raymond Sebond », *Essais*, livre II, chap. 12, 1595.
B – **Jean de La Fontaine**, *Fables*, livre IX, fable 4, 1679.
C – **Jean Rostand**, *Pensées d'un biologiste*, 1954.

▸ Quelle place les textes du corpus accordent-ils à l'homme dans l'univers ?

Après avoir répondu à cette question, les candidats devront traiter au choix un des trois sujets n°s 38, 39 ou 40.

DOCUMENT A

Dans le chapitre 12 du livre II des Essais, *Montaigne analyse sans indulgence les faiblesses et les imperfections des hommes.*

Considérons donc pour le moment l'homme seul, sans secours étranger, armé seulement de ses armes et dépourvu de la grâce[1] et de la connaissance divine qui sont tout son honneur, sa force et le fondement de son être. Voyons combien il a de solidité dans ce bel équipage[2]. Qu'il me fasse comprendre en employant la force de sa raison sur quels fondements il a bâti ces grandes supériorités qu'il pense avoir sur les autres créatures. Qu'est-ce qui lui a persuadé que ce cours admirable de la voûte céleste, la lumière éternelle de ces flambeaux roulant si fièrement sur sa tête, les mouvements effrayants de cette mer infinie, aient été établis et se continuent pendant tant de siècles pour son avantage et pour son service ? Est-il possible d'imaginer chose aussi ridicule que le fait que cette misérable et chétive créature, qui n'est pas seulement maîtresse d'elle-même, qui est exposée aux atteintes de toutes choses, se dise maîtresse et impératrice de l'univers dont elle n'a pas le pouvoir de connaître la moindre partie, tant s'en faut de la commander ? Et ce privilège qu'il s'attribue d'être le seul dans ce grand édifice qui ait la capacité d'en reconnaître la beauté et les parties, le seul qui puisse rendre grâces de cela à l'architecte[3] et tenir le compte de ce qui se crée et de ce qui se perd dans le monde, ce privilège, qui le lui a scellé[4] ? Qu'il nous montre des lettres patentes[5] qui lui confient cette belle et grande charge. Ont-elles été octroyées en faveur des sages seulement ? Elles concernent en ce cas peu de gens. Les sots et les méchants sont-ils dignes d'une faveur aussi extraordinaire et, étant la pire partie du monde, méritent-ils d'être préférés à tout le reste ?

Michel de Montaigne, « Apologie de Raymond Sebond »,
Essais, livre II, chap. 12, 1595.

1. Grâce : faveur divine. 2. Dans ce bel équipage : avec de telles ressources. 3. L'architecte : ici, le créateur du monde. 4. Scellé : accordé dans un document rendu officiel par un *sceau*. 5. Lettres patentes : décisions royales accordant une faveur.

DOCUMENT B

Le Gland et la Citrouille

Dieu fait bien ce qu'il fait. Sans en chercher la preuve
En tout cet Univers, et l'aller parcourant,
Dans les Citrouilles je la treuve[1].
Un villageois, considérant
Combien ce fruit est gros, et sa tige menue
« À quoi songeait, dit-il, l'Auteur de tout cela ?
Il a bien mal placé cette Citrouille-là :
Hé parbleu, je l'aurais pendue
À l'un des chênes que voilà.
C'eût été justement l'affaire ;
Tel fruit, tel arbre, pour bien faire.
C'est dommage, Garo[2], que tu n'es point entré
Au conseil[3] de celui que prêche ton Curé ;
Tout en eût été mieux ; car pourquoi par exemple
Le Gland, qui n'est pas gros comme mon petit doigt,
Ne pend-il pas en cet endroit ?
Dieu s'est mépris ; plus je contemple
Ces fruits ainsi placés, plus il semble à Garo
Que l'on a fait un quiproquo. »

QUESTION DE L'HOMME

Cette réflexion embarrassant notre homme :
« On ne dort point, dit-il, quand on a tant d'esprit. »
Sous un chêne aussitôt il va prendre son somme.
Un gland tombe ; le nez du dormeur en pâtit.
Il s'éveille ; et portant la main sur son visage,
Il trouve encor le Gland pris au poil du menton.
Son nez meurtri le force à changer de langage ;
« Oh, oh, dit-il, je saigne ! et que serait-ce donc
S'il fût tombé de l'arbre une masse plus lourde,
Et que ce gland eût été gourde[4] ?
Dieu ne l'a pas voulu : sans doute il eut raison ;
J'en vois bien à présent la cause. »
En louant Dieu de toute chose,
Garo retourne à la maison.

Jean de La Fontaine, *Fables*, livre IX, fable 4, 1679.

1. Treuve : forme ancienne de « trouve », pour la rime. 2. Garo : nom de paysan. 3. Conseil : avis, décision. 4. Gourde : désigne la citrouille.

DOCUMENT C

Jean Rostand, fils d'Edmond Rostand (auteur de Cyrano de Bergerac*) est un biologiste qui a fait connaître la génétique. Savant humaniste, il propose une réflexion sur les relations entre l'homme et le monde.*

Mais, laissant au moraliste le soin de peser les douleurs et les satisfactions individuelles, demandons-nous ce que l'homme, en tant que membre de l'espèce, peut penser de lui-même et de son labeur.

Certes, à se souvenir de ses origines, il a bien sujet de se considérer avec complaisance. Ce petit-fils de poisson, cet arrière-neveu de limace, a droit à quelque orgueil de parvenu. Jusqu'où n'ira-t-il pas dans sa maîtrise des forces matérielles ? Quel secret ne dérobera-t-il pas à la nature ? Demain, il libérera l'énergie intra-atomique, il voyagera dans les espaces interplanétaires, il prolongera la durée de sa propre vie, il combattra la plupart des maux qui l'assaillent, et même ceux que créent ses propres passions, en instaurant un ordre meilleur dans ses collectivités.

Sa réussite a de quoi lui tourner un peu la tête. Mais, pour se dégriser aussitôt, qu'il situe son royaume dérisoire parmi les astres sans nombre que lui révèlent ses télescopes : comment se prendrait-il encore au sérieux, sous quelque aspect qu'il s'envisage, une fois qu'il a jeté le regard dans les gouffres glacés où se hâtent les nébuleuses spirales !

Quel sort, au demeurant, peut-il prédire à son œuvre, à son effort ? De tout cela, que restera-t-il, un jour, sur le misérable grain de boue où il réside ? L'espèce humaine passera, comme ont passé les dinosaures et les stégocéphales[1]. Peu à peu, la petite étoile qui nous sert de soleil abandonnera sa force éclairante et chauffante… Toute vie alors aura cessé sur la terre qui, astre périmé, continuera de tourner sans fin dans les espaces sans bornes… Alors, de toute la civilisation humaine ou surhumaine – découvertes, philosophies, idéaux, religions –, rien ne subsistera. Il ne restera même pas de nous ce qui reste aujourd'hui de l'homme du Néanderthal, dont quelques débris au moins ont trouvé un asile dans les musées de son successeur. En ce minuscule coin d'univers sera annulée pour jamais l'aventure falote[2] du protoplasme[3] ?… Aventure qui déjà, peut-être, s'est achevée sur d'autres mondes… Aventure qui, en d'autres mondes peut-être, se renouvellera… Et partout soutenue par les mêmes illusions, créatrice des mêmes tourments, partout aussi absurde, aussi vaine, aussi nécessairement promise dès le principe à l'échec final et à la ténèbre infinie…

Jean Rostand, *Pensées d'un biologiste*, 1954.

1. Stégocéphales : amphibiens préhistoriques. 2. Falote : insignifiante. 3. Protoplasme : substance qui constitue la cellule, à l'origine de la vie.

LES CLÉS DU SUJET

Comprendre la question

- « Quelle place… » : cherchez les mots qui indiquent de façon explicite (textes A et C) ou implicite (texte B) des **rapports** (de taille, de force, d'importance…) **entre l'homme et la nature ou « l'univers »**, et ce dans une dimension spatiale mais aussi temporelle (perspective historique et biologique).
- Précisez si les auteurs présentent l'homme **positivement ou négativement** par rapport à l'univers.

• Vous pouvez ensuite **comparer** la place que les auteurs accordent à l'homme et celle que l'homme se donne à lui-même ou croit avoir face aux autres espèces, à l'univers.
• **Appuyez** votre réponse **sur des mots précis** des textes.
• Répondez de **façon synthétique.**

▶ **Pour réussir les questions** : voir guide méthodologique.
▶ **La question de l'homme** : voir mémento des notions.

CORRIGÉ 37

« Car enfin qu'est-ce qu'un homme dans la nature ? » Pascal n'est pas le premier à s'interroger sur la place de l'homme dans l'univers. Beaucoup d'écrivains ont posé cette question angoissante : au XVIe siècle, Montaigne, dans ses *Essais*, propose de considérer (c'est-à-dire de regarder) « l'homme seul » face « aux autres créatures » et à « la voûte céleste » ; La Fontaine, au XVIIe siècle, met en scène, dans « Le Gland et la Citrouille », un villageois victime d'un… gland. Et, trois siècles plus tard, Jean Rostand, dans ses *Pensées d'un biologiste*, replace l'homme « parmi les astres sans nombre ». Tous trois ont une vision pessimiste de la place de l'homme dans l'univers.

• L'homme est d'abord présenté comme minuscule au regard de l'espace infini qui l'entoure, du « grand édifice », de la « mer infinie » (Montaigne), dans « la nature » et les « espaces interplanétaires », dans les « gouffres glacés », « parmi les astres sans nombre » et les « nébuleuses spirales » (Rostand). La terre est pour l'un la « moindre partie » de l'univers, pour l'autre un « minuscule coin d'univers », « un royaume dérisoire », destiné à devenir un « astre périmé » (Rostand). Le « soleil » n'est qu'une « petite étoile » (Rostand).

> **Conseil**
> Pour trouver les idées de votre réponse, surlignez en couleur dans les textes du corpus les mots précis qui vous permettent de répondre et qui servent de preuves.

• Montaigne et Jean Rostand replacent aussi l'homme dans l'immensité du temps, dans l'évolution chronologique de l'univers. Montaigne incite son lecteur à « se souvenir de ses origines », mentionne l'évolution des espèces « pendant tant de siècles ». Rostand, plus pessimiste encore, jette un regard rétrospectif et prospectif « depuis la préhistoire » jusqu'à un lointain « demain ». Pour lui, c'est le néant qui, dans cet écoulement du temps, attend l'homme : « En ce minuscule coin d'univers sera annulée pour jamais l'aventure falote du protoplasme [...] Rien ne subsistera », sinon la « ténèbre infinie ». L'homme, au contraire de l'univers, est périssable.

• L'être humain n'a pas non plus de maîtrise sur son sort : il est décrit comme impuissant face à son destin et inexorablement soumis, soit aux lois de la nature, « exposé aux atteintes de toutes choses » (Montaigne), soit à un être puissant (Dieu) : Montaigne montre son désarroi quand il est « dépourvu de la grâce et de la connaissance divine », soumis à « l'architecte de tout cela ».

• Mais la petitesse n'est pas seulement physique : les auteurs soulignent aussi l'impuissance de ce que l'homme considère comme sa supériorité, à savoir sa faculté à raisonner et à bien réfléchir et condamnent son infirmité intellectuelle. Pour Montaigne, l'homme ne connaît pas, même partiellement, cet univers qu'il ne peut embrasser par son esprit et il est aveugle sur lui-même. Garo est obligé de revenir sur ses prétentions à mieux régler l'univers que Dieu. Pour Rostand, l'homme se berce d'« illusions » et doit se « dégriser ».

• La misère de l'homme s'aggrave de son « orgueil de parvenu », de sa prétention, de la haute estime – injustifiée – qu'il a de lui-même, qui lui a « tourné la tête » : la créature humaine pense être « la maîtresse et impératrice de l'univers » (Montaigne), la seule à avoir la « capacité de [...] reconnaître la beauté de l'univers » (Montaigne)... Qu'il soit dans l'erreur, soit, mais qu'il s'enorgueillisse de « ces grandes supériorités qu'il pense avoir sur les autres créatures », c'est là sa plus grande misère. La Fontaine ironise : « On ne dort point, dit-il, quand on a tant d'esprit. »

• Les auteurs soulignent cette image négative de l'homme et leur mépris pour lui par de constantes antithèses entre les termes péjoratifs ou les images dégradantes par lesquels ils le qualifient, et les termes mélioratifs qui caractérisent l'univers : « notre homme » (expression pleine de condescendance amusée de La Fontaine) est une « misérable et chétive [créature] », « ridicule » (Montaigne) ; « arrière-neveu de limace », guère plus que « dinosaures et stégocéphales » (Rostand). En contraste, pour Montaigne, le « cours [...] de la voûte céleste » est « *admirable* », sa « lumière *éternelle* » ; il parle de « la beauté » de l'Univers que La Fontaine gratifie d'une majuscule emphatique, tout comme le simple Gland et la Citrouille.

À travers des formes littéraires diverses, les penseurs les plus éminents, les écrivains et les scientifiques donnent ainsi au lecteur une leçon d'humilité.

SUJET 38

Polynésie française • Juin 2012
Série L • 16 points

La condition de l'homme

Commentaire

▶ **Vous commenterez la fable de La Fontaine, « Le Gland et la Citrouille ».**

Se reporter au document B du sujet n° 37.

LES CLÉS DU SUJET

Trouver les idées directrices

- Faites la « **définition** » du texte pour trouver les idées directrices.

Fable (*genre*), qui raconte (*type de texte*) la mésaventure d'un paysan (*thème*), qui argumente sur (*type de texte*, *thème*), humoristique (*registre*), théâtrale, à allure scientifique (*adjectifs*), pour amuser le lecteur et donner une leçon de vie ou même de philosophie (*buts*).

Pistes de recherche

Première piste : une petite comédie

- Analysez ce qui rapproche cette fable du théâtre : structure, situations…
- Et plus précisément de la comédie : personnages, mélange des tons…
- Montrez que La Fontaine a recours à des sources variées du comique.

Deuxième piste : une leçon sous forme de démonstration scientifique

- La morale est-elle explicite ou implicite ?
- En quoi la démarche ressemble-t-elle à une démonstration scientifique ?
- Montrez comment le récit est en cohérence avec la morale.

Troisième piste : une leçon de philosophie, de morale et de vie

- Quels sont les thèmes abordés et suggérés dans la fable ?
- Quelle conception de la vie, de Dieu et de l'homme se dégage de la fable ? Que veut faire comprendre le fabuliste ? Quelle attitude semble-t-il préconiser ?

▶ **Pour réussir le commentaire** : voir guide méthodologique.
▶ **La question de l'homme, la fable** : voir mémento des notions.

CORRIGÉ 38

Les titres en couleur ne doivent pas figurer sur la copie.

Introduction

[Amorce] La fable est un genre très ancien (Ésope, Phèdre), mais mineur jusqu'au XVIIe siècle où La Fontaine en fait un genre littéraire à part entière. [Présentation du texte] « Le Gland et la Citrouille » appartient au 2e recueil des *Fables*, davantage destiné aux adultes et dont les thèmes et les enjeux sont plus sérieux. Cependant, La Fontaine s'inspire de la farce populaire qu'il transforme en fable. [Annonce des axes] La fable prend l'allure d'une petite comédie, vivante et populaire [I]. Mais, comme la comédie qui « châtie les mœurs par le rire », elle porte, sous l'apparence d'une démonstration presque scientifique [II], un message grave sur le monde et la société [III].

I. Une petite comédie

1. Une piécette en deux « actes »

• Le premier « acte », au cours duquel le villageois veut donner une leçon à Dieu (v. 4 à 19), met en relief la prétention du paysan. Le rythme des vers – en majorité des octosyllabes – est alerte.

• Le deuxième « acte » prend la forme d'une démonstration par l'expérience : c'est alors la nature qui donne une leçon au paysan (v. 20 à 31). Le rythme des vers – en majorité des alexandrins – est plus ample et plus posé.

• Les vers 32 à 35 se présentent comme la conclusion de l'anecdote. Le rythme des vers (octosyllabes) redevient alerte. Cette structure donne à la fable la forme d'une démonstration close, comme en témoigne la ressemblance entre les vers 1 et 32 qui célèbrent la louange du Dieu créateur.

2. Un personnage de farce

• Le personnage unique de cette piécette est un villageois. Sa description physique est schématique et ne mentionne que des parties de son corps, « son nez », son « poil au menton ». Le personnage a un comportement assez fruste.

• Ses paroles rapportées au style direct révèlent un parler pittoresque. La moitié de la fable est occupée par les paroles qu'il s'adresse à lui-même (v. 6 à 19), dont la tonalité présente un mélange humoristique :

– de familiarité : le vocabulaire est parfois trivial (« parbleu ») et la syntaxe est celle du langage parlé (reprise pronominale et postposition du sujet : « À quoi songeait-*il* […], *l'Auteur de tout cela* ? v. 6) ;

QUESTION DE L'HOMME

– de ton très théâtral et didactique : il profère une sorte de maxime un peu pédante (« Tel fruit, tel arbre, pour bien faire », v. 11) ; plus loin, il se désigne pompeusement par la 3e personne du singulier (« plus je contemple/Ces fruits ainsi placés, plus il semble *à Garo* [= il me semble]/ Que l'on a fait un quiproquo » (v. 16-19).

3. Le comique de situation : des airs de commedia dell'arte

• Menues péripéties et petits tableaux amusants se succèdent, selon des rythmes variés : le lecteur imagine d'abord le villageois qui contemple la citrouille (v. 4-21), puis son somme sous l'arbre (un seul vers : v. 22), enfin la chute du gland – avec un gros plan sur le « nez meurtri » (v. 23-26).

• À cette fantaisie s'ajoute un comique du retournement de situation, celui de l'arroseur arrosé. Garo n'est décidément pas l'égal de Dieu ! La mention du « quiproquo » dont Dieu serait à l'origine est pleine d'humour.

4. Un mélange des tons propre à la comédie

• La fable aborde des sujets sérieux touchant à la question de l'homme (« Dieu, l'Univers »). Son propos – le raisonnement sur les effets et les causes (« car pourquoi… ? ») – en fait une fable « philosophique ». Mais en même temps, le ton peut être très trivial : la nature est représentée par des végétaux sans grande noblesse (gland et citrouille) ; les parties du corps auxquelles il est fait référence sont peu nobles (nez, poil).

• L'humour domine, marqué par le comique d'exagération (hyperbole : « Son nez meurtri/Oh, oh, dit-il, je saigne ! ») ; la personnification : « Citrouilles », « Gland » créent une sacralisation parodique des éléments de la fable ; la drôlerie des périphrases : « l'Auteur de tout cela, celui que prêche ton Curé » (= Dieu), « le dormeur » (= Garo) ; le jeu sur les sonorités, censées reproduire ce dont le fabuliste parle (allitération « lourde » en *g* et *ou* avec « *gla*nd/ *gou*rde/*lou*rd ».

• Le mélange et le décalage entre le sujet, philosophique, et la référence burlesque (la Citrouille) parodient les grands débats humains. Cependant, derrière cette vivacité, ce ton burlesque et populaire, se cache une leçon grave.

II. Une leçon sous forme de démonstration scientifique ?

1. Une morale explicite clairement posée

• La morale explicite qui encadre la fable donne à celle-ci un caractère démonstratif. La fable commence et finit sur une assertion.

• Dès les premiers vers, une vérité est posée d'emblée par La Fontaine : Dieu (cause première et *premier* mot de la fable) fait ce qu'il fait (évidence tautologique) et il le fait « bien ».

• Cette assertion posée comme une vérité à prouver trouve à la fin de la fable son écho, qui suggère la formule CQFD (« ce qu'il fallait démontrer ») : « Dieu fait bien ce qu'il fait// Dieu ne l'a pas voulu [...]/ En louant Dieu de toute chose ».

2. Une démonstration... de science expérimentale

• La fable prend alors des allures de raisonnement scientifique : Garo est une sorte d'expérimentateur de la nature. Le gland qui tombe rappelle Newton.

• La démarche n'est pas mathématique mais bien expérimentale. Le raisonnement et la démonstration sont menés en deux temps :

– 1re expérience : Garo pose que, dans la nature, la logique n'est pas respectée. L'exemple est concret (glands dans les arbres et citrouilles qui poussent par terre) et la phase d'observation aboutit à une constatation (v. 17-19) confirmant le présupposé : la nature a tort (v. 6) ;

– 2e expérience : la chute du gland est suivie d'une observation qui aboutit à une nouvelle vérité, contraire à la première : la nature a raison.

La conclusion renvoie au vers 1, vérité énoncée et mise au compte de La Fontaine : en réalité, Garo sert de démonstration au fabuliste.

• Les tournures, les faits d'écriture sont eux aussi caractéristiques de la démarche expérimentale : questions (v. 6, 14-17, 26-28), hypothèses...

III. Une leçon de philosophie, de morale et de vie

1. Le regard du fabuliste : la satire de la prétention

• La fable est marquée par la présence de La Fontaine, qui se met en scène (« Dans les Citrouilles *je* la treuve »). Mais, surtout, il fait sentir son jugement.

• Il prend une distance amusée par rapport à son personnage et jette sur lui un regard ironique (« notre homme »). L'ironie tient au contraste souligné à dessein entre les deux vers qui se suivent : « On ne dort point quand on a tant d'esprit/il va prendre son somme [= il dort] », ou à la désignation de « dormeur ».

• La fable fait la caricature de l'autosatisfaction de Garo (qui se met en lieu et place de Dieu). Elle critique aussi sa rhétorique obtuse et son manque de recul dans le raisonnement. Le villageois ressemble avant l'heure – nous sommes au XVIIe siècle – à Pangloss dans le *Candide* de Voltaire (mais, au départ, il soutient la thèse inverse : « Tout en eût été mieux » ; pour lui, tout *n'est pas* « pour le mieux dans le meilleur des mondes »).

> **Notez bien**
> Lorsque vous citez une expression du texte, qualifiez-la, caractérisez-la en précisant le procédé de style utilisé et commentez-la.

• À la fin, au fond, il croit désormais aux causes finales (la nature ne fait rien en vain ni de superflu), comme Pangloss. Il est devenu providentialiste, mais aussi sottement que quand il soutenait la thèse opposée.

• En soulignant, à la fin de la fable, le ridicule de Garo contraint d'avouer sa défaite, La Fontaine fait la satire de la prétention.

2. Une leçon sur la nature, sur Dieu et la création

• La fable, « végétale » et non animale, met en scène la nature, sorte d'intermédiaire qui « aide » Dieu dans sa démonstration par les faits. La nature rappelle à l'homme qui il est ; la blessure prend un sens symbolique : elle est la représentation concrète de l'infirmité intellectuelle de l'homme. Le thème central de la démonstration est bien « Dieu », nommé deux fois et désigné par des périphrases (v. 6 et 13). Garo remet en question les choix du créateur. Or, il est démontré que la création est parfaite.

• La Fontaine participe là à un débat philosophique et scientifique qui opposait à l'époque la religion et les sciences : qui des deux régit le monde et la nature ? Dans la fable, Dieu est la métonymie de la nature, il est l'opposé de la science. Garo, observateur de la nature, opte pour la science. C'est sa logique empirique qui lui fait remettre en cause les choix de Dieu.

• La Fontaine trouve un moyen de concilier science et religion.

3. Une réflexion sur l'homme : leçon de bons sens et d'humilité ?

• Plus profondément, la fable comporte une condamnation de la démesure. La Fontaine fait comprendre qu'il y a du Garo en chacun de nous (« notre homme », v. 20) : nous croyons tous que notre raison égale Dieu.

• La Fontaine montre aussi que la vérité n'est pas accessible à tous : des esprits forts ou sots (comme Garo) doutent de cette évidence. La morale ultime de la fable serait qu'il faut se taire devant cette évidence, conclusion à laquelle il aboutit aussi dans « La Querelle des Chiens et des Chats et celle des Chats et des Souris » (XII, 8).

• Au total, en faisant comprendre à son lecteur que l'homme n'est pas capable de rivaliser avec Dieu, La Fontaine lui donnerait une leçon d'humilité, de bon sens utile, qui conseille d'accepter la nature telle qu'elle est. Fatalisme ? stoïcisme ? Rien ne l'indique…

Conclusion

Cette fable tire son originalité de sa source d'inspiration : le personnage de Garo vient du théâtre populaire. C'est aussi une leçon scientifique et religieuse dans un contexte qui porte en arrière-plan la marque des débats intellectuels et religieux de l'époque, notamment entre les libertins tenants de la liberté de pensée et les adeptes de la tradition religieuse. Ces débats trouvent à la même époque leur écho chez Pascal et Molière (*Dom Juan*).

SUJET

39

Polynésie française • Juin 2012

Série L • 16 points

La condition de l'homme

Dissertation

▸ **En quoi les œuvres littéraires permettent-elles de construire une réflexion efficace sur la condition de l'homme ?**
Vous appuierez votre réflexion sur les textes du corpus, les œuvres étudiées en classe et vos lectures personnelles.

Les textes du corpus sont reproduits dans le sujet nº 37.

LES CLÉS DU SUJET

Comprendre le sujet

- Termes indiquant le **thème général** : « réflexion [...] sur la condition de l'homme ». Ils renvoient de façon très vaste à la question de l'homme mais mettent aussi sur la voie de la littérature d'idées (éventuellement engagée).
- Termes indiquant **sur quelle « matière » doit porter la réflexion** : « œuvres littéraires », c'est-à-dire les textes qui témoignent d'un travail sur la langue et les mots et d'une mise en « forme » (cela exclut les textes de « consommation », les textes scientifiques ou techniques).
- La **perspective** à adopter se trouve dans « efficace », c'est-à-dire qui atteint son objectif, qui est adapté (à son public).
- « **En quoi** » suggère de chercher **pourquoi** la littérature est efficace, donc d'analyser ses atouts, mais de chercher aussi ses **moyens** spécifiques.
- La **problématique** est donc : *Pourquoi, comment la littérature est-elle efficace pour (faire) réfléchir sur l'homme, exprimer une thèse/des idées, pour argumenter, convaincre ou persuader ?*
- Vous pouvez éventuellement **dépasser** ce questionnement et vous demander **à quelles conditions** la littérature est efficace, si elle ne présente pas des **limites** ou si elle est **suffisante** pour faire réfléchir et traiter de la condition de l'homme.

■ Chercher des idées

• Mettez la question en relation avec les **grands thèmes de la question de l'homme** dans la littérature argumentative, notamment la **condition de l'homme**, « condition » signifiant la nature, l'état, la situation.

• **Réfléchir sur la condition de l'homme**, c'est s'interroger sur ce qui fait que l'homme a des limites, sur ce à quoi il est soumis (mort, destin, nature, sentiments, pression du groupe…), sur sa situation (par rapport à l'univers, au temps, à un dieu éventuel…). C'est aussi l'envisager en tant que membre d'un groupe social (famille, milieu, travail, nation…) et aborder les questions d'ordre religieux et éthique (valeurs, bonheur, pouvoir, liberté…).

• Divisez la problématique en **sous-questions** : *Quels sont les atouts des genres de l'argumentation directe ? de l'argumentation indirecte ? À quels moyens les auteurs recourent-ils pour faire réfléchir le lecteur sur la condition de l'homme ? De quoi dépend l'efficacité d'un texte littéraire ? Quels textes pour quel public ?*

• Les **exemples** : faites la liste des genres et des registres, des textes que vous connaissez qui abordent la condition de l'homme. Utilisez le corpus mais ne vous limitez pas aux genres purs de l'argumentation. Pensez au roman, au théâtre, à la poésie, par exemple.

▶ **Pour réussir la dissertation** : voir guide méthodologique.
▶ **La question de l'homme** : voir mémento des notions.

CORRIGÉ 39

Les titres en couleur ne doivent pas figurer sur la copie.

Introduction

[Amorce] « Car enfin, qu'est-ce qu'un homme dans la nature ? » s'interrogeait Pascal au XVIIe siècle dans ses *Pensées*… Cette interrogation fondamentale sur l'homme n'est propre ni au siècle, ni à l'écrivain. *La Condition humaine* est le titre d'un roman de Malraux qui obtint le prix Goncourt en 1933… Voilà qui indique clairement l'importance et le rôle de la littérature dans la réflexion et l'évolution des idées sur l'homme et les sociétés humaines. [Problématique] D'où vient donc l'efficacité des œuvres littéraires pour répondre aux préoccupations existentielles des hommes depuis l'Antiquité ? Si la littérature, par la mise en forme et le travail sur le langage qu'elle implique, est un support privilégié pour explorer en profondeur les questions relatives à la condition de l'homme, c'est que les écrivains disposent de formes et de moyens extrêmement variés pour le faire. [Annonce des axes] L'argumentation directe, plus propre à convaincre [I], tient sa force de ressources différentes de celles l'argumentation indirecte, plus propre à persuader [II]. Ainsi la puissance des œuvres littéraires varie selon la stratégie argumentative adoptée mais aussi et surtout selon le public auquel elles s'adressent. L'écrivain doit tenir compte du contexte, de son lecteur pour donner à sa réflexion toute sa profondeur et sa portée [III].

I. Les genres littéraires propres à convaincre

1. Quels genres pour convaincre ? Dans quel contexte ?

• Ce sont les genres de l'argumentation directe : l'essai, le traité ou le discours, qui se prêtent à l'examen méthodique et didactique d'une notion, à l'exposé d'une thèse ; ils ont en général un titre clair. *Exemples* : articles « Autorité » ou « Philosophe » de l'*Encyclopédie* ; *Plaidoyer contre la peine de mort*, discours prononcé à l'Assemblée constituante par Victor Hugo.

• Ces formes ont été pratiquées à toutes les époques : dialogues de Platon, textes de Descartes, Pascal au XVIIe siècle. Mais elles sont privilégiées au XVIIIe siècle, essentiellement préoccupé par des questions philosophiques, politiques, morales. *Exemples* : Fénelon dans son *Traité de l'éducation des filles* ; Choderlos de Laclos dans *De l'éducation des filles* ; Rousseau dans l'*Émile ou de l'Éducation* ; Montesquieu dans *L'Esprit des lois* ; Voltaire dans son *Traité de la tolérance*…

2. Leur atout : rigueur de la pensée et de l'argumentation

• Pour mener une réflexion et convaincre, il faut de la rigueur. Ces auteurs procèdent par la logique et font appel à la raison par une démonstration rigoureuse, proche de celle des sciences. *Exemple :* les *Essais* de Montaigne (livre II, chap. 12, document A) : étudier la structure du texte et la logique du raisonnement qui progresse par questions-réponses.

• Ces œuvres permettent d'adopter une démarche inspirée par les raisonnements mathématiques, construisant la réflexion sur des réseaux de causes, de conséquences, de concessions, d'oppositions… *Exemple* : les *Pensées* de Pascal : structure très symétrique, rigueur mathématique des « deux infinis », logique de la démonstration de l'argument du pari qui, par restrictions successives, ne mène qu'à une solution [*exemples personnels*].

• Elles sont parfois plus proches des sciences expérimentales ou des sciences de l'homme. *Exemple* : Jean Rostand, dans les *Pensées d'un biologiste* (document C), s'appuie sur des connaissances scientifiques précises et sur la connaissance de l'évolution des espèces.

3. S'impliquer, impliquer son lecteur et parler à son imagination

• Dans ces genres littéraires, l'auteur, homme lui aussi, donne de la force à la réflexion par son implication personnelle. C'est à cela que tient essentiellement l'efficacité de l'autobiographie. *Exemples* : Montaigne : « Je suis moi-même la matière de mon livre »/ « Chaque homme porte en lui la forme entière de l'humaine condition » ; le Préambule des *Confessions* de Rousseau.

• Les moyens dont dispose l'écrivain sont multiples pour impliquer directement le lecteur (apostrophes, questions rhétoriques...). *Exemples* : textes de Montaigne et de Rostand (documents A et C).

• Faire réfléchir, c'est aussi s'adapter à son interlocuteur, tenir compte de sa dualité d'être de raison et d'émotion : les auteurs recourent aux images pour parler à l'imagination du lecteur. *Exemples* : Montaigne lui donne à imaginer « ce cours admirable de la voûte céleste, la lumière éternelle de ces flambeaux roulant si fièrement sur sa tête », Jean Rostand lui fait jeter « le regard dans les gouffres glacés où se hâtent les nébuleuses spirales » ; les « deux infinis » de Pascal le conduisent dans la contemplation vertigineuse de l'infiniment grand et de l'infiniment petit.

II. Les genres littéraires propres à persuader

1. Efficacité et atouts des apologues et des romans

• Ils mettent en scène des personnages variés (hommes, ou personnages allégoriques des êtres humains) et des situations concrètes très diverses qui permettent de faire le tour de la condition humaine. Les apologues, en divertissant et en séduisant, abordent des sujets plus sérieux et existentiels que ne le laissent attendre leur légèreté et leur fantaisie. *Exemple* : dans le conte philosophique (*Voltaire*, *Zadig, Candide*, *L'Ingénu*) sont abordés tous les thèmes essentiels de la condition humaine : malheur/bonheur, pouvoir, place de l'homme dans l'univers, mort...

• Les romanciers font réagir et incitent à la réflexion sur l'homme par une peinture concrète du monde, qui a autant d'impact que les grands discours. *Exemple* : description de la misère des mineurs par Zola dans *Germinal*.

• Ils s'adressent à l'imagination (dont Montaigne et Pascal ont démontré la force persuasive) et satisfont le goût des hommes pour les « histoires ». *Exemple* : la théâtralité des fables mise par La Fontaine au service de la réflexion existentielle (« La Mort et le Mourant ») ou d'intentions didactiques et satiriques (« Les Obsèques de la Lionne » + *exemples personnels*).

• Ils s'adressent à un large public et sollicitent la participation du lecteur qui doit interpréter le récit et, par une démarche inductive, tirer lui-même la teneur de la réflexion.

2. Atouts des dialogues, qui donnent à voir et à entendre

• Grâce à la diversité des interlocuteurs, les dialogues permettent la confrontation constructive et éclairante d'idées, les débats contestataires ou dialectiques. *Exemples* : *Le Dialogue du Chapon et de la Poularde* de Voltaire ; *Le Neveu de Rameau* de Diderot. Le dialogue peut être épistolaire, mené à distance : les *Lettres persanes* de Montesquieu.

• Le théâtre est le cadre idéal pour construire une réflexion sur l'homme parce que les idées y sont incarnées par les personnages (parfois véritables porte-parole de l'auteur) qui leur confèrent présence, réalité, vivacité, et parce qu'il touche un large public (réception collective). *Exemples* : *En attendant Godot* de Beckett, *Rhinocéros* de Ionesco et le théâtre de l'absurde ; la satire du monde politique ou social chez Marivaux ou Beaumarchais qui donnent la parole aux « opprimés » (femmes, domestiques) ; *Ruy Blas* de Hugo (le peuple opprimé) ; *Ubu Roi* d'Alfred Jarry ; *La guerre de Troie n'aura pas lieu* de Giraudoux (Andromaque et la défense de la paix).

3. Atouts de la poésie comme réflexion sur l'homme

• Le moi intime du poète s'y exhale avec force ; le lecteur y reconnaît un homme et souvent s'y reconnaît lui-même, comme le soulignent Hugo (« Quand je vous parle de moi, je vous parle de vous ») ou Baudelaire (« Hypocrite lecteur, – mon semblable, – mon frère ! »).

• Les atouts de la poésie, ce sont la puissance, la suggestion, l'originalité de ses images et de ses symboles et son lyrisme qui dessinent une image de l'homme. *Exemples* : le lyrisme dramatique de *Chansons des rues et des bois* de Hugo (« Depuis six mille ans la guerre… ») ; le tableau épique de la guerre dans *Le Mal* de Rimbaud *(exemples à développer en fonction des textes poétiques étudiés dans l'année, puisque le corpus ne comporte pas de poème)*.

III. Les paramètres dont l'écrivain doit tenir compte

1. Limites à l'efficacité : textes anciens, nouveaux publics

• Les œuvres littéraires touchent aujourd'hui un public moins large que par le passé : le lecteur d'autrefois, moins soumis à l'image, était sans doute plus capable d'apprécier les procédés littéraires parfois complexes mis en œuvre.

• Pour le lecteur contemporain, qui a perdu certaines références culturelles et s'informe sur Internet, l'accès aux œuvres littéraires est moins direct et leur compréhension, moins immédiate, nécessite des explications (vocabulaire inconnu, syntaxe complexe, procédés de style trop sophistiqués…).

• Enfin, quelle que soit l'époque, l'implicite, l'ironie – qui demande du recul – et l'humour sont parfois difficiles à saisir. *Exemples* : Rousseau déconseille de faire lire les fables aux enfants, qui risquent de mal interpréter une morale souvent implicite ou complexe (document B). L'ironie des textes des Lumières (« De l'esclavage des Nègres », où Montesquieu feint de prendre le point de vue d'un esclavagiste) peut être mal interprétée.

2. Spécificités des genres et des conditions de réception

En réalité, pour construire efficacement une réflexion sur l'homme, les écrivains doivent adapter leur stratégie, le genre et le registre de leurs œuvres au public visé et aux circonstances de réception. *Exemples* : Voltaire choisit le genre du conte philosophique, mieux adapté à un public diversifié. Les *Pensées* de Pascal révèlent toute leur efficacité sur un public de penseurs, les *Pensées d'un biologiste* sur des esprits scientifiques, les *Fables* de La Fontaine sur un lectorat qui aime à se divertir.

3. La littérature, un déclencheur

Par ailleurs, la littérature ne suffit pas à construire une réflexion sur la condition humaine. Certes elle sert de déclencheur, mais il revient au lecteur, par le biais de son esprit critique, de construire sa réflexion personnelle et de se forger sa propre conception de l'homme.

Conclusion

[Synthèse] Le véritable écrivain, homme parmi les hommes, est un éveilleur de conscience : il parle pour les hommes de son temps, mais sa réflexion transcende les époques pour devenir universelle. [Ouverture] Cependant on peut craindre que, de nos jours, le statut de la littérature, concurrencée par l'image, devienne de plus en plus précaire. En réalité, la réflexion sur l'homme est d'autant plus riche qu'elle se nourrit à des sources artistiques multiples : *La vie est belle* de Roberto Benigni ne fait pas oublier *Si c'est un homme* de Primo Levi ; les deux œuvres se complètent pour faire méditer efficacement sur l'homme.

Conseil
Terminez votre conclusion par un élargissement de la problématique ; pour cela, faites appel à toutes vos connaissances scolaires mais aussi extrascolaires (autres arts, actualité…).

SUJET
40

Polynésie française • Juin 2012
Série L • 16 points

La condition de l'homme

Écriture d'invention

▶ À l'issue de la lecture du texte de Rostand, vous faites part à un professeur de votre désaccord avec la thèse défendue par le célèbre biologiste.
Écrivez, après une rapide entrée en matière narrative, ce dialogue avec ce professeur qui, lui, défendra la position de Rostand.
Votre texte comportera au minimum une soixantaine de lignes.

Se reporter au document C reproduit dans le sujet n° 37.

LES CLÉS DU SUJET

Comprendre le sujet

Faites la « **définition** » du texte à produire pour trouver des idées.

Dialogue (*genre*) entre un élève et un professeur (*situation d'énonciation*) qui argumentent (*type de texte*) sur la condition de l'homme et sa position dans l'univers (*thème*), vif et alerte (*adjectifs*) pour défendre leur conception de l'homme, l'une pessimiste, l'autre optimiste (*but*).

Chercher des idées

• **Deux thèses s'opposent :**
– celle de **Rostand** (du « **professeur** ») : l'homme, pour la nature, n'est pas supérieur aux millions d'autres espèces vivant sur terre ;
– celle de **l'élève** (« **vous** ») : l'homme, par son esprit et ses réalisations, surpasse les autres espèces et occupe une place privilégiée dans l'univers.
• **Les deux thèses doivent être appuyées sur :**
– des **arguments** : le professeur doit montrer que Rostand raisonne en biologiste et à l'échelle de l'univers. L'élève doit donner des preuves de la supériorité de l'homme, en adoptant le point de vue « philosophique » ;

– des **exemples** : l'élève doit fournir des exemples de « grandes réalisations » de l'homme (conquête de l'espace, clonage…) ; le professeur doit avancer des exemples de sa faiblesse face à la nature et au temps ;
– des « **autorités** », c'est-à-dire des auteurs qui ont abordé la même question (corpus, mais aussi autres écrivains ou philosophes [Pascal, Camus]…).
• Choix du **registre** : il peut être **didactique** (quand le professeur parle), par moments **polémique** ou **lyrique**.
• Le dialogue doit être mené avec **vivacité**, et le ton être **naturel**.

▶ **Pour réussir l'écriture d'invention** : voir guide méthodologique.
▶ **La question de l'homme** : voir mémento des notions.

CORRIGÉ 40

Dernier texte de notre liste de bac : celui d'un certain Rostand… l'auteur de Cyrano de Bergerac *? « Attention ! Ne confondez pas Jean et Edmond… Jean est le fils du dramaturge ; il est écrivain, moraliste, biologiste et historien des sciences », a précisé le professeur… Après que nous l'avons lu, j'étais à la fois peu satisfait du texte et surpris du peu de réaction de mes camarades. Trouvaient-ils normal de se faire traiter « d'arrière-neveux de limace » ?*

MOI. – Monsieur, le texte que nous venons d'étudier me pose problème… Tout d'abord, le ton me dérange : je le trouve méprisant. Me faire traiter de « petit-fils de poisson » et mettre sur le même plan que les… quoi déjà ? « stégocéphales » !…

LE PROFESSEUR. – Je comprends, mais il ne s'agit pas d'un jugement *ex nihilo* : c'est une reformulation vigoureuse de la théorie de l'évolution de Darwin. Il ne faut pas oublier que Rostand est biologiste : il ne fait que rappeler la thèse qui fonde actuellement notre conception de la biologie. Quant au ton, il cherche bien évidemment à choquer – le paradoxe étant que l'auteur s'inclut lui-même dans ce qu'il pose comme un objet de mépris. L'accuser de mépriser son lecteur, c'est lui faire un faux procès.

MOI. – Il n'empêche, il est vraiment trop pessimiste : il réduit l'homme à une simple « espèce ». Du coup, il passe sous silence la dimension spirituelle de l'homme… Vous ne trouvez pas ça abusif ? C'est d'une mauvaise foi !

LE PROFESSEUR. – Il ne la passe pas sous silence : il en parle au début du texte.

MOI. – Oui, mais c'est pour mieux l'effacer par la suite. Un peu facile, non ?

LE PROFESSEUR. – Mais, en tant que biologiste, il est normal qu'il prenne la question sous son angle scientifique. D'où la différence qu'il fait entre les moralistes et lui. Lui ne s'occupe pas de l'*individu* : il ne parle que de l'*espèce* humaine ; il la remet en contexte pour nous faire comprendre que, d'un point de vue purement biologique, nous ne sommes supérieurs à aucune autre espèce sur la longue durée, et ce malgré nos avancées scientifiques, notre « intellect ». Et en cela, il a raison. Regarde : la nature fait ce qu'elle veut de l'homme : un tsunami, un tremblement de terre réduisent à néant des populations entières... L'espèce humaine n'échappe pas aux lois de la nature.

MOI. – Je veux bien que l'homme soit imparfait et susceptible de disparition, comme tous les autres êtres vivants. Mais nous avons quand même de quoi être fiers de ce que nous avons accompli jusqu'ici. Rostand fait comme si les découvertes scientifiques, les inventions, le progrès ne comptaient pour rien. Il y a tout de même un juste milieu entre la reconnaissance de notre imperfection et la conscience de nos accomplissements...

LE PROFESSEUR. – D'accord, mais tu oublies un point essentiel : tu te places du point de vue de l'homme alors que Rostand, lui, se place du point de vue de l'espèce. Tu singularises ; il généralise. Ce qui n'est qu'une « aventure » pour lui, te semble important. Pour toi, l'homme est grand parce que tu réfléchis à ton échelle ; pour Rostand, la Terre n'est qu'un « grain de boue », parce qu'il réfléchit à l'échelle de l'Univers.

MOI. – Mais après tout, ce n'est pas pour rien que Robert Oppenheimer, le père de la bombe A, a cité le *Mahâbhârata* après le premier essai nucléaire, en s'exclamant : « Je suis devenu la Mort, le destructeur des mondes ! » La bombe atomique, tout de même, c'est quelque chose !

LE PROFESSEUR. – Pour toi, pour moi, pour n'importe qui, c'est « énorme ». Mais uniquement si l'on en reste à l'échelle humaine. Et là est bien le problème : nous ne pouvons nous départir de cette échelle. En réalité, je suis tout à fait d'accord avec ce qu'écrit Rostand, mais seulement quand j'y *réfléchis*, quand je considère la question de façon *abstraite.* Mais l'admettre définitivement rendrait la vie invivable : nous avons *besoin* de penser que nous sommes importants.

MOI. – Tout cela ne serait donc qu'une affaire de point de vue ? D'accord, vivre sur une autre planète relève aujourd'hui de la science-fiction, mais sans doute aurons-nous un jour les moyens de perpétuer définitivement « l'espèce », comme il nous appelle. Et nous aurons damé le pion à toute l'évolution ! Après tout, Cyrano de Bergerac (le vrai, pas celui de la pièce), au XVIIe siècle, n'a-t-il pas imaginé un voyage sur la Lune, anticipant par là sur les premiers pas de l'homme sur la Lune le 20 juillet 1969 ? Le clonage, voilà une découverte qui montre la puissance de l'homme !

LE PROFESSEUR. – Jean Rostand répond à cette remarque dans son texte : il ne nie ni le progrès ni les réussites de l'être humain. Il met seulement en évidence le fait que l'homme aura beau faire tous les progrès possibles, il est par définition impossible qu'il se mette à la taille de l'Univers. D'où l'importance du mot « illusion » : l'homme *croit* que le progrès le rendra maître de l'Univers, mais il oublie qu'un être fini ne pourra jamais jouer dans la cour de l'infini, les deux étant résolument séparés et irréconciliables.

MOI. – Je vois… Malgré tout, cette conception des choses me dérange. Elle me semble trop désincarnée pour être juste. Je reste dans l'idée que priver l'homme de sa dimension spirituelle est une erreur de raisonnement, et que, même si, dans l'absolu, l'espèce humaine est probablement destinée à disparaître un jour, eh bien au moins, elle aura construit quelque chose qui aura illustré, même fugitivement, plus de choses qu'un « stégocéphale ».

LE PROFESSEUR. – Dans le fond, les deux points de vue peuvent se justifier…

MOI. – Oui, mais l'un est objectif, et terriblement pessimiste et désincarné ; l'autre, bien qu'un peu biaisé, est plus vivable et spirituellement satisfaisant.

LE PROFESSEUR. – En fait, plus on avance en âge, plus on comprend Rostand… Disons que… l'homme est à la fois petit et grand… Rappelle-toi Pascal : « La grandeur de l'homme est grande en ce qu'il se connaît misérable. »

MOI. – Oui, je sais… J'aime bien son image de l'homme « roseau pensant ». On pourra m'objecter que Pascal c'est le XVIIe siècle. Hé bien, justement, j'opposerai à M. Rostand la phrase de Camus (ils sont à peu près contemporains, non ?) : « La grandeur de l'homme *est dans sa décision d'être plus fort que sa condition*. »

Conseil
Faites-vous un « stock » de courtes citations sur les genres littéraires au programme ; elles servent d'arguments d'autorité aussi bien pour la dissertation que pour l'écriture d'invention quand, comme ici, elle est argumentative.

LE PROFESSEUR. – Écoute, nous n'avons pas épuisé le sujet, loin s'en faut ! Je te suggère de l'évoquer avec votre professeur de philosophie.

SUJET

41

Pondichéry • Avril 2012
Séries ES, S • 4 points

Argumenter sur la liberté

Question

Documents

A – **Jean de La Fontaine**, « Le Loup et le Chien », *Fables*, livre I, V, 1668.
B – **Jean-Jacques Rousseau**, *Émile ou de l'Éducation*, livre IV, 1762.
C – **Victor Hugo**, « Ultima verba », *Les Châtiments*, VII, 17, 1853.
D – **Émile Zola**, *Germinal*, IIIe partie, 3, 1885.

▸ Qu'est-ce qui, selon les quatre textes du corpus, permet à l'homme d'être libre ?

Après avoir répondu à cette question, les candidats devront traiter au choix un des trois sujets n°s 42, 43 ou 44.

DOCUMENT A

Le Loup et le Chien

Un loup n'avait que les os et la peau,
Tant les chiens faisaient bonne garde.
Ce loup rencontre un dogue aussi puissant que beau,
Gras, poli[1], qui s'était fourvoyé par mégarde.
L'attaquer, le mettre en quartiers,
Sire loup l'eût fait volontiers.
Mais il fallait livrer bataille ;
Et le mâtin[2] était de taille
À se défendre hardiment.
Le loup donc l'aborde humblement,
Entre en propos, et lui fait compliment
Sur son embonpoint, qu'il admire.
« Il ne tiendra qu'à vous beau sire,
D'être aussi gras que moi, lui repartit le chien.

QUESTION DE L'HOMME

Quittez les bois, vous ferez bien :
Vos pareils y sont misérables,
Cancres, hères[3], et pauvres diables,
Dont la condition est de mourir de faim.
Car quoi ? Rien d'assuré ; point de franche lippée[4] :
Tout à la pointe de l'épée.
Suivez-moi : vous aurez un bien meilleur destin. »
Le loup reprit : « Que me faudra-t-il faire ?
– Presque rien, dit le chien, donner la chasse aux gens
Portants[5] bâtons, et mendiants ;
Flatter ceux du logis, à son Maître complaire ;
Moyennant quoi votre salaire
Sera force reliefs[6] de toutes les façons :
Os de poulets, os de pigeons,
Sans parler de mainte caresse. »
Le loup déjà se forge une félicité
Qui le fait pleurer de tendresse.
Chemin faisant, il vit le col du chien pelé.
« Qu'est-ce là ? lui dit-il. – Rien. – Quoi rien ? – Peu de chose.
– Mais encor ? – Le collier dont je suis attaché
De ce que vous voyez est peut-être la cause.
– Attaché ? dit le loup : vous ne courez donc pas
Où vous voulez ? – Pas toujours ; mais qu'importe ?
– Il importe si bien, que de tous vos repas
Je ne veux en aucune sorte,
Et ne voudrais pas même à ce prix un trésor. »
Cela dit, maître loup s'enfuit, et court encor.

Jean de La Fontaine, « Le Loup et le Chien », *Fables*, livre I, V, 1668.

1. Poli : le poil luisant.
2. Mâtin : chien puissant.
3. Hères : hommes misérables.
4. Lippée : nourriture abondante et facile.
5. Orthographe de l'époque ; même remarque pour « mendiants ».
6. Reliefs : restes.

DOCUMENT B

Encore un coup, les plaisirs exclusifs sont la mort du plaisir. Les vrais amusements sont ceux qu'on partage avec le peuple ; ceux qu'on veut avoir à soi seul, on ne les a plus. Si les murs que j'élève autour de mon parc m'en font une triste clôture, je n'ai fait à grands frais que m'ôter le plaisir de la promenade : me voilà forcé de l'aller chercher au loin. Le démon de la propriété infecte tout ce qu'il touche. Un riche veut être partout le maître et ne se trouve bien qu'où il ne l'est pas ; il est forcé de se fuir toujours. Pour moi, je ferai là-dessus dans ma richesse ce que j'ai fait dans ma pauvreté. Plus riche maintenant du bien des autres que je ne serai jamais du mien, je m'empare de tout ce qui me convient dans mon voisinage ; il n'y a pas de conquérant plus déterminé que moi ; j'usurpe[1] sur les princes mêmes ; je m'accommode sans distinction de tous les terrains ouverts qui me plaisent ; je leur donne des noms, je fais de l'un mon parc, de l'autre ma terrasse, et m'en voilà le maître ; dès lors, je m'y promène impunément, j'y reviens souvent pour maintenir la possession ; j'use autant que je veux le sol à force d'y marcher, et l'on ne me persuadera jamais que le titulaire du fonds que je m'approprie tire plus d'usage de l'argent qu'il lui produit que j'en tire de son terrain. Que si l'on vient à me vexer par des fossés, par des haies, peu m'importe ; je prends mon parc sur mes épaules, et je vais le poser ailleurs ; les emplacements ne manquent pas aux environs, et j'aurai longtemps à piller mes voisins avant de manquer d'asile.

Voilà quelque essai du vrai goût dans le choix des loisirs agréables ; voilà dans quel esprit on jouit ; tout le reste n'est qu'illusion, chimère, sotte vanité. Quiconque s'écartera de ces règles, quelque riche qu'il puisse être, mangera son or en fumier, et ne connaîtra jamais le prix de la vie.

On m'objectera sans doute que de tels amusements sont à la portée de tous les hommes, et qu'on n'a pas besoin d'être riche pour les goûter : c'est précisément à quoi j'en voulais venir. On a du plaisir quand on en veut avoir ; c'est l'opinion seule qui rend tout difficile, qui chasse le bonheur devant nous, et il est cent fois plus aisé d'être heureux que de le paraître. L'homme de goût et vraiment voluptueux n'a que faire de richesse ; il lui suffit d'être libre et maître de lui. Quiconque jouit de la santé et ne manque pas du nécessaire, s'il arrache de son cœur les biens de l'opinion, est assez riche ; c'est l'*aurea mediocritas*[2] d'Horace. Gens à coffres-forts, cherchez donc quelque autre emploi de votre opulence[3], car pour le plaisir elle n'est

QUESTION DE L'HOMME

bonne à rien. Émile ne saura pas tout cela mieux que moi, mais, ayant le cœur plus pur et plus sain, il le sentira mieux encore, et toutes ses observations dans le monde ne feront que le lui confirmer.

Jean-Jacques Rousseau, *Émile ou de l'Éducation*, livre IV, 1762.

1. J'usurpe : je m'empare de ce qui ne m'appartient pas.
2. « Médiocrité dorée », art de vivre dans la juste mesure.
3. Opulence : richesse.

DOCUMENT C

Louis-Napoléon Bonaparte a été élu président de la Seconde République en décembre 1848. Le 2 décembre 1851, il s'autoproclame empereur par un coup d'État. Il exerce dès lors un pouvoir dictatorial et réprime l'opposition républicaine. Hugo s'exile et compose Les Châtiments, *recueil poétique destiné à discréditer le régime de Napoléon III.*

Ultima verba[1]

[…]
Mes nobles compagnons, je garde votre culte ;
Bannis[2], la République est là qui nous unit.
J'attacherai la gloire à tout ce qu'on insulte ;
Je jetterai l'opprobre[3] à tout ce qu'on bénit !

Je serai, sous le sac de cendre qui me couvre[4],
La voix qui dit : malheur ! la bouche qui dit : non !
Tandis que tes valets te montreront ton Louvre,
Moi, je te montrerai, César[5], ton cabanon[6].

Devant les trahisons et les têtes courbées,
Je croiserai les bras, indigné, mais serein.
Sombre fidélité pour les choses tombées,
Sois ma force et ma joie et mon pilier d'airain !

Oui, tant qu'il sera là, qu'on cède ou qu'on persiste,
Ô France ! France aimée et qu'on pleure toujours,
Je ne reverrai pas ta terre douce et triste,
Tombeau de mes aïeux et nid de mes amours !

Je ne reverrai pas ta rive qui nous tente,
France ! hors le devoir, hélas ! j'oublierai tout.

Parmi les éprouvés je planterai ma tente :
Je resterai proscrit[7], voulant rester debout.

J'accepte l'âpre exil, n'eût-il ni fin ni terme,
Sans chercher à savoir et sans considérer
Si quelqu'un a plié qu'on aurait cru plus ferme,
Et si plusieurs s'en vont qui devraient demeurer.

Si l'on n'est plus que mille, eh bien, j'en suis ! Si même
Ils ne sont plus que cent, je brave encor Sylla[8] ;
S'il en demeure dix, je serai le dixième ;
Et s'il n'en reste qu'un, je serai celui-là !

Jersey, 2 décembre 1852

Victor Hugo, « Ultima verba », *Les Châtiments*, VII, 17, 1853.

1. « Derniers mots ».
2. Bannis : exilés ; désigne les républicains refusant le coup d'État de Louis-Napoléon.
3. Je jetterai l'opprobre : j'attacherai le déshonneur à.
4. Le sac et la cendre sont, dans la Bible, les marques de la fonction prophétique et les symboles du deuil.
5. César : désigne l'empereur Napoléon III.
6. Cabanon : cellule où l'on enferme les fous dangereux.
7. Proscrit : exilé, chassé.
8. Sylla : dictateur romain qui élimina ses opposants par les massacres et l'exil ; désigne ici Napoléon III.

DOCUMENT D

Étienne Lantier, mineur logé chez les Maheu, discute avec eux chaque soir des conditions de vie des mineurs. Un silence se faisait, tous soufflaient un instant, dans le malaise vague de cet horizon fermé. Seul, le père Bonnemort[1], s'il était là, ouvrait des yeux surpris, car de son temps on ne se tracassait pas de la sorte : on naissait dans le charbon, on tapait à la veine[2], sans en demander davantage ; tandis que, maintenant, il passait un air qui donnait de l'ambition aux charbonniers.

– Faut cracher sur rien, murmurait-il. Une bonne chope est une bonne chope… Les chefs, c'est souvent de la canaille ; mais il y aura toujours des chefs, pas vrai ? inutile de se casser la tête à réfléchir là-dessus.

Du coup, Étienne s'animait. Comment ! la réflexion serait défendue à l'ouvrier ! Eh ! justement, les choses changeraient bientôt, parce que l'ouvrier réfléchissait à cette heure. Du temps du vieux, le mineur vivait dans la mine comme une brute, comme une machine à extraire la houille, toujours sous la terre, les oreilles et les yeux bouchés aux événements du dehors. Aussi les riches qui gouvernent, avaient-ils beau jeu de s'entendre, de le vendre et de l'acheter, pour lui manger la chair : il ne s'en doutait même pas. Mais, à présent, le mineur s'éveillait au fond, germait dans la terre ainsi qu'une vraie graine ; et l'on verrait un matin ce qu'il pousserait au beau milieu des champs : oui, il pousserait des hommes, une armée d'hommes qui rétabliraient la justice. Est-ce que tous les citoyens n'étaient pas égaux depuis la Révolution ? puisqu'on votait ensemble, est-ce que l'ouvrier devait rester l'esclave du patron qui le payait ? Les grandes Compagnies, avec leurs machines, écrasaient tout, et l'on n'avait même plus contre elles les garanties de l'ancien temps, lorsque les gens du même métier, réunis en corps, savaient se défendre. C'était pour ça, nom de Dieu ! et pour d'autres choses, que tout péterait un jour, grâce à l'instruction. On n'avait qu'à voir dans le coron[3] même : les grands-pères n'auraient pu signer leur nom, les pères le signaient déjà, et quant aux fils, ils lisaient et écrivaient comme des professeurs. Ah ! ça poussait, ça poussait petit à petit, une rude moisson d'hommes, qui mûrissait au soleil ! Du moment qu'on n'était plus collé chacun à sa place pour l'existence entière, et qu'on pouvait avoir l'ambition de prendre la place du voisin, pourquoi donc n'aurait-on pas joué des poings, en tâchant d'être le plus fort ?

Émile Zola, *Germinal*, IIIe partie, 3, 1885.

1. Surnom d'un vieux mineur, Vincent Maheu, grand-père d'une famille nombreuse employée à la mine.
2. Veine : désigne la couche de charbon, le filon de houille.
3. Coron : habitat dans lequel logent les familles des mineurs.

LES CLÉS DU SUJET

■ Comprendre la question

• Identifier ce « qui permet d'être libre » équivaut à trouver **le(s) moyen(s) qui font accéder à la liberté.**

• Le sujet d'invention vous met sur la piste de la réponse pour le **texte de Zola**, par l'expression « grâce à l'instruction ». On peut en effet dire que « c'est l'instruction qui permet aux mineurs de sortir de la soumission et d'acquérir la liberté ».

• Faites la **même recherche pour les autres textes** en commençant votre réflexion par la formule : « C'est... qui (lui/leur) donne la liberté ». Vous pouvez trouver plusieurs éléments dans un même texte.
• **Appuyez** votre réponse **sur des mots précis** des textes, qui servent de preuves.
• Essayez de **grouper** les textes pour lesquels vous avez trouvé un même moyen d'accéder à la liberté ; puis, éventuellement, étudiez à part celui/ceux qui mettent en valeur des moyens spécifiques.

▶ **Pour réussir les questions :** voir guide méthodologique.
▶ **La question de l'homme :** voir mémento des notions.

CORRIGÉ 41

Introduction

Une des questions fondamentales que se pose l'homme est son droit à la liberté. Les écrivains s'en font l'écho en recourant aux genres les plus variés : la fable (« Le Loup et le Chien ») pour La Fontaine ; l'essai (*Émile ou de l'Éducation*) pour Rousseau ; la poésie (« Ultima verba », *Les Châtiments*) pour Hugo ; le roman social (*Germinal*) pour Zola. Les quatre textes font comprendre, explicitement ou implicitement, ce qui permet à l'homme d'être libre.

L'acceptation du sacrifice et le mépris des richesses

Pour La Fontaine, Rousseau et Hugo, la liberté ne s'acquiert qu'au « prix » de sacrifices. Le Loup renonce au confort (« os de poulets, os de pigeons »), et le mépris des richesses lui fait dire : « de tous vos repas/Je ne veux en aucune sorte,/Et ne voudrais pas même à ce prix un trésor ». Rousseau revendique sa « pauvreté » à laquelle il oppose une « richesse » qui empêche de « connaître le prix de la vie » ; il lui suffit de ne « pas manque[r] du nécessaire ». Hugo se résigne à un autre type de renoncement : avec des accents élégiaques, il se soumet à « l'âpre exil » loin de sa « terre douce et triste » ; pour être libre il faut savoir faire le sacrifice de ce que l'on aime.

La revendication de certaines valeurs essentielles

La liberté n'est pas seulement renoncement ; elle est aussi le fruit de certains traits de caractère et du désir de rester fidèle à des valeurs personnelles. Ainsi le Loup veut sauvegarder à tout prix sa fantaisie : il tient à courir où il veut

(« Vous ne courez donc pas/Où vous *voulez* ? »). Pour Rousseau, le plaisir et le bonheur sont les valeurs primordiales, comme en témoignent les nombreux mots du champ lexical du bon vouloir (« autant que je veux », « le choix », « on en veut ») et du plaisir (« plaisent », « plaisir » quatre fois, « on jouit »…). Quant à Hugo, c'est « la fidélité pour les choses tombées » (à « la République ») qui lui donne la force de ne pas se soumettre.

La réflexion et le courage

• Obtenir la liberté nécessite aussi une « réflexion » (Zola) et une prise de conscience, qui s'opère par la confrontation avec autrui. Ainsi, c'est à la suite de son dialogue avec le Chien que le Loup, éclairé, prend la décision de fuir où bon lui semble. C'est en voyant les « trahisons et les têtes courbées » et par opposition au « Sylla » français que Hugo, « indigné », seul contre tous, décide de manifester son libre arbitre. C'est en s'opposant aux « gens à coffres-forts » que Rousseau prend conscience de sa vraie « liberté » et choisit consciemment de suivre son caprice. Bonnemort, le vieux mineur qui « ne se tracass[e] pas » face aux « chefs », aux « riches » et aux « grandes Compagnies », vit dans l'inconscience et n'est pas sur le chemin de la liberté ; à l'inverse, Étienne, par son discours, incite les mineurs à la « réflexion » pour acquérir « l'ambition de prendre la place du voisin ».

• La liberté s'acquiert aussi grâce au courage, à la capacité à se révolter que favorise l'union avec un groupe : Hugo en appelle à ses « nobles compagnons » qui lui ont donné la force de s'exiler, de revendiquer sa liberté individuelle (« s'il n'en reste qu'un »). Les mineurs, « gens du même métier, réunis en corps », sont « une armée » et c'est leur union qui leur donnera la force de se révolter et d'acquérir ainsi la liberté.

Autres éléments libérateurs

D'autres éléments, spécifiques à chaque texte, sont nécessaires à l'obtention de la liberté.

• Ce qui permet à Rousseau d'être vraiment libre, c'est, outre l'absence de tout bien, la fertilité de son imagination (qui le fait « propriétaire imaginaire »), son absence d'entraves matérielles et son indifférence à l'opinion d'autrui.

• Dans *Germinal*, la condition indispensable pour accéder à la liberté est l'instruction (« tout péterait […] grâce à l'instruction »), concrétisée par la capacité des mineurs à « signer leur nom », à lire et à écrire.

Conclusion

Ainsi la liberté est un bien précieux dont l'obtention requiert des qualités et des circonstances très variées.

SUJET 42

Pondichéry • Avril 2012
Séries ES, S • 16 points

Argumenter sur la liberté

Commentaire

▸ Vous commenterez le texte de Hugo.

Se reporter au document C du sujet n° 41.

LES CLÉS DU SUJET

Trouver les idées directrices

Composez une « **définition** » du texte. À partir de celle-ci, vous trouverez des idées directrices ou « axes » pour le commentaire.

Poème en vers (*genre*), engagé, qui dénonce (*type de texte*) la tyrannie de Napoléon III (*thème*), lyrique et satirique (*registres*), à la fois discret, solennel et violent, théâtralisé (*adjectifs*), pour dissuader les proscrits de se soumettre et pour se poser en modèle (*buts*).

Pistes de recherche

Première piste : une dénonciation violente de l'empereur et de son régime

• Cherchez par quels moyens Hugo exprime son **mépris** pour le tyran.
• Quelle **image** donne-t-il du personnel qui entoure l'empereur ?
• Quels éléments de la **satire** le poème présente-t-il ?

Deuxième piste : réflexion lyrique sur l'exil imposé, choisi et partagé

• Dégagez le **thème central** du poème.
• Quelle attitude Hugo adopte-t-il ? De quoi veut-il persuader ses lecteurs ?
• Comment Hugo rend-il compte de ses **sentiments** ?
• Analysez le **mélange des tons** : du lyrisme à la discrète élégie ; identifiez les moments forts où le ton se fait plus violent et solennel.

QUESTION DE L'HOMME

Troisième piste : la présence de Hugo et son message
- Quel **portrait de Hugo** se dégage du poème ?
- Quelle **fonction du poète** le poème suggère-t-il ?
- Quelle réflexion sur l'**efficacité de la parole** (et de la poésie) se dégage de ces vers ?

▶ **Pour réussir le commentaire :** voir guide méthodologique.
▶ **La question de l'homme :** voir mémento des notions.

CORRIGÉ 42

Les titres en couleur servent à guider la lecture mais ne doivent pas figurer sur la copie.

Introduction

[Amorce] La poésie assure de multiples fonctions : tantôt évasion, tantôt (re)connaissance du monde, tantôt épanchement des sentiments, elle peut aussi, en période troublée, devenir un art engagé et se mettre au service des idées. [Présentation de l'auteur, de l'œuvre, du texte] C'est le parti que prend Hugo qui, après le coup d'État de Napoléon III, s'exile et écrit *Les Châtiments*, vaste pamphlet poétique contre Napoléon « le Petit ». « Ultima verba », situé presque à la fin du recueil, comme une sorte de testament moral et politique, se termine sur trois apostrophes : aux autres proscrits, à Napoléon III qu'il hait, à la France qu'il aime et qu'il a quittée. [Annonce des axes] Cette dénonciation violente de l'empereur et de ses partisans (I) s'enrichit d'une réflexion lyrique sur l'exil et sur le thème du proscrit (II). Hugo y revendique aussi, d'une façon très théâtralisée, son identité, son caractère exceptionnel et sa fonction (III).

I. Une dénonciation violente de l'empereur et de son régime

1. Le mépris pour le tyran

- Hugo s'adresse d'abord directement à Napoléon III et lui exprime son mépris : il le tutoie (indices personnels de la 2e personne du singulier : « te, ton »). Le nom de « César » (v. 8) dont il l'affuble prend alors une valeur d'antiphrase ironique et contraste avec le croquis burlesque d'un bien piètre « César » dans son misérable « cabanon ». Par l'antithèse ironique – d'autant plus visible que les deux mots sont à la rime – entre ce « cabanon », qu'il mériterait vraiment, et le « Louvre », qu'il occupe indûment, le poète dénonce la folie, mais aussi la mégalomanie et l'usurpation de l'empereur.

• Plus avant dans le poème, la désignation implicite de Napoléon III par l'évocation de « Sylla » (v. 26), dictateur romain qui a multiplié les proscriptions et les massacres, dénonce sa cruauté sanguinaire et fait de lui une figure légendaire dont la postérité gardera le souvenir au même titre que les pires tyrans. Le poème se fait satire.

• Après l'avoir tutoyé, Hugo prend ses distances par rapport à Napoléon III, comme pour l'annihiler : l'utilisation du pronom « il », pronom de l'absence (« tant qu'*il* sera là », v. 13), marque son refus de nommer cet ennemi, son désir de lui ôter son identité, de le renvoyer dans le néant.

2. L'évocation critique de l'entourage de l'empereur

• La critique s'étend à l'entourage de Napoléon III : Hugo dévoile la vérité sous l'apparence officielle et révèle la contagion des vices de l'empereur à tous ses partisans.

• La métonymie des « têtes courbées » (v. 9), le terme péjoratif de « valets » (v. 7) pour désigner l'entourage de l'empereur, la lourdeur des sonorités en « on » qui reviennent par six fois dans les vers 6-7 et le rythme régulier que leur imprime la répétition du son « t » (« tandis, tes, te, montreront, ton, te, montrerai, ton ») suggèrent la soumission des courtisans et fustigent leur servilité. Le terme « trahisons » (v. 9) – dont le pluriel indique qu'il s'agit d'une pratique courante – dévoile la vraie noirceur de ce milieu.

• Le clergé qui « bénit » (v. 4) l'empereur n'est pas exempt de cet « opprobre » : Hugo le désigne implicitement par l'indéfini « on » (v. 4), désireux d'en rejeter les membres dans l'anonymat et l'oubli, ce qui sera l'un de leurs « châtiments ». Il dénonce ainsi indirectement la complicité coupable de l'Église avec Napoléon III.

[Transition] Mais Hugo sait marier satire et lyrisme, et change de ton quand il évoque son sort d'exilé qu'il partage avec ses « nobles compagnons » (v. 1).

II. Une réflexion lyrique sur l'exil imposé, choisi et partagé

1. La proscription, thème central

Le poème répond à la rumeur d'amnistie proposée par Napoléon III aux proscrits qui reviendraient en France. Hugo fait ici allusion à ce « piège » qui peut faire vaciller des volontés moins fortes, et peut-être même la sienne…

• Le ton religieux, la solennité à l'antique : le thème de l'exil est abordé par le biais de l'apostrophe solennelle à ses pairs en exil, qui rappelle les exhortations à l'antique : le ton est quasi religieux. Ainsi, « culte » (v. 1), terme du vocabulaire religieux, évoque celui des Mânes antiques ; l'apostrophe collective « bannis » (v. 2) semble sortie d'un sermon ou d'une harangue ; enfin, la « République » qui « nous unit » (v. 2), personnifiée par la majuscule, renvoie à une valeur antique essentielle. Ces références au bannissement, qui renvoient à la tradition politique de la République romaine antique, sont puissamment reprises par la mention de « Sylla » (v. 26).

• Le mouvement final de la dernière strophe est préparé par la désignation successive des proscrits dans le poème, la relation de Hugo avec eux étant marquée par un détachement progressif. Hugo part d'une sorte de fusion suggérée par les indices personnels de la 1re personne (« *mes* compagnons, *nous* unit, *nous* tente »), puis, de cette idée collective, il passe à une certaine individualisation (« si *quelqu'un* a plié », v. 23) et marque la distance instaurée avec ceux qui ont « plié » par le pronom indéfini « on » (v. 25). Si on ne sent de la part de Hugo aucun reproche, l'emploi au vers 26 de « ils », pronom de l'absence, et la formule impersonnelle « *s'il en* demeure dix » (v. 27) suggèrent cependant la séparation entre lui et ses anciens « compagnons » (v. 1).

2. Élégie et lyrisme

• Lorsqu'il répète comme un leitmotiv le nom de la « France », Hugo exprime son mal du pays avec des accents nostalgiques qui rappellent ceux de du Bellay dans *Les Regrets*. Ainsi, des expressions « ta terre », « ta rive » (v. 15 et 17) se dégage une impression de douceur qui fait écho à la « douceur angevine » chère à du Bellay. Le mot *nostalgie* est à prendre ici dans son sens étymologique de « désir de retour », comme en témoigne la forte opposition du vocabulaire du départ (« reverrai, s'en vont, tente ») et de la fixité (« croiserai les bras, planterai, resterai, rester, demeurer, être »).

• Par endroits, le ton et le rythme se font élégiaques : la répétition de certains mots, l'anaphore de « Je ne reverrai pas » (v. 15 et 17) qui met en valeur la négation – et, par là, la souffrance du manque –, l'interjection « hélas » (v. 18) ou le vocabulaire de la douleur (« âpre exil », v. 21) font de ces vers une plainte douloureuse. Les sonorités mêmes contribuent à cet effet : les rimes féminines (v. 13, 15, 17…), les « e » muets (à l'intérieur des vers 14, 15, 17), sonorités douces, et le son « s » (v. 13-14, 15 : « *s*era, *c*ède, persiste, France » deux fois, « douce, triste ») donnent à ces vers un ton nostalgique.

• La discrétion de Hugo se marque dans le recours à la prétérition, qui consiste à présenter sa nostalgie par la négation. Ainsi, au « Je ne verrai ni l'or du soir qui tombe/Ni les voiles au loin descendant vers Harfleur » de la dernière strophe de « Demain dès l'aube » (*Les Contemplations*) fait ici écho la répétition en anaphore de « Je ne reverrai pas… » (v. 15 et 17).

• Les sentiments passent par de discrètes allusions personnelles : la référence au « tombeau [de mes aïeux] » (v. 16) suggère implicitement celui de sa fille Léopoldine ; l'évocation du « nid de [s]es amours » (v. 16) est une métaphore qui rappelle la poésie d'un Ronsard.

3. Des moments d'émotion poignante

En contraste avec cette délicatesse affective, le ton se fait parfois poignant et ferme.

• La triple apostrophe à la France personnifiée, qui se développe sur un ample groupe ternaire, rythme de l'émotion, et est mise en relief par la coupe et le hiatus (« aimée // et », v. 14), prend des accents épiques.

• L'abondance tout au long du poème de verbes, conjugués pour la plupart au futur de certitude, insuffle élan et amplitude à la parole de Hugo.

• Enfin, les bras croisés (v. 10), associés au verbe « Je resterai » (v. 20) qui suggère la permanence et la solidité, la solennité du dernier vers font penser à une stèle grecque en ce qu'ils évoquent une attitude méditative, mais ferme.

[Transition] À travers l'expression de ses sentiments et la force de ses vers, Hugo se pose en figure emblématique du poète engagé dont l'arme est la parole.

III. La revendication de son originalité et la force de la parole

La fréquence du pronom « je » (répété treize fois, le plus souvent en tête de vers) ou de sa forme tonique « moi » témoigne d'une forte présence de l'auteur qui se met lui-même en scène pour mieux affirmer son originalité.

1. Une attitude théâtralisée

• Hugo se présente dans la posture du héros romantique-type : il est « debout » (v. 20), les bras croisés…

• Complétant ce portrait physique, de nombreuses comparaisons soulignent son originalité : il apparaît ainsi sous les traits de personnages très divers, tantôt gardien de l'autel du souvenir, sorte de Romain chargé du « culte » de la « République » (v. 1-2) ; tantôt prophète Mardochée à travers la mention du « sac de cendre qui [le] couvre » (v. 5) ; tantôt héros d'épopée évoquant Achille retiré à l'écart sous « sa tente » (v. 19) ; tantôt statue avec « mon pilier d'airain » (v. 12) ; tantôt imprécateur à travers les métonymies de la « voix » et de la « bouche » (v. 6).

• Ces diverses images composent le portrait théâtralisé et impressionnant d'un être protéiforme et sublime.

2. Le spectacle final dont le poète est le héros solitaire

Le poème progresse sur le mode de la gradation descendante qui focalise le lecteur sur le personnage de Hugo.

• Le jeu sur les chiffres, reposant sur une progression qui va s'accélérant de « mille » à « cent », puis « dix », puis « un », crée un mouvement qui semble irrépressible.

• À cette gradation correspond le jeu sur le rythme des vers : le vers 25 est fragmenté (les troupes sont nombreuses, les rangs instables) ; la relative stabilité du vers 27, coupé à l'hémistiche, soutenue par un parallélisme dans la place de « dix » et « dixième » en fin d'hémistiche, amorce un équilibre qui suggère force et stabilité ; enfin le vers 28 obéit à un équilibre parfait dans son rythme ferme et tonique et l'adéquation entre « un » et « celui-là ».

• Hugo joue aussi sur les rimes pour donner plus de force à ce final épique : les rimes masculines sonores en « a » de « Sylla » et « celui-là » qui portent l'accent tonique, s'opposent fermement. Les sonorités orchestrent ce tableau : aux vers 25 et 27, la répétition de la voyelle aiguë « i » (9 occurrences) alliée à des sons forts (« que » répété, « qu'un », « [celui-]là ») met progressivement l'emphase sur le dernier vers, très théâtral.

3. Un être de parole : la force du « verbe »

Cette mise en scène spectaculaire a pour but de montrer que la parole du poète est aussi forte que des actes. Par la répétition du verbe *dire* (au sens plein de « proclamer », v. 6), Hugo signifie que la parole a un puissant pouvoir sur le monde.

• La parole dévoile, perce les apparences, renverse l'échelle des valeurs : ainsi, par la puissance du verbe, l'« insulte » deviendra « gloire » (v. 3), ce qu'on « bénit » sera entaché d'« opprobre » (v. 4) ; la réunion de ces contraires dans un même vers matérialise le pouvoir du poète.

• La parole confère aussi l'identité et la suprématie, comme en témoigne l'utilisation des pronoms personnels : ainsi le « je » du poète en début de vers 3 et 4 s'affirme fermement, face à un « on » anonyme, derrière lequel se profile implicitement le tyran, Napoléon III.

• Le dire du poète est enfin détenteur du futur, synonyme d'espoir et de sa confiance dans l'efficacité de sa mission : les futurs « Je jetterai l'opprobre » (v. 4), « Je serai [...] la voix » (v. 5-6) s'opposent au passé ou au présent des « traîtres » qui se soumettent au tyran, celui qui « a plié » (v. 26), ceux qui « s'en vont » (v. 27).

Conclusion

[Synthèse] Le changement de la date de composition du poème (2 décembre au lieu du 14 décembre 1852) est significatif : la date choisie – celle du coup d'État – prend une valeur symbolique et révèle l'importance du poème. De même, son titre latin, très solennel, lui donne l'importance d'une harangue placée sous l'autorité de l'Antiquité et des grands orateurs et proscrits. Hugo, le républicain, se bat avec son arme – les mots – et avec force contre le criminel politique, tout en montrant sa détermination inébranlable, sa destinée unique face à tous. Il s'investit du rôle suprême de modèle : la bouche qui dit « non », par un effet de mise en abyme ou d'emboîtement (v. 6), résonne comme un écho à sa propre voix. [Ouverture] Le poème montre l'efficacité de la poésie engagée, pour peu qu'elle ne soit pas trop ancrée dans les événements auxquels elle se réfère et accède à un degré d'universalité qui lui fasse transcender le temps. Le poème de Hugo peut être le chant de tout opposant (Napoléon III n'est pas nommé), de tout exilé insoumis, une leçon de démocratie. Il a son écho au XXe siècle dans les poèmes résistants d'Aragon (« L'Affiche rouge ») ou d'Eluard (« Liberté »).

QUESTION DE L'HOMME

SUJET

43

Pondichéry • Avril 2012
Séries ES, S • 16 points

Argumenter sur la liberté

Dissertation

▸ **Dans quelle mesure la force d'une argumentation se nourrit-elle de l'expérience vécue ? Vous développerez votre propos en vous appuyant sur les textes du corpus, sur les œuvres que vous avez étudiées en classe et sur celles que vous avez lues.**

Les textes du corpus sont reproduits dans le sujet nº 41.

LES CLÉS DU SUJET

Comprendre le sujet

• Les mots importants sont « expérience vécue » et « force d'une argumentation » :

– « **expérience vécue** » renvoie à des **récits de vie** ou de tranches de vie, donc à des passages narratifs ; cela peut donc faire référence à l'autobiographie (s'il s'agit de la vie vécue par l'auteur), mais aussi aux apologues (voir le document A du corpus) et à tout genre qui comporte une histoire (roman, voir le document D du corpus). Il peut donc s'agir de « l'expérience vécue » par l'auteur, par des personnes ayant réellement existé ou par des personnages fictifs ;

– « **force d'une argumentation** » renvoie à l'efficacité pour argumenter.

• La **question** que vous devez vous poser est : *Le recours à l'expérience est-il efficace pour soutenir une thèse/des idées ?*

• « **Dans quelle mesure** » suggère de chercher **pourquoi** l'expérience vécue est efficace, donc d'analyser ses atouts et avantages. Mais vous devez aussi vous demander si elle ne présente pas des **limites**, des **inconvénients**, ou si elle est suffisante pour appuyer une thèse.

• Reformulez la **problématique** : *Une argumentation qui repose sur une expérience vécue est-elle efficace pour entraîner l'adhésion du lecteur ?* et au-delà : *Quels intérêts, mais aussi quelles limites, quels dangers l'expérience vécue peut-elle présenter dans une argumentation ?*

■ Chercher des idées

• Mettez la question posée par le sujet en relation avec les **grands thèmes de la question de l'homme dans la littérature argumentative** : s'interroger sur l'homme, c'est prendre en compte ses divers aspects en tant qu'individu (corps, sensibilité, esprit, conscience), mais aussi en tant que membre d'un groupe social (famille, milieu et mœurs, travail, nation...), et aborder les questions d'ordre social, politique, scientifique, éthique, religieux (valeurs qui doivent guider la vie : bonheur, pouvoir, liberté...).

• Pour **trouver des idées et construire le plan**, répertoriez les types d'expériences vécues rapportées dans les textes argumentatifs que vous connaissez.

• Les **exemples** : en partant du corpus, faites la liste des textes que vous connaissez qui comportent le récit d'expériences vécues, réelles (biographie, autobiographie...) ou fictives présentées comme réelles, dans les apologues (fables, contes, notamment contes philosophiques), mais aussi dans les romans (Hugo, *Les Misérables* ; Zola, *Germinal* ; Camus, *La Peste*...).

• Au moment de rédiger, pour **éviter la répétition** de l'expression « expérience vécue » mais aussi pour trouver des idées, faites-vous un « stock » de mots du champ lexical qui s'y rapporte : *exemples personnels, tranche de vie, parcours, (le) vécu, (l')histoire, expérimentations...*

• Soyez attentif à la **bonne construction** de vos paragraphes. Un paragraphe de dissertation n'est complet que s'il comporte **trois composantes indispensables** : **l'argument avancé, l'exemple qui l'illustre et le commentaire de cet exemple.** La longueur moyenne d'un paragraphe est d'une dizaine de lignes.

• Vous devez **développer l'exemple** en mettant en valeur les **détails concrets** qui appuient l'argument. **Attention** ! Il ne faut **pas raconter l'œuvre**, mais **faire des commentaires** directement reliés à l'argument à démontrer.

• Pour relier l'argument à l'exemple, **variez les mots de liaison.** Il peut s'agir de connecteurs tels que *ainsi, comme, par exemple* (mais pas « *comme par exemple* »), d'expressions (*comme en témoigne[nt]*) ou d'expressions qui situent les exemples les uns par rapport aux autres (« *Au* XIX*e siècle...* », « *plus récemment* », « *de même* », « *au contraire* »).

▶ **Pour réussir la dissertation :** voir guide méthodologique.
▶ **La question de l'homme :** voir mémento des notions.

QUESTION DE L'HOMME

CORRIGÉ 43

Dans ce corrigé, vous devez ajouter des exemples tirés de vos connaissances personnelles.

Les titres en couleur et les indications en italique servent à guider la lecture mais ne doivent pas figurer sur la copie.

Introduction

[Amorce] « La pensée naît d'événements de l'expérience vécue et elle doit leur demeurer liée comme aux seuls guides propres à l'orienter », écrit la philosophe Hannah Arendt. Une telle affirmation confère à l'expérimentation un rôle primordial dans la formation de notre pensée et suggère que le récit d'expériences – réelles ou fictives – est un moyen argumentatif infaillible pour forcer l'adhésion d'autrui. Mais n'est-ce pas une position un peu extrême ? Certes, il faut accorder dans sa réflexion une place à l'expérience vécue [I]. Cependant son efficacité présente des limites – voire des dangers – et requiert des précautions ; il convient d'en user avec discernement et de lui garder sa juste place dans l'argumentation [II].

I. L'efficacité argumentative de l'expérience vécue

Une argumentation est d'autant plus forte dans son expression, d'autant plus persuasive, d'autant plus vivante qu'elle se nourrit de l'expérience vécue par celui qui la conçoit et la compose, mais aussi vécue par d'autres auxquels il peut faire référence.

1. Une argumentation concrète, détaillée et incarnée

• L'argumentation inspirée et illustrée par une expérience vécue, personnelle ou non, est concrète, souvent détaillée. Ainsi, *Le Dernier Jour d'un condamné*, de Hugo, qui retrace les derniers moments d'un homme qui va être guillotiné, permet au lecteur de partager, au fur et à mesure que les heures s'écoulent, les émotions, les sentiments et les réflexions du futur supplicié, prises sur le vif, bien plus qu'un traité ou un essai théoriques sur la peine de mort.

• Les idées sont alors incarnées et prennent un relief saisissant. L'expérience vécue donne corps à des abstractions en les incarnant. Les idées « en action » – les allégories animales de La Fontaine, comme le Loup dans « Le Loup et le Chien » (qui représente le choix de la liberté face à la soumission, mais aussi l'acceptation de la pauvreté et de la précarité), l'expérience de mineur de Lantier, symbole de la révolution – sont concrètement perçues et le message est plus facile à comprendre et à mémoriser.

2. Force de l'authenticité, force de l'identification

• L'efficacité de l'expérience vécue tient aussi à l'authenticité, à la véracité qu'elle confère à l'argumentation. Ainsi, dans les *Mémoires de guerre*, les idées politiques de De Gaulle s'enrichissent d'un vécu profondément enraciné dans la réalité : il parle en connaissance de cause de la Libération, des forces antagonistes, pour en avoir été non seulement un témoin, mais aussi un acteur de premier plan. Qui peut mieux connaître les rouages de la politique de ces années mouvementées ? De là vient aussi l'efficacité des romans d'apprentissage, tels que *Le Rouge et le Noir*, de Stendhal.

• L'exemple – personnel ou fictif – peut aussi susciter la sympathie ou l'identification avec le locuteur ou avec le(s) personnage(s) dont l'expérience est rapportée : le lecteur vibre avec émotion au gré de ce qui arrive aux êtres dont il suit l'itinéraire et auxquels il s'attache. [*Exemples du corpus et personnels.*] Ainsi, le lecteur qui s'identifie à un personnage adhère à sa conception du monde ou au contraire la rejette ; il subit inconsciemment l'influence de ce modèle. [*Exemples personnels.*]

3. La variété apportée par l'expérience vécue

• Le recours à l'expérience vécue permet aussi la variété, comme en témoigne la multitude des genres littéraires qui reposent sur un récit : apologues (qui se diversifient en fable, conte…) ou romans. [*Exemples personnels.*]

• Parfois même, à l'intérieur de genres plus austères – l'essai, le traité… –, un auteur introduit des passages narratifs qui agrémentent une argumentation théorique qui serait trop abstraite. Ainsi, dans son article « Torture » du *Dictionnaire philosophique*, Voltaire introduit l'histoire véridique du jeune chevalier de La Barre, torturé pour avoir « chanté des chansons impies ».

• Le recours à l'expérience vécue permet de varier les types de personnages : les bons et les méchants s'opposent (Jean Valjean et Javert dans *Les Misérables*), mais aussi les registres : lyrisme d'« Ultima verba », le poème de Hugo ; *La Peste* de Camus, tantôt lyrique, tantôt pathétique : récit de la mort de l'enfant… [*Exemples personnels.*]

4. Chacun porte en soi « la forme entière de l'humaine condition »

• L'expérience vécue peut en outre inspirer des idées plus larges, voire universelles. Comme le dit Montaigne : « Qui se connaît, connaît aussi les autres, car chaque homme porte la forme entière de l'humaine condition. » Ainsi, parler de soi, c'est aussi parler de l'ensemble des hommes dès lors qu'il est question de la condition humaine, de ses joies, de ses peines.

• Lorsque Hugo affirme : « Quand je vous parle de moi, je vous parle de vous […] Ah ! insensé qui crois que je ne suis pas toi » (préface des *Contemplations*), il donne à son cas particulier une portée universelle. De même, l'expérience personnelle de Primo Levi dans les camps de concentration racontée dans *Si c'est un homme* (1947) renvoie l'image de tous les déportés et prend une portée morale en présentant aux hommes l'image de leur propre cruauté.

5. L'efficacité du raisonnement inductif

• Enfin, le récit de l'expérience vécue amène le lecteur – qui doit tirer ses propres conclusions de l'exemple proposé – à une démarche inductive. Le cheminement de la réflexion va de l'exemple à la généralisation, du concret à l'abstrait. L'auteur joue ainsi de la force et de la vertu de l'exemple. La fiction parle à l'imagination avant de parler à l'esprit.

• Une telle démarche requiert un lecteur actif qui doit réfléchir pour tirer de l'expérience vécue des conclusions et en trouver les implications dans son propre monde. Ainsi, à partir du récit que fait Montaigne dans ses *Essais* de sa rencontre avec des « sauvages » venus à Rouen, le lecteur doit discerner la critique sociale et politique implicite des sociétés dites civilisées et l'image du roi idéal selon l'auteur.

II. Limites et conditions de l'efficacité de l'expérience vécue

Cependant, l'efficacité de l'expérience vécue présente des limites et doit obéir à certaines conditions.

1. Une seule expérience ne saurait amener à une loi

• Au-delà de l'aspect affectif, le recours à l'expérience vécue peut pêcher par ses failles logiques. Ainsi, dans les sciences expérimentales, une expérience ne suffit pas à confirmer une loi ; pour cela, il faut que de multiples expériences dans des conditions identiques aboutissent au même résultat.

• De la même façon, une histoire vécue n'est qu'un cas particulier qui dépend du contexte dans lequel elle se déroule et qui ne saurait aboutir immanquablement à une vérité générale.

2. La nécessité d'un regard objectif sur son expérience

• Pour convaincre, l'argumentation, en tant que développement d'une pensée abstraite, d'idées qui atteignent un degré suffisant de généralité, doit dépasser tout point de vue étroitement partisan, souvent formé par une expérience de la vie nécessairement limitée et contingente.

• Pour mener une argumentation efficace, il faut savoir prendre le recul nécessaire et gommer toute subjectivité excessive, volontairement ou involontairement déformante.

3. Les dangers de la persuasion : un lecteur sous influence

• Parce que l'expérience vécue s'adresse davantage à l'imagination et à l'affectivité qu'à la raison, elle est plus propre à persuader qu'à convaincre et de ce fait présente des dangers. Ainsi, la sympathie (au sens étymologique) du lecteur, son identification avec le personnage dont est rapportée l'expérience peut être si forte qu'elle l'investit complètement. Le lecteur qui s'identifie ainsi à un personnage adhère à sa conception du monde ; il subit inconsciemment l'influence de ce modèle, qui peut, par un raisonnement spécieux, présenter comme une vérité générale sa propre expérience.

• Il faut savoir lutter contre les séductions du récit, lequel peut prendre des voies détournées pour abuser et influencer : combien de lecteurs se sont laissé séduire par *Mein Kampf* et ses raisonnements spécieux ? [*Exemples personnels*.]

4. Les conditions d'une exploitation fructueuse de l'expérience vécue

• C'est en prenant en compte dans son argumentation, non pas une seule expérience mais une pluralité d'expériences (parfois divergentes ou opposées), en les multipliant et en les confrontant, en les faisant dialoguer que l'on entre dans une dialectique féconde. Une telle démarche enrichit la réflexion par la discussion du point de vue d'autrui. [*Exemples du corpus et personnels*.]

• Pour se forger sa vision du monde et de l'homme, il faut savoir conjuguer l'expérience vécue avec d'autres éléments argumentatifs car, si elle entre dans la formation de nos idées, l'expérience vécue ne saurait en être la seule source. Notre pensée doit se nourrir de la lecture des auteurs du passé : c'est avec le vécu de Montaigne, mais aussi avec ses raisonnements et réflexions théoriques, avec ceux de Pascal ou, plus près de nous, du poète contemporain Philippe Jaccottet que nous alimentons notre vision du bonheur ou encore de la grandeur et de la misère de l'homme.

• L'expérience vécue doit donc être située à sa juste place dans l'argumentation : stimulation utile mais insuffisante de la réflexion, elle peut donner vie à la communication de nos idées sans pour autant prétendre s'y substituer.

Conclusion

Une argumentation qui exclurait toute expérience vécue, désincarnée, tomberait vite dans la sécheresse et risquerait « d'instruire » sans « plaire ». L'homme, au récit d'« histoires » vraies ou présentées comme telles, s'incline devant l'évidence d'un exemple vécu et, plus encore, se laisse plus volontiers persuader. Témoin La Fontaine, qui confesse : « [...] si Peau d'Âne m'était conté, j'y prendrais un plaisir extrême ». Cependant, il faut savoir mesurer les limites de cet « outil » argumentatif et nourrir sa pensée à d'autres sources. De même, un argumentateur doit savoir, pour être efficace, multiplier les expériences, les faire dialoguer entre elles, ne pas les détourner et adapter sa stratégie au public qu'il vise.

SUJET

44

Pondichéry • Avril 2012

Séries ES, S • 16 points

Argumenter sur la liberté

Écriture d'invention

▸ **Un descendant des Maheu, devenu médecin, a été sollicité par un journaliste dans le cadre d'une enquête sur les évolutions de la société. Dans la lettre qu'il lui adresse en réponse, il explique comment, en quelques générations, sa famille s'est libérée de la mine grâce à l'instruction.**

Le candidat peut s'appuyer sur le document D reproduit dans le sujet n° 41.

LES CLÉS DU SUJET

Comprendre le sujet

Faites la « **définition** » du texte à produire à partir des termes de la consigne.

Lettre-réponse (*genre*) d'un médecin qui explique et raconte (*type de texte*) l'histoire des descendants des Maheu (*thème*), et argumente implicitement (*type de texte*) sur l'instruction (*thème*), vive et alerte (*adjectifs*), pour faire l'éloge de l'instruction qui permet à l'homme de se libérer (*buts*).

Chercher des idées

- **Le registre** : il peut être **didactique** (le médecin « instruit » s'adressant au journaliste), parfois **pathétique** (évocation des souffrances des mineurs), **lyrique** (s'il fait l'éloge de l'instruction).
- **L'identité et le parcours des mineurs évoqués** :

– vous pouvez, si vous connaissez bien le roman de Zola, mentionner des personnages de *Germinal* ;

– vous devez en revanche inventer l'identité des proches parents du médecin (nés trop tard figurer dans le roman) ;

– faites attention aux liens de parenté : la chronologie doit être respectée en fonction de la date du roman (1865) et de celle de l'écriture de la lettre ;

– inventez le « parcours » et la profession de certains des parents du médecin, en soulignant le rôle de l'éducation dans leur vie.

• **Les idées du médecin Maheu :** son récit doit rendre sensibles ses idées sur le sort des ouvriers, sur la société, sur la pensée politique…

▶ **Pour réussir l'écriture d'invention :** voir guide méthodologique.
▶ **La question de l'homme :** voir mémento des notions.

CORRIGÉ 44

Professeur Maheu
** rue *********
75***, Paris
France

Paris, le 21 septembre 1976

Monsieur,

À la suite de notre entretien sur les évolutions de la société française, je vous écris pour clarifier et compléter ma pensée. Il me semble en effet nécessaire de préciser certains points pour mieux vous faire comprendre comment j'ai pu parvenir, moi, arrière-petit-fils et petit-fils de mineurs de fond, à devenir professeur en médecine.

Même si l'expression paraît quelque peu galvaudée de nos jours, je soutiens que j'ai bénéficié de ce que vos collègues appellent l'« ascenseur social ». Je ne vois pas d'expression plus appropriée pour désigner le passage, en l'espace de trois générations, de l'obscurité de la mine à la clarté des amphithéâtres. Cette opposition résume clairement le chemin parcouru par notre société grâce à l'éducation et à l'instruction. Moi-même je rends grâce à mes maîtres, qui m'ont permis de devenir médecin et de me dire que mes arrière-grands-parents seraient fiers de moi.

Mon grand-père Henri[1], le petit-fils de celui que tout le coron appelait le père Bonnemort[1], me recommandait sans cesse de respecter « monsieur l'instituteur » car c'était grâce à lui que j'allais pouvoir « devenir quelqu'un ». Conseil qu'il répétait aussi à mon père, lequel réussit finalement à entrer dans ce qu'on appelait à l'époque « l'école normale d'instituteurs » en suivant des cours du soir. Mon grand-père, mineur de fond mort en 1935, n'était pas allé à l'école, mais sa conviction que l'instruction nous permettrait à nous, les Maheu, de pouvoir respirer à l'air libre sans avoir les poumons encrassés par la houille, n'est pas morte avec lui. Sur ses conseils, mon père[1], persuadé que l'ignorance maintenait les mineurs dans la servitude, a rejoint les rangs des « hussards noirs de la République », ces instituteurs tout de noir vêtus dont la mission était d'instruire la population française ; lui aussi a toujours insisté pour que je devienne « quelqu'un ». Il me racontait les souffrances de nos ancêtres, incapables de se défendre contre l'oppression parce qu'ils ne savaient ni lire ni écrire…

Il répétait qu'il n'y avait, au fond, que deux ou trois métiers qui comptaient vraiment. Seuls les enseignants et les médecins trouvaient grâce à ses yeux car ils permettaient aux gens de vivre mieux, d'être plus libres. Vers la fin de sa vie, opprimé par la maladie, il évoquait aussi les prêtres. Mais comme il avait passé sa vie à opposer les enseignants, dépositaires d'un savoir libérateur, aux « curés », situés du côté de ceux qui avaient maintenu son père au fond de la mine, je ne sais quelle valeur accorder aux réflexions d'un homme pris d'angoisse à l'approche de la mort.

J'ai évoqué mon arrière-grand-père Toussaint, « le père Maheu[1] », haute figure de la mine, mon grand-père Henri, dont les velléités d'émancipation n'ont jamais abouti, et mon père, le premier à sortir de la mine. Il me faut maintenant vous parler de celui qui convainquit mon arrière-grand-père que c'était grâce à l'instruction que « tout péterait un jour » : un certain Étienne Lantier. Avant de faire sa rencontre, la famille Maheu faisait partie du paysage de la mine au même titre que les corons, les terrils, les ascenseurs et le ciel gris anthracite. Le père Bonnemort, mon arrière-arrière-grand-père, s'était résigné à sa quasi-servitude dans les boyaux houillers. Il ressemblait un peu au Chien de La Fontaine : son cou était pelé, mais il pouvait s'offrir sa choppe quotidienne. Lantier, pétri d'un mélange d'idées jacobines et de la doctrine d'un certain Karl Marx, mit un terme à ce *carpe diem* de la misère. Pour lui, les principes de liberté et d'égalité affirmés par la Déclaration des droits de l'homme et du citoyen devaient être conquis, pour reprendre encore La Fontaine, « à la pointe de l'épée ». Dans des discours enflammés, il expliqua aux mineurs que la mine n'était pas une fatalité, que les hommes n'étaient pas des machines, qu'ils se libéreraient s'ils « réfléchissaient » et s'ils accédaient au savoir… La stratégie de Lantier était double : d'une part développer au maximum l'instruction des mineurs afin qu'ils puissent devenir instituteurs, comme mon père, ou médecins, comme moi-même ; d'autre part faire pression sur les patrons afin que les mineurs obtiennent des salaires plus élevés et des conditions de travail plus salubres. Deux conditions indissociables puisque, sans temps libre, les mineurs ne pouvaient s'instruire et que, sans instruction, ils ne pouvaient comprendre les revendications portées par les grèves et donc les faire aboutir. Ses idées ont fait leur chemin : les hommes ont appris à « réfléchir ».

Et certains de mes grands-oncles qui, comme mon arrière-grand-père Maheu fusillé lors d'une manifestation, avaient souffert comme haveurs[2], ont pu quitter les entrailles de la terre, monter des commerces et faire vivre décemment leur famille ; on m'a même parlé d'une grand-tante herscheuse[3] qui, malgré la fatigue et son dos cassé, apprenait le soir des rudiments de mathématiques et de comptabilité, et qui a quitté la mine pour participer à l'essor d'un grand magasin (*Au bonheur des dames*, si ma mémoire est bonne). Déjà à l'époque, grâce à l'instruction, les femmes aussi se libéraient… L'évolution de la société et la libération des ouvriers étaient en marche, et je suis l'héritier de cet immense effort de prise de conscience.

Bien sûr, on peut trouver à redire, de nos jours, à la rhétorique manichéenne de Lantier, qui oppose les mineurs incultes, forcément bons, et les patrons, forcément mauvais. Mais n'oublions pas que c'est cette rhétorique qui a permis à certaines familles du coron de quitter l'enfer des puits. Pour faire bouger la société, il faut parfois de ces exagérations frappantes qui donnent du souffle aux opprimés et permettent aux générations suivantes de s'élever.

Je reste bien évidemment à votre disposition si vous souhaitez obtenir plus de précisions sur l'histoire de ma famille, de la mine et du coron.

Je vous prie, Monsieur, d'agréer l'expression de mes salutations distinguées,

Professeur A. Maheu

---

1. Par rapport au roman de Zola, la généalogie du médecin qui écrit est la suivante : arrière-arrière-grand-père : Bonnemort (environ 70 ans en 1865) ; arrière-grand-père : Toussaint Maheu (un des personnages principaux qui meurt fusillé dans le roman de Zola) ; grand-père : Henri (fils du père Maheu, qui a 4 ans au moment de l'action du roman) ; père (fictif, né vers 1896, instituteur vers 1925) ; professeur Maheu (fictif, né vers 1930 ; il a donc environ 45 ans quand il écrit).
2. Haveurs : mineurs chargés de l'abattage de la roche en pratiquant des entailles parallèles à sa stratification.
3. Herscheur(se) : mineur chargé de pousser les wagons de minerai.

SUJET

45

Sujet inédit

La question de l'homme • 4 points

Dénoncer la guerre

Question

Documents

A – **Voltaire**, article « Guerre », *Dictionnaire philosophique*, 1764.
B – **Arthur Rimbaud**, « Le Mal », *Poésies*, 1870.
C – **Jean Giraudoux**, *La guerre de Troie n'aura pas lieu*, 1935.
D – **Dessin de Plantu**, *Le Monde*, 6 février 1994.

▸ **À quels genres et à quels registres recourent ces différentes dénonciations de la guerre ?**

Après avoir répondu à cette question, les candidats devront traiter au choix un des trois sujets n°s 42, 43 ou 44.

DOCUMENT A **Article « Guerre »**

[…] Misérables médecins des âmes[1], vous criez pendant cinq quarts d'heure sur quelques piqûres d'épingle, et vous ne dites rien sur la maladie qui nous déchire en mille morceaux ! Philosophes moralistes, brûlez tous vos livres. Tant que le caprice de quelques hommes fera loyalement égorger des milliers de nos frères, la partie du genre humain consacrée à l'héroïsme sera ce qu'il y a de plus affreux dans la nature entière.

Que deviennent et que m'importent l'humanité, la bienfaisance, la modestie, la tempérance, la douceur, la sagesse, la piété, tandis qu'une demi-livre de plomb tirée de six cents pas me fracasse le corps, et que je meurs à vingt ans dans des tourments inexprimables, au milieu de cinq ou six mille mourants, tandis que mes yeux, qui s'ouvrent pour la dernière fois, voient la ville où je suis né détruite par le fer et par la flamme, et que les derniers sons qu'entendent mes oreilles sont les cris des femmes et des enfants expirants sous des ruines, le tout pour les prétendus intérêts d'un homme que nous ne connaissons pas ?

Voltaire, article « Guerre », *Dictionnaire philosophique*, 1764.

1. Métaphore qui désigne les prêcheurs.

DOCUMENT B **« Le Mal »**

Tandis que les crachats rouges de la mitraille
Sifflent tout le jour par l'infini du ciel bleu ;
Qu'écarlates ou verts[1], près du Roi[2] qui les raille,
Croulent les bataillons en masse dans le feu ;

Tandis qu'une folie épouvantable, broie
Et fait de cent milliers d'hommes un tas fumant ;
– Pauvres morts ! dans l'été, dans l'herbe, dans ta joie,
Nature ! ô toi qui fis ces hommes saintement !...

– Il est un Dieu, qui rit aux nappes damassées[3]
Des autels, à l'encens, aux grands calices[4] d'or ;
Qui dans le bercement des hosannah[5] s'endort,

Et se réveille, quand des mères, ramassées
Dans l'angoisse, et pleurant sous leur vieux bonnet noir,
Lui donnent un gros sou lié dans leur mouchoir !

Arthur Rimbaud, *Poésies*, 1870.

1. Les uniformes des Prussiens étaient verts, ceux des Français rouges.
2. Désigne Napoléon III et l'empereur Guillaume Ier de Prusse.
3. Damassées : tissées comme le damas, étoffe ornée à l'envers et à l'endroit.
4. Calices : vases sacrés qui contiennent le vin de la messe.
5. Hossanah : hymnes de louange dans la liturgie religieuse.

DOCUMENT C

Le héros et général troyen Hector – au fond pacifiste – doit prononcer un discours aux morts, alors que les ennemis grecs sont en train de débarquer. Il se place au pied des portes de Troie.

HECTOR. – Ô vous qui ne nous entendez pas, qui ne nous voyez pas, écoutez ces paroles, voyez ce cortège. Nous sommes les vainqueurs. Cela vous est bien égal, n'est-ce pas ? Vous aussi vous l'êtes. Mais, nous, nous sommes les vainqueurs vivants. C'est ici que commence la différence. C'est ici que j'ai honte. Je ne sais si dans la foule des morts on distingue les morts vainqueurs par une cocarde[1]. Les vivants, vainqueurs ou non, ont la vraie cocarde, la double cocarde. Ce sont leurs yeux. Nous, nous avons deux yeux, mes pauvres amis. Nous voyons le soleil. Nous faisons tout ce qui se fait dans le soleil. Nous mangeons. Nous buvons... Et dans le clair de lune !... Nous couchons avec nos femmes... Avec les vôtres aussi...

QUESTION DE L'HOMME

DÉMOKOS. – Tu insultes les morts, maintenant ?

HECTOR. – Vraiment, tu crois ?

DÉMOKOS. – Ou les morts, ou les vivants.

HECTOR. – Il y a une distinction…

PRIAM. – Achève, Hector… Les Grecs débarquent…

HECTOR. – J'achève… Ô vous qui ne sentez pas, qui ne touchez pas, respirez cet encens, touchez ces offrandes. Puisque enfin c'est un général sincère qui vous parle, apprenez que je n'ai pas une tendresse égale, un respect égal pour vous tous. Tout morts que vous êtes, il y a chez vous la même proportion de braves et de peureux que chez nous qui avons survécu et vous ne me ferez pas confondre, à la faveur d'une cérémonie, les morts que j'admire avec les morts que je n'admire pas. Mais ce que j'ai à vous dire aujourd'hui, c'est que la guerre me semble la recette la plus sordide et la plus hypocrite pour égaliser les humains et je n'admets pas plus la mort comme châtiment ou comme expiation au lâche que comme récompense aux vivants. Aussi, qui que vous soyez, vous absents, vous inexistants, vous oubliés, vous sans occupation, sans repos, sans être, je comprends en effet qu'il faille en fermant ces portes excuser près de vous ces déserteurs que sont les survivants, et ressentir comme un privilège et un vol ces deux biens qui s'appellent, de deux noms dont j'espère que la résonance ne vous atteint jamais, la chaleur et le ciel.

Jean Giraudoux, *La guerre de Troie n'aura pas lieu* (1935), acte II, scène 5, Grasset.

---

1. Cocarde : insigne rond aux couleurs nationales.

DOCUMENT D

Plantu, *Le Monde*, 6 février 1994.

LES CLÉS DU SUJET

■ Comprendre la question

• Vous devez identifier le **genre** et le **registre** de chaque document. Certains documents combinent plusieurs registres.

• Vous devez ensuite préciser les **indices**, les **caractéristiques**, les **faits d'écriture** qui vous ont permis de les identifier, puis dégager l'**impression produite** par ces genres et registres.

• Pour les **registres**, n'analysez pas les documents l'un après l'autre ; **groupez** ceux qui présentent le même registre ou des registres proches. Commencez par les registres communs à plusieurs documents, puis étudiez à part ceux qui n'apparaissent que dans un ou deux documents.

• N'oubliez pas le **document iconographique** dont les moyens diffèrent de ceux de la littérature.

• Avant de rédiger, constituez-vous une **réserve de mots** et expressions en rapport avec la notion de dénonciation, sans vous limiter à des synonymes, en en variant la nature grammaticale (verbes, noms, adjectifs, subordonnées relatives…) :

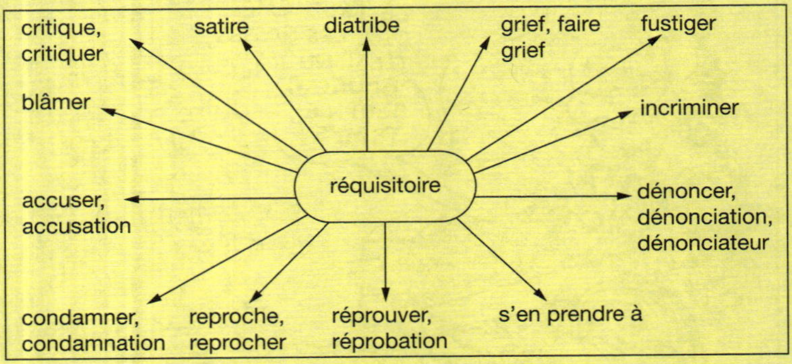

• Au moment de rédiger, **piochez dans cette réserve** pour varier l'expression.

▶ **Pour réussir les questions :** voir guide méthodologique.
▶ **Les genres de l'argumentation :** voir mémento des notions.

CORRIGÉ 45

Les titres en couleur et les indications en italique servent à guider la lecture mais ne doivent pas figurer sur la copie.

Dans l'Antiquité (l'*Iliade* d'Homère), dans l'épopée médiévale (*La Chanson de Roland*), la guerre est considérée de façon positive : elle est le moyen de devenir un héros. À partir du XVIIIe siècle, elle apparaît surtout comme un fléau dont les artistes dénoncent les méfaits. Ainsi, Voltaire, philosophe des Lumières, Rimbaud au XIXe siècle, Jean Giraudoux au XXe siècle et Plantu au XXIe siècle composent des réquisitoires contre la guerre.

Des genres variés

• Voltaire opte pour l'article de dictionnaire, genre favori des Lumières, considéré comme fiable en raison de son objectivité. Cependant, si le lecteur ne savait pas que cet article est extrait du *Dictionnaire philosophique*, il pencherait plutôt pour le genre du discours. Le texte comporte en effet deux discours : d'abord celui de Voltaire aux prêcheurs, puis celui du mourant au lecteur et, par-delà, à tous les hommes. Loin de l'objectivité attendue du dictionnaire, nous avons affaire à un texte accusateur : les deux locuteurs et l'interlocuteur sont fortement impliqués, comme en témoignent la multiplication des indices personnels des 1re et 2e personnes et les apostrophes au destinataire.

• Rimbaud a recours à la poésie en vers, genre privilégié au XIXe siècle pour la dénonciation. Il compose un sonnet régulier, court et percutant, structuré en deux tableaux symétriques, donc très classique dans sa forme. Ce qui donne une impression de retenue sans ôter de sa force à la critique et autorise une description frappante par les images et l'expression des sentiments.

• Le texte de Giraudoux est extrait d'une pièce de théâtre (présence de didascalies, noms des personnages consignés avant chaque réplique). Le théâtre, genre « incarné », suscite l'émotion directe et permet la confrontation d'idées. Mais le texte ressortit aussi au genre du discours et dans une de ses formes traditionnelles : l'éloge officiel aux morts à la guerre. Faire parler directement un personnage de général combattant renforce l'efficacité de la condamnation, car sa parole a valeur de témoignage.

• Enfin, à une époque où l'on est très sensible à l'image, Plantu recourt au dessin de presse : il combine image et texte, le second donnant son sens à la première.

Des registres variés

Bien que de genres et d'époques différents, les documents recourent à des registres communs. Par ailleurs, ils mêlent en général plusieurs registres.

• Le lyrisme des trois textes fait naître l'émotion chez le lecteur (Voltaire : vocabulaire affectif, longues périodes, accumulations du paragraphe 2 ; Rimbaud : apostrophe aux « pauvres morts », à la nature personnifiée ; Giraudoux : adresse directe aux morts, apostrophes « Ô vous qui… », anaphores). Le pathétique des trois textes suscite la pitié du lecteur (Voltaire : paroles et souffrances du jeune soldat agonisant vécues en direct ; Rimbaud : les « tas » de « pauvres morts », la douleur des mères « pleurant » ; Giraudoux : évocation pitoyable des morts).

• Le ton épique des textes de Voltaire et de Rimbaud impressionne le lecteur (description grandiose des deux champs de bataille évoqués avec des hyperboles ; paysages dévastés en toile de fond).

• Le texte parodique de Giraudoux crée une distanciation critique. La tirade d'Hector déforme les discours aux morts pour les caricaturer.

• Le dessin de Plantu se démarque par son humour noir grinçant : il ne présente pas la violence directement, il la suggère dans l'image (le lance-roquettes au premier plan) et dans les mots. Le lecteur doit déchiffrer l'absurdité de la logique des soldats. Le décalage entre l'enjeu tragique (la mort potentielle d'enfants) et le ton familier, le contraste entre la joie des enfants et la cruauté des soldats, et celui entre les deux parties du dessin (soldats à gauche : partie sombre et enfants en arrière-plan à droite : partie claire) provoquent le lecteur. La dénonciation repose ici sur un humour cynique.

Chaque époque, en fonction de ses goûts esthétiques et littéraires et de ses préoccupations, recourt à des genres et à des registres différents, mais pour une même visée.

SUJET 46

Sujet inédit
La question de l'homme • 16 points

Dénoncer la guerre

Commentaire

▸ **Vous ferez le commentaire du texte de Giraudoux.**

Se reporter au document C du sujet n° 45.

LES CLÉS DU SUJET

Trouver les idées directrices

• Composez une « **définition** » du texte. Vous trouverez à partir de cette « définition » les idées directrices ou « axes » pour le commentaire.

Tirade de théâtre (*genre*) sous forme de discours (*type de texte*), lyrique, pathétique, mais aussi parodique des éloges funèbres (*registres*), déroutant, inspiré de l'Antiquité mais aussi modernisé (*adjectifs*), pour dénoncer l'artifice des cérémonies aux morts et l'absurdité de la guerre, pour faire l'éloge de la vie (*buts*).

Pistes de recherche

Première piste : un discours aux morts traditionnel

• Interrogez-vous sur le **genre** du texte et sur sa **forme** (il s'agit, dans une pièce de théâtre, d'un discours officiel, forme traditionnelle qui a ses règles et ses contraintes).

• Récapitulez les **caractéristiques d'un discours** : situation d'énonciation, fond (thèmes) et forme (formules consacrées, structure générale, ton lyrique et épique…).

Deuxième piste : les lois du genre renouvelées ou un anti-discours

• Mesurez la **conformité** de ce discours avec le discours aux morts traditionnel et dégagez sa **singularité** dans les thèmes et les formulations. Analysez ce qui peut surprendre le spectateur.

• Comment Hector présente-t-il les morts ?

• Étudiez le **réalisme** et le **mélange des tons**.

• Interrogez-vous sur la manière dont **Giraudoux a modernisé** un personnage et un épisode de la tradition antique.

Troisième piste : le discours d'un pacifiste

• Étudiez les idées que révèle ce discours en explicitant le message **implicite** de Giraudoux.

• Qu'est-ce qui marque l'**engagement** de Giraudoux ?

• Quelles **critiques** adresse-t-il aux cérémonies militaires ?

• Quelles sont les **valeurs** célèbrées par Hector, et par Giraudoux à travers lui ?

• D'où vient l'actualité, la **modernité** de ce discours ?

▶ **Pour réussir le commentaire :** voir guide méthodologique.

▶ **Les genres de l'argumentation :** voir mémento des notions.

CORRIGÉ 46

Les titres en couleur et les indications en italique servent à guider la lecture mais ne doivent pas figurer sur la copie.

Introduction

Les guerres du XXe siècle ont exercé une influence notoire sur la littérature : de nombreux écrivains ont dénoncé l'horreur de la guerre. Ainsi, en 1935, Giraudoux, soldat lui-même en 1914-1918 et conscient qu'une nouvelle guerre se prépare, reprend la légende de la guerre de Troie dans sa pièce *La guerre de Troie n'aura pas lieu*. Il y met en scène Hector, un ancien combattant qui a vécu l'horreur de la guerre. Dans la scène 5 de l'acte II, le fils de Priam prononce avec réticence le traditionnel discours aux morts, en se pliant apparemment aux exigences du genre. En réalité le discours d'Hector est un anti-discours, parodie vigoureuse et poétique contre la guerre.

I. La tradition du discours funèbre dramatique et lyrique

Hector semble composer un discours traditionnel – l'hommage rendu aux disparus après chaque guerre – mais il parvient, par sa sincérité, à créer l'émotion.

• La tendresse et la mélancolie des apostrophes aux morts suscitent la pitié et l'émotion du spectateur pour les victimes : « pauvres amis », « vous absents, vous oubliés »…

• Le ton rappelle les épopées (l'*Iliade*) ou les tragiques grecs (Eschyle) par un ton solennel et dramatique « à l'antique » :

– les apostrophes oratoires : « Ô vous qui ne nous entendez pas… », « Ô vous qui ne sentez pas » ;

– l'impératif dramatique, presque religieux, pour interpeller et implorer les morts (« Respirez cet encens… »), qui crée une tonalité sacrée ;

– de nombreux termes négatifs (« sans être… sans repos… », « oubliés ») qui dramatisent l'instant.

• Hector suit les règles du genre oratoire, notamment dans la structure très « classique » du discours :

– il garde un équilibre entre les deux parties presque symétriques de sa tirade, placées sous le signe de l'invocation et de l'imploration ;

– il recourt à de longues périodes au rythme travaillé, éloquent et lyrique.

[Transition] On reconnaît Hector tel qu'il apparaît dans l'*Iliade* et on comprend pourquoi Giraudoux l'a choisi pour exprimer ses convictions sur les grandes questions que se pose l'homme (l'amour, la guerre, la mort).

II. Un anti-discours

Mais, à côté de cet aspect traditionnel, le discours aux morts d'Hector est insolite : Giraudoux le modernise, autant par le ton que par les idées qu'il exprime.

1. Affectation sans artifice et pitié pour les absents

• Habituellement, un discours s'adresse à un public présent et vivant. Ici, il s'adresse à des absents.

• Cependant l'invocation d'Hector est si expressive que l'on a l'impression d'assister à un vrai dialogue entre le général et ses soldats disparus (marqué par la présence d'indices personnels de la 2e personne).

• Alors qu'il est leur général, Hector voit ses soldats comme des compagnons et non comme des héros. Il exprime explicitement l'affection et la pitié qu'il ressent pour eux (« pauvres amis »).

2. Une sincérité inhabituelle et un réalisme cru

Persuadé de l'hypocrisie convenue des discours aux morts, Hector déploie dans le sien une sincérité inhabituelle.

• Il refuse l'hommage inconditionnel de ce type de discours. Il fait une constatation sincère (« Il y a chez vous la même proportion de braves et de peureux que chez nous qui avons survécu ») et avoue une certaine partialité : « apprenez que je n'ai pas […] un respect égal pour vous tous ».

• Un réalisme cru : Hector frise l'irrespect par son langage familier et réaliste (« mangeons, buvons, couchons ») et fait un aveu inconvenant (« Nous couchons avec nos femmes… Avec les vôtres aussi… »).

3. Un discours aux vivants ?

Pas de malice chez Hector, mais un désir d'honnêteté et le refus de l'artifice des discours de circonstance, des clichés héroïques et des louanges.

• Cela provoque la réaction surprise et prude de Démokos, le poète officiel, seul à prendre cette sincérité pour des « insultes » (« Tu insultes les morts, maintenant »).

• Démokos perçoit dans le discours d'Hector une attaque directe contre les vivants : Hector fait ressortir le ridicule des traditions des vivants, en parodiant leurs rites inutiles.

• Le discours aux morts d'Hector est donc insolite : Giraudoux l'a modernisé, autant dans le ton que dans les idées.

[Transition] À travers Hector, c'est Giraudoux qui s'exprime ; le discours prend alors un tour polémique, philosophique.

III. Le discours militant et polémique d'un pacifiste

1. Hector, une figure d'anti-général

• Il fait preuve d'affection et de sincérité (« c'est un général sincère qui vous parle), ce qui n'est pas de mise dans l'armée.

• Il ne se prend pas au sérieux : il admet qu'il est incapable de rendre des morts sensibles aux valeurs militaires, gloire ou victoire (« Je ne sais si, dans la foule des morts, on distingue les morts vainqueurs par une cocarde »).

• Il est clairvoyant et sait que ses mots importent peu aux destinataires de son discours (« Cela vous est bien égal, n'est-ce pas ? »).

2. La haine de la guerre et le pacifisme de Giraudoux

• Le texte est un réquisitoire d'une part contre la guerre, « sordide » et « hypocrite » (termes forts), où il n'y a aucun vainqueur réel, mort ou vivant, d'autre part contre les bellicistes indifférents aux dangers qui pèsent sur l'Europe en 1935, et qui planifient la guerre comme une « recette » (métaphore culinaire).

• Giraudoux fait du discours d'Hector une ode à la paix et à la vie. Il y exprime ses convictions profondes : la revendication d'un pacifisme inconditionnel, la célébration des bonheurs simples et naturels et des plaisirs suggérés par la présence du champ lexical des sens (« Nous voyons le soleil. », « Nous, nous avons deux yeux »).

• La fréquence de la mention de la vie, en contraste avec les morts, en fait la valeur humaine fondamentale : « Les vivants… ont la vraie cocarde », « *Nous, nous* sommes les vainqueurs vivants ». La vie est un don plus précieux que la gloire.

3. Des tons variés et des procédés originaux

• L'ironie et l'humour soulignent la lucidité de Giraudoux par rapport aux honneurs dérisoires rendus aux victimes.

• Le réalisme de l'écriture présente la mort dans sa brutalité aveugle : la mort est la perte d'un bien précieux, la vie, et non la consécration suprême.

• En contraste, une certaine poésie se dégage de l'emploi d'un vocabulaire très simple (*sentir*, *entendre*, *voir*), de la mention de la nature (« la chaleur et le ciel »), et de la métaphore anachronique des « cocardes (en assimilant les yeux à des « cocardes », elle transforme ce symbole républicain, nationaliste et guerrier).

Conclusion

Ce discours original, plus qu'un éloge des morts, est une ode à la vie et à la paix qui s'adresse à l'humanité entière. Cependant, dans cette « guerre de Troie », ce n'est plus la fatalité divine qui pousse au conflit, mais la folie meurtrière des hommes que Giraudoux n'a pas réussi à contrecarrer.

SUJET

47

Sujet inédit

La question de l'homme • 16 points

Dénoncer la guerre

Dissertation

▸ Pourquoi une œuvre de fiction est-elle efficace pour inciter à réfléchir sur l'homme et sur le monde ? Vous vous appuierez sur des exemples tirés du corpus et sur des exemples tirés de vos lectures personnelles.

Les textes du corpus sont reproduits dans le sujet n° 45.

LES CLÉS DU SUJET

Comprendre le sujet

• Les mots importants sont : « fiction », « réfléchir sur l'homme et sur le monde » : « **fiction** » renvoie aux apologues et à tout genre qui comporte une histoire fictive (roman, théâtre, poésie allégorique), ou encore à la bande dessinée et au cinéma ; « **inciter à réfléchir** » implique la notion d'idée, donc d'argumentation ; **« l'homme et le monde »** renvoie aux grands thèmes humains (voir « Chercher des idées »).

• La **thèse** que vous devez soutenir est : « Le recours à la fiction en art est efficace pour transmettre des idées sur le monde. »

• Vous n'avez pas à discuter cette thèse. « **Pourquoi** » suggère de chercher les raisons qui rendent la fiction efficace, donc d'analyser ses atouts et ses moyens pour argumenter.

• Reformulez la **problématique** : « Pourquoi une argumentation qui repose sur une fiction est-elle efficace pour susciter la réflexion ? » ou : « Quels intérêts présentent les fictions littéraires pour entraîner l'adhésion du lecteur ? »

• Implicitement, cela amène à **comparer** la fiction, **argumentation indirecte**, aux genres qui proposent une **argumentation directe** (l'essai, par exemple). Cela suggère : « Pourquoi les fictions (faits imaginaires, irréels) sont-elles un moyen plus efficace pour transmettre un message que les faits réels ou les argumentations directes ? »

• Vous n'avez pas à préciser les limites de l'efficacité de la fiction pour « inciter à réfléchir », mais vous pouvez les évoquer rapidement (ouverture en fin de devoir).

■ Chercher des idées

• Pour **trouver des idées et construire le plan**, répertoriez les éléments d'une fiction : personnages, péripéties, éventuellement merveilleux…
• Puis, prenez plusieurs **points de vue** : celui du **créateur** (la fiction donne plus de liberté à l'auteur, elle permet d'intéresser en divertissant, donc de s'adresser à un lectorat plus large) ; celui du **lecteur** (la fiction intéresse par sa vivacité, mais l'implicite oblige à interpréter son sens).
• Répertoriez les **grands thèmes de la littérature argumentative** : s'interroger sur l'homme, c'est prendre en compte ses divers aspects en tant qu'individu (physique, sensibilité, esprit, conscience) mais aussi en tant que membre d'un groupe social (famille, milieu et mœurs, travail, nation…), et aborder les questions d'ordre social, politique, scientifique, éthique, religieux (valeurs qui doivent guider la vie : bonheur, pouvoir, liberté…).
• **Exemples**. Récapitulez les **apologues** que vous connaissez : fables de La Fontaine ; contes, notamment contes philosophiques de Voltaire ; romans/apologues (*Le Petit Prince* de Saint-Exupéry, *L'Alchimiste* de Coelho) ; utopies (l'abbaye de Thélème dans *Gargantua, Les Voyages de Gulliver* de Swift…).
• Pensez aussi à d'autres genres de la fiction : **pièces de théâtre** à teneur argumentative (Beaumarchais, *Le Mariage de Figaro* ; Marivaux, *L'Île des esclaves, La Colonie* ; Anouilh, *Antigone* ; Ionesco : *Rhinocéros*) ; **romans** : Hugo, *Les Misérables* ; Zola, *Germinal* ; Camus, *La Peste*…
• Au moment de rédiger, pour éviter de répéter le mot « fiction » et aussi pour trouver des idées, faites-vous une réserve de mots renvoyant à son champ lexical : *imaginaire, imagination, imaginer ; fable ; inventer, invention ; irréel, irréalité ; mensonge, mensonger ; mythe ; légende ; fantaisie, fantaisiste ; illusion ; conte…*

▶ **Pour réussir la dissertation :** voir guide méthodologique.
▶ **Les genres de l'argumentation :** voir mémento des notions.

CORRIGÉ 47

Les titres en couleur et les indications en italique servent à guider la lecture mais ne doivent pas figurer sur la copie.

Introduction

[Amorce] Pour éduquer les enfants, on recourt à la fiction, à des histoires peuplées de personnages inventés, à des apologues, souvent destinés à forger leur vision de la vie ou à les édifier. Les adultes oublient un peu ce goût du récit, considéré comme moins sérieux que les autres formes d'argumentation, mais le retrouve et le satisfait par le théâtre, le cinéma ou le roman.

[Problématique] Pourquoi la fiction est-elle efficace pour transmettre une vision de l'homme et du monde ? Pour emporter l'adhésion de son auditoire, quels atouts présente-t-elle ?

[Annonce du plan] Une grande liberté pour le créateur. Le plaisir de la fiction pour le lecteur. Une façon originale d'instruire, de faire passer sa vision de l'homme et du monde.

I. Une grande liberté pour le créateur

1. La variété des genres de la fiction pour argumenter

• Les genres de la fiction sont très variés : l'apologue (fables au XVIIe siècle, contes philosophiques au XVIIIe siècle), à travers une histoire merveilleuse et mouvementée, délivre un message. Pour Hugo, « le théâtre est une tribune » (Giraudoux, dans *La guerre de Troie n'aura pas lieu*, plaide pour la paix avant que n'éclate la Deuxième Guerre mondiale). Certains romans ont une portée sociale (*Germinal* de Zola).

• Le recours à une histoire permet de varier les types de personnages : les bons et les méchants s'opposent (Jean Valjean et Javert dans *Les Misérables*), l'auteur peut choisir des personnages proches de la réalité ou fantaisistes (comme les animaux dans les fables).

• L'auteur d'une histoire peut aussi varier les registres : dans le corpus, le dessin de Plantu est humoristique ; le discours d'Hector a des accents lyriques, épiques et par endroits pathétiques (*cf.* sujet 34).

2. La marge de liberté pour mieux persuader

• L'auteur peut composer son histoire et ses personnages selon ses visées pour mieux diriger la réflexion du lecteur.

• Il peut adapter situations, événements et personnages pour les mettre au service de la dénonciation ou du plaidoyer, pour apitoyer (pathétique : Fantine dans *Les Misérables*) ou pour mieux dénoncer (Javert dans *Les Misérables*), ou encore pour faire rire (comique, ironie).

• L'auteur peut simplifier et grossir pour rendre sa démontration plus évidente : l'avarice d'Harpagon dans *L'Avare* est considérablement grossie par rapport à la réalité ; Candide n'a pas de réelle profondeur psychologique et sa naïveté permet à Voltaire de révéler les ravages de la philosophie optimiste.

3. La reconstitution d'une époque et l'illusion du réel

• La création de personnages fictifs permet d'élargir le champ de l'argumentation à tous les groupes d'une époque. Ainsi Beaumarchais peut-il, dans *Le Mariage de Figaro*, critiquer plusieurs types de la société du XVIIIe siècle : les aristocrates et les séducteurs à travers le comte Almaviva, les gens de justice à travers Brid'oison, mais aussi prendre la défense des opprimés (les femmes à travers Marceline, les valets à travers Figaro) : toute la société de l'époque est réunie sur le plateau dans la scène 15 de l'acte III pour dénoncer les privilèges et défendre les faibles.

• La fiction semble parfois plus vraie que le réel. Le traitement de l'intrigue et des personnages, le style de l'écrivain laissent à croire qu'il s'agit d'histoires vraies (romanciers réalistes et naturalistes). Balzac, pour « faire concurrence à l'état civil », donne à ses personnages (fictifs) de *La Comédie humaine* un nom et un prénom, une origine, un passé, un physique très précis, une situation sociale qui font que le lecteur *y croit*.

• Les personnages mythiques, parce qu'ils incarnent un aspect universel de l'être humain et renaissent au fil du temps, acquièrent une consistance telle qu'ils semblent réels (l'Antigone de Sophocle au Ve siècle avant J.-C. et l'Antigone d'Anouilh au XXe siècle ; Dom Juan) et prennent plus de force persuasive.

II. Le plaisir de la fiction pour le lecteur

1. Le goût pour les histoires

• L'œuvre de fiction satisfait le goût pour les histoires. Le lecteur s'intéresse aux personnages, aux rebondissements de l'action, il se laisse prendre par le plaisir du « divertissement » de la lecture ou du spectacle : Candide sillonne le monde et le lecteur se demande comment vont se terminer ses pérégrinations ; le spectateur soutient Figaro dans sa lutte contre les injustices du Comte… [*exemples personnels*]. La Fontaine lui-même confesse dans « Le Pouvoir des fables » (VIII, 4) : « Si Peau d'Âne m'était conté,/ J'y prendrais un plaisir extrême ».

• La fiction permet l'évasion dans d'autres mondes : les utopies, description d'un monde idéal servant de repoussoir à la société que l'écrivain critique, comme *Utopia* de Thomas More, l'abbaye de Thélème dans *Gargantua*, les *Voyages de Gulliver* de Swift, les contes et la science-fiction, attirent le lecteur en le transportant dans un monde merveilleux.

• Le charme de la fiction tient aussi à une façon poétique de présenter le monde à travers certaines situations et certains personnages : Giraudoux introduit dans *Électre* le personnage fantaisiste du Jardinier, qui se situe entre fiction et réalité et transmet de façon poétique la leçon d'humanité qu'il veut donner au spectateur. Panturle, dans *Regain* de Giono, est un personnage plein de poésie qui exprime l'amour de Giono pour la nature.

2. La force d'identification

• La fiction entraîne la sympathie (au sens propre) ou l'identification avec le(s) personnage(s) : le lecteur s'attache aux personnages et vibre avec émotion au gré de leurs aventures [*exemples du corpus*]. Les spectateurs pleurent au théâtre ou au cinéma [*exemples personnels*].

• Quand le lecteur s'identifie à un personnage, il adhère à sa conception du monde, il subit inconsciemment son influence [*exemples personnels*]. L'identification à un monde fictif peut être si forte qu'elle investit complètement le lecteur : à force de lire des romans de chevalerie, Don Quichotte croit être un chevalier et perd la raison ; Emma Bovary croit pouvoir vivre comme une héroïne romanesque (*Madame Bovary*, I, 6).

• Tout cela est plus propre à persuader qu'à convaincre : le récit fictif est efficace car il s'adresse à l'imagination et à l'affectivité.

III. Une façon originale de faire passer un message

La comparaison avec l'argumentation directe met en relief la spécificité de la fiction pour faire passer un message sur l'homme et le monde.

1. Un message perçu concrètement : des idées incarnées

• La fiction donne corps à des abstractions en les incarnant. Les idées « en action » (allégories animales de La Fontaine ; Étienne Lantier, symbole de la révolution dans *Germinal*) sont perçues concrètement, rendant le message plus facile à comprendre et à mémoriser. Au théâtre, la fiction s'impose avec d'autant plus de force que le personnage est vu et entendu : l'illusion théâtrale joue par le biais des sensations.

• Dans le cas de personnages non humains, le lecteur est « piégé » par la fiction. Dans les apologues (fables par exemple), le recours à des personnages allégoriques (animaux, végétaux…) facilite le passage à la critique, que le lecteur admet aisément contre un personnage différent de lui, présenté comme fictif. Le récit fini, la transposition dans le monde humain lui est imposée (le Lion représente le roi).

2. Le lecteur sollicité

Cela met le lecteur dans de bonnes dispositions pour recevoir le message.

• La fiction propose une démarche inductive. Le cheminement de la réflexion va de l'exemple à la généralisation, du concret à l'abstrait. L'auteur joue ainsi de la force et de la vertu de l'exemple. La fiction parle à l'imagination avant de parler à l'esprit. Le lecteur se laisse entraîner par l'histoire et… surprendre par la logique du raisonnement inductif.

• La fiction exige aussi un lecteur actif : celui-ci doit réfléchir pour interpréter le récit et transposer le message qu'il délivre, en trouver les implications dans notre monde. Ainsi, la dernière phrase de *Candide* : « Il faut cultiver notre jardin », directement liée à la fiction et au parcours du héros, doit être interprétée : elle comporte toute la philosophie du bonheur de Voltaire. Le lecteur trouve à cet exercice intellectuel le même plaisir que dans les devinettes.

Conclusion

Les œuvres de fiction qui transportent dans l'imaginaire touchent un large public, de tous âges, et peuvent permettre de mieux comprendre le monde en remplissant une double mission : « plaire et instruire ». Cependant, l'argumentation à travers la fiction a des limites : elle ne doit être ni trop simple ni artificielle ; elle doit éviter que la séduction du récit ne fasse passer le message à l'arrière-plan ou ne l'occulte, ou qu'elle ne banalise des situations tragiques ; enfin, elle doit s'adapter au public qu'elle vise.

SUJET

48

Sujet inédit

La question de l'homme • 16 points

Dénoncer la guerre

Écriture d'invention

▶ **Le rédacteur du journal de votre lycée vous a désigné pour interviewer le caricaturiste Plantu. Vous êtes chargé(e) de l'interroger sur son métier, sur la conception qu'il s'en fait, sur le choix du dessin comme moyen d'expression.**

Le candidat peut s'appuyer sur le document D reproduit dans le sujet n° 45.

LES CLÉS DU SUJET

Comprendre le sujet

Composez, d'après la consigne, la « **définition** » du texte à produire pour repérer les contraintes.

Interview de presse (*genre*) de Plantu qui argumente (*type de texte*) sur le métier de caricaturiste politique, le dessin (*thèmes*), vif et alerte (*adjectifs*), pour faire l'éloge du dessin engagé (*buts*).

Chercher des idées

• **Le registre :** le dessin de Plantu indique sa tournure d'esprit, ironique, cynique, humoristique. Gardez le *ton* et la personnalité que révèlent ses dessins. Par ailleurs, une interview doit être vive et alerte.

• **Les questions que vous allez poser à Plantu :** vous pouvez lui poser des questions personnelles concernant le choix du métier de caricaturiste, ses débuts, sa carrière, sa manière de travailler… Cherchez aussi des questions sur le dessin comme moyen de s'engager : d'où vient l'efficacité du dessin ? Quelles sont les caractéristiques d'un dessin « argumentatif » réussi ? Le dessin est-il plus efficace que les mots ?

• **Les arguments de Plantu :** ils doivent démontrer l'efficacité argumentative du dessin (facilité d'accès, immédiateté de la compréhension ; violence de la photo ; appel à l'imaginaire), et donner des détails techniques sur l'image (sens des codes et des éléments symboliques dans l'image…).

Plantu peut aussi nuancer sa thèse et reconnaître les dangers de l'image, concéder une certaine force à l'écrit.

• **Les exemples :** en dehors du document D, faites-vous une réserve d'exemples (publicités, photos historiques connues ou films) que Plantu mentionnera à l'appui de son argumentation. Il peut terminer en réconciliant l'image et les mots (rôle du texte dans le dessin).

▶ **Pour réussir l'écriture d'invention :** voir guide méthodologique.
▶ **Les genres de l'argumentation :** voir mémento des notions.

CORRIGÉ 48

Cette interview, même si elle comporte certains détails vrais sur Plantu et des allusions à certains de ses dessins réels, est totalement fictive.

Une image vaut mille mots

Nous avons rencontré le caricaturiste Plantu à son domicile.

Question : Monsieur Plantu, vous êtes la vedette du *Monde*, et personne n'échappe à vos coups de griffe : hommes politiques, personnalités du monde économique, juridique, culturel… Comment avez-vous débuté ? Qu'est-ce qui a déterminé votre choix ?

Plantu : J'ai débuté au lycée. Je caricaturais les professeurs, pour le plus grand plaisir de mes copains. Vous voyez, déjà la contestation de l'autorité ! Mes dessins n'étaient pas méchants mais j'avais l'impression qu'en les dessinant, je faisais mieux ressortir leur vraie personnalité. Après, j'ai dessiné pour la page BD du journal du lycée. Les rapports de force au lycée et dans notre société, ça n'est pas fondamentalement différent, vous savez… Ensuite, j'ai fait des petits boulots pour faire bouillir la marmite et pouvoir continuer à apprendre à dessiner. Des années de galère mais je ne regrette pas ! Et puis, un jour, j'ai fait la une du *Monde* : c'était parti…

Question : J'ai lu quelque part qu'« une image valait mille mots ». Vous croyez, vous, que l'image est plus contestataire que les mots, plus efficace dans le combat politique et social ? Hugo, tout de même, il s'est engagé à fond, mais avec ses livres, ses mots, non ?

Plantu : Ne me comparez à Hugo, vous allez me donner la grosse tête ! L'image plus efficace ? *(Visiblement, nous avons posé une colle à notre interlocuteur ; il semble perplexe et prend ses précautions. L'ombre de Hugo qui* *peut-être l'intimide.)* C'est un beau sujet de dissertation que vous me posez là… Plus efficace ? Non. Plutôt différente.

Vous voyez, la réception d'une image se fait par les sens : elle est rapide. Elle ne demande pas de savoir lire ni de connaître la langue ; en ce sens, elle est accessible à tout le monde. Avant de savoir écrire, les hommes ont dessiné. À la limite, même un analphabète a accès à l'image qui, théoriquement – je dis bien théoriquement –, n'opère pas de clivage entre personnes illettrées et personnes cultivées. Elle est une sorte de langage universel qui, apparemment, ne fait pas de distinction entre les âges, les nationalités.

Et puis, comme elle sollicite les sens, elle chatouille l'imaginaire, la sensibilité. Et elle frappe fort, je vous assure. La photographie de Phan Thi Kim Phuc, une petite fille de 9 ans sévèrement brûlée par une attaque au napalm et fuyant sur une route du Sud-Vietnam, symbolise douloureusement la guerre. Dans le monde entier elle a éveillé des réactions d'horreur et la haine de la guerre, de façon infiniment plus puissante que des douzaines de pages. C'est d'ailleurs parce qu'ils en connaissent bien les pouvoirs que les gouvernements totalitaires limitent l'accession à l'image.

Question : Vous avez dit tout à l'heure que l'image supprimait « théoriquement » les clivages sociaux. Vous pouvez nous expliquer ?

Plantu : Oui, il faut se garder de simplifier. « Lire » une image, ça s'apprend aussi… La culture générale entre en jeu dans la compréhension de l'image. Mon dessin des deux pilotes, on le comprend moins bien si on ne sait pas ce qu'est l'Unicef (je ne vous fais pas l'injure de vous demander si vous connaissez…). Une image, comme le reste, s'interprète en fonction de références culturelles qui évoluent dans le temps et dans l'espace. Par exemple, les éléments du tableau de Botticelli, *La Naissance de Vénus*, sont chargés de symbolisme : la beauté de la femme est substituée à la Vierge, tandis que l'allégorie de la coquille représente le triomphe symbolique de la vie.

Les couleurs aussi ont une valeur symbolique : en Inde, le blanc est la couleur du deuil ; en Europe, c'est la couleur de la pureté, de la joie. Ce qui entraîne qu'une image peut être comprise à une époque, mais plus à une autre, dans un pays mais pas dans un autre…

Question : Alors, pour vous, l'image surpasse résolument les mots ?

Plantu : Là, je vous arrête : il ne faut pas mettre le dessin d'un côté, le texte de l'autre. J'utilise beaucoup les mots, moi aussi, dans mes dessins : dans les bulles, en légende. Et l'un éclaire l'autre, le complète, dans un même effort pour essayer d'améliorer notre pauvre monde…

SUJET

49

France métropolitaine • Juin 2012
Série L • 4 points

« Frotter et limer notre cervelle contre celle d'autrui »

Question

Documents

A – **Jean de Léry**, *Histoire d'un voyage fait en la terre du Brésil*, chapitre XIII, 1578 (orthographe modernisée).
B – **Jean de Léry**, *Histoire d'un voyage fait en la terre du Brésil*, chapitre XVIII, 1578 (orthographe modernisée).
C – **Michel de Montaigne**, *Essais*, livre III, chapitre VI « Des coches », 1588 (adaptation en français moderne par André Lanly).
D – **Claude Lévi-Strauss**, *Tristes Tropiques*, 1955.

▸ Quelles qualités des peuples du Nouveau Monde les textes proposés mettent-ils en relief ?

Après avoir répondu à cette question, les candidats devront traiter au choix un des trois sujets nos 50, 51 ou 52.

DOCUMENT A

Artisan d'origine modeste et de religion protestante, Jean de Léry participa à une expédition française au Brésil. À cette occasion, il partagea pendant quelque temps la vie des Indiens Tupinambas. Vingt ans après son retour en France, il fit paraître un récit de son voyage.

Au reste, parce que nos Tupinambas sont fort ébahis de voir les Français et autres des pays lointains prendre tant de peine d'aller quérir[1] leur Arabotan, c'est-à-dire bois de Brésil, il y eut une fois un vieillard d'entre eux qui sur cela me fit telle demande :

« Que veut dire que vous autres Mairs et Peros, c'est-à-dire Français et Portugais, veniez de si loin pour quérir du bois pour vous chauffer, n'y en a-t-il point en votre pays ? »

À quoi lui ayant répondu que oui et en grande quantité, mais non pas de telles sortes que les leurs, ni même[2] du bois de Brésil, lequel nous ne brûlions pas comme il pensait, ains[3] (comme eux-mêmes en usaient pour rougir leurs cordons de coton, plumages et autres choses) que les nôtres l'emmenaient pour faire de la teinture, il me répliqua soudain :

« Voire[4], mais vous en faut-il tant ?

– Oui, lui dis-je, car (en lui faisant trouver bon[5]) y ayant tel marchand en notre pays qui a plus de frises[6] et de draps rouges, voire même (m'accommodant[7] toujours à lui parler de choses qui lui étaient connues) de couteaux, ciseaux, miroirs et autres marchandises que vous n'en avez jamais vu par deçà[8], un tel seul achètera tout le bois de Brésil dont plusieurs navires s'en retournent chargés de ton pays.

– Ha, ha, dit mon sauvage, tu me contes merveilles. »

Puis ayant bien retenu ce que je lui venais de dire, m'interrogeant plus outre, dit :

« Mais cet homme tant riche dont tu me parles, ne meurt-il point ?

– Si fait, si fait, lui dis-je, aussi bien que les autres. »

Sur quoi, comme ils sont aussi grands discoureurs, et poursuivent fort bien un propos jusqu'au bout, il me demanda derechef :

« Et quand donc il est mort, à qui est tout le bien qu'il laisse ?

– À ses enfants, s'il en a, et à défaut d'iceux[9] à ses frères, sœurs et plus prochains parents.

– Vraiment, dit alors mon vieillard (lequel comme vous jugerez n'était nullement lourdaud), à cette heure connais-je[10] que vous autres Mairs, c'est-à-dire Français, êtes de grand fols : car vous faut-il tant travailler à passer la mer, sur laquelle (comme vous nous dites étant arrivés par-deçà) vous endurez tant de maux, pour amasser des richesses ou à vos enfants ou à ceux qui survivent après vous ? La terre qui les a nourris n'est-elle pas aussi suffisante pour les nourrir ? Nous avons (ajouta-t-il), des parents et des enfants, lesquels, comme tu vois, nous aimons et chérissons ; mais parce que nous nous assurons qu'après notre mort la terre qui a nous a nourris les nourrira, sans nous en soucier plus avant, nous nous reposons sur cela. »

Voilà sommairement et au vrai le discours que j'ai ouï de la propre bouche d'un pauvre sauvage américain.

Jean de Léry, *Histoire d'un voyage fait en la terre du Brésil*, chapitre XIII, 1578.

---

1. Chercher. 2. Ni surtout. 3. Mais. 4. Soit. 5. Pour le persuader. 6. Étoffes de laine. 7. Essayant. 8. Chez les Tupinambas, au Brésil. 9. S'il n'a pas d'enfants. 10. Je me rends compte.

DOCUMENT B

[...] Combien que[1] nos Tupinambas reçoivent fort humainement les étrangers amis qui les vont visiter, si est-ce néanmoins[2] que les Français et autres de par deçà[3] qui n'entendent pas leur langage se trouvent du commencement[4] merveilleusement étonnés parmi eux. Et de ma part, la première fois que je les fréquentai, qui fut trois semaines après que nous fûmes arrivés en l'île de Villegagnon, qu'un truchement[5] me mena avec lui en terre ferme en quatre ou cinq villages : quand nous fûmes arrivés au premier, nommé Yabouraci en langage du pays, et par les Français Pépin (à cause d'un navire qui y chargea une fois, le maître duquel se nommait ainsi), qui n'était qu'à deux lieues de notre fort, me voyant tout incontinent[6] environné de sauvages, lesquels me demandaient : « Marapé-dereré, marapé-dereré ? », c'est-à-dire : « Comment as-tu nom, comment as-tu nom ? » (à quoi pour alors je n'entendais que le haut allemand[7]) et, au reste, l'un ayant pris mon chapeau qu'il mit sur sa tête, l'autre mon épée et ma ceinture qu'il ceignit sur son corps tout nu, l'autre ma casaque qu'il vêtit, eux, dis-je, m'étourdissant de leurs crieries[8] et courant de cette façon parmi leur village avec mes hardes, non seulement je croyais avoir tout perdu, mais aussi je ne savais où j'en étais. Mais comme l'expérience m'a montré plusieurs fois depuis, ce n'était que faute de savoir leur manière de faire : car faisant le même[9] à tous ceux qui les visitent, et principalement à ceux qu'ils n'ont point encore vus, après qu'ils se sont ainsi un peu joués des besognes[10] d'autrui, ils rapportent et rendent le tout à ceux à qui elles appartiennent. Là-dessus, le truchement m'ayant averti qu'ils désiraient surtout de savoir mon nom, mais que de leur dire Pierre, Guillaume ou Jean, eux ne les pouvant prononcer ni retenir (comme de fait au lieu de dire Jean ils disaient Nian), il me fallait accommoder de leur nommer quelque chose qui leur fût connue : cela, comme il me dit, étant si bien venu à propos que mon surnom[11], Léry, signifie une huître en leur langage, je leur dis que je m'appelais Léry-oussou, c'est-à-dire une grosse huître. De quoi eux se tenant bien satisfaits, avec leur admiration Teh[12] ! se prenant à rire, dirent : « Vraiment voilà un beau nom et nous n'avions point encore vu de Mair, c'est-à-dire Français, qui s'appelât ainsi. »

Jean de Léry, *Histoire d'un voyage fait en la terre du Brésil*, chapitre XVIII, 1578.

1. Bien que. 2. Il est certain néanmoins que. 3. Désigne ici les Européens. 4. Au commencement. 5. Interprète qui connaît la langue des Tupinambas. 6. Immédiatement. 7. Je ne

comprenais rien. 8. Criailleries. 9. La même chose. 10. Affaires, objets. 11. Nom de famille. 12. Les Tupinambas expriment leur admiration par l'interjection « Teh ! » et se mettent à rire.

DOCUMENT C

Dans ce passage des Essais, *Montaigne se fonde sur les témoignages qu'il a lus pour critiquer le comportement des conquérants européens dans le Nouveau Monde.*

La plupart de leurs réponses et des négociations faites avec eux[1] montrent que [ces hommes] ne nous étaient nullement inférieurs en clarté d'esprit naturelle et en justesse [d'esprit]. La merveilleuse magnificence des villes de Cusco[2] et de Mexico et, parmi beaucoup d'autres choses semblables, le jardin de ce roi, où tous les arbres, les fruits et toutes les herbes, selon l'ordre et la grandeur qu'ils ont dans un jardin [normal], étaient excellemment façonnés en or, comme, dans son cabinet[3], tous les animaux qui naissaient dans son État et dans ses mers, et la beauté de leurs ouvrages en joaillerie, en plume, en coton, dans la peinture, montrent qu'ils ne nous étaient pas non plus inférieurs en habileté. Mais en ce qui concerne la dévotion, l'observance des lois, la bonté, la libéralité[4], la franchise, il a été très utile pour nous de ne pas en avoir autant qu'eux. Ils ont été perdus par cet avantage et se sont vendus et trahis eux-mêmes. Quant à la hardiesse et au courage, quant à la fermeté, la résistance, la résolution contre les douleurs et la faim et la mort, je ne craindrais pas d'opposer les exemples que je trouverais parmi eux aux plus fameux exemples anciens que nous ayons dans les recueils de souvenirs de notre monde de ce côté-ci [de l'Océan]. Car, que ceux qui les ont subjugués suppriment les ruses et les tours d'adresse dont ils se sont servis pour les tromper, et l'effroi bien justifié qu'apportait à ces peuples-là le fait de voir arriver aussi inopinément des gens barbus, différents d'eux par le langage, la religion, par l'aspect extérieur et le comportement, venant d'un endroit du monde où ils n'avaient jamais imaginé qu'il y eût des habitants, quels qu'ils fussent, [gens] montés sur de grands monstres inconnus, contre eux qui non seulement n'avaient jamais vu de cheval mais même bête quelconque dressée à porter et à avoir sur son dos un homme ou une autre charge, munis d'une peau luisante et dure[5] et d'une arme [offensive] tranchante et resplendissante, contre eux qui, contre la lueur qui les émerveillait d'un miroir ou d'un couteau, échangeaient facilement une grande richesse en or et en perles, et qui n'avaient ni science ni matière grâce auxquelles ils pussent, même à loisir, percer notre acier ; ajoutez à cela les foudres et les tonnerres de nos pièces [d'artillerie] et de nos arquebuses, capables de troubler César lui-même, si on l'avait surpris avec la même inexpérience de ces armes, et [qui étaient employées] à ce moment contre des peuples nus, sauf aux endroits où s'était faite l'invention de quelque tissu de coton, sans autres armes, tout au plus, que des arcs, des pierres, des bâtons et des boucliers de bois ; des peuples surpris, sous une apparence d'amitié et de bonne foi, par la curiosité de voir des choses étrangères et inconnues : mettez en compte, dis-je, chez les conquérants cette inégalité, vous leur ôtez toute la cause de tant de victoires.

Michel de Montaigne, *Essais*, livre III,
chapitre VI, « Des coches », 1588.

---

1. Il s'agit des peuples indiens d'Amérique du Sud victimes des conquérants européens. 2. Cusco, alors capitale du Pérou. 3. Bureau. 4. Générosité. 5. Il s'agit de l'armure.

DOCUMENT D

Lors d'une expédition au Brésil, en 1938, l'ethnologue Claude Lévi-Strauss a partagé la vie quotidienne d'un peuple indien, les Nambikwara.

Pour moi, qui les ai connus à une époque où les maladies introduites par l'homme blanc les avaient déjà décimés, mais où – depuis des tentatives toujours humaines de Rondon[1] – nul n'avait entrepris de les soumettre, je voudrais oublier cette description navrante[2] et ne rien conserver dans la mémoire, que ce tableau repris de mes carnets de notes où je le griffonnai une nuit à la lueur de ma lampe de poche :

« Dans la savane obscure, les feux de campement brillent. Autour du foyer, seule protection contre le froid qui descend, derrière le frêle paravent de palmes et de branchages hâtivement planté dans le sol du côté d'où on redoute le vent ou la pluie ; auprès des hottes emplies des pauvres objets qui constituent toute une richesse terrestre ; couchés à même la terre qui s'étend alentour, hantée par d'autres bandes également hostiles et craintives, les époux, étroitement enlacés, se perçoivent comme étant l'un pour l'autre le soutien, le réconfort, l'unique secours contre les difficultés quotidiennes et la mélancolie rêveuse qui, de temps à autre, envahit l'âme nambikwara. Le visiteur qui, pour la première fois, campe dans la brousse avec les Indiens, se sent pris d'angoisse et de pitié devant le spectacle de cette humanité si totalement démunie ; écrasée, semble-t-il, contre le sol d'une terre hostile par quelque implacable cataclysme ; nue, grelottante auprès des feux vacillants. Il circule à tâtons parmi les broussailles, évitant de heurter une main, un bras, un torse, dont on devine les chauds reflets à la lueur des feux. Mais cette misère est animée de chuchotements et de rires. Les couples s'étreignent comme dans la nostalgie d'une unité perdue ; les caresses ne s'interrompent pas au passage de l'étranger. On devine chez tous une immense gentillesse, une profonde insouciance, une naïve et charmante satisfaction animale, et, rassemblant ces sentiments divers, quelque chose comme l'expression la plus émouvante et la plus véridique de la tendresse humaine. »

Claude Lévi-Strauss, *Tristes Tropiques*, 1955.

---

1. Rondon (1865-1958) est un explorateur brésilien qui tenta d'adapter les Indiens à la vie moderne tout en cherchant à préserver leurs mœurs et coutumes.
2. Lévi-Strauss vient de lire un compte rendu ethnologique indiquant que la situation de la tribu dont il avait partagé la vie quinze ans auparavant s'est extrêmement dégradée.

LES CLÉS DU SUJET

■ Comprendre la question

- Les « **qualités** » sont les points positifs d'un individu. Vous devez les classer : intellectuelles, morales, affectives, sociales, esthétiques...
- Attention ! Certaines sont formulées **explicitement** ; d'autres sont suggérés **implicitement** par le blâme de comportements qui s'opposent à elles.
- Commencez par **surligner** les expressions qui soulignent une qualité.
- **Repérez** les échos entre les textes (ressemblances).
- **Structurez votre réponse :** n'étudiez pas les documents séparément. Construisez vos paragraphes autour des différentes qualités trouvées.

▶ **Pour réussir les questions :** voir guide méthodologique.
▶ **L'humanisme :** voir mémento des notions.

CORRIGÉ 49

Introduction

[Amorce] La découverte des peuples du Nouveau Monde constitua un vrai choc culturel pour les hommes de la Renaissance. Pour les humanistes, elle fut l'occasion d'une réflexion sur leurs propres valeurs, sur les traits fondamentaux de la personne humaine au-delà des particularités des cultures. [Présentation du corpus] C'est ce regard curieux et ouvert que portent sur ces peuples, à plus de trois siècles de distance, Jean de Léry, Montaigne et Lévi-Strauss.

Intelligence, bon sens et logique

• Léry relève chez les Tupinambas une intelligence, qu'on pourrait appeler du bon sens, une logique dans les raisonnements qui se marquent dans la façon très claire dont l'interroge l'un d'eux : on croirait lire un dialogue socratique, articulé par des connecteurs logiques, « mais », « donc » « car ».

• Il souligne que « le pauvre sauvage américain » n'est « nullement un lourdaud ». Montaigne fait la même constatation et parle de « leur clarté d'esprit naturelle » et de leur « justesse » d'esprit.

Curiosité d'esprit, sens esthétique et habileté technique

• Ils font preuve de curiosité d'esprit, surtout devant ces « choses étrangères et inconnues » que les conquérants apportent avec eux (Montaigne) et Léry doit répondre à la curiosité des Tupinambas qui veulent connaître son nom.

• Ces qualités intellectuelles s'accompagnent d'un sens artistique, servi par une « habileté » (Montaigne) technique dont témoignent la « magnificence » de leurs villes et les objets d'art dont elles sont remplies.

Qualités sociales, qualités de cœur

• Ils ont aussi des qualités sociales : ils « reçoivent fort humainement les étrangers amis » (Léry) et ne manifestent pas d'agressivité spontanée. Ils ont le sens de la famille, comme le rappelle à Léry le Tupinamba : « nous aimons et nous chérissons [nos enfants] ». Lévi-Strauss est touché par le lien fort qui unit les époux, « qui se perçoivent comme étant l'un pour l'autre le soutien, le réconfort, l'unique secours contre les difficultés quotidiennes ».

• Ce sont surtout leurs qualités de cœur qui frappent les observateurs. Il y a chez eux une « bonté », une « libéralité » (générosité), une « franchise » qui en a fait la victime facile de nos « ruses » (Montaigne). Lévi-Strauss retrouve chez les Nambikwara cette « immense gentillesse ». Ce sont des peuples gais, insouciants (Lévi-Strauss), qui aiment « rire » (Léry). Ils ont une forme d'innocence naturelle. Ils sont proches de la nature et lui font confiance car elle les « a nourris » et « les nourrira » encore demain (Léry).

Mesure et désintéressement

• C'est peut-être d'avoir gardé ce lien avec la nature qui a préservé leur sagesse : ils font preuve de mesure et de détachement par rapport aux biens matériels et nous sommes, à leurs yeux, de « grands fols » à vouloir « amasser » (Léry) tant de richesses.

• Leur dénuement matériel n'empêche pas les Nambikwara d'exprimer avec force et simplicité leurs sentiments naturels : c'est, pour Lévi-Strauss, « l'expression la plus émouvante et la plus véridique de la tendresse humaine ».

Conclusion

• Ils savent que tout homme est mortel, mais cette perspective ne semble pas les affliger. Pourquoi se « soucier plus avant », demande le « sauvage américain » qui semble ici, avec une lucidité tout épicurienne, accueillir la vie et en cueillir les bonheurs, comme Montaigne qui écrit : « Pour moi, j'aime la vie ».

• Finalement, ces « bons sauvages » (avant que le XVIIIe siècle n'en fasse des références philosophiques) se montrent plus humains que les peuples qui prétendent les civiliser.

France métropolitaine • Juin 2012
Série L • 16 points

« Frotter et limer notre cervelle contre celle d'autrui »

Commentaire

▸ Vous ferez le commentaire du premier texte de Jean de Léry (texte A).

Se reporter au document A du sujet n° 49.

LES CLÉS DU SUJET

Trouver les idées directrices

Faites la « **définition** » du texte pour en extraire les idées directrices.

Récit de voyage (*genre*) qui raconte (*type de texte*) une rencontre et une discussion avec un vieil Indien sur le comportement des Européens (*thème*), didactique (*registre*), vivant, critique et élogieux (*adjectifs*) pour dénoncer les mœurs des peuples civilisés et faire l'éloge de la vie naturelle des « sauvages » (*buts*).

Pistes de recherche

Première piste : mise en scène d'un récit de voyage pittoresque

- Analysez ce qui donne de l'**authenticité** à cette anecdote autobiographique.
- Étudiez la **précision des circonstances** du récit.
- Précisez le **statut du narrateur**, son implication et son souci de « faire vrai ».

Deuxième piste : le « sauvage » comme révélateur : un regard critique

- Dépassez la simple perspective narrative.
- Commentez l'importance du « **motif** » **de l'étonnement** du « sauvage » pour la dynamique du dialogue.

• Analysez la **progression du dialogue** : qui domine ? Y a-t-il une évolution dans les rapports entre les interlocuteurs ? Si oui, quelle est son importance dans la « démonstration » de Léry ?
• Quelle **image du « vieillard »** ce dialogue donne-t-il ?

Troisième piste : critique du monde civilisé, éloge de la société « sauvage »

• Quelles sont les **cibles** de Léry ? Quels **griefs** leur adresse-t-il ?
• Quelle **image** Léry propose-t-il des peuples « sauvages » ?

▶ **Pour réussir le commentaire :** voir guide méthodologique.
▶ **L'humanisme :** voir mémento des notions.

CORRIGÉ 50

Introduction

[Amorce] Dans un siècle où abondent les récits de voyages, à la suite de la colonisation des Amériques par les Européens, les hommes de la Renaissance et les écrivains humanistes redoublent d'intérêt pour les peuples du Nouveau Monde. [Présentation du texte] Ainsi, un cordonnier protestant s'embarque en 1557 pour le Brésil. Il partage quelques mois la vie des Indiens Tupinambas. À son retour en France, ses amis le pressent de raconter son expérience : en 1578, il publie *l'Histoire d'un voyage fait en la terre du Brésil*, dans lequel il décrit plusieurs aspects de la vie des Indiens et rapporte notamment une de ses conversations avec un « vieillard ». [Annonce des axes] Le récit de cette anecdote vécue, mise en scène de façon alerte [I], l'amène à réfléchir sur notre société : le « sauvage », par son regard candide et décapant, domine le dialogue par sa sagesse [II]. À travers ses propos, Léry met en lumière les défauts du monde dit civilisé et semble faire l'éloge de ces prétendus « sauvages » qu'il présente comme un modèle pour nos sociétés [III].

I. Mise en scène d'un récit de voyage pittoresque

1. Un récit et un dialogue plaisants, vivement menés

• Le récit est essentiellement constitué d'un dialogue qui, par sa vivacité, crée un effet de réel. Cependant, cette conversation entre deux personnes de culture différente ne semble pas artificielle : elle est en effet précédée par la mention de l'étonnement – compréhensible – des Tupinambas, « ébahis » devant les efforts déployés par les Européens pour se procurer le bois du

Brésil. Cette curiosité entraîne tout naturellement celle du lecteur, que le dialogue vient satisfaire.

• Les deux interlocuteurs sont, dès le début du dialogue, clairement définis : d'un côté un narrateur, de l'autre un « vieillard ». Le nom « Tupinambas » crée l'exotisme et alimente l'imagination : du coup, le lecteur imagine visuellement le « vieillard » sous les traits d'un de ces Indiens dont les voyageurs de l'époque rapportaient des dessins pleins de couleur locale.

• Le choix majoritaire du discours direct, qui confère de l'authenticité à la conversation, donne l'impression d'y assister en direct. Du coup, le lecteur ne s'étonne pas de l'absence d'interprète et ne se demande pas en quelle langue les deux interlocuteurs communiquent. La conversation semble progresser tout naturellement par un jeu de questions-réponses, soutenu par de nombreux verbes de parole (« demande, ayant répondu, répliqua, lui dis-je, dit », à plusieurs reprises).

2. Un narrateur soucieux d'authenticité

• Le statut du narrateur, sa présence et ses choix narratifs contribuent à donner de l'authenticité et de la vivacité à la scène. L'emploi de la première personne du singulier tout au long du texte et du verbe « j'ai ouï » dans la dernière phrase le pose en témoin véridique.

• Si le récit est mené majoritairement au passé simple, Léry utilise cependant par endroits le présent (« nos Tupinambas sont fort ébahis », « ils sont aussi grands discoureurs et poursuivent... ») qui réactualise l'anecdote, pourtant vieille de plus de vingt ans.

• Enfin, le narrateur prend soin de cautionner explicitement la véracité des propos rapportés par une dernière phrase que des expressions modalisatrices fermes comme « au vrai », « de la propre bouche » rendent très assertive.

3. Un narrateur soucieux de précision ethnologique

• Le narrateur jette sur les Indiens un regard d'ethnologue. Il émaille le récit de termes empruntés à la langue des Indiens, qu'il prend soin de traduire pour ses lecteurs : « *Arabotan,* c'est-à-dire bois de Brésil », « *Mairs et Peros*, c'est-à-dire Français et Portugais »...

• Il mentionne aussi leurs us et coutumes : il précise par exemple le parti que ces Indiens tirent du bois (« pour rougir leurs cordons de coton, plumages et autres choses ») ; il rappelle leurs liens familiaux (ils « aim[ent] et chériss[ent] » leurs « parents » et « enfants »)...

Il semble là adopter le ton et la perspective de l'ethnologue.

II. Le « sauvage » comme révélateur : un regard critique

1. L'étonnement révélateur d'incompréhension

• L'intention de tirer une réflexion de cette anecdote apparaît dès la mention de la grande surprise des Tupinambas, « fort ébahis ». L'étonnement devient alors un motif qui parcourt tout le texte et en assure la dynamique, à travers les multiples questions que pose le « vieillard ». Ce sont elles qui font progresser le dialogue.

• Mais elles servent surtout à révéler l'incompréhension devant l'attitude des Européens, que l'on pressent comme répréhensible ou erronée. Le texte tourne alors implicitement à la critique.

• La dénonciation se fait plus franchement explicite à travers certains propos du « sauvage » : le mot « merveilles » (« tu me contes merveilles ») a encore au XVIe siècle son sens latin très fort de « choses incompréhensibles, qui dépassent l'entendement » ; à la fin du texte, il déclare sans ambages : « vous autres […] êtes de grands fols ». Là encore l'adjectif « fols » a gardé un sens très fort (qui ont perdu la raison).

2. Un renversement inattendu des rôles dans le dialogue

• Au début, c'est le narrateur qui s'impose par ses répliques ; rapportées au style indirect ou au style direct, elles se déploient dans de longues phrases (calquées du latin) à l'allure didactique, structurées par de nombreux connecteurs logiques (« mais non pas », « ni même », « ains », « car », « voire même ») et par des subordonnées relatives. Son souci de convaincre le « sauvage » se marque dans ses interventions entre parenthèses (« en lui faisant trouver bon », « m'accommodant toujours à lui parler de choses qui lui étaient connues »).

• Mais, progressivement, le « vieillard », qui se cantonnait au début dans des répliques courtes et toutes simples, prend de l'assurance et il domine la fin de la conversation. C'est lui qui clôt le dialogue par une longue intervention, au ton oratoire et persuasif. Sa tirade, qui démarre sur un adverbe très assertif (« Vraiment… »), prend un souffle presque épique qui s'appuie sur une succession de phrases interrogatives, qui sont des interrogations rhétoriques. Elle est parfaitement structurée, s'appuie sur des connecteurs logiques (« car », « mais, parce que… ») et oppose de façon très équilibrée la folie des Européens (« vous autres ») à la sagesse des Indiens (« nous… »). Par ce « nous », le « sauvage » se pose en porte-parole de son peuple tout entier.

• Le narrateur se voit ôter la parole et, à court d'arguments, ne trouve même pas quoi répondre.

3. Le « vieillard » reconnu comme l'incarnation de la sagesse

• Ce renversement fait du « vieillard » l'incarnation de la sagesse (ce que son âge vénérable laissait symboliquement présager) ; il peut donc, à la fin du dialogue, souligner ouvertement les incohérences de ceux que l'on dit civilisés.

• Ses questions rhétoriques (« faut-il tant… pour… ? »), la forme interro-négative (« la terre n'est-elle pas suffisante… ? ») présentent comme une évidence la leçon qu'il donne aux Européens. Le dialogue, de polémique qu'il aurait pu être, devient didactique.

• Le narrateur s'incline devant sa force persuasive et doit même reconnaître – et par là fait reconnaître au lecteur pris à témoin – les qualités oratoires et argumentatives de ce qu'il qualifie avec un respect admiratif de « discours ». Les interventions du narrateur qui émaillent le récit annonçaient déjà ces qualités : « ils sont aussi grands discoureurs, et poursuivent fort bien un propos jusqu'au bout ». La litote qui désigne le « vieillard » (« lequel vous jugerez n'était nullement lourdaud ») ne donne que plus de force à cette allégeance.

• Le narrateur semble avoir définitivement déserté le « camp » des civilisés : c'est en effet sur le ton ironique qu'il reprend, pour en souligner l'erreur, leurs propos qui traitent avec un mépris injustifié le « vieillard » de « pauvre sauvage américain ».

III. Critique du monde civilisé, éloge de la société « sauvage »

1. La critique des Européens

Les griefs contre les nations européennes sont multiples et précis.

• Le premier reproche est concret, pratique, et par là irréfutable parce qu'il part d'une constatation objective et qu'il touche à la vie quotidienne des indigènes. Le sauvage dénonce le pillage des ressources naturelles du Brésil, notamment du « bois » : « Voire, vous en faut-il autant ? »

• La critique se fait plus générale lorsque l'Indien pointe du doigt l'avidité des Européens qui ne cherchent que l'enrichissement des « marchand[s] ». Ce grief était déjà préparé par le narrateur lui-même qui souligne l'abondance (« en grande quantité ») ; puis il est soutenu par l'accumulation des « marchandises » (« couteaux, ciseaux, miroirs… »), l'expression « *tout* le bois », l'évocation très visuelle des « navires […] *chargés* » et la forte opposition entre le singulier « un tel seul » (marchand) et le pluriel « plusieurs navires ».

• La critique des civilisés se poursuit par la mention de leur inconscience face aux dangers et aux souffrances, conséquence de leur cupidité : le vieillard réunit de façon saisissante dans une même expression les termes de cette incohérence : « vous endurez tant de *maux,* pour amasser des *richesses* ».

Enfin, de façon plus générale encore, et dans toutes ses interventions, il souligne l'intempérance, le manque de mesure des Européens par la répétition de l'adverbe de quantité « tant » (« vous en faut-il *tant* ? », « cet homme *tant* riche », « *tant* de maux »...).

• En homme pratique, le « sauvage » termine sa diatribe sur un fait encore une fois très concret qui touche aux us et coutumes : il remet en cause la pratique des héritages et des successions que vient de lui expliquer son interlocuteur, pour en montrer l'étrangeté pour les peuples indigènes. Indirectement le narrateur introduit ainsi la notion de relativité des coutumes, et donc de l'absurdité à vouloir imposer sa culture à autrui.

2. En contrepoint, l'éloge de la culture indienne

• En opposition avec l'ingratitude des Européens, les Tupinambas vivent dans un profond respect de la nature, présentée comme une mère nourricière envers laquelle il faut avoir de la reconnaissance. L'expression « terre [...] qui [les/nous] a nourris » est répétée, le verbe « nourrir » est employé trois fois (au passé et au futur). Leur vie est guidée par la tempérance, connotée par les mots « suffisante » ou « sans nous en soucier plus avant ».

• Mais ce ne sont pas des « sauvages » étrangers à tout sentiment : ils ont le sens de la famille et ne sont pas tournés uniquement vers les générations futures (« des enfants ») mais marquent aussi affection, égards et reconnaissance pour leurs ascendants et leurs proches (« des parents »).

• Enfin, ils ne sont ni inconscients ni insouciants et, prévoyants, ils savent se projeter vers l'avenir : « nous nous assurons que [...] la terre [...] nourrira [nos enfants] ». Cela leur donne une sérénité que les Européens ont perdue (« nous nous reposons sur cela »).

Conclusion

[Synthèse] À travers la vivacité d'un dialogue qui semble pris sur le vif, Jean de Léry dresse un réquisitoire contre les pays qui se disent « civilisés » et un éloge des civilisations considérées comme « sauvages ». Le texte, qui a valeur de témoignage personnel, est en même temps porteur des valeurs humanistes et a sans doute influencé les réflexions de Montaigne dans le chapitre des *Essais* intitulé « Les Cannibales ». [Ouverture] Il est aussi précurseur des combats du siècle des Lumières. Montesquieu reprendra dans les *Lettres persanes* (1721) le procédé du regard naïf de l'étranger qui voyage, Voltaire s'en inspirera dans ses contes philosophiques (*L'Ingénu,* par exemple) et le mythe du bon sauvage prendra ses racines dans des récits de voyage de ce type.

SUJET

51

France métropolitaine • Juin 2012

Série L • 16 points

« Frotter et limer notre cervelle contre celle d'autrui »

Dissertation

▸ Dans le premier livre des *Essais*, Michel de Montaigne explique que, pour se former, il faut « frotter et limer notre cervelle contre celle d'autrui ». En quoi peut-on dire que l'humanisme, à la Renaissance, se caractérise par une ouverture à l'autre et une interrogation sur l'autre ? Vous répondrez à cette question en vous appuyant sur les textes du corpus et sur vos connaissances et lectures personnelles.

Les textes du corpus sont reproduits dans le sujet n° 49.

LES CLÉS DU SUJET

Comprendre le sujet

• La citation de Montaigne comporte une **métaphore** que vous devez expliciter : « frotter et limer » associés à « cervelle » suggèrent que la fréquentation de l'autre contribue à la formation de soi.

• Les deux parties du sujet (citation et question) posent comme établie **la thèse** : *Les humanistes accordent une très grande importance à la fréquentation de l'autre*. Vous n'avez pas à discuter cette thèse mais à la confirmer, à la soutenir par des arguments et des références littéraires.

• « **En quoi** » invite à se demander « dans quels domaines », « comment/ par quels moyens » la rencontre de l'autre enrichit l'individu (voir plus bas).

• **Attention** ! Il ne s'agit pas d'une dissertation philosophique, mais littéraire, liée à la connaissance précise de la Renaissance et de l'humanisme.

• La **problématique** peut être reformulée ainsi : *Quelle importance les humanistes accordent-ils à l'ouverture à l'autre et à la connaissance d'autrui dans la formation de l'individu ?* ou : *Comment se manifeste l'importance de la connaissance de l'autre dans la pensée humaniste renaissante ?*

Chercher des idées

• Scindez la problématique en **plusieurs sous-questions,** en variant les mots interrogatifs et les perspectives. Vous pouvez ainsi aboutir à :
Qu'est-ce qui montre que l'humanisme renaissant accorde une grande attention à l'autre ? Dans quels domaines/comment la fréquentation de l'autre peut-elle influer sur l'individu ?…

• Pour répondre aux deux questions ci-dessus :
– « **dans quels domaines** » : passez en revue les différents domaines de formation d'un être humain (connaissances, formation du jugement, esprit critique, conception de la condition humaine…) ;
– « **comment/par quels moyens** » : voyages, lectures, dialogues, confrontation de points de vue, remise en question de soi…

• Utilisez les textes du corpus et constituez-vous une **réserve d'exemples** de textes qui « parlent » de l'autre (vous pouvez aussi mentionner des œuvres d'art).

CORRIGÉ 51

Ce corrigé se présente sous la forme d'un plan détaillé que vous pouvez vous exercer à rédiger en y ajoutant vos exemples personnels.

Introduction

[Amorce] La question de l'éducation de l'homme dans toutes ses dimensions est au centre de la réflexion des humanistes et témoigne de leur soif de connaissance : « En somme, que je voie en toi un abîme de science », écrit Gargantua à son fils Pantagruel. Pour assurer cette formation, toutes sources sont bonnes : la redécouverte des textes de l'Antiquité, mais aussi les innovations et expériences scientifiques ainsi que la découverte de terres lointaines, de civilisations et de cultures inconnues jusqu'alors, explorées lors de nombreux voyages, occasion de se « frotter et limer [la] cervelle contre celle d'autrui », selon l'image pittoresque de Montaigne. [Problématique] Quelle est l'importance pour l'humanisme renaissant de cette ouverture à autrui dans la formation de l'individu ? [Annonce du plan] La rencontre de l'autre permet aux humanistes de mieux se connaître soi-même [I], mais aussi de s'interroger sur soi et sur sa culture et ainsi de se remettre en question [II]. Elle suscite aussi, d'une façon plus générale, une réflexion presque philosophique sur la nature et la condition de l'homme [III].

I. « Frotter notre cervelle contre celle d'autrui » pour se former et s'enrichir

Les moyens pour « frotter sa cervelle contre celle d'autrui » se multiplient à la Renaissance et permettent à l'individu de se former et de s'enrichir par des connaissances nouvelles.

1. Voyages lointains pour découvrir de nouvelles cultures

• Les progrès techniques de la navigation et de la construction navale (boussole, astrolabe) permettent aux navigateurs espagnols et portugais d'affronter les grandes traversées vers des territoires inconnus. La Renaissance est une époque de voyages lointains qui permettent de découvrir des mondes très différents, d'autres civilisations et coutumes jusqu'alors inconnues (exemples : peuples amérindiens, comme les Tupinambas, premier texte de Jean de Léry ; *Le Nouveau Monde découvert par Cristobal Colon*, de Lope de Vega).

• Ces nouveaux mondes suscitent l'étonnement et la curiosité (exemples : deuxième texte de Jean de Léry : « merveilleusement étonnés ». « Le voyager me semble un exercice profitable. L'âme y a une continuelle exercitation à remarquer les choses inconnues et nouvelles », Montaigne).

• Ils amènent les voyageurs à rendre compte de ces us et coutumes différents, à les décrire avec précision, en ethnologues, pour informer les Européens (exemple : premier texte de Jean de Léry) [+ *exemples personnels*].

2. Échanges d'idées en Europe pour compléter sa formation humaniste

• L'humanisme de la Renaissance s'ouvre aussi à l'autre par les échanges et la circulation à travers l'Europe des idées, des conceptions et des cultures, qui marque la naissance d'une conscience européenne : « Le monde entier est notre patrie à tous » (Érasme, Hollandais/Thomas More, Anglais)...

• Parcourir l'Europe fait partie de la formation du jeune humaniste pour échanger, dialoguer. Exemples : *Journal du voyage de M. de Montaigne en Italie par la Suisse et l'Allemagne en 1580* et « De la vanité » dans les *Essais*.

3. Dialoguer à travers le temps : redécouverte de l'Antiquité

• L'imprimerie, mise au point par l'Allemand Gutenberg vers 1450, met les textes anciens et la Bible – le savoir et la foi – à la portée d'un public élargi.

• On lit, on réapprend à connaître, on réinterprète les auteurs de l'Antiquité, avec lesquels on dialogue à travers le temps : « C'est aux sources mêmes qu'il faut puiser la doctrine » (Érasme).

• La perspective historique permet la confrontation de soi (de l'époque moderne) avec l'autre (les racines de la culture) du point de vue politique (exemple : *La République* de Platon), scientifique (exemple : Épicure), artistique, philosophique (voir les multiples citations en latin dans les *Essais*, sorte d'intrusion de « l'autre », du modèle ancien [intégré dans la pensée humaniste] qui infléchit, nuance, soutient les idées de l'auteur).

• On imite les Anciens mais on a aussi le souci de les dépasser : l'autre devient un point de repère et un modèle à surpasser. On se forme en se démarquant de l'autre.

II. « Limer […] notre cervelle contre celle d'autrui » pour se remettre en question

La rencontre avec l'autre permet à l'homme européen d'apprendre mais aussi de s'interroger sur soi.

1. L'ethnocentrisme en question

• La comparaison avec l'autre – notamment avec les civilisations lointaines, les « sauvages » – amène à la remise en cause de l'ethnocentrisme et des valeurs et certitudes européennes.

• L'autre s'étonne naïvement des mœurs européennes dites « civilisées » et en souligne par là les abus, les incohérences : il sert de révélateur des erreurs des Européens. Exemples : le « vieillard » dans le premier texte de Léry ; « Les coches » de Montaigne [+ *exemples personnels*].

• Inversement, l'autre suscite l'étonnement par ses qualités humaines, culturelles et morales et force à la confrontation avec soi-même. Exemple : chez Montaigne, « hardiesse et courage… » des Indiens du Mexique qui rivalisent avec les « exemples anciens »/critique de la cruauté des conquérants.

2. Apprendre le relativisme et modifier son rapport à l'autre

Les notions ancrées dans la culture et la pensée européennes se modifient par la confrontation avec l'autre : ainsi naît chez les humanistes la conscience de la relativité des cultures, des « vérités » (relativisme).

• Les notions de « sauvage », de « barbare », mais aussi de « civilisé » sont reconsidérées, remises en question. Exemple : Montaigne : « Chacun appelle barbarie ce qui n'est pas de son usage ».

• Cela amène à la reconnaissance des qualités de l'autre. Exemple : premier texte de Léry (mise en relief de la sagesse, de la tempérance, de l'éloquence de l'Indien Tupinamba) ; texte de Montaigne (admiration devant la « beauté [des] ouvrages » des Indiens du Mexique).

• Cela entraîne une attitude morale différente : respect de l'autre – dans ses coutumes, ses croyances et ses valeurs –, esprit de tolérance et de diversité. Exemple : Montaigne (*Essais*, « De la vanité ») qui refuse tout préjugé et tout conformisme intellectuel.

3. Prendre l'autre comme modèle et douter...

• « Autrui » est considéré comme un modèle, un idéal à imiter. Exemples : premier texte de Léry : le « vieillard » incarne la sagesse, la tempérance ; second texte de Léry : hospitalité, ouverture à l'autre des Tupinambas ; texte de Montaigne : habileté, sens artistique des Indiens [+ *exemples personnels*].

• La façon de penser l'autre mais aussi les thématiques littéraires en seront bouleversées : c'est la naissance du mythe littéraire du bon sauvage, qui influencera les mentalités et nourrira la réflexion philosophique du XVIIIe siècle.

• « Frotter sa cervelle à celle d'autrui » amène à l'apprentissage du doute sur soi. L'humaniste en arrive à se poser les questions essentielles : « Notre culture est-elle légitime, puisque le développement de ces populations a abouti à d'autres coutumes et valeurs que les nôtres ? » ou : « Quelle est la valeur de notre religion, puisqu'elle n'est pas répandue sur ces terres qui pourtant connaissent le bonheur et se comportent de façon morale ? »

III. L'ouverture à autrui pour réfléchir sur la condition de l'homme

La fréquentation d'autrui place le débat au-delà des problèmes d'individu, de société et de culture, pour poser la question plus générale de la condition humaine, chère aux humanistes.

1. L'ouverture à l'autre, composante de l'homme nouveau

• L'ouverture à l'autre fait partie des valeurs essentielles de l'idéal humaniste. Elle amène à une nouvelle définition de l'homme, celle qu'explicite Montaigne : « Un honnête homme, c'est un homme mêlé », c'est-à-dire qui fait preuve de sens critique, de tolérance, de largeur d'esprit.

• Ainsi, pour l'humaniste, il n'existe pas de type idéal et exclusif de l'humanité. Nul homme ne peut être exclu de l'humanité parce qu'il ne correspondrait pas à un physique déterminé, à un modèle culturel précis, à des normes sociales.

2. S'intéresser à l'homme sous toutes ses formes

• Se pencher sur le corps de l'homme : l'humaniste ne réfléchit pas sur l'autre uniquement en tant qu'être pensant, mais aussi en tant qu'être physique. La médecine, la chirurgie révèlent un intérêt pour le corps. Exemples : Rabelais, médecin, publie *Le Petit Art médical* de Galien ; le narrateur de *Pantagruel,* Maître Alcofribas Nasier, entre dans le corps de Pantagruel et y découvre de

« nouveaux mondes ». Cette curiosité amène à retraduire les traités de médecine des Anciens (d'Hippocrate, par exemple).

• Cette curiosité se marque aussi dans les arts : l'homme devient le centre de la peinture. Exemples : l'homme de Vitruve, de Léonard de Vinci ; le motif du nu manifeste aussi la place primordiale de l'exploration du corps humain.

• S'intéresser aux conceptions d'autrui du bonheur amène l'humaniste à réfléchir sur les principes éducatifs propres à créer un homme nouveau. Exemple : les textes de Rabelais et de Montaigne sur l'éducation (lettre de Gargantua à Pantagruel ; éducation humaniste contre éducation médiévale des « sorbonagres » de Gargantua ; « une tête bien faite » selon Montaigne).

3. Se connaître soi, connaître l'autre, c'est connaître « la forme entière de l'humaine condition »

• La réflexion humaniste effectue un constant va-et-vient formateur : s'étudier soi-même, c'est étudier l'autre ; inversement, étudier l'autre, c'est apprendre à se connaître soi-même.

• Mais l'intérêt de se « frotter » à autrui ne se borne pas à ce profit très individuel. Il fait partie d'un cheminement de pensée plus complexe, caractéristique de l'humanisme renaissant, d'une portée philosophique : il faut se « frotter » à « la cervelle d'autrui » pour se connaître soi-même, mais surtout, au-delà, pour connaître « l'humaine condition » que chacun porte en soi (Montaigne).

• De l'étude d'un homme – soi-même ou l'autre – naît la connaissance de la nature humaine. L'expérience de l'autre a une portée existentielle et manifeste l'existence d'une nature humaine immuable et permanente.

Conclusion

[Synthèse] L'engouement pour l'autre est sans doute l'un des traits qui justifient le mieux le nom de « Renaissance » donnée à cette période : si l'autre – celui qui est différent – naît au XVIe siècle, c'est parce que c'est à cette époque qu'il est découvert et reconnu comme un être à part entière, et c'est aussi au XVIe siècle que, par la re-connaissance même de l'autre, l'homme « renaît » pour devenir un homme nouveau : l'humaniste. Par l'autre il s'enrichit, apprend à se connaître, à se remettre en question pour se transformer ; par l'autre aussi, il explore la nature humaine. [Ouverture] La dynamique de cette ouverture à l'autre trouvera son écho et son retentissement au siècle des Lumières, qui doit beaucoup à l'humanisme renaissant.

SUJET

52

France métropolitaine • Juin 2012
Série L • 16 points

« Frotter et limer notre cervelle contre celle d'autrui »

Écriture d'invention

▶ **Quelques années plus tard, l'un des Indiens Tupinambas qui avaient reçu Jean de Léry (texte B) raconte à son peuple, lors d'une cérémonie publique, l'arrivée et le séjour de cet Européen dans leur village du Brésil.**

Le candidat peut s'appuyer sur le document B reproduit dans le sujet n° 49.

LES CLÉS DU SUJET

Comprendre le sujet

Il faut analyser précisément la **consigne** pour en dégager les **contraintes**.

- **Thème :** « l'arrivée et le séjour de cet Européen ». Jean de Léry sera désigné par la 3e personne du singulier.
- **Genre :** « raconte à son peuple », « cérémonie publique » suggèrent le discours **oral**.
- **Registre :** non déterminé.
- **Situation d'énonciation :** *qui ?* « l'un des Indiens Tupinambas » : il utilise le « je » ; *à qui ?* « à son peuple » : il utilise le « vous », mais aussi le « nous ».
- **Niveau de langue :** courant (ce sont des Indiens qui parlent).
- **Type de texte ou forme de discours :** « raconte » → texte narratif. Il doit cependant comporter des descriptions et des dialogues.
- « **Définition** » du texte à produire, à partir de la consigne :

Discours oral (*genre*) qui raconte et décrit (*types de texte*) l'arrivée et le séjour de Jean de Léry (*thème*), pour rappeler un moment important de la vie de leur village et rendre compte des réactions et des changements que cette arrivée a occasionnés (*buts*).

OBJETS D'ÉTUDE L

■ Trouver des idées et faire des choix

Il s'agit de la **reprise du second texte de Jean de Léry** : c'est donc une sorte de réécriture.

Vous devez décrire, mais **selon un autre point de vue** (regard extérieur étranger), la rencontre avec l'Européen.

Le fond

• **Réécrire :** vous devez reprendre certains éléments du texte de Léry :

– **les circonstances de l'arrivée :** le lieu (le village de « Yabouraci ») est précisé ;

– **l'accueil enjoué** et l'hospitalité bienveillante des Indiens ; il est judicieux, à cet endroit, de consacrer quelques lignes à la description de Léry, mais vu par les Indiens (aspect physique, vêtements, accessoires…) ;

– **les réactions des Indiens :** étonnement, « admiration » (texte 2), curiosité, joie (« se prenant à rire », texte 2)…

– l'épisode du **déguisement** (texte 2) et l'anecdote du **nouveau nom ;**

– **les réactions de l'Européen** : étonnement, barrière de la langue, difficulté à comprendre les coutumes des indigènes, inquiétude (texte 2), son souci de « s'accommoder » à leur mode de vie (plus particulièrement, efforts pour apprendre la langue, textes 1 et 2), respect à l'égard de l'autre…

– le **comportement avide et intéressé, méprisant** de certains Européens (« un seul achètera tout le bois du Brésil », « amasser des richesses »…) ;

– le recours au **dialogue** pour mieux comprendre cette nouvelle culture.

• **Inventer** : vous devez « inventer » certains éléments :

– **les circonstances du discours :** quand précisément : « quelques années plus tard » est à préciser ; à quelle occasion précise (« cérémonie ») est prononcé le discours…

– **l'identité de l'Indien** qui parle (chef de la tribu ? notable ? artisan ? commerçant qui « traite » avec ces nouveaux venus ?…) ;

– des **anecdotes** durant le séjour de l'Européen ;

– les **réactions des Indiens au discours :** joie, étonnement, indignation…

– les **événements au village, son évolution** depuis le départ de Jean de Léry ; les **conséquences et les retentissements de la venue des Européens** sur la vie au village (progrès ? interaction ? dégradation des conditions de vie à cause de l'exploitation et de l'attitude des colonisateurs ?…).

La forme

• Le **ton** peut être **solennel, lyrique** (pour célébrer les vertus de Jean de Léry), mais aussi **polémique** (pour dénoncer les abus des commerçants, par exemple). Vous pouvez vous inspirer du discours du vieux Tahitien dans le *Supplément au Voyage de Bougainville* de Diderot.

• Les **faits de langue :** dans un discours, on trouve :

– des marques de l'**implication de l'orateur** : marques de présence, de jugement, vocabulaire appréciatif (termes péjoratifs, mais aussi emphatiques), expressions comme « à vrai dire », « en vérité », « je pense… » qui marquent la subjectivité ;
– des marques de l'**implication des auditeurs** (apostrophes, 2e personne du pluriel…) ;
– des **périphrases** qui permettent de mettre en valeur certaines qualités ou certains travers ;
– des **procédés rhétoriques d'amplification** : constructions en parallélisme, questions rhétoriques, gradations…

▶ **Pour réussir l'écriture d'invention :** voir guide méthodologique.
▶ **L'humanisme :** voir mémento des notions.

CORRIGÉ 52

Voici un court **extrait** *d'un discours possible. Les Tupinambas sont réunis, quelques années après le départ de Jean de Léry, sur la place du village de Yabouraci où les Européens ont érigé une modeste église catholique. Le sorcier vient célébrer, en présence de la tribu, le triste anniversaire d'un massacre d'indigènes par les Européens. Il s'agit de la fin du discours.*

[…] Qu'il est loin, ce jour « béni », comme disent les Européens, où nous entourions de nos rires notre *Léry-oussou,* où nous nous déguisions de son étrange costume ! Nous étions encore dans l'insouciance et on ne nous avait pas encore instillé le venin de la civilisation. Oh oui, bien sûr, vous vous en souvenez : ils nous ont comblé de cadeaux insolites, de ces colliers de verre et de ces miroirs où nos femmes s'admiraient ainsi parées… Nous les croyions envoyés du ciel par nos divinités ancestrales… *Lui*, il avait le cœur bon, *lui* il nous considérait vraiment comme ses « frères », comme ils disent tous, *lui* il nous comprenait. Je me souviens comme il était curieux de nos coutumes, comme il écoutait nos vieillards, le soir, autour du feu, lui expliquer nos douces mœurs, et comme il était heureux à l'idée de pouvoir raconter tout cela à ses proches à son retour dans le lointain pays *Mair* ! Et vous riiez ! Il nous a aidés à consolider nos huttes, il nous a fabriqué avec les peaux de nos bêtes des protections pour nos pieds abîmés et usés par le travail – et il chantait nos chansons en les cousant. Il a appris à nos enfants à tisser des vêtements pour nous protéger du soleil et il accomplissait nos rites sous la pleine lune… Mais *lui*, il n'était pas comme eux, les vendeurs de draps rouges, eux les voleurs de bois, ces vautours *Peros,* ils n'étaient pas comme lui : nos avons été trompés, pillés, persécutés. Est-ce ainsi que l'on rend à ses frères l'hospitalité et les soins qu'ils vous ont prodigués ? *Lui*, il n'aurait pas agi ainsi ! Oh, pourquoi s'en est-il allé au pays *Mair* pour ne jamais revenir ? Il les aurait ramenés à la raison et à l'humanité ! Se peut-il qu'en si peu de temps, nous soyons passés de la paix et la concorde à la peur et à la désolation ? Nos bois pillés, nos femmes enlevées et les victimes de ce terrible massacre – au nom de leur Dieu, qu'ils disent miséricordieux – que nous venons honorer et pleurer ici aujourd'hui… Pleurez, malheureux Tupinambas ! pleurez le départ de notre *Léry-oussou*, seule âme amie capable de nous comprendre et de nous aimer, mais pleurez aussi la perte de notre bonheur et le souvenir de nos enfants sacrifiés ! Si tu entends, *Léry-oussou*, dis à tes *Mairs* et à tes *Peros* que cette terre mère ne leur appartient pas, que nos mœurs sont plus sages et plus douces que les leurs, qu'il n'est pas d'être en ce monde que son pareil puisse traiter comme un chien, que nous défendrons nos enfants en souvenir de ceux qui sont tombés au nom d'une religion qui tue pour mieux enchaîner. Que nos enfants morts, Ama, Ozalee, Ehawee, Hataya et leurs frères reposent en paix ! Esprit de *Léry-oussou*, reviens parmi nous !

SUJET

53

France métropolitaine • Juin 2013

Série L • 4 points

Le mythe de Robinson

Question

Documents

A – **Daniel Defoe**, *Robinson Crusoé*, 1719 (traduit de l'anglais par Petrus Borel).

B – **Paul Valéry**, « Robinson », *Histoires brisées, La Jeune Parque et poèmes en prose*, 1950.

C – **Michel Tournier**, *Vendredi ou les Limbes du Pacifique*, chap. 3, 1967.

D – **Patrick Chamoiseau**, *L'Empreinte à Crusoé*, 2012.

▸ À quoi sert le journal dans *Robinson Crusoé* de Daniel Defoe (texte A) ? Quelles fonctions les autres textes donnent-ils à l'écriture ?

Après avoir répondu à cette question, les candidats devront traiter au choix un des trois sujets nos 54, 55 ou 56.

DOCUMENT A

Robinson Crusoé est le seul survivant de la Virginie, *navire qui s'est échoué sur la côte d'une île déserte. Il va devoir vivre en solitaire pendant de longues années. Dans l'épave du bateau, il a récupéré des outils, grâce auxquels il a creusé un rocher pour faire son habitation. Il a aussi récupéré des plumes, de l'encre et du papier, qui lui permettent de tenir son journal. Voici le récit du mois de décembre 1659, deux mois après le naufrage.*

DÉCEMBRE

Le 10. – Je commençais alors à regarder ma grotte ou ma voûte comme terminée, lorsque tout à coup – sans doute je l'avais faite trop vaste – une grande quantité de terre éboula du haut de l'un des côtés ; j'en fus, en un mot, très épouvanté, et non pas sans raison ; car, si je m'étais trouvé dessous, je n'aurais jamais eu besoin d'un fossoyeur. Pour réparer cet accident j'eus énormément de besogne ;

il fallut emporter la terre qui s'était détachée ; et, ce qui était encore plus important, il fallut étançonner[1] la voûte, afin que je pusse être bien sûr qu'il ne s'écroulerait plus rien.

Le 11. – Conséquemment je travaillai à cela, et je plaçai deux étais ou poteaux posés à plomb sous le ciel de la grotte, avec deux morceaux de planche mis en croix sur chacun. Je terminai cet ouvrage le lendemain ; puis, ajoutant encore des étais garnis de couches, au bout d'une semaine environ j'eus mon plafond assuré ; et, comme ces poteaux étaient placés en rang, ils me servirent de cloisons pour distribuer mon logis.

Le 17. – À partir de ce jour jusqu'au vingtième, je posai des tablettes et je fichai des clous sur les poteaux pour suspendre tout ce qui pouvait s'accrocher ; je commençai, dès lors, à avoir mon intérieur en assez bon ordre.

Le 20. – Je portai tout mon bataclan[2] dans ma grotte ; je me mis à meubler ma maison, et j'assemblai quelques bouts de planche en manière de dressoir, pour apprêter mes viandes dessus ; mais les planches commencèrent à devenir fort rares par-devers moi. Je me fabriquai aussi une autre table.

Le 24. – Beaucoup de pluie toute la nuit et tout le jour ; je ne sortis pas.

Le 25. – Pluie toute la journée.

Le 26. – Point de pluie ; la terre était alors plus fraîche qu'auparavant et plus agréable.

Le 27. – Je tuai un chevreau et j'en estropiai un autre qu'alors je pus attraper et amener en laisse à la maison. Dès que je fus arrivé je liai avec des éclisses[3] l'une de ses jambes qui était cassée.

Nota : J'en pris un tel soin, qu'il survécut, et que sa jambe redevint aussi forte que jamais ; et, comme je le soignai ainsi fort longtemps, il s'apprivoisa et paissait sur la pelouse, devant ma porte, sans chercher aucunement à s'enfuir. Ce fut la première fois que je conçus la pensée de nourrir des animaux privés, pour me fournir d'aliments quand toute ma poudre et tout mon plomb seraient consommés.

Les 28, 29 et 30. – Grandes chaleurs et pas de brise ; si bien qu'il ne m'était possible de sortir que sur le soir pour chercher ma subsistance. Je passai ce temps à mettre tous mes effets en ordre dans mon habitation.

Daniel Defoe, *Robinson Crusoé*, 1719
(traduit de l'anglais par Petrus Borel).

---

1. Renforcer, étayer. 2. Attirail, bazar. 3. Plaques de bois.

DOCUMENT B

Le recueil des Histoires brisées *rassemble des textes complètement rédigés, mais aussi des notes, des fragments, des commencements, des bribes de contes ou de poèmes en prose.*

Robinson.
Solitude.
Création du loisir. Conservation.
Temps vide. Ornement.
Danger de perdre tête, de perdre tout langage.
Lutte. Tragédie. Mémoire. Prière de Robinson.
Imagine des foules, des théâtres, des rues.
Tentation. Soif du pont de Londres.
Il veut écrire à des personnes imaginées, embrasse des arbres, parle tout seul. Crises de rire. Peu à peu n'est plus soi.
Il se développe en lui une horreur invincible du ciel, de la mer, de la nature.

Murmures de la forêt.
Un pied nu.
Psaumes[1] de Robinson
Spécialisation des morceaux, oppositions, réalisation.

Murmures de la forêt. Robinson au milieu des oiseaux, papegeais[2], etc. Il croit entendre leur langage.
Tous ces oiseaux disent des sentences. Répétitions.
Les uns originaux.
Les autres répètent des vérités qui deviennent fausses par la répétition seule.

Le Robinson pensif.
(Manuel du naufragé.)
Dieu et Robinson – (nouvel Adam) –
Tentation de Robinson.
Le pied marqué au sable lui fait croire à une femme.
Il imagine un Autre. Serait-ce un homme ou une femme ?
Robinson divisé – poème.
Coucher de soleil – Mer.

Le « Robinson pensif » – Système isolé.
– Le moment de la réflexion.
– Utilisation des rêves.
Théorie de la reconstitution. Les 3 doigts de références.

Mémoire.

De ce qu'il avait appris, ce qui demeure est ce qui convenait à sa substance.

Robinson
1) reconstitue des lectures ;
2) les rejette.

Robinson reconstitue sans livre, sans écrit, sa vie intellectuelle. – Toute la musique qu'il a entendue lui revient – Même celle dont le souvenir ne lui était pas encore venu – revient. Sa mémoire se développe par la demande, et la solitude et le vide – Il est penché sur elle. Il retrouve des livres lus – note ce qui lui en revient.

Ces notes sont bien curieuses.

Enfin le voici qui *prolonge* et crée à la suite.

Paul Valéry, « Robinson », *Histoires brisées, La Jeune Parque et poèmes en prose*, © Éditions Gallimard, 1950.

1. Poèmes d'un livre de la Bible et, par la suite, poèmes religieux chantés. 2. Perroquets.

DOCUMENT C

Au début du roman, Robinson récupère ce qu'il peut dans l'épave de la Virginie.

Les livres qu'il trouva épars dans les cabines avaient été tellement gâtés par l'eau de mer et de pluie que le texte imprimé s'en était effacé, mais il s'avisa qu'en faisant sécher au soleil ces pages blanches, il pourrait les utiliser pour tenir son journal, à condition de trouver un liquide pouvant tenir lieu d'encre. Ce liquide lui fut fourni inopinément par un poisson qui pullulait alors aux abords de la falaise du Levant. Le diodon, redouté pour sa mâchoire puissante et dentelée et pour les dards urticants qui hérissent son corps en cas d'alerte, a la curieuse faculté de se gonfler à volonté d'air et d'eau jusqu'à devenir rond comme une boule. L'air absorbé s'accumulant dans son ventre, il nage alors sur le dos sans paraître autrement incommodé par cette surprenante posture. En remuant avec un bâton l'un de ces poissons échoués sur le sable, Robinson avait remarqué que tout ce qui entrait en contact avec son ventre flasque ou distendu prenait une couleur rouge carminée extraordinairement tenace. Ayant pêché une grande quantité de ces poissons dont il goûtait la chair, délicate et ferme comme celle du poulet, il exprima dans un linge la matière fibreuse sécrétée par les pores de leur ventre et recueillit ainsi une teinture d'odeur fétide, mais d'un rouge admirable. Il se hâta alors de tailler convenablement une plume de vautour, et il pensa pleurer de joie en traçant ses premiers mots sur une feuille de papier. Il lui semblait soudain s'être à demi arraché à l'abîme de bestialité où il avait sombré et faire sa rentrée dans le monde de l'esprit en accomplissant cet acte sacré : écrire. Dès lors il ouvrit presque chaque jour son *log-book* pour y consigner, non les événements petits et grands de sa vie matérielle – il n'en avait cure –, mais ses méditations, l'évolution de sa vie intérieure, ou encore les souvenirs qui lui revenaient de son passé et les réflexions qu'ils lui inspiraient.

Une ère nouvelle débutait pour lui – ou plus précisément, c'était sa vraie vie dans l'île qui commençait après des défaillances dont il avait honte et qu'il s'efforçait d'oublier. C'est pourquoi, se décidant enfin à inaugurer un calendrier, il lui importait peu de se trouver dans l'impossibilité d'évaluer le temps qui s'était écoulé depuis le naufrage de la *Virginie*. Celui-ci avait eu lieu le 30 septembre 1759 vers deux heures de la nuit. Entre cette date et le premier jour qu'il marqua d'une encoche sur un fût de pin mort s'insérait une durée indéterminée, indéfinissable, pleine de ténèbres et de sanglots, de telle sorte que Robinson se trouvait coupé du calendrier des hommes, comme il était séparé d'eux par les eaux, et réduit à vivre sur un îlot de temps, comme sur une île dans l'espace.

Il consacra plusieurs jours à dresser une carte de l'île qu'il compléta et enrichit dans la suite au fur et à mesure de ses explorations. Il se résolut enfin à rebaptiser cette terre qu'il avait chargée le premier jour de ce nom lourd comme l'opprobre[1] « île de la Désolation ». Ayant été frappé en lisant la Bible de l'admirable paradoxe par lequel la religion fait du désespoir le péché sans merci et de l'espérance l'une des trois vertus théologales[2], il décida que l'île s'appellerait désormais Speranza, nom mélodieux et ensoleillé qui évoquait en outre le très profane souvenir d'une ardente Italienne qu'il avait connue jadis quand il était étudiant à l'université d'York.

Michel Tournier, *Vendredi ou les Limbes du Pacifique*,
chap. 3, © Éditions Gallimard, 1967.

1. La honte. 2. Vertus les plus importantes pour le salut chrétien : foi, espérance, charité.

DOCUMENT D

Le personnage du romancier martiniquais Patrick Chamoiseau ignore tout de son identité et de ses origines (il n'est pas sûr de s'appeler Robinson Crusoé). Au début du roman, alors qu'il est déjà dans l'île depuis vingt ans, il revient sur le rivage où il a repris conscience après le naufrage et se remémore les premiers temps de sa vie solitaire.

[...] les objets rapportés de l'épave alimentèrent mes imaginations d'une dimension occidentale, j'étais prince, castillan[1], chevalier, dignitaire de grande table, officier de légions ; j'allais entre des châteaux, des jardins de manoirs, traversais d'immenses salles habillées de velours ; déambulais sur des pavés crasseux, dans des ruelles jaunies par des lanternes huileuses ; longeais des champs de blé qui ondoyaient sans fin au pied de hauts remparts... ; mais des images étranges surgissaient des trous de ma mémoire : vracs de forêts sombres dégoulinantes de mousses, des villes de terre auréolées de cendres et de jasmin, dunes de sable avalant l'infini, falaises recouvertes d'oiseaux noirs battant des ailes cendreuses ; ou bien des cris de femmes qui mélangeaient l'émotion de la mort à des chants d'allégresse... ; à cela s'ajoutait un lot d'étrangetés qui semblaient remonter de ma substance intime – ... *l'arrivée d'un chacal qui embarrasse des dieux... des lézards noirs et blancs qui tissent des étoffes... des jumeaux dans une calebasse de mil... bracelets de prêtres cliquetant autour d'un masque à cornes...* –, mais elles étaient tellement incompatibles avec l'ensemble de mes évocations que je les mis au compte d'un résidu de souvenirs appartenant à quelque marin vantard que j'aurais rencontré ; de fait, reliées ensemble, mon imagination à partir des objets et ma mémoire obscure ne faisaient que chaos : toute possibilité de mettre au clair mon origine réelle disparaissait alors ;

*

quoi qu'il en soit, ces chimères ne durent pas être probantes ; à mesure que j'affrontais la puissance ennemie qu'étaient cette île et son entour, il m'arriva de défaillir au point d'admettre cette absence d'origine personnelle ; abandonnant toute consistance, je m'imaginais crabe, poulpe dans un trou de poulpe, petit de poulpes dans une engeance de poulpes ; je me retrouvais à faire le crapautard[2] dans les bulles d'une vase ; mais le pire surgissait lorsque j'atteignais le point fixe d'une absence à moi-même : mon regard alors ne se posait sur rien, il captait juste l'auréole photogène[3] des choses qui se trouvaient autour de moi ; je me mettais à renifler, à grogner et à tendre l'oreille vers ce qui m'entourait ; dans ces moments-là, je cheminais avec la bouche ouverte dégoulinante de bave, et je me sentais mieux quand mes mains s'associaient à mes pieds dans de longues galopades ; puis je m'en sortais (allez savoir comment !) et, pour sauvegarder un reste d'humanité, je revenais à ces fièvres narratives qui allaient posséder mon esprit durant de longues années ; je n'avais rien trouvé de mieux que de m'inventer ma propre histoire, de m'ensourcer dans une légende ; je me l'écrivais sur les pages délavées de quelques épais registres sauvés de la frégate, avec le sentiment de la serrer en moi, à portée d'un vouloir ; sans doute jaillissait-elle d'un ou de deux grands livres restés enfouis dans mon esprit ; des livres déjà écrits par d'autres mais que je n'avais qu'à réécrire, à désécrire, dont je n'avais qu'à élargir l'espace entre les phrases, entre les mots et leurs réalités, pour les remplir de ce que je devenais sans vraiment le savoir, et que j'aspirais à devenir sans être pour autant capable de l'énoncer ; [...]

Patrick Chamoiseau, *L'Empreinte à Crusoé*, © Éditions Gallimard, 2012.

---

1. Habitant de la Castille, en Espagne (le nom de cette région vient du mot *castillo*, « petit château »).
2. Mot inventé combinant « crapeau » et « têtard ».
3. Qui génère de la lumière, luminescent.

LES CLÉS DU SUJET

■ Comprendre la question

- « À quoi sert... » : vous devez préciser **pourquoi** Robinson dans le premier texte écrit un journal.
- Dans un deuxième temps, repérez quels **rôles supplémentaires** – par rapport à ce modèle – sont assignés à l'écriture dans les trois textes du XXe siècle (les réécritures).
- La consigne vous indique que la réponse s'articule en **deux parties** – même si elles sont inévitablement déséquilibrées.
- Ne traitez pas les trois textes séparément et successivement : **construisez** la deuxième partie de la réponse **par « fonctions » de l'écriture**.
- Appuyez-vous sur des expressions précises des textes.

▶ **Pour réussir les questions** : voir guide méthodologique.
▶ **Les réécritures** : voir mémento des notions.

CORRIGÉ 53

Les titres en couleur ne doivent pas figurer sur la copie.

[Présentation du corpus et problématique] Le *Robinson Crusoé* de Defoe, qui ne date que du début du XVIIIe siècle, est un récit fondateur qui raconte la survie d'un homme brusquement ramené à l'état de nature et coupé de toute société humaine. Il a fait l'objet de nombreuses réécritures qui transforment ce fait divers réel en un mythe littéraire vivace, réécrit et revisité au XXe siècle par de nombreux auteurs : Paul Valéry dans « Robinson » tiré de *La Jeune Parque et poèmes en prose* consigne quelques bribes-scénario de cette aventure ; Michel Tournier dans *Vendredi ou les Limbes du Pacifique* analyse le rapport que le naufragé entretient avec la nature et, tout récemment, Patrick Chamoiseau dans *L'Empreinte à Crusoé* rend compte du trouble profond de son Robinson désormais atteint d'amnésie. Dans toutes ces œuvres le journal et l'écriture sont chargés de fonctions essentielles.

Fonction du carnet de bord du Robinson de Defoe

• Robinson consigne dans son journal ses faits et gestes. En précisant la date des principaux événements – repères temporels –, il y tient le compte objectif de ses activités matérielles, de ses efforts récents ou projetés pour organiser sa vie sur l'île (par exemple ses projets d'élevage).

• L'écriture lui permet aussi vraisemblablement de combler une certaine vacuité, par exemple quand il pleut et qu'il ne peut sortir, mais lui sert aussi d'aide-mémoire pour garder la trace chronologique, concrète, rationnelle des efforts qu'il déploie en tant qu'*homo faber* et *sapiens*. Il échappe ainsi au désespoir.

> **Conseil**
> Lorsque la consigne vous suggère un plan que vous jugez adéquat, suivez-le. N'allez pas chercher plus loin.

Fonctions de l'écriture dans les trois réécritures

• Le besoin d'écrire. Les trois Robinson consacrent aussi une partie de leur temps à l'écriture : il « note » chez Valéry, tient un *log-book* chez Tournier et il écrit sur des « pages délavées » chez Chamoiseau. Mais ce besoin d'écrire n'est pas immédiat ; il semble que le Robinson de Tournier éprouve plus précocement que les autres la nécessité d'écrire et tous les trois le font dans une perspective bien différente de celle du Robinson de Defoe.

• Des palimpsestes. Valéry ne précise pas l'origine des feuillets dont se sert son Robinson, à la différence de Tournier et de Chamoiseau dont le héros *recycle* des « registres sauvés de la frégate » ou des « livres [...] dont le texte imprimé s'en était effacé » : la réutilisation d'un support matériel déjà usagé (à la différence des feuilles vierges chez Defoe) fait du journal (chez Tournier et Chamoiseau) de véritables palimpsestes, hérités du monde civilisé.

• Noter des méditations, des souvenirs. Le Robinson de Tournier n'a pas l'intention de consigner dans son *log-book* les « événements petits et grands de sa vie matérielle », à la différence de son modèle. Sa démarche est introspective : il veut noter ses « méditations, l'évolution de sa vie intérieure », des « souvenirs », « des réflexions ». Chez Valéry, Robinson est « pensif » et il reconstitue par l'écriture « sa vie intellectuelle » et tout un matériau littéraire ou musical dont le « souvenir » lui revient. Le Robinson de Chamoiseau a aussi conscience de ce que ses écrits doivent « sans doute » à des « livres restés enfouis dans [s]on esprit ».

• Une écriture créative, une création esthétique. Leurs textes ont une dimension littéraire, artistique : même s'ils se créent à partir de faits ou de souvenirs, ils sont enrichis par l'« imagination » chez Chamoiseau et le Robinson de Valéry veut « écrire à des personnes imaginées ». Valéry note que son personnage « prolonge et crée à la suite » de ses reconstitutions et le Robinson de Chamoiseau suit une démarche analogue quand il « réécri[t] et désécri[t] les livres écrits par d'autres ».

• Écrire pour rester un homme, une fonction existentielle. Dans la solitude de l'île, le naufragé est menacé de « perdre tête » en perdant « le langage » (Valéry). Les Robinson de Tournier et de Chamoiseau ont aussi connu une période dont ils pouvaient « avoir honte » et qu'ils s'efforçaient « d'oublier ». Chamoiseau décrit le comportement animal, répugnant de Robinson : celui-ci écrit pour « sauvegarder un reste d'humanité ». C'est par l'écriture que les trois naufragés retrouvent leur identité, leur rang d'homme.

SUJET

54

France métropolitaine • Juin 2013
Série L • 16 points

Le mythe de Robinson

Commentaire

▸ **Vous commenterez le texte de Patrick Chamoiseau.**

Se reporter au document D du sujet n° 53.

LES CLÉS DU SUJET

Trouver les idées directrices

• Faites la « **définition** » du texte pour trouver les axes (idées directrices).

Roman autobiographique ? policier ? conte philosophique ? pastiche ? (*genre*) contemporain qui raconte (*type de texte*) les premiers temps de la vie de Robinson sur l'île (*sujet*), qui fait un autoportrait (*type de texte et sujet*) et mène une réflexion sur (*type de texte*) le souvenir, l'identité et l'origine, l'écriture et la littérature (*thèmes*), lyrique (*registre*), étrange, poétique, éclaté et cohérent à la fois (*adjectifs*), pour retrouver une identité, pour déterminer les fonctions de l'écriture (*buts*).

• La « définition » du texte indique la **difficulté à déterminer son genre.** C'est une de ses originalités.

• La « Question sur le corpus » (sujet pécédent) montre qu'il faut **dépasser l'aspect narratif** du texte. Servez-vous de votre réponse à la question pour dégager le thème de réflexion, le message implicite du texte.

• Tenez compte du fait qu'il s'agit d'une **réécriture.**

Pistes de recherche

Première piste : un récit inclassable

• Analysez successivement ce qui apparente ce texte aux différents genres repérés dans sa « définition » : autobiographie, roman policier, enquête, conte (oral)/apologue, poésie…

• Analysez ce qui donne sa cohérence mais aussi son éclatement au récit, à « l'enquête ».

Deuxième piste : buts et pouvoirs de l'écriture
- Analysez quelles fonctions Chamoiseau attribue à l'écriture.
- Analysez le rôle de la réécriture pour Chamoiseau.

▶ **Pour réussir le commentaire** : voir guide méthodologique.
▶ **Les réécritures** : voir mémento des notions.

CORRIGÉ 54

Les titres en couleur ne doivent pas figurer sur la copie.

Introduction

[Amorce] Patrick Chamoiseau est fasciné depuis son enfance par le *Robinson Crusoé* de Defoe et, dès le début de sa carrière d'écrivain, il s'est promis d'apporter sa contribution aux avatars de ce personnage devenu un mythe littéraire, célébré par Saint-John Perse, Valéry, Michel Tournier et bien d'autres encore. À propos de *L'Empreinte à Robinson*, Chamoiseau explique qu'il a voulu se glisser dans les « interstices » que lui laissent ces œuvres en proposant sa « variation » sur Robinson. C'est un livre qui tranche par rapport à ses œuvres antérieures où foisonnent des personnages à la créolité pittoresque. Robinson – mais il n'est même pas sûr d'être Robinson – se remémore les premiers temps de sa vie solitaire et ses efforts pour « mettre au clair son origine réelle », puisqu'il est devenu amnésique après son naufrage. Fou de solitude, hanté par l'angoisse d'avoir perdu son humanité avec la parole et les mots, Robinson poursuit son monologue intérieur. [Annonce du plan] Chamoiseau propose ici un récit inclassable, à la fois fragment autobiographique, enquête mystérieuse, conte philosophique et poétique [I]. Robinson, double de Chamoiseau, y mène une réflexion passionnante sur l'identité et sur les pouvoirs de la littérature pour élucider le mystère de la condition humaine [II].

I. Un récit inclassable

Chamoiseau, romancier et essayiste, rompt avec les formes littéraires qu'il a jusqu'alors pratiquées. Dans une mise en abyme vertigineuse, il joue de plusieurs genres à la fois.

OBJETS D'ÉTUDE L

1. Un récit autobiographique

• Le texte, exclusivement à la première personne (« je, me mon, mes… ») et au passé (passé simple et imparfait), se lit comme un fragment d'autobiographie, remplie de « souvenirs ». Il porte les marques de l'intériorité. Robinson raconte peu de faits concrets : il s'attache à décrire sa vie intime, ses efforts pour reconstituer sa « substance intime » à partir de ses impressions, de son « imagination », des résidus de sa « mémoire ».

• Robinson ou Chamoiseau ? Le récit de Robinson renvoie clairement à la dualité de l'écrivain martiniquais, marqué par sa double identité, celle imposée par la colonisation « occidentale » et ses racines africaines : il évoque d'une part la société médiévale ou renaissante dans sa dimension aristocratique, la vie des villes européennes avec leurs « ruelles jaunies » et des campagnes avec leurs « champs de blé » ; et d'autre part les paysages de « forêts sombres », les « villes de terre », les « dunes de sable », les animaux, les usages, les objets, les croyances et les rites des communautés africaines.

2. « Mettre au clair » le « chaos » des souvenirs : une [en]quête impossible

Dans son effort pour « mettre au clair » le « chaos » de ses souvenirs, Robinson se comporte comme un enquêteur qui s'efforce de résoudre un mystère.

• La chronologie d'une enquête. Son récit est organisé chronologiquement. À partir des objets retrouvés dans l'épave et de bribes de souvenirs, Robinson tente de reconstituer son passé (l. 1 à 23), puis rappelle l'échec de cette quête et la perte d'humanité qui s'ensuit (l. 23 à 42) ; il explique enfin comment l'écriture lui a permis de s'inventer une identité et de retrouver son « humanité ».

• Des indices divers et contradictoires. Robinson énumère en vrac un bric-à-brac d'hypothèses d'après les restes de l'épave : il s'imagine noble (« chevalier » ou « prince » dans un « château »), dans une ville aux « pavés crasseux » ou dans une nature exotique aux animaux étranges. Mais ces indices « incompatibles », « étranges » sont trop nombreux ou trop ténus pour composer une identité cohérente.

• Des reconstitutions fragiles et difficiles. Robinson reconnaît du reste la fragilité de ces reconstitutions : ce sont des « chimères », des « imaginations », des « évocations » ; il se sert de modalisateurs (« *ne durent pas* être probantes », « *sans doute* jaillissaient-elles de… »). Sa mémoire est lacunaire (il parle des « trous de [s]a mémoire »), il ne lui reste qu'un « résidu de souvenirs » au point qu'il est prêt à « abandonner », qu'il se sent « défaillir ». La fracture en lui se traduit par la mise en page qui, par un astérisque, « fracture » le texte en deux, en plein milieu d'une phrase.

3. L'oralité d'un conte philosophique et poétique

• Robinson poursuit son monologue intérieur au sein d'une très longue phrase, comme un courant de conscience exprimé par la parole libre d'un de ces conteurs que Chamoiseau écoutait dans son enfance antillaise et qui pouvait apostropher l'auditeur comme Robinson le fait sans cérémonie quand il s'exclame : « allez savoir comment ! »

• Un flux de langue et de conscience. Le récit de Robinson se déroule comme une coulée fluide de phrases sans points ni majuscules ; c'est l'instrument efficace que Robinson-Chamoiseau s'est inventé pour retranscrire le flux de conscience, l'instabilité mentale d'un homme aux certitudes soudain ébranlées.

• Une prose poétique. Il juxtapose des phrases nominales, insère des bribes de phrases en italique pour distinguer les réminiscences africaines, crée des images et des personnifications saisissantes : l'île devient une « puissance ennemie », il peint des « dunes de sable avalant l'infini ». Il invente des mots (« crapautard », « photogène », « ensourcer ») ; il répète, comme halluciné, « poulpe dans un trou de poulpe, petit de poulpes dans une engeance de poulpes », joue sur le propre et le figuré (« des images surgissaient des trous de ma mémoire »).

• Une prose hallucinée. Il nous fait comprendre par une formule volontairement contournée que le langage lui échappe quand il s'animalise et qu'il se met à marcher à quatre pattes. Il ne lui reste que des sensations « quand [ses] mains s'associent à [ses] pieds dans de longues galopades ». Dans ses « fièvres narratives », Robinson semble possédé par Lautréamont ou Rimbaud, traversé par des impressions sensorielles inquiétantes et même répugnantes (il chemine « la bouche ouverte, dégoulinante de bave »).

[Transition] La façon dont il retrouve son humanité en réécrivant sa « légende » sur des registres au texte effacé sert de métaphore allégorique à sa conception des buts et des pouvoirs de la littérature, un palimpseste qui a sauvé Robinson.

Conseil
Une transition est composée de deux « parties » : l'une rappelle très succinctement ce qui a été prouvé, la 2e annonce l'axe suivant en établissant un rapport entre les deux axes.

II. Buts et pouvoirs de l'écriture

Aujourd'hui, pour Chamoiseau, l'objet de la littérature n'est plus de raconter des histoires, d'organiser le monde par un récit ou une narration avec un début, un milieu, une fin, mais d'essayer d'opérer des saisies de perceptions, des explorations de situations existentielles, qui nous confrontent à l'indicible, à l'incertain, à l'obscur.

1. Pourquoi écrire ?

• Dans une mise en abyme vertigineuse, Robinson se souvient de lui faisant des efforts pour se souvenir de lui-même : au moment où l'écriture, pour sa vie pratique et concrète sur l'île, lui serait inutile, ce jeu de miroir qui passe par l'écriture retrouvée lui assure une survie d'un autre ordre, existentielle.

• Robinson écrit pour « sauvegarder un reste d'humanité », pour retrouver son identité. Il en va de sa survie, l'écriture n'est pas un divertissement mais un engagement total au risque d'y perdre la raison. Il se sent menacé de perdre son humanité car il n'est pas d'humanité sans le regard d'autrui. Il se métamorphose, adopte un comportement animal, se met à « renifler », « grogner », il marche à quatre pattes, devient « crapautard », « poulpe »… Fou à force de solitude, Robinson cherche un miroir pour retrouver une image de l'humain (« j'habitais un étranger ») et ce miroir, c'est l'écriture.

• Quand Robinson évoque les « fièvres narratives qui allaient posséder [s]on esprit durant de longues années », on pense à la « Saison en enfer » vécue par Rimbaud, aux frontières de la folie. Grâce à l'écriture, il redevient un être doué d'un « esprit » (« j'écrivais », « inventer »).

2. La littérature, un palimpseste

• Symboliquement, métaphoriquement, Robinson écrit sur « les pages délavées de quelques épais registres sauvés de la frégate ». Il n'écrit pas à partir de rien mais sur un support qui conserve une mémoire, même si elle n'est pas déchiffrable. Il « réécrit ».

• La force « d'un ou deux grands livres ». Robinson lui-même est une sorte de palimpseste vivant, il est conscient qu'il ne part pas de rien quand il est saisi de ses « fièvres narratives ». À travers lui parlent « un ou deux grands livres », un de ces livres fondateurs qui recréent le monde, le réorganisent, lui donnent un sens, qui parlent des préoccupations les plus anciennes de l'homme, le mystère de la mort, des origines, du sens de la vie.

3. Écrire entre les lignes, dans les « interstices » laissés par les grands auteurs

• Réécrire ? désécrire ? Chamoiseau explique qu'il s'est glissé dans les « insterstices » que lui offre *Robinson Crusoé*, et Robinson lui-même – nouvelle mise en abyme –, pour dire ce qu'il « devenait » ou/et ce qu'il « aspirait à devenir » en recourant à d'autres auteurs. Il s'intercale dans leur écriture dont il faut « élargir les espaces entre les lignes ».

• C'est un espace où sont compatibles des termes apparemment contradictoires : « réécrire », « désécrire », c'est-à-dire se libérer d'un langage aliénant, d'une mémoire étrangère, comme celle par exemple imposée par le colonisateur européen à la culture antillaise. Écrire joue alors le rôle d'une anamnèse platonicienne, ce retour des souvenirs de ce que l'âme a contemplé avant l'incarnation et qui permet d'accoucher de sa vérité, de retrouver son identité originelle.

• Écrire, c'est aussi dialoguer. C'est dans l'altérité qu'on construit et qu'on choisit son identité dans une démarche libérée, volontaire et créative, qui est « à portée d'un vouloir », c'est ce qu'on « aspire à devenir ». Écrire, pour Robinson, s'inscrit dans un mouvement rétrospectif et prospectif : il dit « s'inventer sa propre histoire », à la fois sa biographie et sa « légende », sa fiction, d'abord dans un dialogue avec lui-même, puis avec le lecteur potentiel – quand il s'exclame : « allez savoir comment ! » – et évidemment avec les autres auteurs : tout est bon pour abolir la solitude. « Je est un autre », selon Rimbaud.

• Robinson est ici le porte-parole de Chamoiseau pour qui aujourd'hui l'aventure est intérieure, dans la conscience humaine, dans la libération du « je » qui n'est plus régi par des normes communautaires : les individus doivent se recomposer pour exprimer toutes les possibilités de leur « moi ».

Conclusion

L'Empreinte à Crusoé est un titre énigmatique. On aurait attendu « l'empreinte ***de*** Crusoé » mais cette syntaxe curieuse n'invite-t-elle pas à lire : « emp*run*te à Crusoé » ? Il est aussi tentant de rapprocher « empreinte » et « imprimé » qui partagent la même étymologie. Robinson s'efforce de préserver l'empreinte qu'il a découverte sur la plage, empreinte sienne ou d'un autre, signe de son humanité ou d'une altérité. Les mots des livres ont eux aussi le pouvoir de fixer la trace des émotions, de l'insaisissable, de l'indicible : Rimbaud essayait de « fixer des vertiges ». Robinson a compris qu'il ne suffit pas d'organiser le monde pour exister. La leçon de cette fable poétique, c'est qu'il faut d'abord maîtriser son « chaos » intérieur, se connaître soi-même pour découvrir son identité.

SUJET **55**

France métropolitaine • Juin 2013
Série L • 16 points

Le mythe de Robinson

Dissertation

▸ **Pensez-vous que toute création littéraire soit, d'une certaine manière, une réécriture ? Vous répondrez à cette question en vous fondant sur les textes du corpus ainsi que sur les textes et les œuvres que vous avez étudiés et lus.**

Les textes du corpus sont reproduits dans le sujet n° 53.

LES CLÉS DU SUJET

Comprendre le sujet

• Le sujet propose de résoudre un **paradoxe** : « réécriture » renvoie à l'imitation, à une tradition littéraire ; « création » suggère la nouveauté.

• « Pensez-vous que » invite à discuter la thèse (« toute écriture est une réécriture ») et suggère un **plan dialectique**.

• La **problématique** peut être reformulée ainsi : *Écrire, est-ce reprendre ce qui a déjà été écrit ? Est-ce puiser dans la tradition littéraire ? L'imitation est-elle inévitable dans la création ?*

• **Scindez cette problématique en plusieurs sous-questions** : *Quelle* est la place de l'imitation dans la création littéraire ? *À quelles conditions*/par *quels moyens* un auteur qui réécrit fait-il une œuvre originale ? *Qu'est-ce qui fait que*, dans une réécriture, ce qui est nouveau l'emporte sur ce qui est repris des modèles ? *Peut-on* imiter et néanmoins être original ?

Chercher des idées

Première piste : la réécriture omniprésente en littérature ?

• Montrez la difficulté à inventer de toutes pièces : thèmes, types de personnages et de situations limités.

• Demandez-vous : *Est-il possible de se défaire de l'héritage culturel ? L'imitation a-t-elle été (toujours) réprouvée ? N'existe-t-il pas une imitation volontaire ? Pourquoi réécrit-on ?*

• Montrez qu'il peut exister un désir de se moquer d'un genre, d'un auteur et de nouer une complicité avec le lecteur (parodie).

Deuxième piste : réécrire empêche-t-il la nouveauté, l'originalité ?

• Réécrire, c'est aussi **créer** : par quels moyens peut-on faire preuve d'originalité, faire du neuf avec de l'ancien ?

• Montrez qu'il y a invention quand il y a réactualisation du patrimoine.

• Montrez que la réécriture est adaptation, interprétation : en fonction de buts différents (*Antigone*, Sophocle/Anouilh ; Montaigne/Pascal, texte sur l'imagination) ; par changement de genre, de registre ; par l'adaptation au contexte (Anouilh/*Fables* de La Fontaine ; le *Dom Juan* de Molière) ; par l'adaptation au public (*Vendredi ou la Vie sauvage* de Tournier, pour enfants ; *Vendredi ou les Limbes du Pacifique,* pour adultes).

Troisième piste : n'y a-t-il pas des inventeurs, des novateurs ?

• Montrez que l'art est dans la **transformation**.

• Cherchez des écrivains et artistes « en rupture » qui ont provoqué une « révolution » (Rimbaud, Picasso...).

CORRIGÉ 55

Les titres en couleur ne doivent pas figurer sur la copie.

Introduction

Comment créer du nouveau quand on vient après des siècles de littérature, de peinture et de musique ? Quand les principaux thèmes ont été abordés, les principales formes utilisées, comment ne pas imiter et comment être original ? « Tout livre pousse sur d'autres livres », dit Julien Gracq mais réécrire ne signifie pas copier servilement. Bien au contraire, il faut considérer l'imitation comme un soutien qui n'empêche pas la création originale et parfois la rupture.

I. « Tout livre pousse sur d'autres livres » (J. Gracq)

1. L'imitation valorisée : formatrice et gage de qualité

• Loin de la mépriser, l'Antiquité réservait une large place à l'imitation, considérée comme un exercice rhétorique efficace : en se mettant sous la tutelle des modèles reconnus, l'apprenti écrivain assurait à son œuvre une valeur artistique. La Pléiade préconise « l'innutrition » qui consiste à assimiler les modèles anciens, pour mieux s'en ressouvenir et les imiter.

• En peinture, on reproduit des motifs traditionnels (*La Vierge et l'Enfant*, la *Nativité*). La Bruyère, avant d'écrire ses propres *Caractères*, donne une traduction de l'œuvre grecque de Théophraste. L'imitation serait alors nécessaire au développement créatif.

Conseil
Quand vous le pouvez, établissez des liens entre la littérature et les autres arts, surtout quand il s'agit des réécritures.

2. Comment ne pas imiter ? Tout n'a-t-il pas déjà été dit ?

a. Un nombre limité de thèmes et d'histoires

• Il n'y a pas en littérature de renouvellement fondamental des sujets, parce qu'il n'y a pas de renouvellement de la nature humaine. Les écrivains traitent toujours des préoccupations majeures de l'homme : mort, amour, pouvoir…

• Ainsi reviennent les mêmes histoires. Les écrivains au XXe siècle réécrivent les mythes antiques : Giraudoux prétend écrire la 38e version d'*Amphitryon* ; Gide fait revivre Thésée ; Sartre reprend dans *Les Mouches* la tragédie d'Oreste ; Camus, le mythe de Sisyphe…

• La Fontaine puise ses *Fables* dans celles d'Ésope et de Phèdre, dont certaines avaient déjà été reprises dans *Le Roman de Renart* au Moyen Âge.

b. Un nombre limité de formes littéraires

• Les formes littéraires elles-mêmes ne sont pas inépuisables. Il y a toujours des prédécesseurs : Rousseau, au début des *Confessions*, affirme « former une entreprise qui n'eut jamais d'exemple… » ; or, on retrouve dans son autobiographie bien des ressemblances avec celle de saint Augustin. Quant à ses imitateurs, ils ont été légion : Chateaubriand, Musset…

• Certaines formes ne sont quasiment jamais remises en question ; au XXe siècle, Valéry, Claudel, écrivent toujours en vers, de même que Jaccottet qui se ressouvient du sonnet de Baudelaire « Recueillement » dans son poème « Sois tranquille, cela viendra ».

c. L'héritage culturel et la réécriture de soi

Enfin, toute écriture s'inscrit dans une lignée littéraire et porte la marque d'une culture et d'une histoire personnelles. Ainsi, *Rousseau juge de Jean-Jacques* est une réécriture des *Confessions ; Candide,* une réécriture des *Voyages de Scarmentado*.

3. Réécrire pour… imiter ? pour… parodier ?

• Celui qui pastiche est un imitateur qui fait allégeance à un modèle qu'il s'honore d'imiter et dans la lignée duquel il vient volontairement se placer. Lorsque Rimbaud, dans « Ma Bohème », se souvient des poètes romantiques, on sent un tribut payé à ses prédécesseurs, ainsi que de l'affection.

• Le « parodieur », lui, crée en se moquant des écrits du passé. Mais, pour s'en moquer, il doit s'imprégner de son modèle. La parodie est un jeu de lettrés : elle imite pour donner à son lecteur le plaisir de reconnaître le texte source et le texte « second » propose quantité de clins d'œil à sa sagacité. Rupture avec l'histoire d'un genre ou ses prédécesseurs, la parodie est aussi paradoxalement un hommage à sa cible sans laquelle elle n'existerait pas.

[Transition] La réécriture est donc bien partout, volontaire ou non. Mais exclut-elle toute originalité ?

II. La réécriture n'empêche pas l'originalité. Imitation et création

1. Faire œuvre de création par l'adaptation au contexte

• Réécrire en s'adaptant au contexte, c'est faire œuvre de création. Le *Dom Juan* de Molière n'est plus celui de Tirso de Molina, mais s'inscrit résolument dans le mouvement libertin.

• Au XXe siècle, Anouilh pastiche les *Fables* de La Fontaine, mais sa Cigale chante « Tout l'été/Dans maints casinos, maintes boîtes » et va trouver un renard « spécialisé dans les prêts hypothécaires ». Son *Antigone* porte la marque de la tension politique de son époque et la tirade de Créon résonne profondément dans le contexte de la Seconde Guerre mondiale.

2. Créer en répondant à des objectifs nouveaux

• Les objectifs de l'écrivain qui réécrit sont le plus souvent différents de ceux de son modèle. Ainsi le but d'Anouilh, dans *Antigone*, n'est pas, comme Sophocle, de peindre les rapports entre les hommes et les dieux, mais de rendre compte de l'absurdité du monde. Lorsque Pascal dénonce les méfaits de l'imagination, ce n'est pas pour exprimer son scepticisme, comme Montaigne, dont il s'inspire ; sa peinture prend place dans un raisonnement apologétique de « conversion ».

• Les mythes prennent un sens différent et la réécriture se fait création : le Thésée de Gide est un individualiste forcené et antipathique ; Camus imagine un « Sisyphe heureux », capable de dépasser l'absurdité de sa condition.

• Ainsi, les thèmes traditionnels sont mis au service d'une cause qui, elle, est originale et l'œuvre réécrite est une véritable création.

3. Faire œuvre de création en changeant de genre, de registre...

• L'invention ne peut se résumer à l'imitation : elle naît d'un large éventail de variations possibles. L'un change de genre et l'on passe du récit historique à la pièce de théâtre : Corneille réécrit *Cinna* à partir d'un passage de Sénèque et de l'historien Dion Cassius traduit par Montaigne dans ses *Essais*.

• L'autre change de registre, même s'il s'imite lui-même : avec les mêmes idées, sur un même thème, Voltaire passe de l'ironie de l'article « Torture » de son *Dictionnaire philosophique* à l'indignation révoltée de sa *Lettre à d'Argental* sur le chevalier de La Barre.

4. Créer en imprimant son style : « Le style, c'est l'homme »

• Outre tous ces moyens de transformer la réécriture en création, chaque écrivain imprime la marque de son style à son imitation. Pascal, quand il emprunte à Montaigne, précise que son imitation est émulation : « Qu'on ne dise pas que je n'ai rien dit de nouveau : la disposition des matières est nouvelle ; quand on joue à la paume, c'est une même balle dont joue l'un et l'autre, mais l'un la place mieux. » (*Pensées,* 22.)

• De fait, l'intérêt de l'œuvre littéraire ne tient pas à son seul fond, elle réside aussi dans sa forme. Ainsi Robbe-Grillet, dans *la Jalousie,* aborde un thème rebattu mais il se montre original dans la façon dont il le traite : prenant le point de vue du jaloux, par les yeux duquel tout est vu, il place le lecteur dans une position nouvelle.

• Enfin l'œuvre de tout auteur porte la marque de sa personnalité : les *Fables* de La Fontaine, imprégnées de son humour, de son art de vivre ont-elles vraiment encore à voir avec celles d'Ésope ?

III. N'y a-t-il pas de purs inventeurs ?

1. Pas d'art sans écart : la réécriture, tremplin à la création

• L'accès au statut d'œuvre d'art passe par le travail de la matière de base. Une sculpture n'est pas de l'argile brute, mais de l'argile façonnée : voit-on encore la boule de glaise sous le vase du potier ? Et pourtant, la glaise est toujours là, dans le vase. Ainsi, l'œuvre où le « souvenir littéraire » apparaît sous la seule forme de l'imitation n'est pas création : celui qui fait une copie des *Tournesols* de Van Gogh ne fait que *du Van Gogh*.

• L'imitation n'est qu'un tremplin et l'écrivain s'efforce de purger son style : Proust commence par des pastiches de Flaubert et de Balzac pour trouver son style propre. Picasso arrive au cubisme en testant à l'extrême les déformations que son intuition et son génie ont pu faire subir à des portraits « académiques ».

2. Des ruptures existent... Il y a des novateurs iconoclastes

• Enfin, l'écart peut être si grand que la rupture apparaît plus que d'éventuels modèles. On parle alors d'un mouvement nouveau, de fractures le plus souvent dues à des génies éclairés. Ainsi, dans *Les Contemplations*, Hugo affirme : « Je fis souffler un vent révolutionnaire [...] Je fis une tempête au fond de l'encrier [...] ». Dans sa *Lettre du Voyant*, Rimbaud demande « aux poètes du nouveau, idées et formes ». Et de fait, après lui, la poésie ne s'écrira plus comme avant, il aura des imitateurs.

• Parfois, la rupture est totale et la volonté iconoclaste : la déstructuration du langage chez Beckett (*Oh les beaux jours*) ou chez Ionesco (*La Leçon*) procède de ce refus de réécrire et d'une volonté de détruire le langage et ses lois grammaticales par exemple (*Un mot pour un autre* de Tardieu). La création est alors déconstruction pour explorer les limites du langage.

3. L'œuvre littéraire sur scène, une perpétuelle rupture

• Parfois, la « copie », la « reproduction » est aussitôt remplacée, occultée par l'interprétation. Les arts du spectacle (théâtre, chant, opéra) reposent sur une imitation servile : le chanteur se remémore le livret et la partition, il dit l'un et chante l'autre, l'acteur se souvient du texte et le reproduit…

• Mais à chaque fois il invente, produit un texte, une pièce qui n'est « ni tout à fait le/la même ni tout à fait un(e) autre », au point qu'on parle du *Dom Juan* de Jouvet, de Bluwal, de Mesguich… et plus tant du *Dom Juan* de Molière. Au fond, toute mise en scène est une invention où le souvenir n'est plus perceptible : elle crée une nouvelle pièce.

• Comble du paradoxe : alors même qu'il y a copie conforme (le texte ne change pas), l'art dramatique est une innovation perpétuelle.

Conclusion

L'écrivain, comme les autres artistes, qu'il s'y range ou qu'il la conteste, s'inscrit toujours dans une tradition. Mais la littérature n'est pas une éternelle redite. L'écrivain se sert de ce qui a été fait avant lui pour découvrir sa propre originalité et pour réactualiser dans sa propre histoire, dans sa propre culture, ce qui a pu être écrit par d'autres, différemment. Loin d'être un obstacle à la créativité, le patrimoine littéraire – la culture – apparaît comme une matière et un outil qui permettent à l'écrivain de s'entraîner et de trouver son originalité. L'affirmation de Nerval « Inventer, c'est se ressouvenir » n'est pas une condamnation pessimiste de la littérature destinée à se répéter de façon stérile, c'est un constat : l'écrivain a la chance de pouvoir profiter de ses prédécesseurs, ce qui ne le dispense pas d'être avant tout un créateur quitte à « désécrire » pour « réécrire ».

SUJET

56

France métropolitaine • Juin 2013

Série L • 16 points

Le mythe de Robinson

Écriture d'invention

▸ Vous réécrirez les huit premières lignes du texte de Paul Valéry (texte B) en inventant un récit à la première ou à la troisième personne, qui complète, qui développe ou qui prolonge les images et les idées fragmentaires de cette « histoire brisée ».

Le candidat peut s'appuyer sur le document B reproduit dans le sujet n° 53.

LES CLÉS DU SUJET

Comprendre le sujet

• « **Définition** » du texte à produire, à partir de la consigne.

(*genre*) ? qui raconte/décrit/argumente sur (*type de texte*) ? (*thème*) ? (*registre*) ? (*buts*).

• La **consigne** en elle-même vous donne très peu de contraintes. **Seuls impératifs essentiels : partir du texte de Valéry, être cohérent avec lui et avec le mythe de Robinson.**

Chercher des idées

Le type de réécriture

• « complète, développe, prolonge » indiquent que vous pouvez : conserver les mots du texte et combler les blancs ; tout réécrire ; garder des passages sans les modifier et les développer (se focaliser sur les lignes 5-8).

La forme

• **L'énonciation :** « Solitude » suggère que Robinson peut « parle[r] tout seul » (l. 10) ; vous pouvez combiner 1re, 2e ou 3e personne pour raconter sa crise identitaire (« Robinson. Est-ce moi ? » ou « Robinson, qui es-tu ? »). Il peut s'inventer un interlocuteur (« Prière » : ce peut être Dieu ; « imagine des foules » : ce peut être des êtres imaginaires).

• **Les temps verbaux :** au choix, les temps du passé, ou présent, à la manière du journal du Robinson de Defoe (« 20 décembre. Je suis seul. »).
• **Le registre** peut être « tragique » (l. 6), ou lyrique (« Prière »).

Le fond

Chaque mot est un thème à partir duquel on peut produire du texte, être le départ d'une partie récit, mais aussi d'une **description** (« images ») ou d'une **réflexion** (« idées »).

• **Robinson :** on peut commenter le nom (s'interroger sur son origine, ses connotations). On peut raconter son histoire (en s'inspirant de Defoe).

• **Solitude :** on peut développer ce thème en transcrivant le « lamento » (élégiaque ou lyrique) de Robinson (« Je suis seul… ») ou en exprimant la pitié du narrateur pour Robinson (pathétique).

• **Création du loisir :** la notion de « créer » permet une réflexion presque philosophique sur le lien entre « créer » et « refaire », « imiter » (ou « réécrire » : voir l. 39, 41-47), sur la nécessité d'inventer du neuf contre les tâches répétitives pour sortir du temps cyclique « tragique » (l. 6), le « temps vide » (l. 4).

• **Conservation :** les synonymes donnent des pistes : *sauvegarder, sauver, obtenir le Salut.* Le terme peut prendre un sens spirituel (« Prière », l. 6) ou un sens très matériel (« conserver de la nourriture »).

• **Temps vide :**

– La question du décompte des jours : Robinson peut se rendre compte que, malgré son journal, il ne peut pas meubler le temps comme il a meublé la grotte. Possibilité de multiples variations ou réflexions sur le temps (à relier à « Solitude » et à « Création du loisir »).

– Variations poétiques sur le vide possibles : *vanité, néant, anéantissement, annihilation, absence…* (on peut penser à Pascal : « Le silence éternel de ces espaces infinis m'effraie »).

• **Ornement :**

– Sens propre (décorer la grotte) ? ou sens figuré (embellir sa vie) ?

– Suggère l'idée d'inutilité, de vanité, d'artifice. Ce superflu est pourtant indispensable, voire vital pour remplir le temps (peut-être par l'écriture, à mettre en relation avec l. 39-45 ; par la poésie, l. 29). L'ornement peut être l'objet (le fruit) de la création.

• **Danger de perdre la tête, de perdre tout langage :**

– Menace de déshumanisation. On peut en faire le récit (plusieurs métaphores possibles : descente, chute, naufrage, métamorphose en animal).

– À relier à : « Il veut écrire à des personnes imaginées, embrasse les arbres, parle tout seul » (l. 9-10) ou aux marques de folie (Chamoiseau, l. 17-25).

– On peut aussi déstructurer le langage, le trouer, le fragmenter ; brouiller la cohérence de ce qui est raconté/dit (voir Chamoiseau, l. 7-16) ; jouer sur une ponctuation illogique ; introduire des phrases en langue étrangère…
– À relier à « Robinson 1) reconstitue des lectures » [pour garder le langage] ; « 2) les rejette » [échec de sa tentative].
• **Lutte :** pour sa survie ? Contre la destinée ? Contre soi-même ?
• **Tragédie :**
– Tragédie très précise, factuelle, celle des événements vécus par Robinson : naufrage, faits qu'il a subis, recommencements (cycles, enfermement) ?
– Ou réflexion plus générale sur le tragique de la destinée humaine, sur la fatalité, sur son absurdité ?
– « Crises de rire » (l. 9) suggère que comédie et tragédie sont mêlées. Succession de moments d'abattement et d'euphorie hystérique.
• **Mémoire :**
– Sa mémoire lui revient et le sauve (voir l. 36-41, et Chamoiseau) ou au contraire il perd la mémoire (à relier à « Danger de perdre la tête »).
– À rattacher à « Tragédie » ? Dans ce cas, on peut évoquer une quête des origines, les tentatives vaines pour retrouver des traces.
• **Prière :**
– Sens religieux. À relier à « Psaumes » (l. 15), à « Dieu et Robinson – (Nouvel Adam) – » (l. 25), à « Tentation » (du Christ seul dans le désert ?) aux l. 25-26 (« une femme », l. 27 : une nouvelle Ève).
– À relier à « Tragédie » ? à ce qui précède (« Mémoire ») ou à ce qui suit (foules imaginaires) ?
– Une prière reliée à la mémoire : une façon de retrouver le langage en récitant une prière apprise par cœur, qu'il répète (« Répétitions », l. 19). Souvenir d'une église… À relier à des souvenirs (voir l. 7-8 : « foules/rues/Londres »)…
• **Imagine des foules, des théâtres, des rues :**
– Développements possibles : c'est le fil des images retrouvées, peut-être sous une forme incantatoire (voir *Cahier d'un retour au pays natal,* d'Aimé Césaire).
– Contraste douloureux entre l'idée de vie sociale, de présence humaine vivante et sa « solitude » (l. 2).
• **Tentation :** possibles connotations religieuses de « tentation » (voir « Prière ») : diabolique, damnation/rédemption, évocation du supplice de Tantale (à relier à « soif »).
• **Soif :** au sens négatif de supplice ou au sens positif de « curiosité », ou d'« aspiration à… » qui entraîne l'expression des désirs de Robinson.

▶ **Pour réussir l'écriture d'invention :** voir guide méthodologique.
▶ **Les réécritures :** voir mémento des notions.

CORRIGÉ 56

Voici un extrait d'un devoir possible.

[En liaison avec « Solitude », « Danger de perdre tête », « Prière » et « Soif de pont de Londres »] *« Robinson ! » Qui m'appelle ? Est-ce moi ? Toi, Dieu ? Toi, Ève rêvée et retrouvée ? Homme, femme, qu'importe, mais un Autre, qui ne serait pas moi… Moi, toi, où est la différence ? Qui m'a conté mon histoire autrefois ? Combler le vide de ma mémoire ! Écrire… ou prier ? Mais le ciel est vide, ma tête est vide, comme le temps est vide… Seul le passé pourrait être conservé… J'ai connu autrefois un pont, une ville, décor de théâtre… Mais était-ce vrai ? N'était pas une illusion ? C'était un autre Robinson… On y parlait anglais… To be or not to be ?*

[Changement de situation d'énonciation : le narrateur parle] Ainsi soliloquait Robinson, nouvel Adam fou de solitude. Dans son esprit, présent et passé se livraient une lutte sans merci, tragique : le premier avait dévoré le second et l'empêchait de combler le vide par le secours des souvenirs, planches de salut contre la tentation du suicide : *To be or not to be ?* Toujours cette question de vie, de survie… Tentation d'en finir, puisqu'il ne reverrait plus jamais ce pont de Londres… Écrire même le faux, mais parer son désespoir des ornements de l'écriture, pour laisser sa trace et ne pas disparaître tout à fait : des hiéroglyphes peut-être, des pleins et des déliés… Tentation de plonger dans le vide…

> **Attention !**
> Il ne s'agit ici que d'un extrait. Le devoir fini doit avoir une certaine longueur : un devoir d'invention trop court est pénalisé.

Machinalement il prit la plume de papegeai (il disait : *parrot, papagallo, papagaio, papegei* ou *papoušek*, pour ne pas oublier le langage) et traça des formes maladroites sur l'écorce, volutes et arabesques, ornements et sculptures qui le feraient exister. On pouvait lire : *Je suis Personne… Je suis Personne… Je suis Personne…*

SUJET

57

France métropolitaine • Septembre 2012

Série L • 4 points

À quoi bon les réécritures ?

Question

Documents

A – **William Shakespeare,** *Hamlet,* I, 1, 1603 (trad. André Gide).
B – **Jean Cocteau,** *La Machine infernale,* I, 1934.
C – **Bernard-Marie Koltès,** *Roberto Zucco,* I, « L'Évasion », 1990.

▸ **Dans quelle mesure peut-on parler pour les textes B et C de réécritures du texte A ?**

Après avoir répondu à cette question, les candidats devront traiter au choix un des trois sujets nº 58, 59 ou 60.

DOCUMENT A

Le roi de Danemark, père d'Hamlet, est mort récemment. Son frère Claudius l'a remplacé. Le spectre du roi apparaît au début de la pièce pour révéler au prince Hamlet que son père a été assassiné par Claudius. La pièce s'ouvre à Elseneur, sur « une plate-forme devant le château ». Des soldats discutent. Arrivent Marcellus, leur chef, et Horatio, ami d'Hamlet.

[…]

BERNARDO. – Salut, Horatio ! Salut, bon Marcellus !

MARCELLUS. – Dis : a-t-on revu la chose cette nuit ?

BERNARDO. – Je n'ai rien vu.

MARCELLUS. – Horatio prétend que ce n'est qu'une imagination ; il se refuse à accorder créance à ce spectre terrible qui nous est deux fois apparu. Aussi lui ai-je enjoint de passer avec nous les minutes de cette veille, afin qu'il se porte garant de nos yeux, si le spectre revient, et qu'il lui parle.

HORATIO. – Bah ! Il ne viendra pas.

BERNARDO. – Assieds-toi un moment, que nous rebattions tes oreilles, si rétives à notre histoire, de ce que deux nuits nous avons vu.

HORATIO. – Asseyons-nous donc et écoutons Bernardo.

BERNARDO. – C'était la nuit dernière ; tandis que cette étoile là-bas, qui chemine vers le couchant, poursuivait son cours pour éclairer cette partie du ciel où elle luit présentement, Marcellus et moi – l'horloge sonnait alors une heure…

MARCELLUS. – Paix. Silence ! Regarde. Le voici qui revient.

Entre le Spectre.

BERNARDO. – Il a le même aspect que le défunt roi.

MARCELLUS. – Toi qui as de l'instruction, parle-lui, Horatio.

BERNARDO. – N'est-ce pas qu'il est semblable au roi ? Observe-le bien, Horatio.

HORATIO. – Très semblable ; j'en frémis de surprise et de peur.

BERNARDO. – Il voudrait qu'on lui parle.

MARCELLUS. – Interroge-le, Horatio.

HORATIO. – Qui es-tu, toi qui usurpes ce temps de nuit et cette noble forme guerrière que revêtait la Majesté de Danemark enseve-lie ? Par le ciel, je t'adjure, parle.

MARCELLUS. – Il est offensé.

BERNARDO. – Vois ! Il se retire fièrement.

HORATIO. – Reste ! Parle ! Je te somme de parler.

Le Spectre disparaît.

MARCELLUS. – Il est parti sans consentir à nous répondre.

BERNARDO. – Qu'en dis-tu, Horatio ? Tu es pâle et tu trembles. Ne penses-tu pas qu'il y a là plus qu'une imagination ?

HORATIO. – De par mon Dieu, je ne l'aurais point cru sans l'aveu de mes yeux fidèles.

MARCELLUS. – N'est-il pas tout semblable au roi ?

HORATIO. – Autant que tu l'es à toi-même : d'une pareille armure il était revêtu tandis qu'il combattait l'ambitieux Norvège – il fronçait le sourcil pareillement tandis que, dans une coléreuse mêlée, il écra-sait les traîneaux polonais sur la glace. C'est étrange.

MARCELLUS. – Ainsi donc, par deux fois déjà, précisément à cette heure funèbre, sa martiale prestance a surpris notre veillée.

HORATIO. – Dans quelle intention, je ne sais. Mais, à mon avis tout net, ceci présage pour l'État quelque catastrophe étrange.

William Shakespeare, *Hamlet*, I, 1, 1603 (trad. André Gide).

DOCUMENT B

La pièce est une variation sur le mythe d'Œdipe : celui-ci, sans le savoir, a tué son père Laïus et le fantôme de ce dernier apparaît chaque nuit aux soldats de garde. La scène se déroule lors du premier acte, sur « un chemin de ronde sur les remparts de Thèbes ». *Deux soldats racontent à leur chef ces apparitions nocturnes.*

[...]

LE SOLDAT. – Eh bien, chef... Vous savez, la garde, c'est pas très folichon.

LE JEUNE SOLDAT. – Alors le fantôme, on l'attendait plutôt.

LE SOLDAT. – On pariait, on se disait :

LE JEUNE SOLDAT. – Viendra.

LE SOLDAT. – Viendra pas...

LE JEUNE SOLDAT. – Viendra...

LE SOLDAT. – Viendra pas... et tenez, c'est drôle à dire, mais ça soulageait de le voir.

LE JEUNE SOLDAT. – C'était comme qui dirait une habitude.

LE SOLDAT. – On finissait par imaginer qu'on le voyait quand on ne le voyait pas. On se disait : ça bouge ! Le mur s'allume. Tu ne vois rien ? Non. Mais si. Là, là, je te dis... Le mur n'est pas pareil, voyons, regarde, regarde !

LE JEUNE SOLDAT. – Et on regardait, on se crevait les yeux, on n'osait plus bouger.

LE SOLDAT. – On guettait la moindre petite différence.

LE JEUNE SOLDAT. – Enfin, quand ça y était, on respirait et on n'avait plus peur du tout.

LE SOLDAT. – L'autre nuit, on guettait, on guettait, on se crevait les yeux, et on croyait qu'il ne se montrerait pas, lorsqu'il arrive, en douce... pas du tout vite comme les premières nuits, et une fois visible, il change ses phrases, et il nous raconte tant bien que mal qu'il est arrivé une chose atroce, une chose de la mort, une chose qu'il ne peut pas expliquer aux vivants. Il parlait d'endroits où il peut aller, et d'endroits où il ne peut pas aller, et qu'il s'est rendu où il ne devait pas se rendre, et qu'il savait un secret qu'il ne devait pas savoir, et qu'on allait le découvrir et le punir, et qu'ensuite, on lui défendrait d'apparaître, qu'il ne pourrait plus jamais apparaître (*Voix solennelle.*) « Je mourrai ma dernière mort », qu'il disait, « et ce sera fini, fini. Vous voyez, messieurs, il n'y a plus une minute à perdre. Courez ! Prévenez la reine ! Cherchez Tirésias ! Messieurs !

Messieurs ! ayez pitié !... » Et il suppliait, et le jour se levait. Et il restait là.

LE JEUNE SOLDAT. – Brusquement, on a cru qu'il allait devenir fou.

LE SOLDAT. – À travers des phrases sans suite, on comprend qu'il a quitté son poste, quoi... qu'il ne sait plus disparaître, qu'il est perdu. On le voyait bien faire les mêmes cérémonies pour devenir invisible que pour rester visible, et il n'y arrivait pas. Alors, voilà qu'il nous demande de l'insulter, parce qu'il a dit comme ça que d'insulter les revenants c'était le moyen de les faire partir. Le plus bête, c'est qu'on n'osait pas. Plus il répétait : « Allez ! Allez ! jeunes gens, insultez-moi ! Criez, ne vous gênez pas... Allez donc ! » plus on prenait l'air gauche.

LE JEUNE SOLDAT. – Moins on trouvait quoi dire !...

LE SOLDAT. – Ça par exemple ! Et pourtant, c'est pas faute de gueuler après les chefs.

LE CHEF. – Trop aimables, messieurs ! Trop aimables. Merci pour les chefs...

LE SOLDAT. – Oh ! chef ! Ce n'est pas ce que j'ai voulu dire... J'ai voulu dire... j'ai voulu parler des princes, des têtes couronnées, des ministres, du gouvernement quoi... du pouvoir ! On avait même souvent causé de choses injustes... Mais le roi était un si brave fantôme, le pauvre roi Laïus, que les gros mots ne nous sortaient pas de la gorge. Et il nous excitait, lui, et nous, on bafouillait : Va donc, eh ! Va donc, espèce de vieille vache ! Enfin, on lui jetait des fleurs.

LE JEUNE SOLDAT. – Parce qu'il faut vous expliquer, chef : Vieille vache est un petit nom d'amitié entre soldats.

LE CHEF. – Il vaut mieux être prévenu.

LE SOLDAT. – Va donc ! Va donc, eh !... Tête de... Espèce de... Pauvre fantôme. Il restait suspendu entre la vie et la mort, et il crevait de peur à cause des coqs et du soleil. Quand tout à coup, on a vu le mur redevenir mur, la tache s'éteindre. On était crevés de fatigue. [...]

Jean Cocteau, *La Machine infernale*, I, 1934.

OBJETS D'ÉTUDE L

DOCUMENT C

Roberto Zucco est le nom d'un assassin, enfermé en prison au moment où s'ouvre la pièce.

I – L'évasion

Le chemin de ronde d'une prison, au ras des toits. Les toits de la prison, jusqu'à leur sommet. À l'heure où les gardiens, à force de silence et fatigués de fixer l'obscurité, sont parfois victimes d'hallucinations.

PREMIER GARDIEN. – Tu as entendu quelque chose ?

DEUXIÈME GARDIEN. – Non, rien du tout.

PREMIER GARDIEN. – Tu n'entends jamais rien.

DEUXIÈME GARDIEN. – Tu as entendu quelque chose, toi ?

PREMIER GARDIEN. – Non, mais j'ai l'impression d'entendre quelque chose.

DEUXIÈME GARDIEN. – Tu as entendu ou tu n'as pas entendu ?

PREMIER GARDIEN. – Je n'ai pas entendu par les oreilles, mais j'ai eu l'idée d'entendre quelque chose.

DEUXIÈME GARDIEN. – L'idée ? Sans les oreilles ?

PREMIER GARDIEN. – Toi, tu n'as jamais d'idée, c'est pour cela que tu n'entends jamais rien et que tu ne vois rien.

DEUXIÈME GARDIEN. – Je n'entends rien parce qu'il n'y a rien à entendre et je ne vois rien parce qu'il n'y a rien à voir. Notre présence ici est inutile, c'est pour cela qu'on finit toujours par s'engueuler. Inutile, complètement ; les fusils, les sirènes muettes, nos yeux ouverts alors qu'à cette heure tout le monde a les yeux fermés. Je trouve inutile d'avoir les yeux ouverts à ne fixer rien, et les oreilles tendues à ne guetter rien, alors qu'à cette heure nos oreilles devraient écouter le bruit de notre univers intérieur et nos yeux contempler nos paysages intérieurs. Est-ce que tu crois à l'univers intérieur ?

PREMIER GARDIEN. – Je crois qu'il n'est pas inutile qu'on soit là, pour empêcher les évasions.

[…]

PREMIER GARDIEN. – Tu ne vois pas quelque chose ?

Apparaît Zucco, marchant sur le faîte du toit.

DEUXIÈME GARDIEN. – Non, rien du tout.

PREMIER GARDIEN. – Moi non plus, mais j'ai l'idée de voir quelque chose.

DEUXIÈME GARDIEN. – Je vois un type marchant sur le toit. Ce doit être un effet de notre manque de sommeil.

35 Premier gardien. – Qu'est-ce qu'un type ferait sur le toit ? Tu as raison. On devrait de temps en temps refermer les yeux sur notre univers intérieur.

Bernard-Marie Koltès, *Roberto Zucco*, I, « L'Évasion », 1990.

LES CLÉS DU SUJET

Comprendre la question

- Une « **réécriture** » suppose 1. une imitation, 2. une transformation du texte modèle.
- Analysez d'une part ce que les scènes de Cocteau et de Koltès **reprennent** de celle de Shakespeare, d'autre part ce qui les en **différencie**.
- « Dans quelle mesure » implique de juger l'**importance** des écarts entre les deux textes et leur modèle.

Construire la réponse

- N'étudiez pas les textes séparément : il s'agit d'une **synthèse**.
- Le plan qui consisterait à diviser la réponse en **deux parties** : ressemblances/ différences vous amènerait à des redites. Construisez plutôt votre réponse autour des **différentes** caractéristiques des textes : personnages, registres, déroulement de la scène, message ou vision du monde suggérés…
- Encadrez votre réponse d'une phrase d'**introduction**, qui situe les documents et reprend la question, et d'une **conclusion**, qui rappelle l'intérêt des éléments analysés pour la compréhension du corpus.
- Accompagnez chaque remarque d'**exemples précis**.

▶ **Pour réussir les questions** : voir guide méthodologique.
▶ **Les réécritures** : voir mémento des notions.

CORRIGÉ 57

Notez bien
Il est intéressant d'amorcer une réponse par une citation qui met en place l'enjeu de la question. Faites-vous un « stock » de citations sur chaque objet d'étude.

[Amorce et présentation du corpus] « Tout texte est un intertexte ; d'autres textes sont présents en lui, à des niveaux variables, sous des formes plus ou moins reconnaissables », écrit Roland Barthes, marquant par là que les écrivains puisent leur matière dans les œuvres de leurs prédécesseurs. Ainsi, la scène d'exposition d'*Hamlet* de Shakespeare, au cours de laquelle apparaît le spectre du roi, père d'Hamlet, assassiné, a sans doute, plus de trois siècles plus tard, inspiré l'une des premières scènes de *La Machine infernale* de Jean Cocteau – qui s'est en outre souvenu du mythe d'Œdipe –, mais aussi, plus récemment, le *Roberto Zucco* de Koltès. Ces deux scènes présentent des ressemblances avec leur texte source, mais elles s'en démarquent aussi, ce qui fait d'elles de véritables réécritures de la scène de Shakespeare.

• La place des scènes dans l'œuvre. Les trois scènes occupent la même place dans l'œuvre : ce sont des scènes d'ouverture qui jouent leur rôle d'exposition : elles informent le spectateur de la situation mais suscitent aussi des interrogations.

• Les personnages. Ces trois extraits mettent en scène des personnages à l'identité très proche : deux « soldats » (Shakespeare et Cocteau) ou « gardiens » (Koltès), c'est-à-dire des personnages subalternes, chargés de surveiller, et qui, par conséquent, ont le rôle de témoins (le verbe *voir* apparaît fréquemment). Chez Cocteau comme chez Shakespeare, ces soldats sont en présence d'un supérieur, à qui ils font un rapport : à Marcellus fait écho le « chef » chez Cocteau. La scène de Koltès *transforme* plus sensiblement l'identité des personnages : les « soldats » de Shakespeare sont devenus des « gardiens » de prison, mais leur mission est identique.

• Les circonstances dramatiques. Ces débuts de pièces se déroulent dans des circonstances favorables à la dramatisation. Ce sont des scènes nocturnes (vues ou évoquées) sur un lieu de surveillance : à la *« plate-forme devant le château »* d'*Hamlet* répondent le *« chemin de ronde sur les remparts de Thèbes »* (Cocteau) et le *« chemin de ronde d'une prison »* (Koltès).

• Des « apparitions » : l'événement autour duquel tournent les scènes et les circonstances. L'attention de ces personnages bien humains est absorbée par l'apparition d'un personnage surnaturel, qui crée l'émotion : « la chose », le « spectre » royal shakespearien devient chez Cocteau le « fantôme », royal lui aussi (il s'agit de Laïus, roi de Thèbes), générateur d'émotions et autour duquel tourne toute la conversation. Koltès se démarque de Shakespeare quant à l'identité de l'apparition : le « quelque chose » n'est ni un roi ni un mort, c'est Roberto Zucco, un assassin prisonnier, mais il a – comme dans les deux autres textes – l'immatérialité d'un être fantasmagorique, puisque qu'aucun des gardiens ne le voit ; c'est leur discours qui en fait une hallucination, lui donne le statut de fantôme, « effet de [leur] manque de sommeil ».

• Présence directe ou indirecte ? Cependant Cocteau s'éloigne de Shakespeare en ce sens que le spectre de Laïus n'apparaît pas directement sur scène : il n'est présent que par le récit des deux soldats qui *rejouent* la scène qu'ils ont vécue et rapportent les paroles de Laïus. Koltès sur ce point se rapproche davantage de Shakespeare : Roberto Zucco « *apparaît* » vraiment sur scène, comme le signale la didascalie.

• Les relations entre « l'apparition » et les soldats. La scène de *La Machine infernale* révèle, comme son modèle shakespearien, les difficultés de communication entre le spectre et ses interlocuteurs : certes le fantôme parle, mais il ne peut pas vraiment communiquer avec les soldats, son message ne peut être délivré, et eux ne trouvent pas « quoi dire » ; cette incapacité correspond au mutisme du spectre shakespearien (« il est parti sans consentir à nous répondre »). Chez Koltès, les personnages ne communiquent pas du tout, puisque les « gardiens » n'ont que « *l'idée* d'entendre quelque chose ».

• Le registre de ces scènes. La situation et la présence du « fantôme » installent une atmosphère fantastique et une tension due à cet événement inexplicable rationnellement, qui prend une valeur prémonitoire et pose la question de la vie et de la mort. Cependant, le registre des trois scènes diffère : tragique chez Shakespeare – où le spectre, « noble forme guerrière », en impose par sa solennité et son mutisme mystérieux –, il devient pathétique chez Cocteau, où le « pauvre » spectre « perdu » est impuissant et pitoyable. À ce pathétique se mêle une pointe de comique, en décalage – bien dans le ton du XXe siècle – avec la tension de la scène : les « soldats » sont ridicules (ils rappellent les gardes frustes et naïfs de l'*Antigone* d'Anouilh), avec leurs remarques très terre à terre. Ce mélange donne à la scène son ton parodique de la tragédie. La scène de *Roberto Zucco*, elle, offre un registre plus neutre et plus réaliste, qui débouche sur une constatation existentielle individualiste : « On devrait […] refermer les yeux sur notre univers intérieur ».

• Le rôle du spectre. Enfin, c'est le rôle du spectre qui marque l'écart entre la scène de Shakespeare et ses « réécritures » : le fantôme du roi de Danemark a un rôle prémonitoire, annonciateur de la tragédie à venir et générateur de tension (« ceci présage pour l'État quelque catastrophe étrange »). Chez Cocteau, le spectre incarne l'absurdité du monde : prisonnier d'un monde invisible, il essaie de prévenir les vivants de la réalité « atroce » de la « mort » (« Prévenez la reine ») ; il sert à montrer que l'homme est condamné à sa condition de mortel et ne peut rien faire pour aller contre. Chez Koltès, l'apparition de Zucco est un ressort dramatique : la cécité des gardiens qui font de lui une « apparition » permet l'évasion, élément capital dans l'intrigue de la pièce.

Ces trois scènes sont elles-mêmes des réécritures de la pièce de Sophocle *Œdipe Roi* (les remparts d'Elseneur ressemblent aux remparts de Thèbes). Cela montre d'une part la richesse des plus anciens mythes qui inspirent les auteurs jusqu'à nos jours, d'autre part l'importance dans une réécriture du contexte qui *transforme* et fait d'une imitation une innovation.

SUJET

58

France métropolitaine • Septembre 2012

Série L • 16 points

À quoi bon les réécritures ?

Commentaire

▸ **Vous ferez le commentaire du texte B à partir de la ligne 21 (« L'autre nuit, on guettait […] ») jusqu'à la fin du texte.**

Se reporter au document B du sujet n° 57.

LES CLÉS DU SUJET

Trouver les idées directrices

- Faites la « **définition** » du texte pour trouver les idées directrices.

Scène d'exposition de tragédie moderne (*genre*) où des soldats racontent à leur chef (*type de texte*) l'apparition du spectre du roi assassiné (*thème*), tragique, pathétique, dramatique, comique, parodique (*registres*), réécrite de Sophocle et de Shakespeare, théâtrale, angoissante (*adjectifs*), pour créer une atmosphère fantastique, caricaturer les soldats, rendre compte de l'absurdité de la mort (*buts*).

- Il s'agit d'une réécriture d'*Œdipe Roi* de Sophocle et d'une scène de *Hamlet*, deux tragédies : servez-vous de votre réponse à la question.
- Montrez sa **modernité** : tenez compte de **la théâtralité** de la scène.
- Quelle **conception** de la vie et de l'homme s'en dégage ?

Pistes de recherche

Première piste : un récit théâtral et pathétique

- Quels éléments suscitent la **pitié** du spectateur pour le spectre ?
- Étudiez la **progression de l'action** : qu'est-ce qui crée l'urgence ?

Deuxième piste : l'évocation d'une scène tragique et son sens

- Quelle image de la **mort** traduit ce récit ?
- D'où vient la **tension tragique** ? Analysez la nature de la fatalité.
- Quelles caractéristiques du **héros tragique** présente Laïus ?

Troisième piste : la modernisation du mythe
- Analysez les effets de **rupture** avec le tragique traditionnel.
- Comment Cocteau **désacralise**-t-il le personnage traditionnel du roi ?
- Cherchez des explications au **mélange des tons** dans cette scène.

▶ **Pour réussir le commentaire** : voir guide méthodologique.
▶ **Les réécritures, le théâtre** : voir mémento des notions.

CORRIGÉ 58

Nous vous proposons un corrigé dont vous pouvez vous exercer à rédiger quelques paragraphes. Les titres en couleur servent à guider la lecture mais ne doivent pas apparaître sur la copie.

Introduction

[Amorce] Au XXe siècle, les écrivains « revisitent » les mythes antiques, en donnent une lecture inspirée par les préoccupations contemporaines et l'évolution des mentalités. [Présentation du texte] Ainsi, Cocteau puise dans les tragédies de la Grèce antique le sujet de plusieurs de ses œuvres, notamment *La Machine infernale* (1934) dans laquelle il réécrit l'histoire d'Œdipe. L'acte I, intitulé « Le fantôme », se déroule *« sur les remparts de Thèbes »*, dans une atmosphère sinistre. Deux soldats témoins des apparitions du fantôme du roi Laïus assassiné par Œdipe rendent compte à leur « chef » de ce qu'ils ont vu. La scène évoquée par les soldats est une réécriture à la fois de l'*Œdipe Roi* de Sophocle et de la scène d'exposition d'*Hamlet* de Shakespeare. [Annonce des axes] Leur récit, très théâtral et pathétique, donne le ton de la pièce [I] : il s'agit bien d'une tragédie qui suscite une méditation sur la mort et suggère une conception de l'homme [II]. Cependant Cocteau prend ses distances avec ses modèles : en mélangeant les registres, il modernise le mythe et l'adapte à sa vision du monde et de l'écriture dramatique [III].

I. Un récit très théâtral et pathétique

La scène racontée s'inspire de l'exposition d'*Hamlet* : le roi Laïus, assassiné comme le père d'Hamlet, réapparaît sous la forme d'un revenant. Mais Cocteau rend le récit des soldats particulièrement théâtral et pathétique.

1. Des circonstances et des effets propres à créer l'angoisse

- Le récit d'une scène nocturne (« L'autre nuit »), propice au mystère.
- Un lieu de surveillance qui suggère un danger ou un événement insolite.

OBJETS D'ÉTUDE L

• Un effet d'attente intensifié par le fait que ce n'est pas la première apparition (« comme les premières nuits ») : la répétition (« l'habitude ») crée l'attente (« Viendra/Viendra pas… » ; « on guettait/on se crevait les yeux »).

2. La mise en scène pathétique du spectre

• Les gardes soulignent la souffrance du personnage par leurs commentaires apitoyés sur ce « si *brave* fantôme », « le *pauvre* roi Laïus », le « *pauvre* fantôme » « perdu ». Ce sont aussi les propres paroles du spectre rapportées au style direct et dramatisées qui traduisent son désarroi, par leur modalité exclamative, leur syntaxe heurtée, leurs répétitions angoissées (« Je mourrai/ma dernière mort », « fini, fini », « Messieurs ! Messieurs ! », « Allez ! Allez ! »).

• Enfin, la souffrance morale du spectre est d'autant plus poignante qu'elle marque un renversement inédit et cruel des rôles : alors que les soldats, qui devraient être terrifiés, « n'[ont] plus peur du tout », c'est le fantôme qui paradoxalement semble « devenir fou » et « crève de peur ».

• Le jeu sur la vie (le revenant parle et a un comportement de vivant) et la mort (Laïus a bien été assassiné), dont on ne discerne pas la frontière, la succession des apparitions et des disparitions contribuent à la théâtralité du récit (« il ne sait plus disparaître », « suspendu entre la vie et la mort » jusqu'à ce que « la tache » finisse par « s'éteindre »).

> **Notez bien**
> La théâtralité, ce sont les éléments qui permettent de mettre en scène. Demandez-vous toujours : que donnerait cet extrait sur scène ?

II. L'évocation d'une scène tragique et son sens

[Transition] Mais le récit dépasse le simple pathétique ; il rappelle la tragédie grecque.

1. Le monde et la condition impitoyables des morts

• Un monde sans liberté. Des lois rigoureuses : « il *peut* aller » ; des interdits omniprésents : abondance de négations : « il *ne* peut *pas*, il *ne* devait *pas* » (deux fois), « il *ne* pourrait *plus jamais* » ; vocabulaire de l'interdit : « défendrait ». Complexité des lois rendue par la syntaxe embarrassée (« Il parlait […] apparaître »). Les morts sont comme des prisonniers.

• Un monde gouverné par un ordonnateur sans identité et mystérieux : pronom « on » sujet des verbes d'action (« allait, « défendrait »).

• Les notions de faute (soulignée par le passé composé « il *s'est rendu* là où il ne devait pas » et par la métaphore « il a quitté son poste ») et de punition (« punir ») au cœur du désarroi du spectre.

• L'existence du spectre (mort) est fragile, marquée par la brièveté, l'instabilité.

2. Une menace sans visage, une situation d'urgence

• Le sentiment du tragique naît aussi de l'évocation d'une menace certaine, d'autant plus pleine de mystère qu'elle est indéfinie : la répétition en groupe ternaire lyrique de l'expression vague « une chose », associée à des mots terrifiants (« atroce », « de la mort ») ou à une négation (« qu'il *ne* peut *pas* expliquer ») intensifie l'angoisse, parce que cette « chose », image de la fatalité, n'a pas de visage.

• Le discours du spectre est marqué par la même imprécision oppressante : la phrase « Prévenez la reine ! » tourne court : il y manque un complément d'objet indirect qui préciserait la teneur de la nouvelle à annoncer. Le spectateur ne sait pas non plus pourquoi il faut « cherche[r] Tirésias », le devin, peut-être capable d'élucider la menace, ni en quoi consiste le « secret ».

• L'urgence de la situation intensifie la tension tragique : à plusieurs reprises, Laïus souligne que le temps presse, soit explicitement (« Il n'y a pas une minute à perdre »), soit implicitement par le rythme heurté, la brièveté de ses phrases ou ses injonctions (« Courez ! Prévenez ! Cherchez ! »/ « Allez »). La mention très concrète du « jour » qui se lève, « des coqs et du soleil », annonciateurs de l'aube hostile aux spectres, vient confirmer la marche inexorable du temps.

3. Un point de non-retour, une fatalité inéluctable

• Omniprésence de la mort. Relevez son champ lexical.

• Un point de non-retour annoncé, l'inéluctable suggéré par la négation « ne... *plus jamais* », par l'expression au futur antérieur « ce sera fini », emblématique du tragique.

• Formule prophétique et « solennelle » qui annonce le dénouement : « Je mourrai ma dernière mort » (futur + « dernière », répétition de termes de même racine [polyptote] sur un rythme d'octosyllabe).

4. L'impossibilité à agir, à communiquer

Ce qui contribue aussi à faire de Laïus un personnage tragique, image de l'absurdité de la condition humaine.

• Son incapacité à agir dans le présent : verbes d'état à l'imparfait de durée.

• Son oubli de tout savoir : « il ne sait plus ».

• Son incapacité à communiquer clairement.

• Sa double mort : il mourra deux fois, destin à la fois tragique et absurde.

III. La modernisation du mythe : le mélange des tons

Mais le mythe classique est revivifié par une désacralisation ironique, caractéristique du théâtre moderne.

1. Les soldats, les personnages burlesques

• Leur langage, familier et relâché, jure avec l'expression noble de la tragédie et avec les interventions du spectre. Vocabulaire familier (« on » pour « nous » ; « gueuler » ; « bête » pour « angoissant » ; « gros mots » pour « mots grossiers » ; « ça par exemple », « petit nom d'amitié »). Expressions imagées populaires (« jeter des fleurs » ; « crevés de fatigue », « crevait de peur ») ou militaires : « quitté son poste ». Injures grotesques : « Vieille vache »... Syntaxe du langage oral : « il a dit *comme ça que* [...] partir » ; ruptures de construction (« il parlait *d'*endroits... *et qu'*il s'est rendu... ») ; négation omise (« c'est pas faute... »).

• Leur comportement est caricatural. Ils ne respectent pas le fantôme royal (parce qu'il est mort) ni les autorités, ils « gueulent après les chefs » en leur absence mais, par un renversement subit d'attitude, devant leur « chef » ils retrouvent leur respect obséquieux et leur sens de la hiérarchie. Leur chef lui-même souligne avec ironie leur manque d'à-propos et leur grossièreté (« Trop aimables, messieurs » ; « Il vaut mieux être prévenu »).

• Cocteau donne à travers eux une piètre image de l'armée, pleine de sensiblerie (« le roi était un si brave fantôme »), vulgaire, bavarde et soumise...

2. La désacralisation du personnage du roi

• Cocteau, en latinisant le nom Laios en Laïus, crée un jeu de mots qui évoque pour le spectateur moderne de longs discours ennuyeux : or, ironiquement, ce roi, au lieu de s'exprimer en héros de tragédie, « raconte tant bien que mal », ne sait pas « expliquer », ses « phrases sans suite » s'emmêlent...

• La hiérarchie entre les personnages se trouve totalement bouleversée. Ce roi a perdu toute dignité et autorité : il s'adresse avec un respectueux « Messieurs » à de simples soldats et les « supplie » de l'« insulter ».

• Son comportement, désordonné, proche de la folie (« fou »), marque son impuissance dans tous les domaines (parole et actes). Le personnage du roi n'a plus la stature héroïque de son modèle shakespearien ; misérablement humain, déchu, c'est une parodie de souverain de tragédie.

3. Pourquoi ce mélange des tons ?

La scène révèle la misère des hommes, des vivants comme des morts. On peut dès lors s'interroger sur les fonctions et le sens de cet étrange mélange des tons pour rendre compte de l'absurdité de la condition humaine.

• Rire et fantaisie comme antidote à l'angoisse : le burlesque pour éviter de désespérer l'homme. Le comique met à distance ce que le monde a d'abominable (ici le parricide), de désespérant et le rend supportable (rappel de la réflexion de Figaro : « Je me presse de rire de tout de peur de devoir en pleurer »).

• Par la parodie, Cocteau de désacraliser le héros tragique : pour lui le personnage de théâtre est un homme banal, ridicule et attendrissant, avec ses grandeurs et ses petitesses. Une nouvelle conception du tragique.

• Tout en s'inscrivant dans une lignée (Sophocle, Shakespeare), Cocteau exprime son tempérament provocateur et revendique le droit à la fantaisie dans l'écriture.

Conclusion

[Synthèse] Dès le début de sa pièce, Cocteau donne aussi le ton. Mais la scène dépasse le rôle d'exposition : Cocteau y révèle sa vision de la condition humaine par la parodie et le mélange des tons, définit une nouvelle conception de la tragédie, marquée par le contexte d'après-guerre. [Ouverture] Plus tard, Anouilh dans *Antigone* fait revivre un Créon désacralisé, entouré de gardes brutaux qui *« jouent aux cartes »* pendant la tragédie et, après la Deuxième Guerre mondiale, Ionesco, dans *Le roi se meurt*, met lui aussi en scène un roi en plein désarroi, image d'une condition humaine absurde.

SUJET 59

France métropolitaine • Septembre 2012
Série L • 16 points

À quoi bon les réécritures ?

Dissertation

▸ Quel intérêt présente, pour un écrivain et pour ses lecteurs ou ses spectateurs, la réécriture d'une œuvre ?
Vous répondrez à cette question dans un développement organisé, en vous appuyant sur les textes du corpus, les lectures faites en classe mais aussi vos connaissances personnelles.

Les textes du corpus sont reproduits dans le sujet nº 57.

LES CLÉS DU SUJET

Comprendre le sujet

• « Quel intérêt présente… » signifie : *Quels avantages/quels plaisirs* offre la réécriture ? pour l'écrivain ? pour le destinataire ?

• La question invite à **analyser les avantages** des réécritures et exclut la discussion. Pas de plan dialectique mais par centres d'intérêt ou avantages.

• **Reformulez** la problématique avec vos propres mots : *Qu'est-ce qui peut pousser un écrivain à faire des réécritures ? un lecteur à en lire ?*

Chercher des idées

• Commencez vos réflexions par : *Un écrivain pratique la réécriture* ***parce que…*** et : *Un lecteur lit des réécritures* ***parce que…***

• Explorez au moins deux perspectives : *parce que la réécriture peut être* ***utile*** (en quoi ?)/*parce qu'elle peut être* ***agréable*** (en quoi ?).

• Cherchez des **exemples.** Ne vous limitez pas au théâtre (« spectateur ») : les réécritures peuvent consister en un changement de genre.

• **La Fontaine**, inspiré par Ésope, Phèdre, et imité par Anouilh en 1962.

– Réécriture des **mythes** : Dom Juan (Molière), Amphitryon (Molière, Giraudoux), Antigone (Sophocle, Anouilh), Électre (Giraudoux), Faust…

– Le **pastiche** et la **parodie** : *Gargantua* (1534) de Rabelais, parodie d'épopée ; le *Roman comique* (1651-1657), parodie du roman précieux ; le *Virgile travesti* (1648-1652) [Scarron], parodie de l'*Énéide* (Virgile).

▶ **Pour réussir la dissertation** : voir guide méthodologique.
▶ **Les réécritures** : voir mémento des notions.

CORRIGÉ 59

Certains passages de ce corrigé se présentent comme un plan que vous pouvez vous exercer à rédiger. Les titres en couleur ne doivent pas figurer sur la copie.

Introduction

[Amorce] Tout texte porte la marque d'un héritage culturel parce qu'à travers lui, comme en filigrane, on peut repérer les influences multiples dont il témoigne : les auteurs se nourrissent de leurs prédécesseurs. Lorsque l'imitation est volontaire et revendiquée, on parle de « réécriture » : l'auteur emprunte, imite, adapte des œuvres sources et cherche à faire entendre sa voix en s'inscrivant dans une tradition, pour la suivre ou la contester, pour imiter ou innover. [Problématique] D'où vient le succès des réécritures ? [Annonce du plan] Quel parti les artistes – et notamment les écrivains – peuvent-ils tirer de la réécriture d'une œuvre ? [I et II] Et quel intérêt un lecteur peut-il prendre à lire une œuvre dont il connaît déjà la substance ? [III]

I. Du côté de l'écrivain : réécrire pour apprendre et se démarquer

1. Réécrire pour « faire ses armes »

• Une « réserve » inépuisable pour l'inspiration. Le fonds culturel et littéraire sert de « réserve » pour stimuler et aider l'inspiration. C'est un héritage dans lequel l'auteur peut puiser à son aise et butiner (la réécriture peut emprunter à des sources différentes : *exemples du corpus*).

• Réécrire pour « faire ses armes ». Dans les écoles de rhétorique, les élèves orateurs composaient sur des sujets récurrents, avec des schémas de discours préétablis, souvent inspirés des maîtres de l'art oratoire [*exemples*]. Les contraintes imposées sont stimulantes – par leur difficulté même –, aiguisent les techniques et obligent l'auteur à connaître et à suivre les règles du genre.

• Dans les arts et dans la littérature européenne, jusqu'à une époque récente imiter les œuvres de l'Antiquité grecque et latine n'était pas considéré comme un plagiat. On imitait les Anciens, dont la qualité était reconnue par tous, pour s'exercer. L'imitation est au cœur de l'esthétique de la Renaissance et, un siècle plus tard, des auteurs classiques.

• Ces réécritures par imitation supposaient des contraintes : les écrivains s'exerçaient à « traiter » un thème, à rendre compte d'une situation et, en rhétorique, à soutenir des thèses, les *topoi*. Comme les peintres composant une nativité, une descente de croix ou une pietà, les auteurs s'exerçaient aux scènes obligées : la scène de combat dans l'épopée, la rencontre amoureuse dans le roman, la scène de reconnaissance dans le théâtre [*exemples*].

Le but final des réécritures est alors d'essayer de dépasser les modèles.

2. J'admire donc j'imite : hommage au modèle

• Un écrivain confirmé, qui n'a plus besoin de se former, peut néanmoins choisir de réécrire l'œuvre d'un auteur qu'il admire. La réécriture est alors un hommage au modèle. Quand Louise Labé (XVIe siècle) écrit son poème « Je vis, je meurs… », elle a manifestement sous les yeux le sonnet de Pétrarque.

• Ainsi, le pastiche est un jeu littéraire dans lequel l'auteur imite le style ou la manière d'un écrivain, sans intention agressive ou moqueuse. Il vise à mettre en évidence la supériorité de son modèle pour qui il éprouve une admiration sincère (exemples des premiers poèmes de Rimbaud : « Les Étrennes des orphelins » ou « Les Effarés » semblent avoir été écrits par Victor Hugo).

• En même temps celui qui réécrit s'inscrit dans une lignée, crée et renforce le lien entre les écrivains, marquant ainsi la permanence des préoccupations humaines (réécritures des mythes). *Exemples* : *Œdipe* [*Roi*] de Sophocle, de Sénèque, de Corneille, de Voltaire…

3. Réécrire pour affirmer son originalité

• Réécrire pour innover et inventer. La réécriture permet de se démarquer des prédécesseurs et d'innover. Ainsi La Fontaine s'inspire d'Ésope et de Phèdre, mais il renouvelle la fable en accordant au récit une place prépondérante : « Mon imitation n'est pas un esclavage » (*Épître à Huet*).

• Réécrire pour apporter un point de vue différent. Pascal emprunte à Montaigne, mais son optique est différente : il adopte le point de vue du chrétien qui veut « convertir » les libertins et met au service de son projet apologétique ce qui, chez Montaigne, n'était qu'une réflexion philosophique née des constatations de la vie quotidienne. Il précise que son imitation est aussi une émulation : « Qu'on ne dise pas que je n'ai rien dit de nouveau : la disposition des matières est nouvelle ; quand on joue à la paume […], c'est une même balle dont joue l'un et l'autre, mais l'un la place mieux » (*Pensées*).

• Réécrire pour moderniser, réactualiser des sujets éternellement humains et les adapter au contexte, au public visé, et en montrer de nouveaux aspects. L'*Antigone* de Sophocle traite des relations de l'homme avec sa famille, sa cité et ses dieux, du conflit entre les lois divines et les lois de la cité. Quinze siècles plus tard, l'*Antigone* d'Anouilh (1944) se révolte par idéalisme, par refus d'accepter les compromis dans une société trop matérialiste.

II. Du côté de l'écrivain : réécrire pour se distancier

1. Réécrire pour jouer

• Un champ d'expérience ludique. La réécriture devient aussi champ d'expérience et exercice de style à la fois ludique et sérieux pour les auteurs de l'OuLiPo (Ouvroir de littérature potentielle) fondé par Raymond Queneau, dont les recherches visent à renouveler le langage.

Notez bien
Dans ses *Exercices de style*, Queneau s'amuse à raconter 99 fois la même histoire, de 99 façons différentes selon les différents contextes ou les formes choisies (« Comédie », « Vulgaire », « Sonnet », « Lettre officielle », « Précieux »…)

• Jouer à désacraliser. La parodie procède d'un tout autre esprit que le pastiche : c'est aussi l'imitation d'une œuvre célèbre, mais dans le registre comique [*exemple du texte de Cocteau*]. Le parodieur est insincère, comme l'indique l'étymologie grecque du mot *parôdia* : « chanter à côté » (chanter faux) [*exemples*]. Il fait descendre de son piédestal le texte source qui n'est plus un modèle, mais une « matière » à désacraliser.

• Jouer à se moquer. C'est une pratique littéraire aussi vieille que le théâtre. À Athènes, au Ve siècle avant J.-C., Aristophane, dans ses comédies, parodie les tragédies de son ennemi Euripide. La parodie, caricature l'œuvre originale en forçant le trait. Elle change le cadre spatial ou temporel et joue des anachronismes [*exemples*]. Elle mélange les registres et les genres.

2. Réécrire pour critiquer le monde

La réécriture, et notamment la parodie, est aussi une arme : Voltaire dans *Candide* reprend en partie la forme du conte pour dénoncer la théorie optimiste du philosophe Leibniz [*exemple à développer* + *exemples personnels*].

3. Réécrire comme remise en cause littéraire]

• Par la réécriture, l'écrivain remet parfois en cause la tradition et redéfinit les formes et les genres littéraires. Dans *La Machine infernale*, Cocteau ne suit plus les règles traditionnelles de la tragédie.

• La réécriture fait alors évoluer les genres littéraires. Cocteau redéfinit la notion de tragique et l'adapte au monde moderne. Dans *Candide*, en dénonçant le merveilleux trompeur des contes de fées qui font croire que « tout est pour le mieux dans le meilleur des mondes », Voltaire donne naissance à un nouveau genre : le conte traditionnel devient le conte philosophique.

III. Du côté du lecteur [en partie rédigé]

1. Un pacte de lecture et un plaisir d'initié

• La réécriture, et notamment le pastiche et la parodie, ne prend son sens que si le texte modèle est connu du lecteur. On ne peut parodier ou pasticher qu'un texte connu, ce qui suppose une certaine culture du lecteur.

• Elle lui procure alors le plaisir intellectuel de l'initié, qui sait reconnaître derrière l'œuvre réécrite le texte modèle (exemple : *West Side Story*, réécriture de *Roméo et Juliette* de Shakespeare ; *La Folie des grandeurs*, réécriture de *Ruy Blas*). L'auteur et le lecteur deviennent complices [*exemples*].

• En outre, la réécriture provoque chez le lecteur un plaisir plus ambigu qu'il n'y paraît, le plaisir de l'iconoclaste : celui de voir un « grand » texte dénaturé et donc son auteur rabaissé. C'est l'esprit même du Carnaval durant lequel on peut, sous le masque, se moquer des représentants de l'autorité.

2. Comparer, prendre conscience et mieux comprendre

• La comparaison que suppose la lecture de la réécriture permet de prendre conscience de l'évolution des mentalités et des goûts. Le texte source éclaire sa réécriture par l'écart qui l'en sépare [*exemples*].

• Inversement, la réécriture permet de mieux comprendre les textes fondateurs et les rend plus accessibles à un public qui a changé.

• Si l'on considère que la traduction est une réécriture, celle-ci rend accessible au lecteur quantité d'œuvres auxquelles il n'aurait pas accès. Dans ce cas, la réécriture enrichit la connaissance du lecteur, lui permet de confronter cultures et civilisations, dans l'espace et dans le temps (œuvres de l'Antiquité), et donc de se forger une opinion [*exemples personnels*].

Conclusion

[Synthèse] De nos jours l'imitation n'a pas bonne presse à cause des dérives qu'elle peut engendrer (plagiat) et de la notion légale de propriété intellectuelle (droits d'auteurs et copyrights). Mais, si elle est pratiquée avec discernement, la réécriture est fructueuse, utile et agréable tant pour l'écrivain que pour son destinataire. [Ouverture] C'est un phénomène qui ne se limite pas à la littérature, mais s'étend à tous les arts.

SUJET 60

France métropolitaine • Septembre 2012
Série L • 16 points

À quoi bon les réécritures ?

Écriture d'invention

▶ « HORATIO. – Reste ! Parle ! Je te somme de parler. » Imaginez qu'au lieu de disparaître, le Spectre engage le dialogue avec les personnages présents.
Votre texte s'intégrera de manière cohérente dans le dialogue shakespearien.

Se reporter au document A du sujet n° 57.

LES CLÉS DU SUJET

Comprendre le sujet

Faites la « **définition** » du texte à produire, en analysant la consigne.

Dialogue théâtral (*genre*) entre le Spectre et les personnages de la scène (*situation d'énonciation*) sur l'assassinat du père d'Hamlet et peut-être sur les événements à suivre (*thème*) pour dramatiser la situation, pour révéler tout ou partie du passé et du sort du Spectre (*buts*).

Chercher des idées

• Le sujet vous laisse une large marge d'invention : ni le type de texte, ni le sujet, ni le(s) registre(s) ne sont précisés. Vous devez :
– **choisir et préciser le(s) sujet(s)** que va aborder le Spectre : les circonstances de son assassinat et sa souffrance ? sa rancune, son horreur face à l'ambition et à la culpabilité de Claudius, le meurtrier du roi ? méditation sur l'abjection, la fragilité de la condition humaine ? événements à venir (voir « quelque catastrophe étrange ») ? Servez-vous des lignes d'introduction précédant l'extrait et de votre éventuelle connaissance de la pièce ;
– **chercher des procédés pour rendre compte de l'effroi** des personnages : exclamations, hyperboles, répétitions, vocabulaire de la peur…
– **choisir un registre** : l'identité des personnages, la situation et la scène de Shakespeare suggèrent le tragique.

• Ne commettez **pas d'anachronismes** : *Hamlet* date de 1603.
• Les **émotions** et les **sentiments** des personnages doivent apparaître à travers leurs répliques : ceux des « personnages présents » sont à tirer du texte de Shakespeare ; ceux du Spectre sont à *inventer* (mais n'oubliez pas qu'il s'agit d'un roi fier).

▶ **Pour réussir l'écriture d'invention** : voir guide méthodologique.
▶ **Le théâtre, les réécritures** : voir mémento des notions.

CORRIGÉ 60

Les passages en rouge sont des réécritures des scènes 2 et 4 de l'acte I de la pièce de Shakespeare.

HORATIO. – Reste ! Parle ! Je te somme de parler !

LE SPECTRE, *tonnant, sans regarder les trois hommes*. – Quel mortel ose me donner des ordres ?

HORATIO, *moins sûr de lui*. – Je te demande de parler et de nous éclairer sur les raisons de ta venue.

MARCELLUS, *le poussant à bout de bras*. – Interroge-le, Horatio.

BERNARDO, *même jeu*. – Il voudrait qu'on lui parle.

HORATIO, *luttant contre les deux soldats*. – Mais arrêtez ! Voyez comme il nous regarde de ses yeux terribles…

LE SPECTRE, *plus fort*. – Quel mortel ose me donner des ordres ?

MARCELLUS, *même jeu*. – Il est offensé.

BERNARDO, *même jeu*. – Il a le même aspect que le roi défunt…

HORATIO, *luttant toujours*. – Oui, oui, j'ai vu !

BERNARDO et MARCELLUS, *réfugiés en bout de scène*. – Interroge-le, Horatio.

HORATIO, *se relevant*. – Moi, Horatio, ami du très noble prince du Danemark Hamlet, je te supplie de nous éclairer sur les raisons de ta venue.

LE SPECTRE, *soudain attentif, regarde Horatio*. – Hamlet, prince de Danemark !

HORATIO. – Si tu as un son, une voix dont tu fasses usage, parle-nous ! Pourquoi toi, corps mort, viens-tu tout couvert d'acier, revoir ainsi les clairs de lune et rendre effrayante la nuit ? Et nous, bouffons de la nature, pourquoi

Notez bien
Si vous connaissez l'œuvre dans laquelle votre texte doit s'insérer, vous pouvez en tirer parti et « réécrire » un peu : cela prouve que vous avez de la culture et vous évite de composer un texte en contradiction avec le texte source.

ébranles-tu si horriblement notre imagination par des pensées inaccessibles à nos âmes ? Dis ! Que veux-tu de nous ? *(Le Spectre lui fait un signe.)*

LE SPECTRE, *avec mépris et ironie*. – Qui est votre roi, Horatio ?

BERNARDO et Marcellus, *toujours à l'écart, bas*. – Il est offensé !

HORATIO. – Le roi Claudius de Danemark...

LE SPECTRE, *tonnant*. – Claudius ! Mon frère ! Sur le trône ! Catastrophe, désastre, ruine ! Dans quels abîmes de perdition s'enfonce mon pays !

MARCELLUS. – Oh ! Comment pouvez-vous ?...

BERNARDO. – Il exagère !

HORATIO. – Votre frère ? Vous êtes donc notre roi défunt revenu parmi nous ?

BERNARDO et MARCELLUS, *au bout de la scène*. – Interroge-le, Horatio !

LE SPECTRE. – Ton souverain est donc le roi Claudius de Danemark, et non le roi Hamlet ! Ô déchéance du royaume, ô honte, ô déshonneur !

BERNARDO, *bas à Marcellus*. – Non, vraiment, il exagère !

HORATIO. – Silence, vous !

LE SPECTRE. – Horatio, ami de Hamlet, prince de Danemark, je te déclare solennellement que ton roi est un infâme tyran.

BERNARDO, *bas à Marcellus*. – Un tyran, un tyran... Il a épousé la reine Gertrude un peu vite, certes, mais tout de même !

MARCELLUS. – Mais vas-tu te taire à la fin !

LE SPECTRE, *oubliant Horatio, et se dirigeant vers les deux soldats*. – Comment ! Claudius de Danemark, époux de la reine Gertrude ! Parle !

MARCELLUS, *poussant Bernardo à bout de bras*. – Réponds-lui.

LE SPECTRE. – Parle !

BERNARDO. – Votre Grâce, votre royal frère a épousé la reine Gertrude deux semaines après vos funérailles.

LE SPECTRE, *après un lourd silence*. – De force ?

BERNARDO, *croyant bien faire*. – Non, votre Grâce ! La reine en semble très heureuse...

HORATIO, *horrifié*. – Bernardo, silence !

LE SPECTRE. – Très heureuse ? (*Il réfléchit. Horatio et les deux soldats le regardent avec inquiétude*.) Elle aurait donc contribué à l'attentat ? Ignoble vipère confite dans la luxure et le crime ! Le Danemark serait-il à ce point corrompu par le vice ? Quelle infâme pourriture ronge mon peuple ?

BERNARDO, *à Horatio et Marcellus*. – Pourriture, pourriture... Il y va fort !

HORATIO. – Silence, enfin !

LE SPECTRE, *sans l'entendre*. – Horatio, ami d'Hamlet, prince de Danemark ! Je te somme, moi, Hamlet[1], de m'amener mon fils ici, la nuit prochaine, à la troisième veille ! Jure-le sur ce qui t'est le plus cher !

HORATIO. – Sur l'honneur de mon ami, le prince de Danemark, je jure de vous l'amener la nuit prochaine, ici même, à la troisième veille. Mais pourquoi voulez-vous revoir votre fils ?

LE SPECTRE. – Pour qu'il me venge.

HORATIO. – Et de quoi, juste ciel ?

LE SPECTRE. – De l'acte le plus ignoble qui ait jamais été commis. Écoutez…

HORATIO. – Je frémis… Quel acte ? Parlez, Seigneur…

LE SPECTRE. – Écoutez et tremblez ! Oui, je suis l'esprit de votre roi, infortuné père du prince Hamlet. On a fait croire que, tandis que je dormais dans mon jardin, un serpent m'avait piqué. Mais sachez-le, le serpent qui a mordu votre roi mortellement porte aujourd'hui sa couronne.

BERNARDO, MARCELLUS, HORATIO, *ensemble, horrifiés*. – Votre frère ? Notre roi, un régicide ? Est-ce possible ? Notre sang se glace !

LE SPECTRE. – Je vais vous révéler son forfait dont le récit va faire se hérisser chacun de vos cheveux sur votre tête comme des piquants sur un porc-épic furieux. Pendant que je dormais, cet être immonde s'est glissé près de moi avec une fiole pleine d'un poison funeste, rapide comme le vif-argent, qui fait cailler, comme une goutte d'acide fait du lait, le sang le plus limpide et le plus pur. Voilà comment dans mon sommeil la main d'un frère me ravit à la fois existence, et couronne, et femme !

BERNARDO, MARCELLUS, HORATIO, *ensemble*. – Hélas ! Pauvre ombre ! Qui pourra te venger ?

LE SPECTRE. – Je prends à témoin le Ciel et les Enfers, et je jure que ces deux crimes ne resteront pas impunis. Prends garde, ô Claudius, elle est longue et douloureuse, la chute d'un roi du haut du pinacle ! Prends garde, ô Gertrude, elle est triste et infâme, la disgrâce d'une épouse parjure ! Mais l'heure est arrivée où je dois retourner dans les flammes qui servent à mon tourment (*le Spectre disparaît dans les profondeurs. Lourd silence, puis de dessous la terre* :) Souvenez-vous de moi !

MARCELLUS. – Qu'en dis-tu, Horatio ?

HORATIO. – Tout cela ne présage rien de bon, Marcellus. Je crains fort que ne viennent de sombres jours. Allons parler à Hamlet…

1. Le roi défunt, père du prince Hamlet, s'appelait lui aussi Hamlet.

III. Préparer l'épreuve orale

SUJET

61

Sujet d'oral nº 1

Écriture poétique et quête du sens

Victor Hugo, *Les Châtiments*

▸ **Vous montrerez que ce poème illustre deux fonctions de la poésie : argumenter et traduire ses émotions.**

DOCUMENT **C'était en juin...**

Après le coup d'État du 2 décembre 1851, Louis Napoléon Bonaparte devient empereur le 2 décembre 1852 sous le nom de Napoléon III. Hugo, en exil à Bruxelles, a appris l'exécution publique de trois prisonniers politiques, Charlet, Cirasse et Cuisinier, guillotinés sur l'ordre de l'empereur en juin et juillet 1852. Il s'en prend violemment à ce dernier.

C'était en juin, j'étais à Bruxelle[1] ; on me dit :
Savez-vous ce que fait maintenant ce bandit ?
Et l'on me raconta le meurtre juridique,
Charlet assassiné sur la place publique,
Cirasse, Cuisinier, tous ces infortunés
Que cet homme au supplice a lui-même traînés
Et qu'il a de ses mains liés sur la bascule[2].
Ô sauveur, ô héros, vainqueur de crépuscule,
César[3] ! Dieu fait sortir de terre les moissons,
La vigne, l'eau courante abreuvant les buissons,
Les fruits vermeils, la rose où l'abeille butine,
Les chênes, les lauriers, et toi la guillotine.

Prince qu'aucun de ceux qui lui donnent leur voix[4]
Ne voudrait rencontrer le soir au coin d'un bois !

J'avais le front brûlant ; je sortis par la ville.
Tout m'y parut plein d'ombre et de guerre civile ;
Les passants me semblaient des spectres effarés,
Je m'enfuis par les champs paisibles et dorés ;
Ô contrecoups du crime au fond de l'âme humaine !
La nature ne put me calmer. L'air, la plaine,
Les fleurs, tout m'irritait ; je frémissais devant

Ce monde où je sentais ce scélérat vivant.
Sans pouvoir m'apaiser je fis plus d'une lieue.
Le soir triste monta sous la coupole bleue ;
Linceul frissonnant, l'ombre autour de moi s'accrut ;
Tout à coup la nuit vint, et la lune apparut
Sanglante, et dans les cieux, de deuil enveloppée,
Je regardai rouler cette tête coupée.

Jersey, mai 1853.
Victor Hugo, *Les Châtiments*, VII, 5.

1. Bruxelle : licence poétique permettant l'absence de *s* final.
2. La bascule : la guillotine.
3. César : désigne ironiquement Napoléon III.
4. Allusion au plébiscite organisé par Napoléon III pour légitimer son coup d'État.

PISTES POUR L'ORAL

PRÉPARATION

Tenir compte de la consigne

Les mots importants de la consigne sont les « deux fonctions de la poésie ».

Composer la « définition » du texte

Poème (*genre*) romantique (*mouvement*) qui critique/blâme (*type de texte*) le pouvoir et la peine de mort (*thèmes*), qui décrit (*type de texte*) la nature (*thème*), qui rend compte (*type de texte*) des sentiments de l'auteur (*thème*), satirique, pathétique et fantastique (*registres*) pour faire partager ses sentiments et son horreur (*buts*).

Trouver les axes

La « définition » du texte fournit plusieurs pistes et la consigne suggère un plan en deux parties : « l'engagement de Hugo » et « l'implication affective de Hugo ».

▶ **Première piste**

• Il s'agit d'un texte **engagé** : cherchez les cibles de la critique.

• Relevez les expressions qui les désignent, déduisez-en les **griefs** formulés. Comment Hugo met-il en valeur : les défauts de l'empereur, l'horreur du châtiment ? Sur quel ton le fait-il ? Analysez les images et le rythme des vers.

• Quel **idéal** Hugo propose-t-il, s'opposant à la situation qu'il critique ?

▶ **Deuxième piste**

- Analysez les **sentiments** exprimés par Hugo et leur progression.
- Comment Hugo met-il en valeur son trouble et sa **révolte** ?
- En quoi apparaît-il bien ici comme un **homme** et un **poète romantiques** ?
- Commentez la variation dans les **registres** utilisés.

Pour bien réussir l'oral : voir guide méthodologique.

La poésie : voir mémento des notions.

Conseil
N'oubliez pas de faire des remarques sur la versification et l'écriture poétique, non pas dans une partie séparée (il ne faut jamais dissocier fond et forme), mais au fur et à mesure de vos réflexions sur le texte.

PRÉSENTATION

Introduction

[Amorce] Au cours des siècles, la poésie a eu des fonctions diverses : tantôt peinture, tantôt expression du moi, tantôt arme politique et sociale, tantôt jeu verbal pur… Au XIXe siècle, les poètes romantiques privilégient à la fois la force argumentative et l'efficacité lyrique de la poésie. [Présentation de l'auteur et de l'œuvre] Ainsi Victor Hugo, dans son combat pour l'abolition de la peine de mort, prend « sa plume pour une épée » (Sartre). Il lui consacre en 1829 son roman *Le Dernier Jour d'un condamné.* Vingt-quatre ans plus tard, dans *Les Châtiments*, véritable réquisitoire contre Napoléon III « le Petit », Hugo opte pour la forme poétique versifiée. [Présentation du texte] Rappeler les circonstances (voir introduction au texte). [Rappel de la problématique] Que révèle ce poème des fonctions que Hugo assigne à sa poésie ? [Annonce du plan] Ce poème est un réquisitoire contre un homme et une pratique [I], mais aussi un plaidoyer pour une vie et une société meilleures [II], où transparaît la sensibilité romantique de l'homme et du poète à travers une progression aux tons variés [III].

I. Une poésie engagée : un violent réquisitoire

1. La dénonciation satirique d'un tyran

- Le mépris de Hugo se manifeste à travers les expressions « *ce* bandit » et « *cet* homme » qui témoignent de son refus de nommer le tyran et dans lesquelles l'adjectif démonstratif garde la valeur péjorative qu'il avait en latin. Mais il ne craint pas de l'apostropher directement en le tutoyant (« toi », v. 12) ni même de l'insulter en le traitant de « bandit » (v. 2) ou de « scélérat » (v. 22).
- L'ironie satirique renforce la violence de la dénonciation : « César », en rejet, rappelle ironiquement que Napoléon aimait à se placer dans la lignée des grands chefs d'État. Les qualificatifs « sauveur » et « héros » (v. 8) par

lesquels Hugo désigne en début de vers le tyran résonnent comme des antiphrases que réhausse l'interjection « Ô » qui donne au poème un ton lyrique faussement admiratif. Enfin l'image « vainqueur de crépuscule » (v. 8) est chargée d'un implicite accusateur (le crépuscule symbolise la nuit et la mort).

• Les griefs sont graves. La périphrase qui assimile Napoléon III à un bandit (v. 13-14) met en relief le fait qu'il se sert du peuple et de son vote (« leur voix »), qu'il n'a aucune reconnaissance pour ses partisans ; de plus il agit dans l'ombre (« crépuscule », v. 8), caché. Le pronom réfléchi « lui-même » (v. 6) et la force de l'image « qu'il a de ses mains liés » (v. 7) soulignent l'implication personnelle de l'empereur dans les exactions commises.

• Cruauté et noirceur du tyran sont mises en valeur par l'opposition avec Dieu : le mot « guillotine », jeté à la fin de la 1re strophe, après deux fortes coupes, jure avec l'accumulation des bienfaits de la création (v. 9-12), et sonne le glas en fin de vers.

2. La condamnation réaliste et poignante de la peine de mort

• Le supplice et la peine de mort sont évoqués avec un réalisme presque documentaire : détails précis sur le lieu (« place publique »), les objets (« bascule » et « guillotine », tous deux en fin de vers ; « linceul ») et les traitements infligés (« traînés », « liés »). L'image « cette tête coupée » termine le poème sur un gros plan terrifiant. L'ordre chronologique suivi donne au lecteur l'impression de suivre le condamné dans son supplice.

• Hugo dénonce par là une justice injuste et cruelle. Au lieu de parler de condamnation, le poète recourt à la périphrase « meurtre juridique » (v. 3), sorte d'oxymore : le nom « meurtre » occulte toute référence à une décision de justice, en fait un chef de condamnation. Hugo fait entendre par là implicitement que ce sont les bourreaux qui ont commis un crime. Le mot « assassiné » est impropre pour une décision de justice ; le mot « supplice » renforce la dénonciation, rappelée plus loin par le mot « crime » (v. 19).

II. Une poésie engagée : un plaidoyer émouvant

1. Requiem et hommage à des hommes

• Hugo se fait le défenseur des prisonniers politiques auxquels il rend hommage en leur dédiant son poème : contrairement à Napoléon III, ils sont désignés par leurs noms mis en relief en début de vers (v. 4-5), cités en groupe ternaire qui ressemble à une litanie. Le poème devient un requiem, un monument aux morts qui remplit le devoir de mémoire dû aux victimes.

• De fait, la mention de ces prisonniers politiques est, par ricochet, un hommage à des hommes du même bord politique que le poète, c'est-à-dire à tous les opposants à Napoléon III, comme Hugo lui-même, alors exilé.

2. Un plaidoyer pathétique pour l'humanité

• Par un mouvement de généralisation, ces destinataires sont *multipliés* par la reprise généralisante « tous ces infortunés » (v. 5) et par l'image des « passants [...] spectres effarés » (v. 17). L'expression métonymique « l'âme humaine » (v. 19), proche de l'abstraction, étend le plaidoyer à toute l'humanité.

• Hugo multiplie les mots de la compassion, souvent en fin de vers, qui rendent cette évocation et cet appel pathétiques (« infortunés, effarés, triste… »).

3. Un hymne à la nature et à Dieu

• Hugo n'oublie pas qu'il est le poète de la nature (v. 20) : l'évocation, en accumulation et dans un vocabulaire très simple, des fruits de la nature (v. 9-12, 18) compose un paysage qui donne l'impression de profusion (presque tous les mots sont au pluriel), d'harmonie (à travers les couleurs suggérées) et de paix (grâce au rythme calme et balancé des vers 10-12), de vie et de productivité (« fait sortir, abreuvant, butine »). Le lyrisme du tableau champêtre sert de repoussoir au tableau de l'Empire et à la guillotine, œuvre humaine et non divine.

• La figure protectrice de Dieu est en forte opposition (asyndète) avec « César » : il crée (« fait sortir », v. 9) au lieu d'« assassiner ». La tonalité religieuse du poème est rappelée par le pluriel « les cieux » (v. 27).

III. Le lyrisme : implication et présence affective de Hugo

1. De la relation (apparemment) objective d'un fait divers…

• Au début, le poème semble relater avec objectivité un fait divers : les circonstances de lieu (« à Bruxelle ») et de temps (« en juin ») sont données avec la précision de l'information.

• Le discours direct (v. 2), l'implication du lecteur (« Savez-vous », v. 2), la réalité des condamnés nommément désignés et qui font partie de l'actualité ont la vivacité et l'authenticité de la conversation.

• Mais très vite la relation de ce fait divers se teinte de subjectivité et d'affectivité : le *je* impose sa forte présence (v. 1, 15, 18, 21…).

2. … aux manifestations de la crise

• Hugo rend compte d'abord des manifestations physiques de la crise (« J'avais le front brûlant », v. 15), dont l'intensité est indiquée par l'inefficacité des « remèdes » : « ne put me calmer » (v. 20), « sans pouvoir m'apaiser » (v. 23). La progression de la crise se marque dans l'accélération des mouvements : « j'étais à Bruxelle… je sortis… Je m'enfuis… je fis plus d'une lieue ».

• Puis il en mentionne les manifestations affectives (« tout m'irritait, je frémissais », v. 21), ce qui aboutit à une symbiose entre la nature et le poète, celle-là étant gagnée par les sentiments de celui-ci : le soir est « triste » (v. 27).

• Son trouble se marque aussi par la variation dans la situation d'énonciation : le poème débute par une apostrophe au lecteur (v. 1-2), se poursuit par une narration (v. 3-7), une apostrophe à César (v. 8-9), une réflexion sur la création (v. 9-12) et enfin par un retour à la narration (v. 15).

3. … et à la montée de l'hallucination

• D'abord modalisée à travers les expressions « Tout m'y *parut* » et « les passants me *semblaient* » (v. 16-17), l'hallucination devient tactile et visuelle (« je *sentais* ce scélérat *vivant* », v. 22). Puis elle tourne à la vision fantastique : vocabulaire de la vue (« apparut, regardai »), spectacle en mouvement (« monta, frissonnant, vint, apparut, rouler », v. 24-28).

• Cet univers d'horreur offre un cadre et des perspectives infinies (la métaphore « la coupole bleue » élargit l'espace sur l'infini du ciel, démultiplié par le pluriel « les cieux »). Les couleurs (blanc du linceul, noir du deuil, rouge [« sanglante »]) et les lumières ajoutent à l'angoisse : c'est la nuit, l'ombre crée le mystère, l'adjectif « sanglante » qui qualifie la lune en fait une tache violente.

• La mort rôde, évoquée par les « spectres », le « linceul », le « deuil » et la « tête coupée ». Dans les derniers vers au rythme ample et presque épique, les métaphores et les personnifications de « l'ombre » (« linceul »), de « la nuit » (« vint »), de « la lune […] de deuil enveloppée » créent un univers fantastique.

Conclusion

[Synthèse] Le poème est très marqué par le romantisme et l'engagement de Hugo, mais aussi par les passions que trahit son écriture. Il témoigne de la force argumentative et émotive de la poésie. Hugo a eu recours à d'autres formes de parole pour mener le combat contre la peine de mort : monologue fictif (*Le Dernier Jour d'un condamné*), discours devant l'Assemblée… [Ouverture] Ce sont là les premiers pas du long processus qui a mené à l'abolition de la peine de mort en France, obtenue par Robert Badinter en 1981. Ce qui est une marque de la force de la parole dans l'évolution des idées et des sensibilités dans les sociétés humaines.

ENTRETIEN

L'examinateur pourrait débuter l'entretien par la question suivante :

▸ Quelles vous semblent être les fonctions de la poésie ?

• Faites la liste des poèmes que vous avez étudiés pour les citer en exemples.

• Appuyez-vous sur les arts poétiques que vous connaissez et sur votre cours.

Pour réussir l'entretien : voir guide méthodologique.

Pistes pour répondre à la question

La poésie peut avoir **plusieurs fonctions** :

• **décrire** : le poète latin Horace définit la poésie comme une « peinture » (*exemples*) ;

• **traduire les sentiments** et les émotions (poésie lyrique – *exemples*) ;

• **recréer le monde** en en « dévoilant » les faces cachées, ou créer un monde nouveau (*exemples*) ;

• mettre en valeur et **défendre des idées** politiques ou sociales (poésie engagée) exprimées avec plus de force et d'intensité (*exemples*).

SUJET 62

Sujet d'oral n° 2
Le texte théâtral et sa représentation

Emmanuel Roblès, *Montserrat*

▸ À quoi tiennent l'intensité et l'efficacité dramatiques de la scène ?

DOCUMENT

Montserrat, jeune officier rallié à la cause de Simon Bolivar[1], a été fait prisonnier par les troupes du roi d'Espagne. Izquierdo, premier lieutenant, est chargé de lui faire avouer l'endroit où se cache Bolivar. Chaque heure, il fait donc exécuter un otage, en exigeant que Montserrat révèle son secret.

ACTE III, SCÈNE 1

MONTSERRAT, IZQUIERDO, MORALÈS, LE MARCHAND, LE PÈRE CORONIL, LA MÈRE, ELENA, LE COMÉDIEN, MOINES, SOLDATS

Au lever du rideau, Montserrat est à droite, appuyé à la table. Izquierdo est assis sur l'un des tabourets, au milieu de la scène. Soldats devant la porte.

IZQUIERDO. – Eh bien ! Ce pauvre potier ! Il laisse cinq orphelins !… Tu ne dis rien ?… *(Derrière le mur, les tambours battent en sourdine, par moments.)* Montserrat, tu es toujours convaincu qu'il faut sacrifier ces gens-là pour sauver Bolivar ? Tu es sûr de ne pas te tromper ? Ce serait monstrueux, n'est-ce pas, si tu te trompais ?… *(Silence.)* Bon ! Moralès ! Continuons ! *(À Montserrat.)* Souviens-toi que je suis aussi entêté que tu peux l'être !

Des otages gémissent. Quand Moralès s'avance vers eux, ils reculent et se serrent les uns contre les autres. Moralès semble embarrassé pour choisir. Tous le regardent intensément. Il désigne le marchand.

MORALÈS. – À toi !… Allons, avance !

LE MARCHAND. – Pourquoi à moi ?

MORALÈS. – Je te dis d'avancer !

Un des soldats donne une bourrade au marchand, qui gémit.

LE MARCHAND, *atterré.* – Non ! C'est impossible !… C'est impossible !

IZQUIERDO. – Ne dis pas de bêtises !

LE MARCHAND. – Je vous dis que c'est impossible ! que je ne peux pas mourir ainsi ! *(Il continue à gémir en pétrissant ses mains fébrilement.)*

IZQUIERDO. – Montserrat ! Ce n'est pas beau un homme qui a peur de mourir ! Regarde-le donc, ce malheureux ! Si notre ami le potier n'avait pas été fusillé, cette plainte et ce visage lui auraient inspiré une de ses plus belles jarres. Ne crois-tu pas aussi ?

LE MARCHAND. – J'ai toujours été fidèle au roi. On peut demander à mes voisins. Interrogez-les, vous verrez ! Beaucoup de gens me connaissent, dans cette ville ! Interrogez-les !

IZQUIERDO. – Donc, te fusiller est doublement injuste ? D'abord, tu n'as rien fait… Et, de plus, tu es loyal envers nous ! C'est cela ?

LE MARCHAND, *illuminé par un espoir fou.* – Oui. C'est cela, monsieur l'officier !

IZQUIERDO, *sarcastique*[2]. – Tu entends, Montserrat ? Ce cas est intéressant. Tu devrais y réfléchir avec plus d'attention que pour les autres ! *(Au marchand.)* Tu sais bien que ce n'est pas moi qu'il faut convaincre ! Mais lui… Moi, je te comprends, je te comprends parfaitement ! *(À Montserrat.)* Tu ne dis rien ? La vie d'un brave commerçant t'importe peu ? *(Au marchand.)* Tant pis pour toi. Je regrette ! As-tu quelque chose de plus important à dire avant de mourir ? Essaie de trouver quelque chose ! Défends-toi donc !

LE MARCHAND *balbutie.* – Monsieur l'officier…

IZQUIERDO. – Parle plus haut ! Nous t'écoutons !

Emmanuel Roblès, *Montserrat*, acte III, scène 1, Le Seuil, 1948.

---

1. Simon Bolivar (1783-1830), général et homme politique, est l'inspirateur des guerres d'indépendance en Amérique du Sud, territoire occupé par les Espagnols depuis le XVIe siècle. Dans sa pièce *Montserrat*, Emmanuel Roblès évoque les événements du Venezuela en 1812.
2. Sarcastique : ironique, diabolique.

PISTES POUR L'ORAL

PRÉPARATION

Tenir compte de la question

• La question vous fournit la thèse à soutenir : « La scène a une forte intensité dramatique ».

• Les mots clés sont : « intensité et efficacité dramatiques ». Le mot « dramatique » suggère que vous parliez du texte mais aussi de la représentation, de l'effet produit sur scène.

• « Intensité » : demandez-vous ce qui donne sa force, sa violence, sa puissance à cette scène.

• « Efficacité » : demandez-vous quelles questions pose cette scène, quelles idées elle suggère. Comment fait-elle passer un « message » ?

• Pensez à utiliser dans vos « intitulés » d'axes les mots importants de la question.

Trouver les axes

• Utilisez les pistes que vous ouvre la question, mais composez aussi la « définition » du texte (voir guide méthodologique).

Scène de tragédie (*genre*) qui met en scène un interrogatoire avant une exécution (*thème*), pathétique et tragique (*registres*), angoissant (*adjectif*).

• Utilisez les éléments de la « définition » pour trouver des axes.

▶ Première piste : tragique et pathétique pour émouvoir le spectateur

• Quel est l'effet sur scène de ce « huis clos » ? Analysez les jeux de scène, la brutalité.
• Qu'est-ce qui crée l'émotion ? Qu'est-ce qui crée la tension ?
• Analysez l'identité des personnages et leurs rapports : les tortionnaires et leurs victimes. Relevez les contrastes violents dans la scène.

▶ Deuxième piste : une réflexion plus profonde

• Précisez quels enjeux humains sont ici exposés.
• Que représente chacun des personnages ?
• Relevez et analysez quelques phrases indiquant la conception que chacun a de la vie.
• Réfléchissez sur l'enjeu politique.

Pour bien réussir l'oral : voir guide méthodologique.
Le théâtre : voir mémento des notions.

PRÉSENTATION

Introduction

[Amorce] les périodes historiques tourmentées engendrent un théâtre souvent poignant. Au contexte tendu correspond une production théâtrale tragique.

[L'œuvre] l'action de *Montserrat*, pièce écrite en 1948, se situe en juillet 1812 au Venezuela, lors d'une sanglante répression espagnole contre ceux qui, aux côtés de Simon Bolivar, luttent pour la liberté de leur pays, aidés par Montserrat.

[Le texte] Montserrat tombe aux mains d'Izquierdo, un lieutenant cruel qui veut que Montserrat lui livre Bolivar. Six innocents sont arrêtés au hasard : si Montserrat ne parle pas, ils seront exécutés.

[Annonce des axes]

I. L'intensité dramatique : tragique et pathétique sur scène

1. Un huis clos dramatique à voir et à entendre

• L'espace clos accroît la tension : tous les protagonistes sont rassemblés, concentrés dans le même espace, victimes survivantes et bourreaux ; tous sont visibles sur la scène.

• Les jeux de scène sont expressionnistes : les « otages se serrent les uns contre les autres » (l. 9) ; la scène insiste sur l'intensité des regards ; le déplacement de Moralès est porteur de sens.

• L'atmosphère sonore est inquiétante : des moments de silence, puis la scène se sonorise : « Des otages gémissent » (l. 8), on entend les battements des tambours « en sourdine, par moments » (l. 3).

• La brutalité des soldats est suggérée par le marchand qui se tord « les mains » (l. 15).

• Le hors-scène (= les coulisses : « Derrière le mur », l. 2) est aussi un lieu dramatique, celui où sont exécutés les otages. C'est un ailleurs lointain où se cache Bolivar, dont la présence invisible est la cause du drame auquel on assiste.

• L'urgence du temps qui passe (à « chaque heure » Izquierdo fait exécuter un otage) crée la tension : le tragique se rapproche.

2. Contrastes et oppositions : un univers manichéen

• Izquierdo est un bourreau odieux. Il manie l'ironie et l'humour noir : il feint de regretter la mort du « pauvre potier » (l. 1) qu'il vient de faire fusiller et d'admirer en esthète le spectacle de la terreur, de trouver de la beauté dans l'horreur : « Ce n'est pas beau un homme qui a peur » (l. 17) et « une de ses plus belles jarres » (l. 20). Il feint d'entrer dans la logique de l'argumentation désespérée du marchand (« je te comprends », l. 31). Il monopolise la parole, varie ses interlocuteurs, mais toutes ses paroles s'adressent en réalité à Montserrat.

• Les otages, victimes innocentes, constituent un groupe (le père Coronil, la mère, Elena, le comédien, le marchand). Mais ce groupe n'est pas uniforme : ce sont des individus anonymes qui se distinguent par leur profession (l'article défini leur donne plus de poids : « *le* potier », « *le* comédien », « *le* marchand »), ou par leur fonction sociale (« la mère ») ; deux otages sont individualisés par leur prénom (plus affectif) ou un titre.

• Entre ces deux « pôles », on trouve des personnages intermédiaires : Montserrat oppose son silence mais les apostrophes d'Izquierdo l'impliquent dans la scène ; Moralès paraît moins mauvais que son chef : il semble en effet embarrassé pour choisir les otages.

II. L'efficacité dramatique : une mise en scène au service d'une réflexion plus profonde

Derrière le suspense créé par le chantage d'Izquierdo et l'angoisse des spectateurs qui se sentent impuissants (Monserrat va-t-il céder ? Effectivement, quand la mère est emmenée, il hésite), ce sont des questions essentielles qui nous sont posées.

• Quelle est la valeur de la vie humaine ? Certaines vies ont-elles plus de valeur que d'autres : « sacrifier ces gens-là pour sauver Bolivar » (l. 4) ?

• Les rapports entre intérêt particulier et intérêt général : sont en balance le bonheur de tout un peuple visé par la révolution bolivarienne et la vie d'un individu.

• Une réflexion sur l'action politique, notamment dans des situations exceptionnelles (révolution, guerre) : tous les moyens sont-ils acceptables pour faire triompher les idées que l'on croit justes ?

• Une réflexion sur la noirceur des hommes : les circonstances exceptionnelles mettent les êtres à nu. Izquierdo, personnage odieux, joue avec les otages comme un chat avec une souris.

• Tous les hommes ne sont pas nés pour être des héros : le marchand est un personnage simplement humain.

Conclusion

La pièce, écrite en 1948, est marquée par les souvenirs récents et douloureux des pratiques de l'occupation allemande (otages). Roblès dit lui-même : « L'auteur aurait pu situer le sujet de sa pièce dans l'Antiquité romaine, l'Espagne de Philippe II, la France de l'Occupation, etc. » Cette situation est encore d'actualité, malheureusement.

À travers une situation historique théâtralisée, l'auteur propose une réflexion philosophique et morale dans l'esprit de la tragédie classique : « plaire et instruire ».

ENTRETIEN

L'examinateur pourrait débuter l'entretien par la question suivante :

▶ Comment le théâtre permet-il de persuader et d'émouvoir ?

• Il s'agit d'une question de cours.

• Mais il ne faut pas le « réciter » purement et simplement. Vous devez expliquer chaque remarque et l'illustrer par des exemples personnels.

Pour réussir l'entretien : voir guide méthodologique.

L'entretien pourra se poursuivre dans diverses directions, par exemple :

▶ Quelles pièces de théâtre connaissez-vous ?

▶ Avez-vous assisté à des représentations théâtrales ?

▶ Comment mettriez-vous en scène cette scène de *Montserrat* ?

▶ Pour vous, qu'est-ce qu'un bon acteur ?

▶ Selon vous, un metteur en scène a-t-il le droit de moderniser une mise en scène et de transposer une pièce dans une époque différente de celle où se déroule l'action ?

Pistes pour répondre à la première question

1. Le théâtre, un genre « à histoires » : une « histoire » qui émeut et captive mais qui a en même temps valeur d'exemple

1. Une action en direct.

2. Une intrigue qui « court », surprend et entraîne l'adhésion du spectateur [*exemples*].

3. Sans être la vie, c'est bien un peu la vie sous toutes les couleurs que montre le théâtre [*exemples*].

2. Des personnages accessibles et émouvants : si différents, mais si proches de nous

1. Des personnages simplifiés et passionnés auxquels on s'attache et on s'identifie, ou bien qu'on déteste [*exemples*].

2. Des personnages symboliques au langage stylisé [*exemples*].

3. Le spectacle : magie incantatoire, force de l'illusion et de l'incarnation ; un art vivant

1. Éléments matériels et mise en scène entraînent l'adhésion physique et affective [*exemples*].

2. Des êtres en chair et en os, une histoire incarnée [*exemples*].

3. La présence du public, personnage collectif ; la position privilégiée du spectateur.

SUJET 63

Sujet d'oral n° 3
Le personnage de roman

André Malraux, *La Condition humaine*

▸ Quelle image du héros Malraux propose-t-il dans cet extrait ?

DOCUMENT

Tchen, un communiste, très troublé par le meurtre qu'il a commis au nom de la révolution chinoise, vient chercher une aide morale auprès de Gisors, vénérable professeur marxiste. Une fois Tchen parti, Gisors médite sur le jeune terroriste et le compare à son propre fils, Kyo.

Ici Gisors retrouvait son fils, indifférent au christianisme mais à qui l'éducation japonaise (Kyo avait vécu au Japon de sa huitième à sa dix-septième année) avait imposé aussi la conviction que les idées ne devaient pas être pensées mais vécues. Kyo avait choisi l'action, d'une façon grave et préméditée, comme d'autres choisissent les armes ou la mer : il avait quitté son père, vécu à Canton, à Tientsin, de la vie des manœuvres et des coolies-pousse, pour organiser les syndicats. Tchen – l'oncle pris comme otage et n'ayant pu payer sa rançon, exécuté à la prise de Swatéou – s'était trouvé sans argent, nanti de diplômes sans valeur, en face de ses vingt-quatre ans et de la Chine. Chauffeur de camion tant que les pistes du Nord avaient été dangereuses, puis aide-chimiste, puis rien. Tout le précipitait à l'action politique : l'espoir d'un monde différent, la possibilité de manger quoique misérablement (il était naturellement austère, peut-être par orgueil), la satisfaction de ses haines, de sa pensée, de son caractère. Elle donnait un sens à sa solitude. Mais, chez Kyo, tout était plus simple. Le sens héroïque lui avait été donné comme une discipline, non comme une justification de la vie. Il n'était pas inquiet. Sa vie avait un sens, et il le connaissait : donner à chacun de ces hommes que la famine, en ce moment même, faisait mourir comme une peste lente, la possession de sa propre dignité. Il était des leurs : ils avaient les mêmes ennemis.

> Métis, hors-caste, dédaigné des Blancs et plus encore des Blanches, Kyo n'avait pas tenté de les séduire : il avait cherché les siens et les avait trouvés. « Il n'y a pas de dignité possible, pas de vie réelle pour un homme qui travaille douze heures par jour sans savoir pour quoi il travaille. » Il fallait que ce travail prît un sens, devînt une patrie. Les questions individuelles ne se posaient pour Kyo que dans sa vie privée.
>
> André Malraux, *La Condition humaine*, I, 1933.

PISTES POUR L'ORAL

PRÉPARATION

Tenir compte de la question

• La question tourne autour de la notion de *héros*, mais au sens de personnage *héroïque* (et non de personnage principal).

• « Image » signifie vision, conception, définition, portrait, caractéristiques…

• Pensez à utiliser dans vos titres d'axes les mots importants de la question ou un synonyme.

Trouver les axes

• Utilisez les pistes que vous ouvre la question, mais composez aussi la « définition » du texte (voir guide méthodologique).

Extrait de roman *(genre)* qui retranscrit la méditation d'un père sur son fils et fait le portrait de deux jeunes révolutionnaires *(thème)* contrasté *(adjectif)*, pour donner une image du héros (*but*).

▶ **Première piste** : cherchez ce qui distingue de façon évidente le héros des autres personnages (début du texte).

▶ **Deuxième piste** : « contrasté » suggère que vous montriez comment le portrait négatif de Tchen met en valeur le personnage de Kyo. Vous devez donc analyser quelle image Malraux donne de Tchen, l'*antihéros*.

▶ **Troisième piste** : puis, par comparaison, dégagez les principales caractéristiques du *héros* idéal (dernier mouvement du texte).

Pour bien réussir l'oral : voir guide méthodologique.

Le roman : voir mémento des notions.

PRÉSENTATION

Introduction

[Amorce] En 1933, André Malraux, très attiré par l'Asie et marqué par les idées révolutionnaires, donne pour cadre à son roman *La Condition humaine* la révolution chinoise.

[Le texte] (rappeler le paratexte ci-dessus) Gisors médite sur deux jeunes révolutionnaires de son entourage : Tchen et Kyo, son fils.

[Rappel de la question] quelle conception du héros Malraux dessine-t-il ici ?

[Annonce des axes] Kyo se distingue dès l'abord par sa marginalité (axe 1), et, éclairé par le portrait de Tchen, qui lui sert de repoussoir (axe 2), il incarne l'idéal du héros selon Malraux (axe 3).

I. La marginalité, caractéristique fondamentale du héros

Kyo est un personnage marqué par sa marginalité : il est à part dans la vie et dans le roman.

1. Un « métis »

- Physiquement, il porte le signe visible de sa marginalité.
- Cela entraîne son rejet social : « hors caste », il est exclu et victime du mépris des Blancs (« dédaigné des Blancs », l. 23).
- Sentimentalement, il est aussi exclu (bien que sa femme soit allemande et que leur couple atteigne à une certaine grandeur).

Le fait qu'il surmonte les écueils de sa marginalité et de son exclusion ajoutent à son mérite : le héros selon Malraux est celui qui se montre supérieur à son destin et à la fatalité.

2. Une éducation atypique

Malraux insiste sur l'importance de l'éducation pour la naissance et la formation d'un héros.

- Kyo est marqué par sa double culture : eurasien, il a reçu une « éducation japonaise » (par sa mère) au cours de l'adolescence, moment essentiel dans la formation de la personnalité (dix ans : « de sa huitième à sa dix-septième année », l. 2-3). Il n'est donc pas limité à un « système » unique, défini, mais est capable de s'adapter.

• Son éducation aussi est double : elle se fait sous le signe de la pratique (« les idées […] devaient être […] vécues », l. 4), mais aussi de la théorie, sous l'influence de son père marxiste (« pensées », l. 4).

• Cette dualité est rendue sensible par les nombreux groupes binaires et parallélismes à l'œuvre dans le texte (« pas pensées mais vécues », « grave et préméditée », « les armes ou la mer », « à Canton, à Tienstin », « des manœuvres et des coolies-pousse »).

3. Une marginalité assumée et même choisie

Le héros est celui qui choisit librement son destin.

• Kyo était promis à une existence de bourgeois aisé (son père, professeur, est un intellectuel).

• Mais il renonce de façon délibéré et réfléchie à cette vie facile et confortable qui s'offre à lui (« choisi […] d'une façon grave et préméditée », l. 5). Les verbes « choisi » et « avait quitté » marquent sa volonté et sa détermination. Il est animé par le désir de connaître la vie de ceux pour qui il se bat (« de la vie des manœuvres et des coolies-pousse », l. 7).

• Son départ précoce de chez lui et son goût de l'action l'apparentent un peu à Malraux.

II. Le héros défini par son contraire : Tchen le terroriste, repoussoir de Kyo

Sans transition, au milieu du portrait du héros, l'image de Tchen s'impose à l'esprit de Gisors. Son portrait éclaire, comme en un clair-obscur, l'héroïsme de Kyo.

1. Un personnage sous le signe du malheur, conduit par le hasard

• Son enfance et son existence sont marquées par des drames : l'exécution d'un oncle « otage », la misère (« sans argent », l. 9-10), le danger perpétuel (« chauffeur de camion tant que les pistes du Nord avaient été dangereuses », l. 11-12).

• Tchen ne choisit pas son destin, mais subit les événements. Cette soumission est traduite par la voix et le temps des verbes (« s'était trouvé » : comme malgré lui ; « nanti » : participe passé passif), par la syntaxe et la forme des phrases (Tchen n'est pas sujet mais complément d'objet des verbes – « tout *le* précipitait » –, ce qui donne l'impression qu'il est le jouet du sort).

2. Un idéal politique vague et des motivations confuses

• Le côté vague de son idéal (« l'espoir d'un monde différent », l. 13) se marque par l'article indéfini (« un »), un terme très général (« monde »), le mot « espoir » qui est du domaine des sentiments et non de l'action ou de la réflexion. L'adjectif « différent », vague, implique la destruction de ce qui existe mais ne contient pas d'idée constructive.

• Ses motivations sont confuses et sans cohérence : elles mêlent la nécessité de gagner de quoi vivre (« sans argent », « possibilité de manger »), la soif de vengeance (« satisfaction de ses haines »), le besoin de s'affirmer (« la satisfaction de son caractère »)... Ce ne sont en réalité que des « justifications ».

• À cette confusion correspondent la construction heurtée des phrases (avec des incises ou des parenthèses qui en coupent le fil logique), les énumérations (l. 11-12) ou la juxtaposition (l. 13-16).

3. Un personnage en déséquilibre et replié sur lui-même

• Le déséquilibre de Tchen se marque dans le rythme ternaire qui le caractérise : « chauffeur ... puis ... puis ... » ; « l'espoir... la possibilité... la satisfaction ».

• Ses doutes et ses contradictions sont soulignées par les multiples mots négatifs (« sans », « rien ») ou les mots qui suggèrent un manque (« austère »), les oppositions (« nanti de diplôme / sans valeur », « rien / tout »).

• Son « orgueil » : toutes ses actions sont tournées vers lui-même, aucune mention n'est faite de l'autre (« la Chine », mais pas « les Chinois »), les adjectifs possessifs abondent (« ses haines », « sa pensée »...).

Tchen n'est pas un héros : instable et angoissé, il se pose sans cesse des questions et exige toujours davantage de lui-même.

III. Kyo, l'idéal du héros selon Malraux

Le portrait héroïque de Kyo se construit en pendant à celui de Tchen.

1. La fermeté dans l'action, un idéal bien défini

• Kyo choisit son destin, en pleine conscience (« et il le connaissait », l. 19). Les verbes d'action à la voix active (« avait cherché », l. 24) dont il est le sujet traduisent sa volonté, son goût de l'action.

• Il combat dans la vie réelle, immédiate (« en *ce* moment même ») et conçoit aussi un projet à long terme (« pour organiser des syndicats », l. 7-8). Son but – unique (« sa vie avait *un* sens », l. 19) – est précisé avec netteté à l'infinitif (« donner à *chacun* de *ces* hommes [...] sa *propre* dignité », l. 20-21) et est assez clair pour qu'il le formule lui-même au style direct. Sa constance est soulignée par la répétition du mot « dignité » (l. 22, 25) et le vocabulaire du travail (l. 25, 26, 27).

2. Un héros cohérent et équilibré

• Le mot « sens », utilisé deux fois (l. 16 et 19), insiste sur la cohérence de la vie de Kyo.

• Son projet tourne autour de la notion fondamentale d'homme, terme répété (l. 20, 25).

• L'impression d'équilibre est soulignée par l'expression « pas inquiet » (l. 19), par les groupes binaires, par la construction bien balancée des phrases et leur coordination harmonieuse (« il avait cherché les siens *et* les avait trouvés », l. 19, 22, 22-23).

3. Des motivations altruistes : un héros chrétien malgré lui ?

Bien que Gisors souligne que Kyo est « indifférent au christianisme », il en partage les valeurs et a une conduite chrétienne.

• Il ne combat pas pour devenir un héros, mais par dévouement aux autres. Son altruisme se marque par le jeu des possessifs (« les siens », « des leurs », l. 22, 24) qui le lient indissociablement aux malheureux. La notion de partage est soulignée par le verbe « donner ».

• Son oubli complet de soi, le sacrifice de sa vie privée rappellent la parole de l'Évangile : « Qui veut sauver sa vie la perdra ».

• Paradoxalement, Gisors le marxiste fait de Kyo, son fils, un portrait à résonance religieuse qui l'assimile à un saint.

Conclusion

Ce portrait, rigoureusement construit en diptyque, permet de mieux comprendre deux des personnages principaux du roman et de définir l'idéal humain de Malraux, homme engagé dans l'action et généreux.

ENTRETIEN

L'examinateur pourrait débuter l'entretien par la question suivante :

▸ Quels sens peut prendre le mot « héros » dans un roman ?

• La question invite à définir une notion clé, à laquelle vous avez dû réfléchir pendant l'année.

• Il faut expliciter cette notion et illustrer chaque signification trouvée d'exemples personnels.

Pour réussir l'entretien : voir guide méthodologique.

L'entretien pourra se poursuivre dans diverses directions, par exemple :

▶ Un personnage médiocre peut-il, selon vous, être un héros de roman ?
▶ Quel est votre héros de roman préféré ?

Pistes pour répondre à la première question

1. Étymologiquement, dans l'Antiquité le mot « héros » désigne un demi-dieu [*exemples*].
2. D'où le sens qu'a pris le terme dans l'usage courant : toute personne qui se distingue par sa vertu, sa grandeur d'âme et a une valeur *hors norme* [*exemples*]. Ce sens a persisté dans la littérature [*exemples*]. Il a alors pour antonyme *antihéros* (personnage insipide). On parle aussi de *héros du mal* lorsque le personnage se distingue par ses vices [*exemples*].
3. Mais le mot peut aussi être synonyme de *personnage principal* d'un roman, celui sur lequel repose l'action, sans connotation ni positive ni négative.

SUJET 64

Sujet d'oral nº 4

La question de l'homme

Voltaire, *Dialogue du Chapon et de la Poularde*

▸ **En quoi la stratégie argumentative de ce dialogue est-elle représentative du combat des Lumières dans le débat sur la question de l'homme ?**

DOCUMENT **Dialogue du Chapon et de la Poularde**

– Eh, mon Dieu ! Ma poule, te voilà bien triste, qu'as-tu ?

– Mon cher ami, demande-moi plutôt ce que je n'ai plus. Une maudite servante m'a prise sur ses genoux, m'a plongé une longue aiguille dans le cul, a saisi ma matrice, l'a roulée autour de l'aiguille, l'a arrachée et l'a donnée à manger à son chat. Me voilà incapable de recevoir les faveurs du chantre du jour, et de pondre.

– Hélas ! ma bonne, j'ai perdu plus que vous ; ils m'ont fait une opération doublement cruelle : ni vous ni moi n'aurons plus de consolation dans ce monde ; ils vous ont fait poularde, et moi chapon. La seule idée qui adoucit mon état déplorable, c'est que j'entendis ces jours passés, près de mon poulailler, raisonner deux abbés italiens à qui on avait fait le même outrage afin qu'ils pussent chanter devant le pape avec une voix plus claire. Ils disaient que les hommes avaient commencé par circoncire leurs semblables, et qu'ils finissaient par les châtrer : ils maudissaient la destinée et le genre humain.

– Quoi ! C'est donc pour que nous ayons une voix plus claire qu'on nous a privés de la plus belle partie de nous-mêmes ?

– Hélas ! Ma pauvre poularde, C'est pour nous engraisser, et pour nous rendre la chair plus délicate.

– Eh bien ! Quand nous serons plus gras, le seront-ils davantage ?

– Oui, car ils prétendent nous manger.

– Nous manger ! ah, les monstres !

– C'est leur coutume ; ils nous mettent en prison pendant quelques jours, nous font avaler une pâtée dont ils ont le secret, nous crèvent les yeux pour que nous n'ayons point de distraction ; enfin, le jour de la fête étant venu, ils nous arrachent les plumes, nous coupent la gorge, et nous font rôtir. On nous apporte devant eux dans une large pièce d'argent ; chacun dit de nous ce qu'il pense ; on fait notre oraison funèbre : l'un dit que nous sentons la noisette ; l'autre vante notre chair succulente ; on loue nos cuisses, nos bras, notre croupion ; et voilà notre histoire dans ce bas monde finie pour jamais.

– Quels abominables coquins ! Je suis prête à m'évanouir. Quoi ! on m'arrachera les yeux ! on me coupera le cou ! je serai rôtie et mangée ! Ces scélérats n'ont donc point de remords ?

– Non, m'amie ; les deux abbés dont je vous ai parlé disaient que les hommes n'ont jamais de remords des choses qu'ils sont dans l'usage de faire.

– La détestable engeance ! Je parie qu'en nous dévorant ils se mettent encore à rire et à faire des contes plaisants, comme si de rien n'était.

– Vous l'avez deviné ; mais sachez pour votre consolation (si c'en est une) que ces animaux, qui sont bipèdes comme nous, et qui sont fort au-dessous de nous, puisqu'ils n'ont point de plumes, en ont usé ainsi fort souvent avec leurs semblables. J'ai entendu dire à mes deux abbés que tous les empereurs chrétiens et grecs ne manquaient jamais de crever les deux yeux à leurs cousins et à leurs frères ; que même, dans le pays où nous sommes, il y avait eu un nommé Débonnaire[1] qui fit arracher les yeux à son neveu Bernard. Mais pour ce qui est de rôtir des hommes, rien n'a été plus commun parmi cette espèce. Mes deux abbés disaient qu'on en avait rôti plus de vingt mille pour de certaines opinions qu'il serait difficile à un chapon d'expliquer, et qui ne m'importent guère.

Voltaire, « Dialogue du Chapon et de la Poularde », *Mélanges*, 1763.

1. Il s'agit de Louis Ier le Pieux ou le Débonnaire, fils de Charlemagne et empereur d'Occident de 814 à 840. Son neveu Bernard, roi d'Italie, s'étant révolté contre lui, il lui fit crever les yeux.

PISTES POUR L'ORAL

PRÉPARATION

Tenir compte de la question

• La question tourne autour de l'idée d'argumentation. Il faut donc connaître les différentes ressources de l'argumentation (directe, indirecte ; registres...).

• « représentative du combat des Lumières » implique que vous récapituliez les caractéristiques de la contestation au XVIIIe siècle (genres privilégiés, tons adoptés, idées-force, thèmes favoris, valeurs).

Pour bien réussir l'oral : voir guide méthodologique.

La question de l'homme : voir mémento des notions.

Trouver les idées directrices

Utilisez les pistes de la consigne, mais faites aussi la « **définition** » du texte.

Dialogue fictif (*genre*) entre deux volailles qui argumentent sur (*type de texte*) la cruauté des hommes (*thème*), didactique, héroï-comique, satirique, parodique (*registres*), animé, contrasté, trivial et soutenu, pittoresque (*adjectifs*), pour dénoncer les défauts et les abus des humains (*buts*).

PRÉSENTATION

Introduction

[Amorce] La question des rapports de force entre les hommes est au centre des préoccupations du XVIIIe siècle et les écrivains multiplient les stratégies argumentatives pour critiquer les abus et défendre la dignité de l'homme. [L'œuvre] Ainsi, Voltaire recourt à une grande variété de registres et de genres (lettres, dictionnaire, contes philosophiques...) pour diffuser après du grand public ses convictions de philosophe. Il reprend aussi la forme rhétorique du dialogue, genre privilégié pour aborder des sujets philosophiques depuis l'Antiquité (Platon) et s'en sert comme moyen de critique. [Le texte] Dans le « Dialogue du Chapon et de la Poularde », Voltaire, qui donne la parole à deux volailles sur le point d'être tuées pour être mangées, dénonce la violence des humains à leur égard. [Rappel de la question] Quels aspects caractéristiques du combat des Lumières pour la dignité de l'homme présente cet étrange dialogue ? [Annonce des axes] Son ton comique et parodique l'inscrit dans la « manière » du XVIIIe siècle [I]. Le choix de personnages animaux permet un regard distancié sur le monde humain [II]. Il porte la marque de la volonté de dénonciation qui animait le mouvement philosophique [III].

I. Un dialogue comique et parodique dans le ton de l'époque

1. Maître et disciple : parodie d'un dialogue didactique

• Les rôles sont distribués comme dans les dialogues socratiques : le disciple (la Poularde) interroge et s'étonne à travers des phrases exclamatives ; le maître (le Chapon) répond, informe et dispense le savoir.

• La longueur des répliques est significative : le Chapon a les interventions les plus longues, alors que celles de la Poularde sont parfois réduites à une seule ligne.

• Le dialogue est rigoureusement structuré, il progresse selon le schéma question-réponse et passe successivement en revue plusieurs points : les coutumes des hommes, leur insensibilité, les formes de leur cruauté. La progression est bien conforme à celle d'un dialogue didactique. Mais l'identité des interlocuteurs donne un ton comique à ce qui devrait être un dialogue sérieux. Il s'agit de volailles, donc d'animaux sans prestige : un chapon est un coq châtré ; le nom poularde, avec son suffixe péjoratif *-arde*, évoque un être gras et grotesque.

• Le décalage entre le sérieux de la forme, des thèmes abordés et la crudité des réalités mentionnées accentue l'effet comique : vocabulaire grossier (« cul », « matrice »), réalités triviales (« longue aiguille », « chat », « pondre », « châtrer », « opération cruelle »).

• Par un effet de contraste comique, les deux volailles recourent au contraire à des périphrases précieuses : « recevoir les faveurs du chantre du jour » = les rapports sexuels entre… la poule et le coq ; « nous n'aurons plus de consolation dans ce monde » = « nous ne pourrons plus nous accoupler » ; « faire le même outrage » ou « on nous a privés de la plus belle partie de nous-mêmes » = la castration. Ces effets comiques font du dialogue une parodie.

2. La fonction didactique du Chapon

• Son discours est très structuré. Ainsi, sa deuxième réplique passe logiquement de l'idée générale à l'explication ; il y suit l'ordre chronologique des événements, qu'il appuie sur des compléments de temps précis (« pendant quelques jours », « enfin le jour »). Les groupes ternaires des verbes donnent à son intervention un ton oratoire (« nous mettent/nous font avaler/nous crèvent ; arrachent/coupent/font rôtir ; on nous apporte/chacun dit/on fait ; l'un dit/l'autre vante/on loue »). Enfin, il utilise le présent d'habitude qui généralise son propos avant de finir sur une phrase de conclusion mise en valeur par le présentatif « et voilà » (l. 32).

• De même, sa dernière réplique suit une progression rigoureuse : il mentionne d'abord une habitude ancrée dans l'histoire (« en ont usé ainsi fort souvent »), suivie d'exemples précis, et finit en citant ses sources (« mes deux abbés disaient »).

3. La Poularde, un disciple émotif

• C'est elle qui, en quête d'informations, pose les questions. En contraste avec les phrases pompeuses et assertives du Chapon, elle recourt à de courtes exclamations renforcées par des interjections (« Quoi ! », « ah ! »), qui donnent à ses interventions un rythme heurté.

• Son lexique est celui de l'émotion : ainsi, elle est « prête à [s']évanouir ». Son effroi se marque par les reformulations à la 1re personne des tortures subies (« je serai mangée, on m'arrachera… ») ; moins soucieuse du sort de toutes les volailles que du sien propre, elle passe du général (« *nous* manger ») au particulier (« on *m'*arrachera… on *me* coupera… *je* serai rôtie et mangée ! »).

• La subjectivité du lexique péjoratif par lequel elle désigne les hommes (« monstres, coquins, scélérats, détestable engeance ») s'oppose à la neutralité maîtrisée du Chapon.

• L'opposition entre la maîtrise du Chapon et l'émotion de la Poularde répond au cliché du contraste mâle/femelle, masculin/féminin.

II. Le choix d'animaux : un regard distancié sur les humains

1. Des animaux judicieusement choisis

• Ils sont destinés à être mangés : la Poularde est une jeune poule qui a subi un engraissement intensif ; le Chapon, castré, est plus gros que le coq.

• Il est donc logique qu'ils s'indignent de cette destinée qui nous semble, à nous humains, évidente. Ils nous obligent ainsi à reconsidérer nos habitudes qu'ils dénoncent et dont la cruauté ne nous était plus sensible.

• Ils font donc apparaître ces habitudes comme relatives (« c'est leur *coutume*, ils sont *dans l'usage* de faire, en ont *usé* ainsi fort souvent »). Or, la notion de relativité est au centre de la pensée des philosophes des Lumières.

2. Des animaux raisonnables

• Voltaire recourt pour les décrire à des mots ordinairement appliqués aux hommes : les volailles sont mises « en prison », elles ont des « bras » et des « cuisses ». Certaines expressions ambivalentes et communes aux mondes animal et humain permettent de révéler les atrocités des hommes : ainsi, « couper la gorge » fait de l'abattage des volailles un véritable crime. Les expressions « oraison funèbre » (qui désigne les propos de table célébrant les qualités gustatives de la volaille) et « notre histoire en ce bas monde » font des volailles de véritables défunts et des êtres à part entière.

• Comme les humains, ces animaux sont caractérisés par la parole, ils sont doués de raison et ressentent des émotions. Enfin, ils sont animés par la volonté de comprendre.

• Cela permet une inversion des points de vue, caractéristique de l'argumentation au XVIIIe siècle : le festin est présenté du point de vue de la volaille, marqué par l'emploi de la première personne du pluriel (« nous »). Voltaire crée ainsi un effet de décalage : la position de victime de la volaille, passive malgré elle, souligne la cruauté anonyme des hommes.

• Mais en même temps le choix de tels personnages donne au dialogue un ton héroï-comique qui témoigne d'un regard distancié sur le monde : la volaille, animal commun et trivial, est caractérisée par un vocabulaire soutenu (« on loue, on vante, oraison funèbre ») ; la succession « cuisses/bras/croupion » (l. 31), qui mélange monde humain et monde animal, crée un effet comique dédramatisant.

3. Des hommes plus bestiaux que les bêtes

• Les hommes sont définis en référence au standard animal : ainsi ils sont « bipèdes *comme nous* et fort *au-dessous de nous* » (l. 44-45), dit le Chapon. Bien plus, ils apparaissent comme des animaux inférieurs puisque ce qui les caractérise, c'est le manque : « ils n'ont point de plumes », expression qui souligne la relativité des critères de jugement, chère aux Lumières.

• Contrairement aux animaux, les humains se définissent, non par la parole, mais par l'action, le plus souvent cruelle et sauvage : « arracher » (deux fois), « couper », « dévorer, crever les deux yeux ». L'homme apparaît comme un prédateur mauvais par essence (« détestable engeance », l. 40).

• La satire repose sur cette inversion des critères : considérée du point de vue des bêtes, la violence des hommes est atroce. Mais le propos de Voltaire n'est évidemment pas de dénoncer la cruauté à l'égard de la gent animale. Cette cruauté particulière est le signe d'une cruauté plus générale.

III. Une visée critique représentative des Lumières

1. La critique de la violence

• Pour accéder à la généralité, Voltaire effectue un rapprochement dans le temps : il part de références à l'Antiquité, mentionne les empereurs chrétiens et grecs, puis le Moyen Âge (« Louis le Débonnaire ») et une époque indéterminée (« ils en avaient rôti plus de vingt mille »), en fait une allusion à l'Inquisition.

• Parallèlement, le passage des animaux aux humains se fait par la reprise des mêmes termes : « crever les yeux, arracher », et surtout le verbe « rôtir » dont l'emploi traduit souligne l'inhumanité des hommes (qui traitent leurs semblables comme des animaux) et dénonce une cruauté gratuite : il ne s'agit pas de manger ses ennemis. Le chiffre « vingt mille » intensifie la dénonciation.

• La cruauté semble le trait caractéristique de l'humanité (lié à la coutume), puisqu'elle s'exerce quel que soit son objet et sa finalité.

2. Les paradoxes humains

• Ces paradoxes résident d'abord dans l'alliance de la barbarie et de la (prétendue) culture : dévorer un animal en prononçant son « oraison funèbre », c'est déguiser un instinct sauvage (« arrache, coupe, rôtir, dévorer ») sous le masque de la culture évoquée par les mots « fête, pièce d'argent, rire, contes » et de la rationalisation suggérée par les verbes de pensée ou de parole (« dit, pense, loue, vante ») qui créent un effet héroï-comique. Paradoxe aussi que de célébrer la victime que l'on a soi-même massacrée.

• Paradoxe, enfin, que l'association surprenante entre le nom de Louis le Débonnaire (c'est-à-dire « bienveillant ») et ses actes : « arracher les yeux à son neveu Bertrand ». Par l'insistance sur la parenté qui lie le bourreau et la victime, le Chapon souligne la cruauté qui consiste à torturer son semblable.

3. L'intolérance

• L'intolérance est dénoncée par la technique de l'allusion dans la dernière phrase du texte : dans l'expression « de *certaines* opinions qu'il serait difficile à un chapon d'expliquer », le caractère indéterminé et secondaire de ces opinions contraste avec le nombre considérable de victimes (« vingt mille »).

• Les deux relatives « qu'il serait difficile à un chapon d'expliquer, et qui ne m'importent guère » insistent sur le caractère dérisoire de ces divergences, si subtiles que seule la race inférieure des hommes s'y retrouve et qu'elles n'intéressent personne.

Conclusion

La force de cette dénonciation indirecte tient au ton comique et satirique bien dans le style des écrivains des Lumières et à l'absurdité découlant du décalage des points de vue : la cruauté des hommes paraît aveugle et injustifiable. Le dialogue parodique transforme l'histoire humaine en une série de coutumes arbitraires et violentes ; parodié, le dialogue philosophique a une vraie portée polémique. Comme La Fontaine, Voltaire utilise des animaux, mais, ici, les animaux parlent des hommes et dénoncent leurs pratiques, notamment la violence et l'intolérance religieuse.

ENTRETIEN

L'examinateur pourrait débuter l'entretien par la question suivante :

▸ Qu'entend-on par « question de l'homme » ?

• La réponse à la question reprend en partie votre cours. Vous ne devez pas le réciter, mais rendre sensible votre interprétation et donner des exemples.

• Expliquez et alimentez chaque remarque d'exemples personnels.

Pour réussir l'entretien : voir guide méthodologique.

La question de l'homme : voir mémento des notions.

Pistes pour répondre à la question

La « **question de l'homme** » implique des interrogations sur :

• la **nature humaine** : est-elle unique ou multiple ? Qui est « moi » ? Qui est « l'autre » ? D'où une réflexion sur les rapports avec autrui, sur le pouvoir ;

• les « **composantes** » **de l'homme** : corps, être affectif, esprit, conscience ;

• l'**idéal de vie** : qu'est-ce que le bonheur ? Quelles règles morales suivre ?

• la **destinée humaine** : y a-t-il une fatalité ? L'homme est-il libre ? La vie humaine est-elle absurde ?

• les **rapports entre les êtres** : hommes et animaux ; hommes entre eux.

SUJET 65

Sujet d'oral nº 5

Les réécritures

Chateaubriand, *Mémoires d'outre-tombe*

▸ Vous montrerez comment Chateaubriand réécrit le récit historique de Las Cases en donnant à son texte une ampleur épique et en dépassant la simple narration d'un événement.

DOCUMENT 1

Dimanche 10 au mercredi 13 – Vents alizés. La ligne. Lorsqu'on approche des tropiques, on rencontre ce qu'on appelle les vents alizés, c'est-à-dire des vents éternellement de la partie de l'est. La science explique ce phénomène d'une manière assez satisfaisante… Le bâtiment qui, venant d'Europe, se dirige sur Sainte-Hélène, est toujours poussé vers l'ouest par ces vents constants de l'est. Il serait bien difficile qu'il pût atteindre cette île par une route directe ; il n'en a pas même la prétention…

Samedi 14 – On s'attendait à voir Sainte-Hélène ce jour-là même ; l'amiral nous l'avait annoncé. À peine étions-nous sortis de table qu'on cria : Terre ! c'était à un quart d'heure près, l'instant qu'on avait fixé… L'empereur fut sur l'avant du vaisseau pour voir la terre, et crut l'apercevoir, moi je ne vis rien…

Dimanche 15 – L'empereur, contre son habitude, s'est habillé et a paru de bonne heure sur le pont ; il a été sur le passavant considérer le rivage de plus près. On voyait une espèce de village encaissé parmi d'énormes rochers arides et pelés qui s'élevaient jusqu'aux nues. Chaque plate-forme, chaque ouverture, toutes les crêtes se trouvaient hérissées de canons. L'empereur parcourait le tout avec sa lunette ; j'étais à côté de lui, mes yeux fixaient constamment son visage ; je n'ai pu surprendre la plus légère impression ; et pourtant c'était là désormais sa prison perpétuelle, peut-être son tombeau.

Las Cases, *Le Mémorial de Sainte-Hélène*, 1828.

DOCUMENT 2

La mer que Napoléon franchissait n'était point cette mer amie qui l'apporta des havres[1] de la Corse, des sables d'Aboukir, des rochers de l'île d'Elbe, aux rives de la Provence ; c'était cet Océan ennemi[2] qui, après l'avoir enfermé dans l'Allemagne, la France, le Portugal et l'Espagne, ne s'ouvrait devant sa course que pour se refermer derrière lui. Il est probable qu'en voyant les vagues pousser son navire, les vents alizés l'éloigner d'un souffle constant, il ne faisait pas sur sa catastrophe les réflexions qu'elle m'inspire : chaque homme sent sa vie à sa manière, celui qui donne au monde un grand spectacle est moins touché et moins enseigné que le spectateur. Occupé du passé comme s'il pouvait renaître, espérant encore dans ses souvenirs, Bonaparte s'aperçut à peine qu'il franchissait la ligne, et il ne demanda point quelle main traça ces cercles dans lesquels les globes sont contraints d'emprisonner leur marche éternelle.

Le 15 août, la colonie errante célébra la Saint-Napoléon à bord du vaisseau qui conduisait Napoléon à sa dernière halte. Le 15 octobre, le *Northumberland* était à la hauteur de Sainte-Hélène. Le passager monta sur le pont ; il eut peine à découvrir un point noir imperceptible dans l'immensité bleuâtre ; il prit une lunette ; il observa ce grain de terre ainsi qu'il eût autrefois observé une forteresse au milieu d'un lac. Il aperçut la bourgade de Saint-James enchâssée dans des rochers escarpés ; pas une ride de cette façade stérile à laquelle ne fût suspendu un canon : on semblait avoir voulu recevoir le captif selon son génie.

Chateaubriand, *Mémoires d'outre-tombe*,
livre XXIV, chap. 10, 1833.

1. Havres : ports.
2. Car allié des Anglais.

PISTES POUR L'ORAL

PRÉPARATION

Les deux textes se rapportent au même événement historique : l'arrivée de Napoléon, en mai 1821, à l'île de Sainte-Hélène où les Anglais ont décidé de le déporter.

Tenir compte de la consigne

• En lien avec la notion de réécriture, la consigne suggère de mesurer l'écart entre les visées d'un témoin historique et celles d'un écrivain romantique. L'objectif est de mettre en évidence les spécificités du texte de Chateaubriand.

• Elle vous propose un plan, que vous pouvez suivre.

Trouver les axes

• Pour mesurer la différence entre les deux textes, faites leur **définition**.

• **Texte de Las Cases**

Extrait d'un journal de bord, qui s'apparente à des mémoires (*genre*), qui raconte/informe sur (*type de texte*) l'arrivée de Napoléon à Sainte-Hélène (*thème*) ; texte chronologique, précis, circonstancié, sobre (*adjectifs*) ; pour relater un moment historique important et témoigner (*buts*).

• **Texte de Chateaubriand**

Extrait de Mémoires (*genre*), qui raconte (*type de texte*) l'arrivée de Napoléon à Sainte-Hélène (*thème*) ; qui décrit (*type de texte*) l'empereur (*thème*) ; qui argumente (*type de texte*) sur la destinée des grands hommes (*thème*) ; texte épique (*registre*) précis, grandiose, héroïque, « philosophique » (*adjectifs*) ; pour rendre compte d'un fait historique et mener une réflexion sur l'histoire et le destin (*buts*).

▶ **Première piste :** partez des **ressemblances** entre les textes. Tous deux relatent un moment historique et font le portrait d'un grand homme, mais les deux narrateurs n'ont pas le même statut.

▶ **Deuxième piste :** montrez comment Chateaubriand donne à la réalité historique une **ampleur épique** et fait de Napoléon un héros.

▶ **Troisième piste :** en quoi ce texte a-t-il une portée plus large qu'un simple récit ? Quelle **vision de l'homme** et du monde s'en dégage ?

Pour bien réussir l'oral : voir guide méthodologique.

Les réécritures : voir mémento des notions.

PRÉSENTATION

Introduction

[Amorce] Les écrivains romantiques se sont souvent inspirés dans leurs œuvres d'événements historiques. [Présentation de l'œuvre] Le texte de Chateaubriand est extrait des *Mémoires d'outre-tombe*, œuvre de grande ampleur, rédigée de 1809 à 1841, dans laquelle l'auteur raconte sa vie et rend compte des événements historiques majeurs dont il a été le témoin. [Présentation du texte] Ce texte, comme celui de Las Cases (1828), fait référence à l'exil de Napoléon et à son arrivée, en mai 1821, à l'île de Sainte-Hélène. [Rappel de la question et annonce des axes]

I. Récit d'un moment historique et portrait d'un grand homme

1. Un récit qui rapporte des faits historiques

• Comme dans le texte de Las Cases, Chateaubriand relate l'arrivée de Napoléon à Sainte-Hélène avec une précision d'historien.

• Les deux textes se font écho : mêmes dates, mêmes conditions atmosphériques (« vents alizés »), mêmes aspects géographiques (« rochers arides et pelés »/ « rochers escarpés », « façade stérile »), mêmes lieux (« une bourgade »/ « un village »).

2. Le portrait d'un homme fascinant

• Les deux auteurs accordent la primauté à Napoléon, personnage principal du récit. Ils le décrivent dans une attitude de chef militaire ; certains détails sont précisément repris : ainsi, à « l'empereur parcourait le tout avec sa lunette » fait écho, chez Chateaubriand, « il prit une lunette ».

• Les deux auteurs suggèrent son impassibilité (à la phrase de Las Cases : « je n'ai pu surprendre la plus légère impression » répond l'absence chez Chateaubriand de détails sur le visage de l'empereur) et soulignent la difficulté à pénétrer ses pensées. On sent qu'ils sont fascinés par Napoléon.

3. Un récit a posteriori

• Las Cases écrit un journal, rythmé par des dates qui suivent un ordre chronologique. Il a participé à l'événement (« j'étais à côté de lui ») et s'associe au destin de Napoléon (pronom personnel « nous » ou indéfini « on »). Mais, simple témoin des événements, il relègue son destin personnel au second plan : en cela, son texte s'apparente plus à des mémoires qu'au journal intime.

• Le texte de Chateaubriand, lui, même s'il figure dans des *Mémoires*, s'apparente au récit historique : l'auteur n'a pas participé à l'événement, il prend un recul que n'ont pas les acteurs de l'événement (« il [Napoléon] ne faisait pas sur sa catastrophe les réflexions qu'elle m'inspire »). Le récit historique est émaillé de commentaires a posteriori du narrateur.

II. Un récit empreint d'une grandeur épique

1. La mise en scène de l'arrivée de Napoléon

• Chateaubriand peint un cadre grandiose, presque épique. Toute la nature participe à l'événement : « mer, Océan, vagues, vents alizés… ».

• Les images, notamment la personnification des éléments, s'appuient sur des antithèses frappantes : à la « mer amie » d'autrefois, s'est substitué « l'Océan ennemi ». Sainte-Hélène, par une métaphore forte, apparaît comme « un point noir imperceptible dans l'immensité bleuâtre, un grain de terre ».

• La perspective qui fait voir ce panorama à travers la « lunette » au fur et à mesure que le vaisseau avance, entraîne sa métamorphose, comme s'il était animé : la « bourgade » se transforme en « rochers escarpés », puis en « façade stérile […] hérissée de canons ».

• Le rythme des phrases qui repose sur des accumulations contribue à l'effet d'amplification.

2. Un récit qui donne à Napoléon la dimension d'un héros déchu

• Dans ce cadre épique, l'empereur prend une dimension héroïque : l'auteur rappelle son passé glorieux qui s'ancre aux quatre coins du monde (« Corse », « Aboukir », « l'île d'Elbe », « l'Allemagne, la France, le Portugal et l'Espagne »). L'empereur se trouve au centre d'une perspective infinie dans l'espace et dans le temps.

• Héros certes, mais héros déchu. Chateaubriand accentue le contraste entre la gloire passée et la situation présente. Aux termes mélioratifs hyperboliques répond en contraste un vocabulaire négatif tout aussi puissant : l'empereur est un « captif », qui vit une « catastrophe ». Mais, même dans le malheur, il garde encore l'espoir (« comme si le passé pouvait renaître », « espérant »), reste grand et devient ainsi une figure déjà mythique, empreinte de « génie ».

III. Du récit à la réflexion

1. La plongée dans l'univers mental d'un grand homme

• Chateaubriand fait voir le paysage à travers la « lunette », autrement dit le regard de Napoléon, et fait ainsi sentir l'effet de ce spectacle sur le héros.

• Il insère dans son récit des expressions qui explicitent l'état d'esprit de Napoléon (« occupé du passé », « espérant encore », « s'aperçut à peine que ») : le « biographe » veut percer ses pensées et ses impressions dans ce moment crucial (« occupé, espérant, s'aperçut à peine, il eut peine à »).

• L'abondance des modalisateurs (« il est probable que, comme s'il [pouvait], ainsi qu'il eût, on semblait avoir voulu ») souligne les conjectures : le biographe réinterprète les faits à la lumière de sa propre sensibilité.

2. La réflexion sur le destin de l'homme

• La phrase centrale du texte (« il ne faisait pas sur sa catastrophe *les réflexions qu'elle m'inspire* [...] ») mais aussi les marques de la généralisation (« chaque homme »), la syntaxe (« celui qui ») et le présent de vérité générale indiquent clairement la portée philosophique de l'événement.

• Napoléon, à travers les mots qui le désignent perd petit à petit son individualité : il n'est plus « Napoléon » ou « Bonaparte », mais un « homme », « celui qui donne au monde un grand spectacle », « le passager », « le captif », représentatif des « grand(s) homme(s) ». Son exil nous parle du destin, désigné par l'image symbolique d'une « main [qui] traça ces cercles » : « captif » des Anglais, Napoléon l'est aussi du destin.

• Chateaubriand se fait penseur et livre ses réflexions sur le monde : l'homme, quand il est au centre d'une tourmente, perd sa lucidité (« il *ne* faisait *pas* les réflexions », « *moins* enseigné ») et toute grandeur est menacée de revers de fortune. Ce voyage vers la « dernière halte » est une image de la vie.

Conclusion

[Synthèse] Le texte des *Mémoires d'outre-tombe* n'est pas le simple rapport d'un témoin, mais il répond au projet d'un artiste « metteur en scène ». Chateaubriand jette sur l'histoire son regard d'écrivain. [Ouverture] Ce sont des textes comme celui-ci qui concourront à créer la légende napoléonienne et son succès dans la littérature. En même temps, le récit répond à un projet autobiographique : l'écrivain célèbre sa propre grandeur au travers de celle de l'empereur vaincu. Chateaubriand se superpose à Napoléon.

ENTRETIEN

L'examinateur pourrait débuter l'entretien par la question suivante.

▸ Quelle définition donneriez-vous de la réécriture ? Quelles formes peut-elle prendre ?

L'entretien pourra se poursuivre dans diverses directions, par exemple :

• Quels intérêts présente, selon vous, une réécriture ?

• Quels avantages, quels dangers y a-t-il pour un écrivain à prendre l'Histoire comme source d'inspiration pour son œuvre ?

Pour réussir l'entretien : voir guide méthodologique.

Pistes pour répondre à la question

• Réécrire, c'est donner une **nouvelle version d'un texte déjà écrit** en y apportant des modifications. Il peut s'agir d'intertextualité, du passage du brouillon au texte définitif, d'imitation, de transposition…

• Les **différentes formes de réécriture** : la citation, l'allusion (littéraire), le pastiche, la parodie, le plagiat, la réécriture d'un mythe…

> **Conseil**
> Illustrez chaque forme mentionnée d'un ou deux exemples précis, brièvement commentés. Vous montrez ainsi que vous avez assimilé personnellement ce que vous affirmez.

IV. Retenir les points clés

Mémento des notions

1. Notions générales

AUTOUR DU DISCOURS

La situation d'énonciation

• La situation d'énonciation est une situation dans laquelle des interlocuteurs produisent un message oral ou écrit par le langage.

Pour bien définir et comprendre une situation d'énonciation, il faut repérer :
– des indices de la présence de **celui qui parle** (qui il est, ce qu'il pense) ;
– des indices de la présence de **celui à qui on parle** (qui il est) ;
– des indices sur **le lieu et le temps** où a été prononcé ou écrit le texte.

Objectivité et subjectivité

• Quand les émotions ou les sentiments du locuteur (ou du narrateur) n'apparaissent pas dans un texte, on parle d'objectivité du texte.

• Quand le locuteur ou le narrateur exprime ses émotions, ses sentiments ou ceux d'un personnage, on parle de subjectivité du texte.

Les modalisateurs

• Les modalisateurs sont des tournures qui expriment le degré de certitude, de vérité ou de fausseté accordé à l'énoncé par celui qui écrit. Il peut s'agir :
– d'adverbes ou de locutions adverbiales : *à coup sûr, certainement, sans aucun doute, peut-être, vraisemblablement…* ;
– de verbes ou d'expressions : *être sûr, être certain, croire, penser…* ;
– d'expressions comme : *c'était comme, avoir un air de, paraître, sembler, il se peut que…, il est évident que…* ;
– de certains modes verbaux : *il y aurait eu des dégâts…* ;

• Ils peuvent servir à exprimer une perception, une opinion, ou encore à rendre crédibles des éléments fantastiques. Ils peuvent équivaloir à une comparaison ou à une métaphore, par analogie.

L'explicite et l'implicite

• Explicite : ce qui est clairement dit, précisément expliqué, sans sous-entendu.

• Implicite : ce qui n'est pas formellement exprimé dans l'énoncé, ce qui est sous-entendu. Il faut supposer ou déduire. Pour qu'un énoncé implicite puisse être compris, que le lecteur puisse déduire les idées sous-entendues, il doit comporter des indices.

Les genres littéraires

Les principaux genres littéraires sont divisés en « **sous-genres** ».

- Le **roman** : d'amour, d'apprentissage, d'aventures, historique, policier…
- La **nouvelle** : réaliste, fantastique, de science-fiction…
- L'**apologue** : la fable, l'utopie, le conte…
- Le **théâtre** : la comédie, la tragédie, le drame…
- La **poésie** : familière, épique, philosophique…
- Les **genres biographiques** : biographie, autobiographie, mémoires, journal…
- L'**épistolaire** : lettre intime, lettre ouverte, lettre fictive, roman épistolaire…
- L'**essai** : littéraire, scientifique, politique… ; le discours, le pamphlet…
- Les **genres documentaires** : enquête, interview, reportage…

La lettre

- La **lettre**, message écrit envoyé par un expéditeur à un destinataire (en général éloignés dans le temps et l'espace), a ses règles et ses éléments obligés :
  – des **caractéristiques formelles** (de langue) : nom, prénom, adresse de l'expéditeur ; en haut à droite : indication du lieu (d'où est envoyée la lettre), date (à laquelle elle est écrite) ; formule d'appel qui indique le destinataire ; texte (ou corps) de la lettre ; formule finale ; signature de l'expéditeur ;
  – de nombreux **indices de la situation d'énonciation** : 1re et 2e personnes (du singulier, si les correspondants sont des intimes), ton proche de l'oral et du dialogue (interrogations, exclamations, langage courant, syntaxe libre…), références au lieu et au temps de l'écriture.
- Les **buts de la lettre** sont divers : donner (ou demander) des informations, remercier ou présenter une requête, se confier…
- La **lettre ouverte** est une lettre (plus ou moins longue, parfois un livre) adressée à une ou plusieurs personnes, et destinée à être **publiée et lue par un large public**.

Les lettres ouvertes sont plus des « lettres *sur…* » que des « lettres *à…* ». Elles instaurent un débat. Elles se prêtent bien aux prises de position polémiques et peuvent adopter divers registres.

Les types de textes

On définit la **forme de discours** d'un texte selon l'intention de celui qui parle ou écrit. On distingue **six formes principales** de discours ou types de textes.

• Le texte **narratif** : un narrateur ; des personnages ; une histoire avec des péripéties situées dans le temps ; un point de vue.

• Le texte **descriptif** : des éléments caractérisant un lieu, un objet ou un personnage ; des repères spatiaux ; un point de vue.

• Le texte **informatif** : des faits bruts ; pas de point de vue (objectivité).

• Le texte **explicatif** : des informations qui permettent d'expliquer un phénomène ; des connecteurs logiques ; l'objectivité.

• Le texte **argumentatif** : une thèse soutenue à l'aide d'arguments et d'exemples ; des connecteurs logiques ; la présence et l'engagement de celui qui parle (subjectivité).

• Le texte **injonctif** : des conseils, des consignes ou des ordres…

Les registres

Le registre d'un texte se définit par l'effet qu'il produit sur le lecteur : rire, tristesse, peur, pitié… Identifier le registre d'un texte, c'est mieux le définir en donnant son avis de lecteur. On distingue **sept registres principaux** : tragique, pathétique, épique, lyrique, élégiaque, polémique, comique.

• **Registre tragique** : il se caractérise par la mise en scène de débats déchirants, l'**expression de la fatalité** qui pèse sur l'homme. La fatalité peut prendre plusieurs formes : malédiction des dieux ou des hommes (Œdipe, voir légende d'Antigone), prédestination divine qui décide des élus et des damnés, déterminisme naturel, fatalité historique (événements qui s'enchaînent sans intervention humaine possible), fatalité sociale (contraintes imposées par le groupe à l'individu), fatalité des passions qui anéantissent la volonté ; fatalité intérieure (sentiment du devoir, d'une force qui nous pousse, tel que l'inconscient…).

Les **marques du tragique** sont : les interrogations angoissées ; les antithèses (qui expriment l'absurdité de la condition humaine ou la nécessité d'un choix, un dilemme…) ; les hyperboles, les exclamations, les interjections (signes d'émotion intense et d'angoisse existentielle) ; le vocabulaire du destin, de l'impuissance, de la mort, du néant…

• **Registre pathétique** (du grec *pathos*, « souffrance ») : il se caractérise par l'**expression de la souffrance**, de la tristesse, de la douleur. Il vise à provoquer la pitié du lecteur.

Les **marques du pathétique** sont : les hyperboles, les exclamations, les interjections, le lexique de l'affectivité, de la douleur et de la souffrance.

• **Registre épique** : il apparaît dans des récits d'**actions héroïques.** Il a recours à l'amplification et à la simplification, au merveilleux, au symbolique.

Les **marques du registre épique** sont : les hyperboles ; le vocabulaire du combat, du surnaturel ; la personnification de réalités inanimées ; les effets de gradation.

• **Registre lyrique** : il se caractérise par l'expression, parfois exaltée, des sentiments, des émotions.

Les **marques du lyrisme** sont : la première personne, les anaphores, les exclamations ; le vocabulaire des sentiments, du bonheur/malheur ; l'évocation des grands thèmes humains : nature, amour, mort…

• **Registre élégiaque** : l'élégie (du grec *elegos*, « deuil ») est un poème lyrique qui exprime des sentiments de tristesse, de mélancolie, souvent liés à la fuite du temps, à un amour malheureux ou à un deuil. Le registre élégiaque est caractérisé par un **ton plaintif et mélancolique**, une méditation intérieure.

Les **marques du registre élégiaque** sont : la forte présence des 1re et 2e personnes du singulier ; les rythmes doux ; le vocabulaire affectif ; les images, souvent liées à la nature.

• **Registre polémique** : *polémique* vient du grec *polemos* (« guerre ») ; ce registre implique donc l'**idée d'attaque** (des idées adverses).

Les **marques du registre polémique** sont : l'implication de celui qui écrit et de son destinataire ; les exagérations, les dénégations, l'ironie ; un lexique violent, dévalorisant ; les images péjoratives.

• **Registre comique** : ce registre déclenche le **rire**. Voir ci-dessous.

Le comique

▶ Procédés du comique

– La **déformation** : caricature physique ou psychologique d'un personnage ; exagération d'une situation.

– La **répétition** : Bergson parle de la répétition comme « du mécanique plaqué sur du vivant » (les hommes réagissent comme des machines). Il peut s'agir de mots, de phrases ou de situations.

– Les **effets de décalage** : par exemple entre la situation et le langage (dans une situation officielle, un personnage emploie un langage très familier…).

▶ Supports du comique

– La **situation** : répétition d'une même situation, renversement de situation (l'arroseur arrosé), quiproquo (ou malentendu, dialogue de sourds)…

– Les **gestes** : gestes répétés ou symétriques, grimaces et mimiques, chutes, coups de bâton, acrobaties…

– Les **personnages/les caractères** : caricature et simplification.

– Les **mots** : déformation phonétique, jeu sur le sens propre et le sens figuré, inversion de mots, calembour (confusion sur les sons), mots inappropriés.

▶ **Formes du comique**

– La **caricature** : présentation négative d'une personne, d'un groupe de personnes ou d'une idée, qui en exagère les traits caractéristiques.

La caricature, qui crée le comique ou l'humour, parfois le burlesque, répond le plus souvent à un **but satirique et critique**. Elle a donc une valeur argumentative. Elle peut se présenter sous forme graphique (caricatures dans la presse, notamment politiques).

– La **satire** : critique moqueuse de la société ou d'un personnage.

– La **parodie** : imitation comique (par exagération) d'une œuvre.

– Le **burlesque** : traitement de sujets sérieux en termes grossiers, ou l'inverse (on parle alors de tonalité héroï-comique).

– L'**humour** : capacité à prendre ses distances par rapport à une réalité angoissante. L'humour peut jouer sur le décalage entre le fond et la forme, entre le ton et le contenu. Moins fort que l'ironie, il ne blesse pas.

– L'**humour noir** : il mêle fantaisie et tragique, là où on ne l'attendrait pas.

– L'**ironie** : procédé consistant à dire le contraire de ce qu'on pense (exemple : *Travailler jour et nuit, quelle joie !* signifie : « Je déteste travailler tout le temps ! »). L'ironie sert à critiquer des personnes ou des idées, à les dénoncer en en soulignant l'absurdité.

Les **principaux procédés de l'ironie** sont l'antiphrase, la litote, la périphrase, la juxtaposition de propositions contradictoires, la fausse naïveté ou le faux compliment.

Les niveaux de langue

Il existe plusieurs façons d'exprimer une même idée, qui varient selon les circonstances, selon la personne qui parle ou la personne à qui l'on parle. Ces diverses façons s'appellent les niveaux de langue.

• Les trois niveaux de langue : **familier** *(Qu'est-ce t'as bouffé ?)* ; **courant** ou **neutre** *(Qu'est-ce que tu as mangé ?)* ; **soutenu** *(Qu'avez-vous pris pour le déjeuner ?)*.

• Comment repérer un niveau de langue ? On repère un niveau de langue par la prononciation, le vocabulaire et la grammaire (forme des mots et des phrases).

AUTOUR DE LA PHRASE ET DU MOT

La phrase

• La phrase complexe comprend plusieurs verbes noyaux, donc plusieurs propositions (indépendantes ou liées par subordination), par opposition à la phrase simple.

• La **phrase composée** comporte deux indépendantes (ou plus) coordonnées ou juxtaposées.

• La **phrase elliptique** se caractérise par l'absence de verbe ou de sujet.

• La **phrase nominale** est construite autour d'un nom, par opposition à la phrase verbale.

Les types de phrases

Le type d'une phrase dépend de l'intention du locuteur. On distingue :

• le **type déclaratif** : le locuteur énonce un fait, donne une information ;

• le **type interrogatif** : le locuteur pose une question ;

• le **type injonctif** : le locuteur donne un ordre ou un conseil.

Les valeurs du présent

• Le **présent d'énonciation** : il se réfère au moment où le locuteur (ou le narrateur) parle ; il fait donc partie de la situation d'énonciation. Il permet, dans le récit au passé :
– de mesurer le temps qui s'est écoulé entre les événements et le moment où le narrateur les raconte ;
– d'introduire une réflexion du narrateur au moment même où il est en train de parler ou d'écrire. C'est pour cela qu'il est fréquent dans l'autobiographie (= récit de sa propre vie).

Exemple : *J'étais jeune quand je pris le commandement de ce régiment. Maintenant je suis vieux et je n'ai plus ma force d'autrefois.*

• Le **présent de narration**, temps de base du récit au passé, sert à raconter et à mettre en relief des événements importants.

Il peut être employé tout au long du récit pour raconter tous les événements. Il est coupé de la situation d'énonciation, du présent de celui qui parle.

S'il s'agit du récit d'événements historiques, on parle de **présent historique**. Le présent de narration donne une impression d'actualité, introduit de la vivacité dans le récit, crée un effet de direct, « comme si on y était ».

• Le **présent de vérité générale** sert à exprimer une idée qui est toujours vraie, quels que soient l'époque et le lieu (son sujet est alors souvent : *on, l'homme, les hommes*). Exemple : « L'homme est un loup pour l'homme. »

• Le **présent dans le langage parlé** sert aussi à exprimer :
– un **passé récent**. Exemple : *Tu peux voir ton père : il rentre juste* ;
– un **futur proche**. Exemple : *Le train arrive dans une heure.*
Dans l'autobiographie, il est parfois difficile de distinguer si le présent renvoie au passé ou au présent, parce qu'il y a un brouillage et une combinaison du présent de narration et du présent de l'écriture – celui de l'auteur.

Le champ lexical

Ensemble de mots formant un réseau dans le texte ; ces mots renvoient à des réalités ou à des idées évoquant le **même thème**.

Par exemple, appartiennent au champ lexical de la médecine les mots : *maladie, médecin, soigner, piqûre, médicaments…*

Les mots mélioratifs/péjoratifs

• Un mot **mélioratif** est un mot élogieux, valorisant, qui donne une idée positive de quelqu'un ou de quelque chose.

Exemple : *Cet élève est un génie*.

• Un mot **péjoratif** est un mot dévalorisant, qui donne une idée négative de quelqu'un ou de quelque chose. Exemple : *Ce commerçant est un truand*. Certains suffixes, tels *-âtre, -ard, -asse, -ailler*, etc., donnent à un mot une nuance péjorative.

RHÉTORIQUE ET FIGURES DE STYLE

La rhétorique est l'art de bien parler. Ses procédés sont multiples. On distingue en particulier différentes « figures de style ».

Les figures de style par analogie

• La **comparaison** rapproche un élément (le comparé) d'un autre élément (le comparant) à partir d'un élément qui leur est commun, **grâce à un mot outil** de comparaison *(comme, tel…)* : « des parfums frais *comme* des chairs d'enfants » (Baudelaire).

• La **métaphore** rapproche un élément (le comparé) d'un autre élément (le comparant) pour souligner leur ressemblance, mais **sans mot** outil de comparaison : « la morsure aiguë du temps » (Vian). Une **métaphore filée** se prolonge sur plusieurs phrases. Une métaphore usuelle et courante s'appelle un **cliché** : « Les yeux sont le miroir de l'âme. »

• La **personnification** consiste à représenter une chose ou un animal sous les traits d'une personne : « la mort, faucheuse impitoyable ».

• L'**animalisation** consiste à représenter une personne ou une chose sous les traits d'un animal : « C'était […] la bête qui fonçait tête basse et muette [à propos de la Lison, la locomotive de *La Bête humaine* de Zola] ».

• L'**allégorie** consiste à représenter de façon imagée, souvent concrète, une idée, rendue alors moins abstraite : « L'amour est un oiseau rebelle », « l'impitoyable faucheuse » (la mort).

Les figures de style par substitution

• La **métonymie** désigne une réalité (objet, sentiment...) par l'une de ses caractéristiques ou par un terme ayant un rapport logique avec cette réalité : *les cordes* (pour les violons), *boire un verre* (boire son contenu).

• La **périphrase** consiste à remplacer un mot par un groupe de mots de sens équivalent : *les habitants de Paris* (pour les Parisiens).

Les figures de style par opposition

• L'**antithèse** oppose symétriquement deux mots ou deux groupes de mots que l'on rapproche pour mieux en faire ressortir le contraste : « Je cherche la *vertu*, et ne trouve que *vice* » (Du Bellay).

• L'**oxymore** : alliance de deux mots de sens opposés : « cette obscure clarté » (Corneille).

• Le **paradoxe** : affirmation qui va volontairement à l'encontre de l'opinion courante et de la logique : *La lenteur permet de gagner du temps*.

• L'**antiphrase** consiste à exprimer une idée par son contraire : *C'est du joli !*

Les figures de style par amplification ou par atténuation

• L'**anaphore** : répétition d'un même mot, d'un même groupe de mots, d'une même construction au début de phrases ou de propositions qui se succèdent *(Il y a..., il y a..., il y a...)*.

• La **gradation** : progression croissante ou décroissante par degrés successifs, dans une suite de mots ou d'expressions : « Va, cours, vole... » (Corneille).

• L'**hyperbole** : exagération pour mettre en valeur la réalité dont on parle : « Je souffre mille maux. »

• La **litote** : figure d'atténuation de la pensée, elle consiste à dire le moins pour faire comprendre le plus : « Va, je ne te hais point » (Corneille).

Les figures de style par construction

• La **juxtaposition** : fait de mettre côte à côte deux groupes de mots (souvent des propositions) sans mot de liaison (remplacé par un point ou une virgule).

• L'**asyndète** : absence ou suppression de liaison (conjonction, connecteur logique ou temporel) entre deux groupes de mots étroitement liés par le sens *(tu as menti, tu seras puni)*.

La question rhétorique

C'est une **fausse question** qui n'attend pas de réponse et qui équivaut à une phrase déclarative, car elle contient implicitement la réponse. Elle permet de solliciter davantage l'attention et d'emporter – par force – l'adhésion de l'auditeur. Exemple : *Tu me prends pour un idiot ?*

2. Écriture poétique et quête du sens

LA NOTION DE POÈTE ET DE POÉSIE

Le poète

C'est avant tout un artiste qui a une connaissance aiguë et profonde du monde et des hommes, et la capacité de **créer un nouvel univers** (*poiein*, en grec, signifie « créer ») à l'aide du langage.

L'essence de la poésie

• Un texte poétique n'est pas forcément un texte en vers. On peut voir la poésie comme :
– une **façon différente**, peu habituelle, **de voir le monde** et de réagir face à lui, qui en révèle à l'homme ordinaire les aspects cachés ou insoupçonnés ;
– une **façon originale de s'exprimer** : est poétique ce qui est dit de façon inhabituelle, aussi bien du point de vue du vocabulaire, de la syntaxe, que des procédés de style (comparaisons, métaphores, rythme…).

• On peut dégager certains **thèmes** qui sont récurrents dans la poésie et que l'on qualifie de poétiques. Par exemple : les sentiments et les émotions, le bonheur et le malheur ; la nature, la beauté.

• Pour définir la poésie, penser à l'anecdote racontée par l'essayiste Roger Caillois : sur la pancarte d'un mendiant aveugle, à la place de « Aveugle de naissance » un passant avait écrit : « Le printemps va venir, je ne le verrai pas. » Pour Caillois, ce passant est un poète (suggestion de tableaux, images, effets de contraste, lyrisme du « je »… font de sa pancarte modifiée un « écart » par rapport au langage ordinaire).

Les fonctions de la poésie

Les poètes ont assigné différentes fonctions à la poésie :
– **décrire** : le poète latin Horace définit la poésie comme une « peinture » ;
– **traduire** les sentiments et les émotions (poésie lyrique) ;
– **recréer** le monde, en en « dévoilant » les faces cachées (le poète est un « voyant ») ;

– **mettre en valeur** des idées, qui sont exprimées avec plus de force et d'intensité que par la prose ;
– **défendre** des idées politiques ou sociales : c'est la poésie engagée.

D'une façon générale, deux tendances majeures s'opposent, celle de **l'art pour l'art** et celle de **la poésie engagée**.

LES TEXTES EN VERS

Le vers

Un des procédés traditionnels de mise en page de la poésie est le vers. Il existe plusieurs sortes de vers, déterminés par le nombre de syllabes.

	Nom du vers	Nombre syllabes	Usage/Effets produits
Vers pairs	Alexandrin	12	Amplitude et solennité. Régulier et équilibré chez les classiques, disloqué chez les romantiques
	Décasyllabe	10	Le plus ancien des vers réguliers (chanson de geste, épopée…)
	Octosyllabe	8	Le plus utilisé (souvent mis en musique)
	Hexasyllabe	6	
Vers impairs	Hendécasyllabe	11	Irrégularité et déséquilibre
	Ennéasyllabe	9	Peu utilisé. Impression de décasyllabe inachevé, effet de suspense
	Heptasyllabe	7	Impression de rythme sautillant, effet de suspense
	Vers de cinq syllabes	5	

Le poème en **vers libres** fait alterner différents types de mètres au gré des intentions du poète et des effets qu'il veut créer.

La strophe

Les vers se combinent en strophes (groupes de vers séparés par un blanc horizontal). Les strophes prennent un **nom différent** selon le nombre de vers qui les constituent : le **distique** (2 vers), le **tercet** (3 vers), le **quatrain** (4 vers), le **quintil** (5 vers), le **sizain** (6 vers), le **septain** (7 vers)…

Le sonnet

Le sonnet est un **poème régulier** dont les caractéristiques techniques sont les suivantes : **deux quatrains** et **deux tercets** composés d'**alexandrins** ; deux sons à la rime dans les quatrains (*abba abba*). Il est souvent construit autour d'une opposition ou d'un parallélisme entre quatrains et tercets, ou autour d'une opposition entre les treize premiers vers et le dernier (chute).

Les rimes et les sonorités

• Les **rimes** : selon leur fréquence, elles peuvent aussi créer un effet de rythme. Elles sont **plates** (ou suivies) si elles suivent le schéma *a-a-(a)/b-b(b)* ; **croisées**, dans le schéma *a-b/a-b* ; **embrassées**, dans le schéma a-b/ba ; mêlées, dans le schéma *a-a-b/c-c-b*. On appelle **rime intérieure** une sonorité qui se trouve à l'intérieur du vers et qui fait écho à la rime de la fin du vers ; elle crée un effet de régularité, de balancement.

• L'**allitération** (répétition d'un son consonantique) et l'**assonance** (répétition d'un son vocalique) ne sont pas « gratuites » : l'auteur, en répétant le son, veut produire une impression. Ainsi, l'allitération fameuse de Racine : « Pour qui sont ces serpents qui sifflent sur vos têtes ? » vise à reproduire le sifflement des reptiles. Quand on analyse des procédés sonores, il ne suffit donc pas de relever les sonorités répétées ; il faut aussi préciser l'effet que veut créer l'auteur ou l'impression ressentie à la lecture des vers :

– le *e* muet allonge la phrase ou le vers ;
– le *i* est une voyelle aiguë et stridente ;
– le son *ou* est sourd ;
– les sons *c* (= k), *g* (= gu) et *r* sont durs ;
– les sons *p* et *t* sont explosifs.

Le rythme

Le rythme s'étudie à partir de plusieurs paramètres.

• La **longueur du vers** (nombre de « pieds » ou de syllabes dites) : les **vers pairs** (alexandrin, décasyllabe, octosyllabe, hexasyllabe) donnent une impression d'**équilibre**, de **régularité** ; les **vers impairs** (hendécasyllabe, ennéasyllabe, heptasyllabe…) créent une impression d'**irrégularité**, de **déséquilibre**.

• Les **coupes** : elles peuvent séparer le vers en deux mesures égales (rythme binaire, source d'une impression de régularité) ou se trouver à des endroits variés du vers, créant un rythme croissant (mesures de plus en plus longues, qui donnent une impression de solennité) ou décroissant.

• L'**enjambement** : la phrase (unité syntaxique) dépasse la rime et déborde sur la première mesure ou jusqu'à la fin du vers suivant ; l'enjambement crée une impression de **lenteur**, d'**amplification**.

• Le **rejet** : un mot d'une phrase ou d'un groupe syntaxique est rejeté au début du vers suivant et provoque ainsi un effet de surprise. Exemple : « Comment vous nommez-vous ? – Il me dit : – Je me nomme.
Le pauvre… » (Hugo).

LE POÈME EN PROSE

L'histoire du genre

• Né au **XIXe siècle**, le poème en prose a montré que la poésie ne s'écrit pas seulement en vers. On peut définir un poème en prose comme un texte qui, par ses thèmes, ses images, son rythme, ses jeux de sonorités, porte les marques de l'inspiration d'un poète et provoque une émotion particulière.

• Les **principaux auteurs** de poèmes en prose sont :
– au **XIXe siècle** : Aloysius Bertrand *(Gaspard de la nuit)*, Baudelaire *(Petits Poèmes en prose)*, Mallarmé, Lautréamont *(Les Chants de Maldoror)*, Rimbaud *(Illuminations, Une saison en enfer)* ;
– au **XXe siècle** : Francis Ponge *(Le Parti pris des choses)*.

Le rythme dans les textes en prose

• Dans la prose, le rythme est créé par :
– la longueur des phrases (brèves ou longues) ;
– les pauses marquées par la ponctuation, notamment les virgules ;
– la juxtaposition ou la liaison des phrases (la juxtaposition rend le rythme plus heurté, la liaison l'assouplit et le rend plus harmonieux) ;
– les groupes binaires ou ternaires.

• L'étude du rythme permet de faire ressortir différents effets :
– une amplification, une progression croissante ou décroissante, une chute ;
– des effets de balancement, de déséquilibre.

3. Le texte théâtral et sa représentation

LA REPRÉSENTATION THÉÂTRALE

Le mot « représentation » peut prendre plusieurs sens.

• Étymologiquement, *représenter* vient du latin *repraesentare*, qui signifie « **rendre présent** », c'est-à-dire « rendre sensible » un objet absent au moyen d'une image, d'un signe, d'un symbole. Cette étymologie rappelle le sens premier de « théâtre », terme formé sur le verbe grec *théamai*, qui signifie « regarder ». La pièce est avant tout un spectacle à voir et à entendre.

– *Représenter* signifie également « **présenter à nouveau** ». Le mot « représentation » rend compte du rapport qui s'établit entre le spectateur et le spectacle : la mise en scène présente à nouveau (re-présente) ce que le lecteur ou le metteur en scène a en tête lors de la lecture de la pièce. Par ailleurs, chaque mise en scène renouvelle le texte, « présente » à nouveau l'action.

LES SPÉCIFICITÉS DU THÉÂTRE

Un texte double

Le texte de l'œuvre théâtrale est double : l'un de ses états est destiné au lecteur, aux acteurs et aux metteurs en scène ; il comporte des éléments qui permettent d'interpréter « l'histoire », de s'imaginer tout ce qui entoure le texte qui sera dit sur scène. Dans l'autre état du texte, celui qui est représenté, certaines parties du texte écrit disparaissent (les didascalies).

Une œuvre collective et jamais terminée

La création théâtrale est une **création collective et incarnée** : le théâtre exige entre l'auteur et le destinataire (le public) des intermédiaires indispensables, les acteurs. La pièce de théâtre a donc plusieurs créateurs : l'auteur, mais aussi le metteur en scène et les acteurs. L'œuvre n'est jamais terminée : le texte demeure alors que la représentation le transforme à chaque interprétation.

LES CONVENTIONS AU THÉÂTRE

Parmi les conventions théâtrales, certaines relèvent de tout spectacle. Le spectateur décide de se déplacer et de recevoir l'œuvre collectivement. Il admet de ne plus exister (la salle est dans le noir, le public garde le silence) et de ne pas intervenir dans la représentation (il oublie donc son identité). Il décide d'y *croire*, tout en sachant que la pièce n'est qu'une fiction. Les applaudissements (ou les sifflets) marquent une rupture de cette convention : le spectateur reprend son identité, il juge l'acteur et non plus le personnage.

Les conventions liées à l'énonciation

• La **double énonciation** : au théâtre, le discours est marqué par une double énonciation. Le spectateur admet comme une convention que l'acteur/personnage parle aux autres acteurs/personnages sur la scène (dans le cadre de la fiction qui est représentée : **1re énonciation**). Mais, même si le public n'intervient pas dans le dialogue qui se déroule sur scène entre les personnages, les acteurs parlent aussi à l'intention du public (**2e énonciation**). Par ailleurs, l'auteur adresse un message au public.

• La **rupture des conventions** de la situation d'énonciation : une des conventions (éléments du code tacite entre les participants) du théâtre est qu'il n'y ait pas d'échange entre la salle et la scène. Parfois, cette convention est rompue :
– un personnage s'adresse directement au public (**aparté** et **monologue**) ;

– un personnage ne participe pas à l'action mais il la juge, de façon distanciée, et se situe à mi-chemin entre la fiction (la pièce) et le public. Ce rôle était dévolu au chœur dans les pièces antiques.

La scène d'exposition

• C'est le **début d'une pièce de théâtre**, où l'auteur fournit au spectateur les renseignements nécessaires à sa compréhension. La scène d'exposition répond en partie aux questions : *Qui ? Quoi ? Où ? Quand ? Comment ?*

• Elle est un **exemple de la double énonciation** au théâtre : en effet, en l'absence de narrateur, ce sont les personnages qui, dans les conversations qu'ils entretiennent sur scène, doivent convoyer l'information. D'où la difficulté pour l'auteur d'éviter le côté artificiel et conventionnel de cette situation : comment faire passer naturellement et habilement les renseignements ?

• La scène d'exposition obéit à deux impératifs apparemment contradictoires : elle doit **éclairer et intriguer**, donner et retenir l'information, la distiller. La difficulté réside dans ce dosage.

Le monologue, l'aparté, la tirade

• Le **monologue** est le discours prononcé par **un personnage qui est ou se croit seul**. Au théâtre, l'une des conventions veut que les personnages sur scène ignorent le spectateur, laissé dans l'ombre, totalement séparé de la scène et de ce qui s'y passe. Le monologue rompt avec cette convention, car le personnage s'adresse au public. Dans tous les cas, les seuls auditeurs d'un monologue sont le public et parfois un personnage caché, ignoré du personnage qui monologue.

• L'**aparté** est une **brève réplique** qu'un personnage se dit **à lui-même**, en présence d'autres personnages, mais adressée aux seuls spectateurs. Il dévoile des sentiments secrets et crée une complicité entre le personnage et le public. Il est souvent source de comique.

• La **tirade** est une **longue réplique** qu'un personnage dit d'un trait à un autre personnage. La tirade ne rompt pas avec la convention de la situation d'énonciation propre au théâtre.

Les didascalies

• Les didascalies sont des **indications scéniques** qu'un auteur insère dans le texte théâtral pour préciser aux acteurs et au metteur en scène les différents déplacements, gestes, mouvements, mimiques, tons de voix à adopter lors de la représentation. En général écrites en italique, elles disparaissent du texte de la représentation et se transforment alors en **éléments du jeu**.

• Les didascalies sont une façon pour l'auteur de suggérer ou d'imposer des détails de mise en scène qui limitent la marge de liberté et l'inventivité du metteur en scène et des interprètes, l'originalité créatrice.

• Elles peuvent avoir pour fonction :
– de situer l'action dans un cadre géographique et historique ;
– de créer une atmosphère en suggérant de manière précise un décor ;
– de traduire concrètement les émotions et sentiments des personnages ;
– d'exprimer une signification symbolique (le poignard = la mort).

• Les didascalies sont plus ou moins abondantes selon les époques et les auteurs : **réduites** au minimum dans le **théâtre classique** du XVIIe siècle (Corneille, Racine), plus fournies dans le théâtre baroque (Théophile de Viau), elles sont **très fréquentes** dans le **drame romantique** (qui privilégie les intrigues historiques et multiplie les gestes théâtraux) ou dans le **mélodrame** et dans les **pièces modernes** (Beckett).

4. Le personnage de roman

LES COMPOSANTES DU ROMAN

Auteur, narrateur et personnage

• L'auteur (ou romancier) : la personne réelle qui a écrit le roman (Balzac, Zola, Malraux…).

• Le narrateur : celui qui raconte l'histoire, qui présente les faits et les personnages.

• Le personnage : la créature imaginaire du romancier. Bien qu'il puisse sembler réel, il n'existe que par l'imagination de l'auteur et du lecteur (Eugénie Grandet est une création de Balzac).

Mode de narration et statut du narrateur : qui raconte ?

Définir le statut du narrateur, c'est déterminer quelles sont l'identité et la position de celui qui raconte. Il existe plusieurs modes de narration : le narrateur peut être plus ou moins impliqué dans le récit.

• Il peut **se situer en dehors de l'histoire** : ce n'est pas un personnage de l'intrigue, il ne participe pas aux événements, qu'il raconte à la 3e personne. Il peut alors :
– s'effacer complètement de l'histoire et raconter de façon impartiale ;
– manifester sa présence par des commentaires ponctuels, des jugements, explicites ou implicites.

• Le narrateur peut aussi **se situer dans l'histoire** : appelé narrateur-personnage, c'est un personnage qui participe aux événements. Il peut alors :

– raconter sa propre histoire, dont il est le personnage principal ;
– n'être qu'un personnage secondaire ;
– n'être qu'un témoin.
• Quand il y a identité entre l'auteur, le narrateur et le personnage principal, il s'agit d'une **autobiographie**.

Point de vue ou focalisation : qui voit ?

Définir le point de vue (ou focalisation), c'est déterminer qui voit et quelle est la manière de voir du narrateur, sa position. Il existe trois points de vue :
– le **point de vue externe** : le narrateur s'efface et est assimilable à un objectif de caméra : il se limite à l'aspect extérieur des choses ;
– le **point de vue interne** : le narrateur voit, sait et raconte au lecteur uniquement ce que percevrait subjectivement un personnage ;
– le **point de vue omniscient** (ou focalisation zéro) : le narrateur voit et sait tout dans le temps (il connaît le passé et le présent) et dans l'espace (il peut raconter ce qui se passe en différents lieux au même moment).

Les différents types de textes dans le roman

▶ **Le roman combine différents types de textes :**
– la **narration** : le roman s'inscrit dans le temps (diverses époques de la vie des personnages) et dans une durée (variable). La suite d'épisodes racontés constitue l'**intrigue** ;
– la **description** : le roman comporte des descriptions, qui sont autant de pauses, d'« arrêts sur image » ;
– l'**argumentation** : les personnages peuvent être amenés à argumenter, notamment lorsqu'ils dialoguent ou lorsqu'ils réfléchissent.

LA DIVERSITÉ DU ROMAN

▶ **Les formes du roman sont multiples :**
– le **roman historique** : il est fortement ancré dans la réalité historique, reconstituée plus ou moins fidèlement ;
– le **roman picaresque** : il donne une vision du monde à travers les tribulations d'un *picaro* ; issu du peuple, le *picaro* est un aventurier parfois voleur ou vagabond ;
– le **roman d'aventures** : il privilégie l'action, la succession des aventures ;
– le **roman d'apprentissage** : il retrace l'évolution, l'« éducation » affective ou morale du héros ;
– le **roman d'analyse** : il privilégie l'étude psychologique des personnages, analyse les mouvements de l'âme et de l'affectivité ;

– le **roman de mœurs** : il donne l'image d'une société ; ses personnages sont intimement mêlés au contexte politique et social ;
– le **roman policier** : il propose une énigme, privilégie le mystère et le suspense, suscite la peur, et défie la sagacité du lecteur ;
– le **roman épistolaire** : c'est un roman sans narrateur, uniquement constitué des lettres qu'échangent des correspondants multiples. Il suppose qu'il existe une distance entre les correspondants. Le temps linéaire du récit mené par un narrateur unique disparaît ;
– le **roman autobiographique** : il relate la vie de l'auteur.

LES FONCTIONS DU ROMAN

▶ **Les fonctions du roman sont elles aussi multiples :**
– **divertir** le lecteur, qui prend plaisir à suivre le parcours des personnages ;
– **dépayser** : faire s'évader le lecteur dans un autre monde ;
– **peindre et instruire** : donner au lecteur une image et une meilleure connaissance d'une époque, d'une société, de l'homme et de soi-même, du monde ;
– exprimer et **faire partager** des convictions : roman didactique ou engagé ;
– **poser des interrogations** : le roman aborde les questions essentielles, souvent métaphysiques, que se pose l'être humain.

LA NOTION DE PERSONNAGE

Le personnage est un **être fictif dans une œuvre littéraire**. Le romancier dispose de plusieurs moyens pour donner au lecteur l'illusion que le personnage pourrait être une personne réelle.

Ce qui fait « exister » un personnage

• Sa **« fiche d'identité »** comporte un nom qui l'identifie, une origine sociale, une fonction dans un groupe social ou familial.

• Le **portrait** est la description d'un personnage. On distingue :
– le **portrait physique** : il peut être *statique* (il présente le personnage vu de l'extérieur, comme le verrait un peintre) ; en *action* (le personnage peut être décrit en mouvement, par ses gestes, par ses actions) ;
– le **portrait moral** (personnalité et caractère) : le narrateur interrompt parfois son récit par une analyse psychologique du personnage ;
– le **portrait en paroles** : le personnage se construit aussi à travers ses paroles et ses pensées, par sa façon de parler ;
– le **monologue intérieur** : il arrive que le narrateur retranscrive les pensées d'un personnage qui se parle à lui-même ; c'est l'équivalent de l'aparté ou du monologue au théâtre. Il révèle le fond intime du personnage.

Le niveau de langue du personnage renseigne sur son niveau social et culturel, son origine géographique, son âge, son caractère et sa personnalité.

• **L'évolution, le parcours du personnage.** Le personnage suit un certain parcours, par lequel il se définit et prend de la consistance. On analyse :
– son **parcours général** : il se mesure par la confrontation entre la situation du personnage au début et à la fin du roman ;
– certains **épisodes** qui constituent des **moments clés** : scènes d'initiation, de rencontre, d'action, de rupture ; crise (sentimentale, existentielle...).
Pour rendre compte de cette évolution, le romancier peut recourir à des **retours en arrière** ou à des **anticipations**.

Ce qui éclaire le personnage

• **Le personnage et le décor** : le personnage s'inscrit dans un milieu, un décor qui lui donne de la profondeur de champ. Certains lieux ou objets l'éclairent ou le révèlent.

• **Le personnage et les autres** : les personnages s'éclairent aussi les uns les autres. Certains servent de repoussoir à d'autres en les mettant en valeur ; certains servent d'initiateurs au personnage ; d'autres sont les victimes d'un autre personnage.

STATUT, TYPES ET FONCTIONS DES PERSONNAGES

Le personnage peut être : un être totalement fictif ou un être historique réel ; un individu ou un personnage collectif ; un héros ou à l'inverse un antihéros, un être ordinaire, médiocre ; un lieu ou un objet auquel le romancier donne une personnalité.

Personnage principal et personnages secondaires

▶ **On distingue :**
– le **personnage principal**, qui domine dans le roman et autour duquel tourne l'action ;
– les **personnages secondaires**, qui gravitent autour du personnage principal et l'éclairent ;
– les **« figurants »**, qui n'ont pas d'épaisseur psychologique, mais évoluent en toile de fond.

▶ **Par rapport à l'intrigue, on distingue :**
– le **sujet** : c'est-à-dire le héros (au sens de personnage principal du roman) ;
– l'**objet** : le personnage que le héros cherche à atteindre ;
– les **adjuvants** : les personnages qui secondent le héros dans sa quête ;
– les **opposants** : les personnages qui font obstacle au héros.

Personnage type, personnage symbole et mythe

Le personnage peut :
– être **représentatif d'une époque** ;
– accéder au rang de **type**, au point que son nom devient un nom commun : il condense des traits qui font de lui le représentant d'un groupe ;
– devenir un **symbole** : il incarne une idée, une attitude ;
– atteindre la dimension du **mythe**.

Le personnage et son auteur, le personnage et son lecteur

▶ **Le personnage est lié à son auteur, dont il est parfois :**
– le **reflet** : il se nourrit de ses préoccupations, de ses aspirations ;
– le **porte-parole** : il incarne ou exprime les idées politiques, sociales, morales ou la vision du monde de son auteur ;
– le **repoussoir** : il peut aussi incarner l'attitude contraire à l'idéal de l'auteur.

▶ **Il se crée aussi des liens entre le personnage et le lecteur :**
– le lecteur y retrouve ses **aspirations profondes** (idéal auquel il adhère, passions dont il se « purge ») ;
– il peut y avoir **identification** : le lecteur se reconnaît dans le personnage qui peut l'aider à se comprendre lui-même ;
– il peut aider le lecteur à **comprendre** l'être humain, la société et le monde.

5. Les genres de l'argumentation

ARGUMENTER, CONVAINCRE, PERSUADER, DÉLIBÉRER

• **Argumenter** signifie soutenir une opinion dans le but d'obtenir l'adhésion de celui à qui l'on s'adresse.

• **Convaincre** consiste à obtenir l'adhésion de son interlocuteur par la raison, en sollicitant ses facultés d'analyse et de raisonnement intellectuel.

• **Persuader** consiste à obtenir l'adhésion de son interlocuteur en faisant appel à sa sensibilité, à ses sentiments et en suscitant en lui des émotions.

• **Délibérer** consiste à discuter avec soi-même ou avec les autres avant de se déterminer, de prendre une décision. La délibération exige que l'on réfléchisse sur un sujet et qu'on en analyse tous les aspects, qu'on en évalue toutes les conséquences. Elle peut prendre la forme du « pour et contre ».

LES ÉLÉMENTS D'UNE ARGUMENTATION

▶ **Dans une argumentation, on distingue :**
– le **thème** : le sujet sur lequel porte l'argumentation. Pour le trouver, il faut se poser la question : de quoi le texte traite-t-il ?

– la thèse : l'opinion, la proposition soutenue sur le thème. L'énonciateur la considère comme vraie et veut en convaincre le destinataire, la personne à laquelle il s'adresse.

LES TYPES DE RAISONNEMENTS

• Le raisonnement par analogie consiste à tirer des conclusions similaires de deux réalités proches que l'on a comparées. Il se fonde sur la comparaison. Il s'exprime par des formules telles que *de même que..., de même...* C'est aussi sur ce raisonnement que reposent les apologues (la « morale » des fables commence souvent par *ainsi*).

• Le raisonnement déductif part d'une idée générale pour déboucher sur des propositions particulières. C'est le raisonnement employé en **mathématiques** et celui sur lequel reposent l'**essai**, le **discours**.

• Le raisonnement inductif part de l'exemple, d'un fait particulier pour déboucher sur une thèse générale. C'est le type de raisonnement utilisé dans les **sciences expérimentales** ; c'est aussi celui sur lequel reposent les **apologues** : le récit sert d'exemple pratique dont on tire la théorie (la thèse).

LES APOLOGUES

L'apologue est un récit allégorique, en vers ou en prose, dont le lecteur peut tirer une leçon. C'est une œuvre à teneur didactique. La morale peut être explicite (exprimée clairement) ou implicite (non exprimée : le lecteur doit l'extraire du récit). Parmi les apologues, on distingue la fable, le conte philosophiques, l'utopie.

La fable

Une fable est un court texte en vers ou en prose qui recourt à une allégorie, le plus souvent animale, pour donner une leçon de morale. On recense :
– les fables orientales de Pilpay (Inde), inspirées du *Pancatantra* sanskrit ;
– celles des fabulistes de l'Antiquité : Ésope (Grèce, VIe siècle av. J.-C.), Phèdre (Antiquité romaine, Ier siècle apr. J.-C.) ;
– celles de La Fontaine (XVIIe siècle, classicisme), qui s'est inspiré d'Ésope, de Phèdre et de Pilpay. Il privilégie le récit plutôt que la morale (dont il varie la place dans la fable). Dans ses *Fables*, La Fontaine observe son époque et en fait la critique ; il donne aussi des conseils de vie qui constituent une morale de sagesse et de modération ainsi qu'un savoir-vivre fait de prudence, de bon sens.

Le conte philosophique

• Apparu au XVIIIe siècle, il **mélange les éléments du conte traditionnel et la réflexion philosophique**. Il comporte :

– un **récit fictif**, en général court et plaisant, qui vise à amuser (éléments : action mouvementée, personnages schématiques, exotisme et merveilleux…) ;

– une **leçon morale** ou **philosophique** (explicite ou implicite).

Il allie donc le registre **humoristique** et le registre **didactique**, et sollicite à la fois l'**imagination** et la **raison**. Voltaire appelait ses contes de « petits morceaux de philosophie allégorique ».

• Contes philosophiques à connaître : *Candide* et *Zadig* de **Voltaire**.

Certains auteurs modernes ont donné au conte philosophique la dimension d'un roman : *Le Petit Prince* de Saint-Exupéry, *L'Alchimiste* de Coelho.

L'utopie

Le mot vient du grec *ou* (« non ») et *topos* (« lieu »), et signifie « en aucun lieu » ou « lieu qui n'existe pas ». C'est un récit qui présente un **monde idéal** dans ses mœurs et son organisation sociale et politique. La fonction de l'utopie est de mettre en évidence les travers du monde tel qu'il est : elle a une portée critique implicite. Elle propose un **modèle** vers lequel les sociétés doivent tendre et de nouvelles valeurs.

LE DIALOGUE D'IDÉES

Définissant le théâtre et pouvant apparaître dans le roman ou la nouvelle (dialogues entre les personnages), le dialogue est aussi un genre littéraire à part entière : c'est le cas du dialogue d'idées, qui confronte des idées et qui est destiné davantage à être lu que représenté. On peut classer les dialogues d'idées en trois catégories.

• Le **dialogue didactique** : il a pour but d'exposer un savoir, d'instruire et a des visées pédagogiques. Il met généralement en présence deux personnes qui ne sont **pas sur un pied d'égalité**, l'une ayant le savoir (souvent un maître, un philosophe, un vieillard) qu'elle transmet à son interlocuteur. Ce type de dialogue repose le plus souvent sur un jeu de questions-réponses. Il ne suppose pas de rapports conflictuels.

• Le **dialogue polémique** : dans ce type de dialogue, des opinions opposées s'affrontent ; chacun des interlocuteurs, personnellement impliqué, veut faire prévaloir son point de vue. Il met en présence deux personnes qui sont dans un **rapport d'égalité**. Il se construit sur un enchaînement d'arguments et de contre-arguments qui se répondent et sur des affirmations qui se contredisent. Il se termine généralement par la « victoire » de l'un des interlocuteurs.

• Le **dialogue dialectique** : il met en présence des personnes qui, cherchant à résoudre une difficulté commune, progressent dans leur réflexion par un jeu de questions-réponses, de conclusions tirées en commun, d'approfondissement de notions, pour dépasser et résoudre le problème posé. Il met en présence des interlocuteurs unis dans le souci de progresser dans la connaissance de la vérité.

L'ESSAI

• L'**essai** est un **texte argumenté** où l'auteur s'adresse librement, en son nom propre, à ses contemporains pour leur faire part de ses idées et de ses expériences personnelles sur un sujet historique, économique, moral, scientifique… La présence du « je » de l'auteur y est très sensible. L'approche est volontiers paradoxale. L'auteur ne tente pas d'être exhaustif et d'épuiser le sujet (à la différence du traité philosophique).

• Les **formes de l'essai** sont **multiples** : il peut s'agir de méditations « à bâtons rompus » sur des sujets divers (les *Essais* de Montaigne s'apparentent à un écrit autobiographique, mais proposent des réflexions et une philosophie de la vie), d'articles, de traités, de lettres ouvertes…

LA SATIRE

• Au sens large, la satire est un **texte qui attaque les défauts, les ridicules d'une société et qui contient une critique politique, sociale, religieuse, idéologique**. Ses principaux procédés sont : les termes péjoratifs, les images négatives, les figures de l'exagération (hyperboles, anaphores, accumulations)… La satire peut être humoristique, comique, parodique…

• Au **XVIIe siècle**, elle s'en prend aux mœurs sociales et met en scène des **types humains** (comédies de Molière, *Caractères* de La Bruyère, *Fables* de La Fontaine).

• Au **XVIIIe siècle**, elle devient plus **politique** (monarchie absolue) **et religieuse** (remise en cause de l'autorité de l'Église).

• Au **XIXe siècle**, elle s'attaque davantage à la **bourgeoisie** (romans de Balzac) et à la politique (*Les Châtiments* de Hugo).

• Au **XXe siècle**, on la trouve au **théâtre** (Ionesco) et dans la **presse** (sous la forme graphique de la caricature).

6. Autour des réécritures

RÉÉCRITURE ET IMITATION

• La Fontaine, Ésope et Phèdre : tout en revendiquant de nombreux emprunts aux fabulistes grecs et latins, La Fontaine avertit ses lecteurs : « Mon imitation n'est pas un esclavage » (*Épître à Huet*).

• Pascal et Montaigne : quand le premier emprunte au second, il précise que son imitation est aussi une **émulation** : « Qu'on ne dise pas que je n'ai rien dit de nouveau : la disposition des matières est nouvelle ; quand on joue à la paume [jeu de balle, ancêtre du tennis], c'est une même balle dont jouent l'un et l'autre, mais l'un la place mieux. » (*Pensées, 22.*)

• Plusieurs facteurs déterminent les écarts entre le texte et son modèle : le contexte, les buts de l'auteur, le public visé.

LES DIFFÉRENTS TYPES DE RÉÉCRITURES

▶ La réécriture peut être étudiée par rapport aux formes qu'elle prend, à son ampleur (de la simple allusion ou citation, à la reprise d'un texte intégral), aux opérations d'écriture qu'elle met en œuvre pour s'éloigner de l'œuvre source : imitation, transposition ou adaptation.

▶ **Il existe plusieurs stratégies de transposition ou d'adaptation d'un texte :**

– le **changement de genre** ;
– le **changement de forme de discours**, de point de vue, de narrateur ;
– le **changement de registre** : la parodie repose sur ce type de changement.

▶ **La réécriture peut procéder par amplification ou par réduction :**

– l'**amplification** constitue une expansion du texte ;
– la **réduction**, à l'inverse, procède par élimination du texte, à la recherche d'une plus grande densité d'expression.

PASTICHE ET PARODIE

• Le pastiche est une œuvre littéraire ou artistique (peinture, sculpture, musique…) dans laquelle l'auteur imite le style ou la manière d'un modèle, mais **sans intention satirique** (il ne cherche à ridiculiser ni l'œuvre dont il s'inspire, ni son auteur). Il cherche à faire une nouvelle œuvre.

• La parodie est l'imitation, dans une **intention comique ou satirique**, d'un genre sérieux, du style d'un auteur, d'une œuvre célèbre… Ses principaux procédés sont le mélange des registres et des niveaux de langue, l'hyperbole, l'ironie… La parodie a souvent recours à la caricature.

Tableau chronologique

	XVIe siècle	XVIIe siècle	XVIIIe siècle
Mouvements littéraires	**Renaissance, humanisme, la Pléiade**	**Baroque et classicisme**	**Lumières**
Mots clés	Foi en l'homme • découverte • progrès • imitation de l'Antiquité • **humaniste**	**Baroque** : refus des modèles • outrance • irrégularité **Classicisme** : juste mesure • harmonie • bienséances • imitation de l'Antiquité • **honnête homme**	Raison • relativité • tolérance • contestation de l'ordre établi • bonheur sur Terre • **philosophe**
Littérature	• **Rabelais**, *Gargantua* (1534) • **Du Bellay**, *Défense et illustration de la langue française* (1549), *Les Regrets* (1553-1558) • **Ronsard**, *Les Amours* (1552) • **Louise Labé**, *Poésies* (1555) • **Montaigne**, *Essais* (1572) • **Agrippa d'Aubigné**, *Les Tragiques* (1616)	• **Corneille**, *Le Cid* (1636) • **Molière**, *Dom Juan* (1665) • **La Fontaine**, *Fables* (1668) • **Pascal**, *Pensées* (1670) • **Racine**, *Phèdre* (1677) • **Mme de Lafayette**, *La Princesse de Clèves* (1678) • **La Bruyère**, *Caractères* (1688)	• **Montesquieu**, *Lettres persanes* (1721) • **Marivaux**, *Le Jeu de l'amour et du hasard* (1730) • **Diderot et d'Alembert**, *Encyclopédie* (1751) • **Voltaire**, *Candide* (1759) • **Beaumarchais**, *Le Mariage de Figaro* (1778) • **Rousseau**, *Les Confessions* (1782)
Histoire des arts	• Châteaux de la Loire • Léonard de Vinci, *La Joconde* (1506)	• Château de Versailles • **Le Bernin**, *Apollon et Daphné* (1622-1625) • **Poussin**, *L'Enlèvement des Sabines* (1635)	• Watteau, *Embarquement pour Cythère* (1717) • David, *Le Serment des Horaces* (1785)
Repères historiques	• François Ier • Guerres de religion, Réforme • Grandes découvertes, progrès de la médecine (dissection)	• Louis XIV : monarchie absolue • Jésuites et Contre-Réforme, jansénisme • Fondation de l'Académie française	• Révolution française • Anticléricalisme • Invention de la machine à vapeur

	XIXe siècle			XXe siècle
Mouvements littéraires	Romantisme	Du réalisme au naturalisme	Symbolisme	Surréalisme, existentialisme, théâtre de l'absurde, Nouveau Roman…
Mots clés	Le moi • passions • mal du siècle • sentiment de la nature	Primauté de la réalité • conscience sociale	Correspondances • mysticisme	Angoisse • sentiment de l'absurde • révolte • nouvel humanisme • **intellectuel engagé**
Littérature	• **Stendhal**, *Le Rouge et le Noir* (1830) • **Musset**, *La Confession d'un enfant du siècle* (1836) • **Chateaubriand**, *Mémoires d'outre-tombe* (1849) • **Hugo**, *Les Contemplations* (1856), *Les Miserables* (1862)	• **Balzac**, *Le Père Goriot* (1835) • **Flaubert**, *Madame Bovary* (1857) • **Maupassant**, *Bel-Ami* (1885) • **Zola**, *Germinal* (1885), « J'accuse » (1898)	• **Baudelaire**, *Les Fleurs du mal* (1857) • **Rimbaud**, *Poésies* (1870-1875) • **Verlaine**, *Sagesse* (1880)	• **Proust**, *À la recherche du temps perdu* (1913) • **Apollinaire**, *Alcools* (1913) • **Breton**, *Nadja* (1928) • **Céline**, *Voyage au bout de la nuit* (1932) • **Camus**, *L'Étranger* (1942) • **Aragon**, *La Diane française* (1944) • **Malraux**, *La Condition humaine* (1933) • **Beckett**, *En attendant Godot* (1952) • **Robbe-Grillet**, *Les Gommes* (1953)
Histoire des arts	• Delacroix, *La Liberté guidant le peuple* (1831) • 1839 : invention de la photographie	• Courbet, *L'Enterrement à Ornans* (1849)	• Impressionnisme : Monet, Renoir, Pissarro… • 1895 : invention du cinéma	• Art nouveau, cubisme, art abstrait… • Essor de la bande dessinée
Repères historiques	• Premier Empire (Napoléon Ier), puis retour à la monarchie • Loi Guizot (1833) sur l'enseignement primaire	• Révolution de 1848, Second Empire (Napoléon III) • Révolution industrielle	• IIIe République • Expositions universelles	• Guerres mondiales, guerre froide, décolonisation, construction de l'Europe, mondialisation • Montée des intégrismes • Société de consommation et de communication

Index des auteurs et des notions

Auteurs

Les chiffres renvoient aux numéros des sujets.

■ Notions

Les chiffres renvoient aux numéros de pages.

DÉCOUVREZ LE MONDE AVEC STS

HIGH SCHOOL SCOLARITÉ À L'ÉTRANGER (14–18 ans)
Immersion dans une famille et un lycée local. 25 pays au choix.

COURS POUR ADULTES À L'ÉTRANGER
47 destinations, un programme flexible et à la carte de 1 à 37 semaines.

AU PAIR AUX USA (18–26 ans)
Activité rémunérée, assistance visa, billets d'avion et séjour à New York offerts.

STS **SEJOURS LINGUISTIQUES**

Retourner à STS – 33-35, rue Faidherbe – BP40177 – 59029 LILLE cedex
Merci de m'envoyer votre nouvelle brochure.

❑ High school scolarité à l'étranger (14–18 ans) ❑ Cours pour adultes ❑ Au Pair

Nom et Prénom : ....

Adresse : ....

Code postal/Ville : .... Tél : ....

E-mail : ....

L'équipe STS à votre écoute au 03 28 36 27 27

Suivez-nous sur Twitter : @STS_France

Retrouvez-nous sur Facebook : www.facebook.com/stsfrance